中南民族大学法学文库

老龄化背景下养老金信托法律制度研究

陈雪萍 ◎ 著

中国社会科学出版社

图书在版编目(CIP)数据

老龄化背景下养老金信托法律制度研究 / 陈雪萍著 . —北京：
中国社会科学出版社，2021.5

ISBN 978-7-5203-8062-1

Ⅰ.①老… Ⅱ.①陈… Ⅲ.①退休金—信托法—研究—中国
Ⅳ.①D922.282.4

中国版本图书馆 CIP 数据核字(2021)第 041812 号

出 版 人	赵剑英
责任编辑	任 明 周慧敏
特约编辑	芮 信
责任校对	夏慧萍
责任印制	郝美娜

出 版	中国社会科学出版社
社 址	北京鼓楼西大街甲 158 号
邮 编	100720
网 址	http://www.csspw.cn
发 行 部	010-84083685
门 市 部	010-84029450
经 销	新华书店及其他书店

印刷装订	北京君升印刷有限公司
版 次	2021 年 5 月第 1 版
印 次	2021 年 5 月第 1 次印刷

开 本	710×1000 1/16
印 张	24.5
插 页	2
字 数	401 千字
定 价	128.00 元

目　　录

导　　论

一　研究的背景

各国养老金法律的迅猛发展，一方面源于养老金基金的社会重要性；另一方面是各国出现的养老金基金挪用案的发生。

养老金改革是党的十九大以来，并且仍然是 2019 年"两会"所关注的最棘手的问题之一。在这一改革进程中，企业和个人养老金计划扮演着重要角色。随着我国老龄化危机的不断强化，来源于公共养老金系统的养老收入已捉襟见肘，养老金供给更多地依赖私人养老金计划（包括职业年金和个人养老金计划）。本课题主要以私人层面的养老金信托（下文简称"养老金信托"）为研究对象。

中国人口老龄化来势迅猛，至 2017 年末，我国 60 岁及以上的老年人口已经增加到 2.41 亿人，占总人口的比重已经增长到 17.3%。这主要因中国出生率较低、寿命的延长等因素，所导致的老龄化趋势不断增强。我国退休老龄人的经济来源主要是公共层面的社会保障基金，少量来源于企业年金或职业养老金，养老金的个人储蓄非常少。虽然社会保障是老龄人经济保障的基础，但由于采取现收现付模式，加之老龄化速度剧增，公共养老金资金缺口相当大，另外，私人层面的养老金储备的量少和滞后，我国老龄人养老问题面临相当大的困境：公共养老金给付的充足性面临挑战；养老基金被挪用案件屡屡发生，基金安全性不容忽视；养老基金收益率为负数，保值增值亟待关注。数据显示：2014 年养老金盈余减少上千亿元，收不抵支的有 22 个省[①]；2016 年养老金当期收不抵支的省份有 7

[①] 吴斌：《去年 22 省养老金收不抵支　盈余减少上千亿元》，《南方都市报》（深圳）2015 年 11 月 12 日。

个。根据《中国社会保险发展年度报告 2016》（人社部社会保险事业管理中心发布）显示，2016 年黑龙江的养老保险基金全部花光累计结余，尚"负债" 232 亿元。[①] 另根据《中国养老金精算报告 2018—2022》，今后五年，在扣除财政补贴之后，全国的企业职工养老金当期结余将出现"收不抵支"，往后这一"缺口"势必不断扩大。[②]

一些国家将信托运用于养老金法所确立的目的，并在养老金领域得以发展。许多国家对退休生活的保障主要采取"三支柱"的结构，在我国，随着长寿风险的增加和退休生活水平的提高，老龄人经济保障面临严峻的问题，第二、三支柱的养老保障结构亟待强化和完善。在美国，由私人养老金计划覆盖的雇员数量成倍增加。[③] 尽管养老金计划的条款不同，但遵循一般的模式且呈现出相同的法律问题。养老金计划文件及规则一般规定雇员在工作一定的年限后在规定的年龄领取养老金，养老金的数额遵循特定的标准或根据雇员服务及其整个工作时期或部分工作时期的工资比例来确定。雇主在计划到期时支付养老金，并预先以设立养老金信托的方式来设立养老基金。[④] 普遍认为，如果公司提供的养老金福利与成本对设立养老金计划的公司而言是合理的话，那么，雇员养老金以降低员工周转人数的形式以及能吸引更好的员工就不属于公司越权行为。这种关系不由公司接受未来特定的雇员服务与养老金的支付是否匹配来检测，而是由计划所产生的全部福利与养老金计划的总体成本是否能冲抵来衡量。公司在之前没有承诺提供养老金福利而向退休的雇员支付养老金时，养老金的提供则属公司越权行为。由雇主提供的私人管理的养老金计划向大多数或全部雇员提供福利是员工全部酬劳的一部分，计划的养老基金由雇主或雇员出资或由他们共同出资。这种养老金计划旨在将聚集的筹资和回报按退休替代收入的既定水平来补充雇员社会保障养老金。

---

① 吴斌：《去年七省份养老金当期收不抵支》，《南方都市报》（深圳）2017 年 11 月 11 日。

② 吴斌：《我国养老金将出现收不抵支缺口　对财政补助依赖增强》，《新浪综合》2018 年 01 月 04 日。

③ The Harvard Law Review Association, Legal Problems of Private Pension Plans, *Harvard Law Review*, Vol. 70, No. 3（1957）.

④ The Harvard Law Review Association, Legal Problems of Private Pension Plans, *Harvard Law Review*, Vol. 70, No. 3（1957）.

未来的老龄人的保障模式应当是"福利"（社会充足）加"保险"的和"信托"（个人平衡），福利来自公共层面，而保险和信托则由私人来投入，来自保险和信托的福利根据 CPI 指数来确定替代率。2018 年 4 月 16 日我国财政部发布《关于开展个人税收递延型商业养老保险试点的通知》，自 2018 年 5 月 1 日起，在上海市、福建省（含厦门市）和苏州工业园区实施个人税收递延型商业养老保险试点。这表明私人层面的养老金制度开始受到政府和社会的重视。

为了给养老金基金以安全的保障，同时使养老金基金保值增值，我国有必要借鉴国外的经验采取独立的信托基金方式来运作。本课题在比较研究国外养老金信托制度的基础上探讨我国养老金信托制度之运作机理、构建及立法。

二　研究的现实意义和理论意义

养老金基金与信托法在制度上具有相当的契合性。因信托制度具有独特的多功能性和灵活性，许多国家如美国、英国、加拿大、日本等将其运用于养老计划资产管理和运作中。

（一）现实意义

养老金信托在国外具有相对完善的法律制度，但我国目前仅有企业年金制度，个人养老金信托制度几近空白。信托运用于养老金领域所存在的一些困境，我国学者少有论及：养老金信托法律关系的架构；有关养老基金安全性和保值增值的具体信托法律制度；当受托人代表不同的利益集团时，义务冲突对养老金信托的影响；在信托治理方面，受托人在复杂、不确定的管理环境中对拥有大量金融资产和债务的实体是否具有管理能力的问题；关于运作养老金计划信托的管理成本和其他成本的节省以及公司向养老金提供服务如投资顾问以及充当受托人等多重角色所产生的利益冲突问题；养老金信托特殊的信义义务标准的确立及信义义务机制的建立；与环境、社会和治理相关的社会责任投资的信义义务标准的确立以及社会责任投资与为全体受益人的最佳利益或专属利益之间冲突的解决；良好的养老金信托治理规则的建立；受托人责任机制和受益人保障机制的设立；养老金信托治理中风险管理策略的建立；雇员养老金移转接续过程中的养老金归属和养老金运作过程和结束时的剩余资产的归属问题等。上述问题的解决无疑对推动我国私人养老金信托制度的建构和完善具有重要的现实意义。

（二）理论意义

研究信托法之于养老基金的作用，为养老金信托的架构提供智力支持；研究养老金信托之制度基础，揭示养老金信托的内在机理；分析养老金信托不同于普通信托的独特特征，探索养老金信托的真正特质；厘清养老金信托法律关系，为养老金信托良好治理建立基础；探讨养老金信托信义义务标准的演进，完善信义义务机制；设定各方当事人行为规则，完善养老金信托治理路径；引入"还原理论""推定信托"等救济制度，丰富养老金信托救济理论；借鉴归复信托制度，明确养老金剩余之归属；探讨利益冲突解决规则，丰富利益平衡理论；研究养老金信托监管调控机制，为养老金信托的有效运作提供制度保障。本课题探讨养老金信托制度之理论，为我国《养老金信托法》的制定提供理论参考。

三　研究现状述评

在国外，养老制度是政治学、社会伦理学、管理学等所研究的问题，但养老金信托制度研究主要为信托法领域的学者所关注。已有研究成果如下：

（1）信托法之于养老制度的作用。Graham Moffat（1993）、John Mesher（1993）、Victoria Duff（1995）、David Pollard（2013）均强调信托法对养老制度的作用，主张将信托运用于养老基金管理和运作当中，利用其内在机理保障资产之独立性，从而实现其安全性功能。

（2）养老金信托中普通信托原则之适用问题。20世纪四五十年代英美信托法学界探讨养老金信托是否应遵循信托的"反永续原则"和"反累积原则"。由于养老金信托的准慈善性，许多著名的信托法学家如Lauritzen（1946），Bogert（1953），Scott（1956）等主张可以不遵循这两个原则。后来，此主张为加拿大最高院的判例所关注，且为美国大多数州立法所采纳。

（3）养老金信托基金所有权和控制权的分离及基金剩余利益的归属问题。学界将视阈转向养老金信托基金的所有权和控制权问题以及基金剩余利益的归属问题。Graham Moffat、MichaelChesterman（1992）、IDS

（2010）、Terry Clayworth（2013）等主张养老金信托基金的所有权和控制权的分离是保障基金安全的法律设计，有利于保护基金财产的独立性、安全性。根据其法律架构，基金主要来自企业的缴费，因此，J. R. D. Orrett、Bakel（1991）、Richard Edwards & Nigel Stockwell（2011）主张基金剩余利益归属于企业，企业可以其充抵未来的缴费，但企业支取时需要满足一定的条件和履行严格的程序，并取得监管部门的许可和监督。

（4）养老金信托受托人模式及信义义务规制的探讨。受托人模式主要有：个人受托人、公司受托人。关于公司受托人的组成，IDS（2010）提出了四种可能的设计。David Pollard（2013）对独立的受托人公司的优缺点进行了深入的分析。Mcnamara（1974）、Fox，D. M.（2010）、David Pollard（2013）对养老金信托受托人的信义义务的内涵与判断标准进行了深入的研究，均主张其有别于普通信托之受托人信义义务。

（5）养老金信托的运作机制。Thomas，Mery（1997）、ABA Trust Letter（2001）、David Pollard（2013）等十分关注养老金计划的信托运作机制，其中包括基金治理中信托的作用、养老金信托与信托法原则的联系与区别、受托人与计划管理人的关系、受托人投资原则和责任、受托人的利益冲突问题、受托人的权利和义务、信息披露等问题。

国外对养老金信托的研究除关注受托人的规制外，十分关注新的社会问题如受托人信义义务与社会责任投资的矛盾等，这些研究对本课题的研究具有重要的理论指导和借鉴意义，但有些制度需进行本土化研究。

在我国，研究养老金信托的学者不多，研究视角多局限于管理学领域，法学领域则少有研究。代表性成果如下。

（1）在管理学领域，学者主张以信托制度作为启动养老金市场的制度安排，如李春华（1995）；杨燕绥（2006）。

（2）在法学领域，有学者探讨了信托制度运用于养老基金管理运作之信托法理论基础，如司伟（2003）。有学者提出通过准入门槛的设置、税收制度的设计、信息披露的监管、入市条件的优化、退出机制的保障，优化养老金信托的法律激励制度，如胡杰（2015）。

（3）在信托业，华宝信托有限责任公司王锦凌副总经理2018年提出为养老金信托业务的开展提供制度保障，建议制定养老金信托的法律法规；为调动企业及个人参与养老金信托的积极性，建议降低养老金信托的个人合格投资者准入门槛，出台税收优惠政策等。

这些研究为本课题的研究奠定了一定的基础，但我国法学领域相关研究至少在以下几个方面存在可以提高的空间：

第一，养老金信托法律关系的架构不清晰；

第二，有关养老基金安全性和保值增值的具体信托法律制度的研究阙如；

第三，养老金信托法律运作机制及其治理中一些法律问题未能涉及；

第四，源起于英美的信托法律制度与我国的物权法理论相抵触，养老金信托的引入存在制度瓶颈；

第五，立法层次偏低，缺乏专门性的立法，相关规定缺乏可操作性。对实践中出现的新问题如养老基金信义义务与社会责任投资的矛盾等研究阙如。

因此，我国养老金信托法律制度亟待构建。

四　研究内容、研究方法、突出特色和主要建树

私人养老金计划必须以信托的方式设立，是获得税收优惠的要件。私人养老金计划以不可撤销信托的方式设立，这可以确保养老金计划资产与发起人雇主的资产在法律上发生分离。

（一）研究内容

本课题探讨信托法之于养老基金的作用，从而为调控养老金计划之行为提供合适的框架；研究养老金信托之制度基础，溯源罗马法信托，化解"所有权分离"与我国民法理论之抵触；比较分析养老金信托之于普通信托之独特特征，分析我国养老金信托的受托模式即企业年金理事会和法人受托机构之缺罅以及具体原因，通过相关法律法规的进一步细化，以弥补之，确立养老金信托受托模式之具体选择标准；比较国外信息披露制度，借鉴其有益的经验，健全我国养老金信托信息披露制度；研究受托人制度，借鉴美国 ERISA 中受托人信义义务规制机制，探讨"为全体受益人的最佳利益"的忠诚义务之内涵，分析管理"利益冲突"的信义义务机制的功能，确定受托人信义义务的具体内涵和判断标准，并在立法中明确

规定；通过研究英美信义义务对受托人权力之控制，完善我国受托人权力之控制机制，对受托人施以严格的忠实、谨慎义务以进行事前的预防，确立资产管理人和投资顾问之法律地位以及承担信义义务之相对人；探讨社会责任投资背景下的信义义务具体内涵；明确在委任投资顾问或投资经理的情形下，公司受托人的地位和权力及在行使投资权利时其信义标准；探讨受托人管理义务及其具体标准，落实受托人资产分离义务；明确受信托条款调整的受托人权力，但受托人违反信托条款的责任不能通过当事人之间的协议免除；分析美国学者主张的"还原理论"之法理学基础，当受托人违反义务给受益人造成损害时，据此理论，赋予受益人以恰当信托救济，以弥补受益人的损失，也可采取推定信托的方式予以救济；明确养老金信托受益人的范围，探讨受益权的性质，赋予受益人以财产权性质的权利，以充分保障受益人之利益；明确调控者的目标，建立和维护恰当的立法、调控和监督框架，以调整养老金信托之运作；促进养老金信托的良好治理和恰当管理；通过制定《养老金信托法》，规定养老金信托之调控框架，明确调控主体的资格、调控者的权力和责任范围、对受托人风险管理和内控机制的监督、对受托人行为的干预和执行、发布调控指令等内容。

（二）研究方法

本课题采用文献综述法、规范分析法、实证分析法等多种研究方法，构建符合国情的养老金信托法律制度，其中以比较和实证分析为主，各种研究方式交叉运用。

（1）通过比较和实证研究，从社会现实问题入手，明确养老金信托之作用。

（2）文献和比较研究。通过国内外相关文献的整理和比较分析，了解并掌握相关前沿理论，明确信托法之于养老制度的核心功能；结合养老金信托之法理，确立我国养老金信托之制度基础和信托财产的独立性。

（3）比较研究。比较分析养老金信托之独特特征，探讨受托人职位与信托模式选择、信息披露制度、信义义务、受托人权利、义务与责任等诸问题；分析和研究受益人权利的本质，构建受益人权利保护机制；分析、汇总不同国家、不同经济发展阶段养老金信托运营的不同制度设计，借鉴成功经验，探索我国养老金信托之立法方向。

（4）实证研究。对调研活动所搜集的案例和数据进行统计分析，并结合会议、论坛所讨论的典型个案，进行归纳分析，将养老金信托治理与监管调控机制结合起来，在信义义务和受益人权利监控基础上，设计养老金信托监管调控机制；透过对社会现象的实证考察和规范分析，完善养老金信托法律制度，同时协调养老金信托信义义务与社会责任投资的矛盾。

（5）本土化研究。引入信托理念，确立信托财产"双重所有权制度"，创设真正意义上的"养老金信托"制度，并将运作规范、治理机制、监控机制和受益人保障机制进行本土化。

（三）突出特色

透过信托之机理，探讨养老金信托之制度基础，确定养老金信托之制度功能；分析养老金信托之独特特征，探讨受托人职位与信托模式选择、信息披露制度、信义义务、受托人权利、义务与责任等；将养老金信托治理与监管调控机制结合起来，在信义义务和受益人权利监控基础上，设计养老金信托监管调控机制，同时协调养老金信托信义义务与社会责任投资的矛盾；分析养老金信托中受益人权利的性质，构建受益人权利保护机制。

（四）主要建树

运用信托的多目的性、多功能性以及设计灵活性的优势，根据信托之机理、原则，设计私人养老金信托，以弥补公共养老金的不足；利用信托之法理，构建养老金信托法律关系；强化信托法对养老金基金的作用，保障养老金基金安全，使其保值增值；优化治理结构，解决利益冲突、养老金计划剩余资产的归属和移转接续等问题；建立养老金信托受托人制度，明确受托人的权利、义务和责任以及议事规则，平衡社会责任投资与信义义务之间的矛盾，完善信息披露制度；建立以信义义务为核心的事前预防机制和以"还原理论""推定信托""诉讼救济"为规范的事后救济机制；确立以谨慎监管和数量监管相结合的方式，建立风险为导向的监管，保障全体受益人的最佳利益；考虑养老金信托的特殊性及我国信托制度的缺陷，提出制定《养老金信托法》之构想。

五　学术价值和应用价值

私人养老金信托是本课题的研究对象。虽然我国《企业年金基金管理办法》（人力资源社会保障部令第 11 号）（2017 年修订）以及《企业年金办法》（人社部第 36 号令）对第二支柱的企业年金设立、运作作了明确规定，但立法未涉及个人养老金制度，对相关问题的规定十分粗疏，实务中缺乏可操作性，且立法层级较低，学界对养老金计划的组织和控制中信托应用研究和理论探讨也较少。

（一）学术价值

本课题通过信托的罗马法溯源，分析论证信托理念与我国民法制度没有抵触，对我国引入养老金信托具有重要的理论价值；探讨信托法之于养老金基金的作用，为调控养老金计划之行为提供合适的框架；探寻养老金信托法律关系的特定本质，为养老金信托关系之架构奠定基础；探讨养老金信托受托人制度，实现受托人权利之平衡；探索养老金信托治理结构，满足信托恰当管理之需要；探讨养老金信托的预防机制和事后救济机制，建立受托人监控机制；构建养老金信托调控监管制度，加强养老金信托立法，保障养老金信托有效运作。这些理论探讨对我国养老金信托制度的构建、养老金信托的管理和运作具有重要的理论指导意义，具有很高的学术价值。

（二）应用价值

本课题通过比较和实证研究，确立私人养老金计划的目标，给予退休老龄人以经济保障；分析私人养老金信托的内在机理，为养老金信托独立和安全运作提供理论支持；发挥信托的灵活性和多功能性，保障养老基金保值增值，为我国养老基金缺口问题提供解决路径；化解信托与我国物权制度抵触的情况，为我国养老金信托法律制度之本土化提供理论指导和技术支持；利用信托所具有的对信息非对称的矫正功能、破产隔离功能、利益捆绑功能，为我国养老基金的安全及有效运营提供了理论指导和行为规范；提升养老金计划的调控框架和内部治理机制，解决养老金信托多种利益冲突，降低信托运作成本，弥补受托人专业技能之缺陷；设立强制信托要件；确立解决利益冲突的具体原则和方式；明确受托人委员会的架构、构成和运作方式；建立养老金受托人的行为规则、权利义务、责任机制和保护制度；完善信息披露制度；设计信义义务预防机制；构建养老金信托的监管制度；确保养老金的保值和增值以及投资中的风险防范；明确税收优惠的主体资格判断标准；利用归复信托之原理，解决养老金所有权归属问题。可将研究成果应用到相关养老金信托产品的设计中，促进养老金信托的快速发展，弥补公共养老金的缺口。总之，本课题的研究具有重要的应用价值。

"衰老不是青春的逝去，而是充满机会和力量的新阶段。"

——贝蒂·弗莱顿（Betty Friedan）

第一章　私人养老金计划的目标：退休老龄人的经济保障

第一节　私人养老金发展的现实需要

随着老龄化的速度加快，老龄人口规模剧增，老龄人工作减少，其收入也随之减少，他们需要安全的收入来源以颐养天年。社会和政府一直在寻求为老龄人提供收入保障的措施作为减少贫困的社会安全网的一部分。当今，随着超老龄化社会的到来，老龄保障制度陷入困境。

一　老龄人的经济困境

我国老龄人口绝对和相对剧增，主要源于出生率低和寿命的延长。我国自计划生育政策实施后，出生率长期呈下降态势；随着医疗水平提高和医疗环境的改善，生活水平的提高，人们的寿命延长。因此，老龄人口的比例增加，老龄人的就业机会却在逐渐减少。农村老龄人的工作期限较长，而城镇老龄人因社会保险和养老金项目覆盖面较宽，通常到 65 岁就已退休。

老龄社会的经济安全保障是当今我国乃至世界各国面临的难题。长寿是引起经济不安全性的原因之一，如果一个人活过其经济能力的范围，无法养活自己和家人，就会产生不安全性。长期照护的需要是引起经济不安全性的第二个原因，20 年前，年龄在 65 岁以上的老人在去世前有 40%的可能性需要长期护理。① 随着年龄增长，老年人的护理需求将从协助自主生活发展到 24 小时看护。年龄在 65 岁以上的老人仅有 18% 通过退休后的工作收入来养老。② 这个数据表明许多老龄人都会主动退休，如果有充足的经济来源，他们就不会积极工作，而选择安享晚年的生活。还有一种原因是他们因为身体健康问题会主动退出工作，这主要由于随着年龄的增长，老龄人各方面的能力会下降，老龄失智失能的风险也之增加，为老年人提供有效护理服务并解决其融资问题，将成为当今社会面临的主要挑战之一。

　　一般而言，退休金是老龄人主要且比较稳定的经济来源，有部分老龄人依靠退休后的劳动收入为主要经济来源，但这又受到年龄和身体条件的限制，较年轻有能力有精力的老龄人可能会选择继续工作，而随着年龄的渐渐增大，老龄人选择继续劳动的可能性随之降低，以劳动收入为主要经济来源的比例随着年龄增大而迅速下降。这些因素影响了老龄人的自身经济供养能力，造成了多数老龄人得依靠子女或其他亲属供养的局面。因此，为老龄人提供经济帮助的责任越来越多地落到了其子女和其他亲属的身上。我国老龄人退休生活的经济收入主要来源是子女或家属供养、老龄人自己的劳动收入和退休金，除退休金没有随着年龄的增长而成比例增加外，他们的身体状况却随着年龄的增长而变得愈来愈差。由于退休金不足以满足老龄人的生活，他们可能需要依靠子女或家属供养，以劳动收入为主要经济来源的大多是较年轻的老龄人且持续时间不长。这些经济原因显然使老龄人不能仅靠公共层面的退休金满足退休经济生活需要，更多地需要进行储蓄（包括个人保险、个人养老金和职业养老金等）以备不时之需。公共养老保险只能保障老龄人的基本生活，解决老龄贫困问题。只有发展私人养老金，才可以提高老年生活质量，提升人们平滑生命周期内的消费水平。

　　事实上，目前中国老龄化人口增速加快，失智失能的老人有增无减，私人养老金制度亟待发展。

---

① Anthony J. Gajda and Morris Snow, *Long Term Care*, *The Handbook of Employee Benefits*, McGraw-Hill, 2001, p. 310.

② Deborah Holmes, Lynn Miller and Maureen Richmond, *EBRI Databook on Employee Benefits*, Employee Benefit Research Institute, 1997, p. 58.

二 老龄人经济保障的路径

我国养老保险体系采取"三支柱"模式,"第一支柱"指基本养老保险制度,"第二支柱"指企业年金和职业年金,"第三支柱"指个人储蓄性养老保险和商业养老保险。前者属公共层面的养老保险,后两者属私人层面的养老保险。在美国,第三支柱包括个人养老金计划和个人储蓄账户。

(一) 国外养老金体系

一般老龄人会寻求一些方式来提升他们的经济安全性。不安全性主要来自随着年龄的老龄化而经济收入和储蓄减少的可能性。

在美国,主要采取如下手段来规避老龄不安全性风险:个人储蓄(包括个人保险和年金)、养老金计划(私人计划)和社会保障。前两者为私人层面的保障,后者为公共层面的保障。将三者结合起来,构成了经济保障的多重结构,被称为"经济保障的三支柱"。[1] 美国的养老金体系是由三大支柱构成的立体化制度架构,一是社会保障计划,由政府强制执行,为所有公民提供基本的退休生活保障;二是雇主养老金计划,如著名的 401 (K) 计划,由雇主出资建立;三是个人储蓄及商业养老保险等,由联邦政府提供税收优惠、个人自愿出资加入,例如个人自行管理的个人退休账户 (IRA)。美国养老金体系分三个层次:第一层为政府管理的联邦社会保证金计划,该计划为强制性,雇主和雇员共同出资;第二层是个人退休账户 (IRA) 计划,该计划为自愿,个人账户每年达到一定额度便可享受免税优惠;第三层是雇主支持性退休计划,该计划又可细分成确定收益型 (Defined Benefit Plan) (下称"DB") 和确定出资型 (Defined Contribution Plan) (下称"DC") 两种。美国通过社会保障信托基金对第一层次计划的资金展开筹集、发放及投资运营;通过退休金市场对第二、第三层次计划的资金展开筹集与投资运营。

在英国,代表"三支柱"的养老金类型有:国家养老金、公司养老金和私人(个人)养老金,国家养老金是政府福利,在有生之年按一定

---

[1] Everett T. Allen, *Pension Planning: Pension, Profit-Sharing, and other Deferred Compensation Plans*, McGraw-Hill Higher Education 2003, p. 1.

比例支付；公司养老金与员工的劳动相关，个人养老金完全由个人自己选择，每种养老金各具特色，体现了来自不同层面的福利。

与美国相似，日本养老保障体系也由三个支柱组成，即公共养老金、企业补充年金和个人储蓄养老金制度，其养老保障制度又被称为"年金制度"。第一支柱为独具特色的双层养老保险制度，第一层为覆盖所有公民的国民年金制度（即"基础年金"），具法定年龄的日本所有居民都必须参加；第二层为公务员或公司职员分别设计的"共济年金"和"厚生年金"。第二支柱为企业的补充养老保险制度，这种退休福利是由雇员年金费中转出 3.5% 的资金组成，且雇主和雇员各自承担一半。退休福利可以一次性支付，也可按月领取。第三支柱是个人储蓄养老金制度，是由个人全资支付，按个人意愿缴纳的养老保险。日本养老保障体系以公共养老金制度为核心、以人寿保险等制度为必要补充。①

德国养老金体系也分为三个支柱：第一支柱为基本养老保险，包括法定、农民、特定职业、吕库普 4 项，旨在提供终身基本养老保障，不可继承、不可抵押、不可变卖、不可转账；第二支柱为补充性养老保险，包括企业补充、里斯特养老金。第一、二支柱均适用递延纳税制度，享受税收减免政策。第三支柱为个人自愿性养老保险，税收优惠有限。三个支柱各种养老保险计划的地位明确，尤其是吕库普保险和里斯特保险为老年生活保障的个人自主规划提供了更多选择。②

（二）养老金体系"三支柱"

各国养老金体系在结构和语言表述上均不相同，广义上来说，个人可以从三个方面获取退休收入：政府的社会保险金（公共层面的养老金）、职业养老金和个人养老金（私人层面的养老金）。

1994 年世界银行在《防止老龄危机：保护老年人及促进增长的政策》（*Averting old age crisis：Policies to protect the old and promote growth*）中提出了养老金体系中的三支柱理论。③ Elizabeth Jean Shilton（2011）指出养老

---

① 参见中国证监会《日本养老金体系与资本市场》，http：//www.csrc.gov.cn/pub/newsite/ztzl/yjbg/201405/t20140528_255049.html。
② 于秀伟、侯迎春：《德国养老金税收政策改革及启示》，《国际税收》2013 年第 9 期。
③ World Bank, *Averting the Old Age Crisis*, Oxford University Press 1994, p.99.

金体系中的三大支柱有许多不同的界定方式①，Larry Wilmore（2000）根据世界银行独特和有用的方式所作的界定（基本养老金、强制储蓄和自愿储蓄）提出自己对"三大支柱"的界定：公共养老金、职业养老金和个人养老金。② 第一支柱的公共养老金又解释为现收现付的政府养老金。Zvi Bodie 和 E. Philip Davis（2000）将养老体系比作"三条腿的凳子"，指出政府养老的作用是解决信息不对称、逆向选择和搭便车的问题；企业养老有三个优势即激励机制、信息对称、代理问题和资本市场的切入；分析了个人养老的两种模式即固定利益型计划和固定出资型计划的优劣，提出了结合二者之优势的混合型养老金计划之设计。他们分析了金融制度对退休收入规定的影响，资本市场与养老金体系的相互作用，尤其是公司金融在私人养老计划中的作用。③ 国际货币基金组织 IMF（2004）认为养老金体系主要是"多支柱"结构，退休收入来源于政府、职工和个人储蓄④，学界对"支柱"的界定众所纷纭，一般取决于各自的研究目的。从储蓄的来源来看，第一支柱来自国家层面的普惠的权利和收入；第二支柱指职业养老金计划，如 DC、DB 和新的混合计划；第三支柱是私人养老金计划和产品，通常具有税收优惠。

（三）老龄人经济保障的安全网

如何设计老龄人经济保障的和谐机制？这种机制一方面要保障人们老龄的生活；另一方面要促进经济的发展，它既是一张老龄人经济保障的安全网又是促进经济发展的工具。这种机制需要具有储蓄和工资的替代功能，使得人们将工作时期的部分收入移转到老龄时消费；需要具有再分配或救济贫困的功能，使得低收入的人获得最低生活保障；需要具有保险功能，使得老龄人能够应对各种风险如残疾、长寿、通胀、政治和投资等风险。另外，这种机制必须"高效、持续、透明"，降低阻碍经济发展的隐

---

① Elizabeth Jean Shilton, *Gifts or Rights? A Legal History of Employment Pension Plans in Canada*, University of Toronto 2011. （A THESIS）

② Larry Wilmore, *Three Pillars of Pensions? A Proposal to End Mandatory Contributions*, United Nations DESA Discussion Paper No. 13, 2000.

③ Zvi Bodie and E. Philip Davis, The Foundations of Pension Finance, *Editors' Introduction* 2002, http://www.ephilipdavis.com/foundations.pdf.

④ IMF, *Global Financial Stability Report: Market Developments and Issues*, September 2004.

性成本，通过长期计划应对经济和人口状况可能发生的变化，使员工、公民和政策制定者能够做出知情的选择。[①]

由于三个支柱分别具有不同的优势，将其结合才是实现多重目标的最佳方式。由三支柱构成的养老金体系通过发展充足的养老金，以确保养老金体系的长期可持续性。为此，一些国家通过养老金制度的改革增强私人管理和筹集的养老金计划在未来的地位，鼓励社会组织和个人直接参与到养老金供给。由于私人养老金计划的经济作用越来越重要以及享有税收优惠，因此，其良好的运作可以作为社会保护的工具。养老金的充足性使其能够预防贫困和对老龄人的社会排斥，确保老龄人退休后体面的生活，使其分享国家的经济福利并参与到公共、社会和文化生活中。因养老金的社会和政治持续性，它们必须充足且唯有保持充足性方可保持经济上的可持续性。为了应对急速老龄化的社会，充足的未来养老金要求养老金体系能够得到持续性的融资，因此，养老金的充足性和可持续性具有必然的联系。就公共养老金而言，公共养老金是现代福利国家的基石，旨在给退休的老龄人支付基本的生活开支，人们也可以在退休时不领取养老金而是将其递延到更晚时期。人们从其收入中拿出一部分用于缴纳国家的社会保险，领取养老金的数额取决于缴纳的国家社会保险是否有缺口。如果人们缴纳的社会保险有缺口，那么退休时他们获取的国家养老金的水平就低于国家标准水平。就职业养老金而言，在工作时期，人们还可以将一些收入投入到职业养老金计划，此种养老金计划由雇主发起或设立并作为福利向员工提供。政府鼓励自愿加入，所有的公司须向合格的雇员提供养老金，但与国家社会保险不同的是人们可以根据自己的意愿选择退出。人们可以决定向养老金中出资数额，尽管有工资收入的最少比例的要求，但一般而言是自动扣除的。此种养老金具有两个优点：第一，雇主每月向养老金基金中出资；第二，可以享受税收优惠。就个人养老金而言，当公共养老金不足以满足退休生活所需时，如果雇主不能提供养老金，人们则可以通过个人养老金来保障。人们可以通过银行账户进行常规的出资，此种养老金与职业养老金一样可以享受税收优惠。

将三支柱结合起来可以更好地把握重新分配的导向，提供更有效的储

---

① World Bank，*Averting the Old Age Crisis*，Oxford University Press 1994，p. 233.

蓄并可以降低社会成本。这更有利于实现老龄保障的"保险"目标,因其降低了员工政治、投资等风险。采取单一的支柱,犹如将鸡蛋放于一个篮子里一样,如果那个篮子破了——无论是公共的还是私人的,就会陷入严重的困境。由于未来的情况不可预知,将不同的金融和管理资源加以分散是确保不确定世界安全性的最佳方式。①

三　私人养老金发展的动因

老龄人的经济保障形势严峻而且日趋重要。老龄人口的急剧增长给全球的社会保障体系造成越来越大的压力。对此,许多国家采取了各种各样的应对方式。近年来,许多国家的养老金改革更多地依赖私人养老金。现在,养老金基金是世界上第二大机构投资者,其全球性的设立对资本市场的发展具有重要的意义。养老金基金的规模和数量的增加极大地促进了中长期资本的运用,并在各国经济发展中发挥着关键性的作用。②

(一)　储备养老资金

将资金投入到养老金计划中是一种储蓄资金,以用于退休后人们及家人生活,通常退休金也为工作时过早去世的人及其家属提供福利。一般而言,许多国家均提供公共层面和私人层面的养老金,公共层面仅能满足员工及其家属在其退休后的基本生活,解决贫困问题,而私人层面的养老金主要来源于个人储蓄和由雇主提供。由个人和雇主提供的私人养老金储蓄可以保障人们的退休生活更加安逸,当然,生活舒适的程度取决于人们一生当中所进行的个人储蓄的多寡。对雇主而言,提供私人养老金是一种招募雇员和留住雇员的有效动因。

广义上来说,私人养老金是诸多不同因素作用的结果,雇主主要关注经济和某种企业关系,而成员和工会关注的是福利的协商以及成员对管理事务的参与和相关公司或企业的持续健康发展。政府利用税收优惠和保险制度是期望最大化计划的潜在福利,由此来减轻国家在未来养老金供给中的作用。众所周知,养老金基金所聚积的资本资产对经济产生重大影响。养老金基金发展的主要动因是其为雇主和雇员均带来诸多优势。对雇主而

---

①　World Bank, *Averting the Old Age Crisis*, Oxford University Press 1994, p.239.

②　OECD, *Strengthening Private Pensions*, OECD 2003.

言，他们支付私人养老金有利于其招募、吸引和留住员工，这是最基本的提供此种便宜的工具。无论如何，许多国家要求雇主必须提供养老金计划，由雇主和雇员为雇员的退休生活基金共同投资，为了鼓励养老金储蓄，减少政府的开支，许多国家政府给予进行养老金储蓄的雇主和雇员以税收优惠。总之，基于这种互惠基础，私人养老金获得了广泛和长足的发展。同时，各国政府通过优惠的待遇如税收优惠政策和其他措施促进了私人养老金的发展。

　　一些小企业主愿意向其雇员提供养老金吗？[①] 一些小企业主在促进企业兴旺发达的时候，不仅忘记了给雇员提供养老金，而连自己的养老金也忘记了。一些私人企业的职工无法通过其工作单位获得养老金，一些小企业也不提供这样的养老金，这加速了退休储蓄危机，因为许多职工除雇主资助养老计划以外难以进行储蓄。小企业主应当提供养老金计划以帮助解决雇员和自己的退休保障问题。小企业主可以设立 DB 计划，与 DC 计划不同的是，雇员每月拿出部分薪水进行储蓄用于将来退休，可以确保雇员根据其工作年限和其他因素在退休时获得一定数额的退休金，这为雇员退休创设了确定性的收入。将养老金计划作为小企业福利的一部分有助于小企业吸引更多的人才，保证人才的稳定以及增强企业的竞争力。通过养老金计划，雇主可以在人才争夺战中脱颖而出。养老金计划有必要调动雇员的生产积极性，可以通过利益分享机制进行筹资，雇员为了退休福利就有动力提高他们的生产积极性。雇主以逐渐投入的方式提供利润分享养老金计划有助于其保持稳定和长期的生产力，雇员就会不懈地帮助公司实现其经营目标。

（二）保障收入安全

　　从老龄人个人的角度而言，老龄人的收入安全需要两种工具：消费平滑机制和保险措施。Modigliani（诺贝尔奖得主）、Brumberg（1954）提出了生命周期理论：理性消费者追求的是生命周期内平滑跨时消费的效用最大化，工作时的储蓄或投资为老年时所用，个人对养老问题的金融安排构

---

　　①　Winnie Sun，Why Small-Business Owners Should Offer Pension Plans，http：//www.heraldtri-bune.com/business/20170421/why-small-business-owners-should-offer-pension-plans.

成了养老金融的微观经济学基础。[①] Hogan（2007）鼓励计划设计者抓紧利用生命周期金融，否则，风险随后会出现。她将 20 世纪 70 年代生命周期投资理论的发展以及衍生市场的创新描述成一个新的制度金融模式，这些变化已影响到个人金融市场。[②] Wade Pfau（2012）认为生命周期金融的目标是平滑其有生之年的消费和娱乐。[③] 该理论的支持者一直狭隘地认为仅仅是平滑退休时期的消费，并采取另外的风险管理技巧，包括对冲和保险。人寿保险、养老金、债券、固定和递延收入年金以及推迟退休均为生命周期计划的工具箱。

养老金可以通过自愿的储蓄来保障生命周期的平滑消费并可以消除长寿风险。人们不只是想在某个时期某个时段某个时点最大化其财富，而是希望整个生命周期内最大化其财富。人们储蓄的目的是不因为现在的额外消费没有价值，而是因为他们将使未来的额外消费的价值高于现在的额外消费。退休金的核心目的是消费平滑，即能够将其中年工作期间的消费移转到退休阶段，并可以选择从工作到退休生活的自己最偏爱的消费时段。[④] 在确定的模式中，个人将其工作年限中的储蓄用于退休生活的供给。但关键是人们面临诸多不确定性的因素，如寿命有多长是不可预料的。因此，个人储蓄基础上的养老金面临着寿命大于储蓄的风险，人们会以基本不消费来对抗这种风险的发生。尽管人们不知道自己能活多久，但大多数人的平均寿命是可以知道的。原则上，可以由某一群体的成员筹资来设立养老金，成员可以根据其平均寿命或根据其出资的全部金额来领取养老金。另外，成员可能会为他人支付养老金来消除长寿风险。这种养老金的本质是个人将其退休的养老金积累换取其余生的日常支付，从而保障应对寿命长于养老金储蓄的风险。养老金制度可以保障成员退休前去世时其配偶和子女的利益，同时，还可以保障残疾时的利益。

---

① Franco Modigliani and Richard Brumberg, *Utility Analysis and the Consumption Function*：*An Interpretation of Cross-Section Data*, *in Post-Keynesian Economics*, Allen and Unwin 1955, p. 388-436.

② Paula H. Hogan, Life-Cycle Investing is Rolling our Way, *Journal of Financial Planning*, 2007.

③ Wade Pfau, Life-cycle Finance and the Dimensional Managed, http：//www.advisorperspectives.com/subscribers/subscribe.php.

④ Nichoas Barr and Peter Diamond, The Economics of Pensions, *Oxford Review of Economics Policy*, 2006, Vol. 22. Issue 1.

养老金计划是一种理想的退休设计，其提供广泛的福利以帮助他们保留一定份额的财富以及更好地工作。它有助于雇主留住雇员，在金融危机时期，几乎所有的雇主均削减了员工福利，在许多情况下首先削减的是退休福利，包括养老金和 DC 计划。养老金计划是员工福利的一部分，小企业为了能更好地留住现有的员工，吸引外部人才以使其营业有别于该领域的其他雇主，使其在市场上更具有竞争力。通常小企业主出资设立利润分享型的 DB 计划以激励员工最大化其生产能力，通过提供逐渐保留退休福利的计划（主要是 5 年以上）来确立更加稳定和长期的劳动力。养老金计划还可以减少风险，每一位小企业主或成功的企业家需要采取措施克服业绩下滑的风险。养老金计划关键性的功能之一是各方当事人之债权人不能获取养老金资产。企业主经常是被滥诉的目标，尽管许多人都购买了责任保险以补偿保护之不足，但在有些情况下，这种保护是不足的。小企业主通过将其重要的一部分财产与养老金联系起来，分散他们额外的风险，保障他们的退休资产不处于风险之中，甚至不处于更危难的境地。企业主为自己和其员工设立养老金计划，他们明白每年的管理费用有时是十分高的，特别是相对于其他退休计划而言。养老金计划精算师必须计算员工的年度筹资标准，这也是需要耗费成本的。对那些需要更多流动资金作为企业运营资本的企业主来说，养老金计划并不总是最佳选择。高净值的企业主和成功企业家可通过养老金计划来保护他们自己、他们的个人财产和他们的经营活动以及最大化其税收优惠退休储蓄。

（三）节省税赋列支

从税收优惠的角度而言，以美国 401（K）计划（一种 DC 计划）为例，雇主将出资的养老金以工资的形式支付给员工或以税前出资的方式纳入其设立的私人养老金计划，都可以于税前列支，可以获得减税优惠。而且利用养老金的"递延工资"雇主将雇员的工资收入转移到退休账户，可以使当期和退休后的收入结构发生改变，从而节省了雇员的税收支出，这增加了雇主给雇员的提供的隐形福利待遇。雇主通过设立私养老金计划可以建立一套完整的有竞争力的薪金福利体系，以此来吸引优秀的员工，增加其归属感和提供其工作的积极性。总之，私人养老金计划通过税收优惠措施对调动雇主和雇员双方的积极性具有重要的意义。

（四）发挥个人养老金优势

第三支柱养老金问题是各国越来越关注的焦点，许多国家正着手引入第三支柱的养老金制度。美国养老体系中第三支柱是个人养老金计划和个人退休账户（IRA），它是美国养老金资产增长的最主要来源。在英国，个人养老金计划是雇员个人所设立的，由外部人所提供的安排。由于其灵活性和效率性，被广泛用于员工退休后的安排。所有的个人养老金计划具有 DC 的本质。第三支柱养老金是一种私人筹资的养老金计划，由私人个人出资者自愿出资，其主要优势是税收优惠。私人养老金计划作为必要的替代收入可以弥补第一、第二支柱养老金收入之不足，私人养老金计划可由个人储蓄账户作为补充。第三支柱的这两种养老金计划具有选择性，旨在鼓励低收入者为退休进行储蓄，以保障其未来的生活品质。与第二支柱养老金不同的是第三支柱养老金完全由个人合资自愿筹集。由于人们为了维持退休后或失智失能后既有的生活水平，需要更多的金钱，其既定的养老金不足以达到此要求，甚至于死亡时还有遗属需要抚养，养老金的缺口也是需要通过第三支柱养老金计划予以解决。第三支柱私人养老金计划由金融机构如银行和保险公司给居民提供了养老金储蓄的机会，其动力来自金融机构所提供的私人养老金产品。它的引入实际上是利益相关者之间协商的结果。

个人退休账户 IRA 也享受政府的税收优惠政策，是由个人自愿建立的养老金计划。个人账户完全由自己出资，国家给予税收优惠。最初的个人账户计划只是解决那些不享受雇主养老金的雇员和自雇人员的退休福利问题，后来扩展到已参加第二支柱养老金计划的雇员。个人退休账户作为一种公民长期储蓄计划，具有诸多优势。政府税收优惠促进了个人退休账户计划快速发展。美国现行法律规定，所有 70 岁以下且有收入者均可开立个人退休账户，即使其参加了其他养老金计划。

当今，人们越来越需要依靠自己来确保老年的生活，最佳的方式是加入私人养老金计划或私人退休福利计划。个人养老金计划可以视为一种保险的形式，在工作期间交纳一定的保险金，以保障退休或不工作时的生活。它可以有效地防范老年贫困的风险，确保退休时有稳定的收入。

个人养老金基金一般由成员出资筹集设立，并投资于资本市场，将信托运用于个人养老基金管理和运作当中，利用其内在机理保障资产之独立性，从而实现其安全性功能。

个人养老金是一种私人养老金，由个人与银行、保险公司或单位信托等所进行的安排，可以为退休人员提供稳定的收入。这种个人养老金可由个人每月支付一定数额或一次性支付给养老金计划提供者，由其为成员的利益进行投资；他人和家庭成员也可以为某人支付个人养老金；一些雇主也可以为其雇员设立个人养老金。一般而言，自由职业者未能取得职业养老金的人、没有工作但能交纳养老金费的人、希望退休后有更多储蓄的人以及雇主为雇员提供的作为职业养老金计划的人均可设立个人养老金，最终可获得的福利取决于筹资及投资业绩。当然，养老金计划提供者可以收取发起和经营养老金的费用。

个人养老金计划是英国养老金领域近几十年来最伟大的成就，它是指一种注册养老金计划，不同于提供之前积累福利的职业养老金计划或年金。个人养老金通常有合同型养老金和信托型养老金。许多的个人养老金计划的调控文件实际上将信托纳入其架构中，在其运作中发挥重要作用。在实践中，特别需要区分个人养老金和职业养老金，其差异是成员与个人养老金计划提供者之间协议所发挥的核心作用有所不同。

个人养老金计划的出资资本即计划基金由受托人（保险公司、信托公司等）管理，该基金的本金及稳定收益由受托人保障，出资根据个人的经济能力和需要具有灵活性，从工资中抵扣。基金具有稳定的增值收益，使出资积累成退休储蓄，从而提升了成员退休的经济保障能力；通过资本聚积，将诸多成员的出资产生的基金汇聚在一起形成较大规模的基金。根据可移转性特点，个人更换工作时，可将福利移转至其他福利计划。聚积的基金及投资收益在成员死亡时支付给其遗属，以给予他们一定的经济救济。取消条款灵活，雇主也可以为雇员的利益出资，只要其出资不超过雇员薪酬的一定比例，超过部分不享受税收豁免。支付养老金的方式灵活，可以一次性支付，也可将其储蓄进行投资，只支取收益。总之，个人养老金制度在保障老年人退休生活方面具有不可替代的作用。

第二节　私人养老金的一般性质

养老金基金具有重大的社会意义且越来越为信托法领域所关注，私人养老金计划可部分取代政府所提供的公共养老金计划。毫无疑问，伴随着这种现象的产生，越来越多的人依赖私人养老金计划，关注这些计划的运作方式也变得越来越重要。

一　私人养老金的概念内涵

第二、三支柱养老金合称为私人养老金，由职业养老金和个人养老金构成。

（一）何为私人养老金

私人养老金是雇主出资或以个人收入出资的计划，个人退休后获得私人养老金支付，是国家养老金的替代方式。通常，私人将基金投入到储蓄计划或共同基金，由受托人来运作。私人养老金也可以由雇主来运作，称为职业养老金。向个人养老金计划所为的出资通常享有税赋抵扣。

1. 职业养老金计划

第二支柱的职业养老金计划由雇主设立，主要为下列人员提供退休福利：给雇员提供退休的养老金以及免税的一次福利；给雇员在退休前去世或退休后去世时之遗属（丧偶之夫或妻以及其他需要抚养、扶养或赡养之人）提供福利。职业养老金通常可以分成三种：第一，固定福利计划（DB），通常是"最后薪酬计划"；第二，固定出资型（DC），通常称为"金钱购买计划"；第三，混合型计划。

职业养老金对雇员十分有利，不仅仅因为他们享有退休储蓄的税收优惠，而且因为雇主参与出资比仅依靠雇员自己出资的养老金增长得更快。就雇主而言，他们向雇员提供职业养老金计划，从人力资源的角度来看，为新的人才引入提供动力，同时是一种留住人才和现任雇员的有力措施。

私人养老金可以为未来提供保障，是一种明智的金融决定。在选择养老金时，雇员须充分了解相关信息，咨询专家意见，尤其是金融顾问的意见。

2. 个人养老金计划

第三支柱的个人养老金计划是由所有的公民自愿设立，由个人筹资并享受税收减免。福利是全部筹资而产生，具有 DC 性质。目标是提供补充的福利和加强储蓄。与第二支柱的养老金计划一样，以信托方式运作，由受托人、养老金基金经理人和托管人来管理，接受监管机构的监管。

个人、其亲属或其雇主可以作为委托人设立个人养老金计划，此计划以信托模式来运作。根据信托的内在机理，信托资产名义归于受托人，由其以自己名义管理处分信托财产。

个人养老金计划可由保险公司等金融机构提供，被聘请的公司受托人如保险公司以信托的方式为成员的利益管理和运作养老金基金。个人养老金信托是采用"个人养老金＋信托"模式的一项创新法律制度。

个人养老金信托由信托文件和规则调整。信托受托人需要熟知信托法和养老金立法，有义务进行投资，准备年度报告，审计，支付受托人责任保险等。个人养老信托由养老金提供者按信托文件所设立，受托人公司被任命进行监控和确保信托文件和规则的执行。根据信托文件和规则，接受任命的受托人或计划管理者享有自由裁量权，计划成员死亡时的福利通常免征遗产税。

个人养老金信托是一种个人信托，在美国已形成相当的规模，具有极大的重要性。养老金信托源于递延补偿，于退休时支付。美国的 ERISA 法案规定了强制性的受托人规则，雇员福利计划之全部资产须以信托的方式持有。美国《国内税收法典》也要求养老金基金运作采用信托形式，信托信义法的核心原则在养老金信托立法中得以引入。比较容易将养老金信托与个人信托关联起来的原因是大多数养老金计划除了便于转为员工的退休储蓄，根据受益人的指定，将未分配的养老金账户余额移转给员工的遗属，这也是 DC 计划的特点。从这点来看，养老金信托具有混合性的特征：它既是商事信托，也通常产生无偿移转。

个人养老金信托是一种自益信托，也可以是一种他益信托。委托人可以指定自己为受益人，也可以指定他人为受益人。除受托人为法定所有权人外，个人出资的个人养老金信托中该个人是委托人兼受益人，委托人同时可以指定其家属作为受益人，信托资产真正归属于该个人或其家属；家人或其他人出资的个人养老金信托中被指定为领取养老金的人为受益人，信托资产归属该受益人；雇主出资的个人养老金信托中雇员作为受益人，信托资产归属该雇员。

（二）职业养老金和个人养老金之同异

职业养老金和个人养老金同属私人养老金，两者的共同之处是计划以信托方式设立从而将计划资产与雇主资产相分离。另外，计划必须符合法定的合格要件，具有独立的个人账户，享受个税递延优惠政策，采取长期积累制等。

职业养老金和个人养老金具有明显的区别：第一，职业养老金计划仅可由雇主以信托方式设立，而固定出资（DC）个人养老金可以由个人或雇主设立；第二，应税雇员不包括投资公司的控制董事均可成为职业养老金计划的成员，而 DC 个人养老金的成员不必要求有须纳税的收入，且投资公司董事也可以成为计划成员，向 DC 个人养老金计划出资；第三，雇主出资是职业养老金的强制性要件，而在 DC 个人养老金中雇主出资非为要件；第四，职业养老金计划对退休福利标准进行了限制，出资额度却不受限制（仅限于出资额度足够产生最大福利即可），相反，DC 个人养老金对出资额度进行了限制，但福利标准不受限制，根据基金所能产生的福利标准而定；第五，职业养老金计划是最后薪酬或金钱购买安排，而 DC 个人养老金均为金钱购买安排。

二　私人养老金的本质特征

关于私人养老金的本质长期存在着两种学术争议："人力资本折旧"说和"递延工资"说，这种争议可能会影响到谁应当向养老金出资以及养老金剩余的归属的确定。

（一）"人力资本折旧"说

早期的养老金计划体现的是雇主对雇员长期忠实的服务所提供的犒赏。早期养老金计划是雇主自由决定，既不受合同约束也不受其他制度的制约，养老金计划的延续全凭当时竞争条件和管理政策，雇主在认为合理时或认为存在不当行为时会终止向计划成员发放养老金。随着工业化的发展，设立养老金计划成了雇主的特权以及其行使管理权的策略，主要动因是给雇主带来越来越多的直接或间接的经济利益，后来养老金计划成了雇主为退休人员提供经济保障的道德义务。从整个社会经济的角度而言，没有雇主有权利榨干他人的血汗，然后将其像海上的垃圾一样抛给社会。①

---

① Lee Welling Squier, *Old Age Dependency in the United States*, Macmillan 1912, p. 272.

"人力资本折旧"说认为，私人养老金是"人力资本折旧"的概念，[①] 是指雇主应支付员工长期工作后的身体和心智的折旧。[②] 该说认为，雇主有义务支付员工的折旧费，有责任为员工提供经济保障。如果将养老金作为员工人力资本的折旧，那么，雇主负有补充义务，即对收入和退休的安全性负有义务。在此意义上，筹资不足的过去债务即所谓的"遗留成本"[③] 具有另一面的含义，由雇主因人体造成伤害所获得的工作价值的遗留福利来补偿。"所有的企业在恰当的政府项目缺失的情况下，均有义务以医疗和类似的福利以及以老龄退休金形式的折旧为其员工提供人体所需的给养——就像对待工厂和机器的折旧一样。"[④] 也就是说，"以收入来保障人体的全面折旧价值——以 65 岁退休时的养老金或退休津贴形式"。[⑤] 不过，此观点受到一些专家们的质疑，他们认为老龄化的过程是一个社会心理的结果，不是劳动关系的产物，当然不可否认，某些职业风险缩短了相关雇员的寿命，为此，雇主需对雇员因职业风险所带来的衰老承担责任。尤其重要的是，将人与机器进行类比是站不住脚的。机器是雇主所拥有的资产，其折旧仅从会计的角度根据各种会计时段分配的设备成本；而雇员与机器不同，是以特定的工资比例向雇主出让自己的劳动和服务，他们可以自由地在不同的雇主间流动，"雇主对其雇员终止劳动合同后的福利承担经济或道德上的义务应当基于强有力的理由，而不是与机器进行类比"。[⑥]

---

① Everett T. Allen, *Pension Planning: Pension, Profit-Sharing, and other Deferred Compensation Plans*, McGraw-Hill Higher Education 2003, p.15.

② Gordon L. Clark, Alicia H. Munnell, Kate Williams, J. Michael Orszag, *The Oxford Handbook of Pensions and Retirement Income*, Volume 13, Oxford University Press 2008, p. 386.

③ Definition of "Legacy Costs" involved with a company paying increased healthcare fees and other benefit-related costs for its current employees and retired pensioners. It is believed that escalating legacy costs can be a very large contributing factor towards limiting a company'scompetitiveness. https://www.investopedia.com/terms/l/legacycosts.asp#ixzz5F5SAa4Zs. 此成本应当理解为医疗照护债务和养老金债务。

④ Steel Industry Board, *Report to the President of the United States on the Labour Dispute in the Basic Steel Industry*, US Government Printing Office, September 10, 1949, p. 55.

⑤ Steel Industry Board, *Report to the President of the United States on the Labour Dispute in the Basic Steel Industry*, US Government Printing Office, September 10, 1949, p. 55.

⑥ Charles Lee Dearing, *Industrial Pensions*, Brooking Institution 1954, p. 243.

(二)"递延工资"说

"递延工资"说认为雇主是中立的,雇主所设立的养老金仅仅是帮助员工为未来进行储蓄。养老金有助于促进消费的跨时期移转,其默示着员工通过接受降低工资来获取养老金。[①]"递延工资"的概念是近年来关于养老金的理念被广为接受的观点。此观点将养老金福利视为工资收入的一部分,包括现金工资和其他附加福利。它对协调养老金计划颇具吸引力,它是劳资双方对劳动力成本协商的论断。如果双方协调了养老金福利,那么,用于现金工资增长的基金就相应减少,[②] 为了全面了解老龄和服务养老金,应当将其视为员工薪金的一部分,这种养老金由公司或员工出资或由公司与员工各出资一部分来设立。在某种意义上,此观点是正确的,但也产生了混乱。养老金制度应当认定为员工真正工资的一部分,真正是由雇员出资的,也许不是金钱,但在没有设立养老金制度之前员工可能获得的工资增长。[③]"递延工资"的概念也受到质疑:第一,支付了特定行业优厚现金工资的雇主也提供了养老金福利,因此,在此情况下,养老金是现金工资增长以外的福利,而不是替代现金工资的增长;第二,"递延工资"的概念忽视了雇主愿意以较低的利润优选法来为员工提供养老金计划;第三,如果养老金福利是一种形式的工资,那么,辞职后的员工有权获取退休前所赚到的部分退休福利。事实上,只有少部分计划直接完整地提供养老金福利。"递延工资"的概念的倡导者将养老金福利作为工资,养老金福利获得是以员工于特定年限中的剩余服务为条件的。在概念上,养老金福利类似于纯赠与,通过此安排保单持有人获得了保单的全部面值,如果他们能活到保单到期时,然而,保单持有人在此之前去世的,受益人就什么也得不到,在此情况下员工的对价是减少了现金工资来代替了养老金福利。[④]"递延工资"使共同控制养老金基金具有了合理性,这样,

① Gordon L. Clark, Alicia H. Munnell, Kate Williams, J. Michael Orszag, *The Oxford Handbook of Pensions and Retirement Income*, Volume 13, Oxford University Press 2008, p. 387.

② Everett T. Allen, *Pension Planning*: *Pension, Profit - Sharing, and other Deferred Compensation Plans*, McGraw-Hill Higher Education 2003, p. 16.

③ Albert de Roode, Pensions as Wages, *American Economic Review* Ⅲ, No. 2, June 1913, p. 287.

④ Everett T. Allen, *Pension Planning*: *pension, profit-sharing, and other deferred compensation plans*, McGraw-Hill Higher Education 2003, p. 17.

员工对基金的投资享有话语权，但不享有固定福利的承诺，即享有控制储蓄账户的权利但不享有担保的回报或结果。无论如何，"递延工资"的概念具有一定的意义，但仍存在疑问。①

迄今为止，仍没有一种理论能完全解释私人养老金的原理，② 但学界对其探讨仍未停息。

养老金福利基于部分对价，即雇员提供服务所获得的回报。在共同出资计划中，雇员也是出资人，而且计划的受益人即成员，非无偿地支付相当价值的对价，公司雇主所为出资不是进行的赠与。因此，以"递延工资"所表现的养老金福利是雇员向雇主提供的服务所获得的回报。无论如何，养老金基金是根据信托原则而运作，受托人有责任进行信托基金的投资并将基金的金钱支付给养老金成员，受托人对养老金的投资形式和责任受养老金法律的调整。

三　私人养老金计划的类型

私人养老金在为老龄人提供退休收入方面越来越具有重要意义。私人养老金由雇主养老金计划和个人养老金（个人养老金计划和个人账户）组成，是对国家基础养老保障的有力补充。在美国，私人养老金能够迅猛发展和稳健运行，源于其发达的金融市场和专业化管理经验的受托人，尤其是其完善的私人养老金的法律规制机制。这种法律规制机制为养老金运行提供了核心规则，成为养老金计划发起人、成员和受托人的行为规范，而且这种规制机制保障了整个养老体系的有效运行。私人养老金蕴含的激励机制，使得养老金计划各方当事人均可互利互惠并愿意参与其中，从而有效地促进了整个养老金体系的完善与发展。

私人养老金计划是雇员或个人为今后老龄生活所为的储蓄，其主要类型有两种：固定出资型和固定福利型，③ 但也有其他类型。对私人养老金计划可适用的立法规定因计划的类型不同而不同。

---

① Everett T. Allen, *Pension Planning*: *pension*, *profit-sharing*, *and other deferred compensation plans*, McGraw-Hill Higher Education 2003, p. 17.

② Everett T. Allen, *Pension Planning*: *pension*, *profit-sharing*, *and other deferred compensation plans*, McGraw-Hill Higher Education 2003, p. 17.

③ https://www.gov.uk/pension-types.

在大多数养老金制度成熟的国家，雇员养老金计划主要是自愿的，员工保险受到极大的限制。养老金计划可以由雇员、企业、工会或职业组织发起。雇员养老金旨在保护员工福利，并向雇主和雇员提供税收优惠以激励他们分别发起和参与养老金计划。传统上，大多数养老金计划的架构主要是为了给雇员提供退休时的生活年金，而且这种架构在不断地发生变化。例如，一些 DC 计划允许提前支取、贷款和/或退休时一次性分配；DB 计划通常一次性支付退休福利而不是年金。这结果影响到每一种计划的雇主和雇员所要承担的风险以及对资产分配产生影响。

（一）DB 型养老金计划

固定福利型养老金计划有时又称为"最后薪酬"或"职业平均"养老金计划，是由雇主提供的职业养老金。雇员领取的养老金不取决于投资，而是根据工资和工作年限，雇员退休时每年会获得一定数量的养老金，也可以获得一定比例的免税额。在 DB 福利计划中，雇员有权享受的养老金福利根据一个公式来确定，该公式中需要考虑为雇主服务的年限，在大多数情况下，根据工资或薪酬。无论该养老金基金资产的投资绩效如何，计划的发起人需要保证此福利。在主要的 DB 计划中，雇员可以领取的养老金福利相当于工作期间每年最后薪金的一定比例少于社会保障福利的比率乘上服务年限。在此种计划中，雇主有义务向雇员承诺支付年金。① 可养老金化的薪酬构成具有相当大的灵活性，如可以包含奖金或仅限于基本工资；可以是仅退休前一年的工资或三年期间的平均工资或近十年中效益最好的三年的平均工资。受托人须了解计划所提供的福利，他们有责任确保以恰当的方式支付福利。

固定福利型（DB）或最终薪资养老金计划，约定提供一定额度的养老金给退休时的成员。养老金常常基于成员的最后薪资以及他们为其资助者的雇主工作的年限。例如，计划可以在工作 40 年后提供最终薪资的三分之二，每年获取最后薪资的十六分之一。逐渐地，与公共养老金计划一样，养老金设定为成员工作周期的平均薪资或上级薪金限制用于计算养老

---

① Zvi Bodie, The Lender's View of Debt and Equity: The Case of Pension Funds, Conference Series; [Proceedings], Federal Reserve Bank of Boston, Vol. 33, pp. 106-135. https://ideas.repec.org/a/fip/fedbcp/y1989p106-135n33.html.

金。一般来说，DB 计划越来越不普遍，许多计划已不再对新成员开放，而且雇主对其他计划也不再进一步出资，这主要是因为这种计划使雇员不得不承担弥补筹资缺口。固定出资型或"资金购买"计划近年来变得越来越普遍。成员的养老金反映了向该计划支付了多少缴款，而且反映了这些资产的运作业绩。一旦退休，一定比例的资产就得用于年金。

　　在传统的 DB 养老金计划中，员工获得从退休到去世止的月收入的承诺或在有些情况下，在配偶去世时为止。承诺的终生年金（递延）通常根据与雇员的工资或薪酬以及在发起人公司服务的年限相关的公式来计算。在典型的 DB 计划中，成员拥有一个单位的养老金，通常可以表述为一定比例上的名义收入，作为每年的信贷服务或参与。DB 养老金可以以与通货膨胀相匹配的指标为标准，但在许多国家如美国、加拿大，这种标准在私人养老金领域并不普通。在英国、美国和澳大利亚以各种措施作为收入的基准，最为普通的是"最终薪酬"———一般雇员在退休前特定时期的平均收入或在最高收入的特定时期的收入。在最终薪酬计划中，预期的福利一般设计来替代根据特定雇佣期（35—40 年）预先决定的"最后薪酬"的比例。替代率不同则计划变化相当大，最慷慨的 DB 计划以最后薪酬的 60%—70% 的薪酬替代率来设计。雇主一般具有法律上的义务对现其承诺的支付，公司没有义务支付预期的但未实际产生的福利。在某些情况下，雇主也可以终止养老金计划，但雇主主要还是变换养老金计划的类型而不是终止计划。而且实务中，一个全面的养老金计划是很难终止的，除非公司破产，尤其在高度工会化的企业中，DB 计划通常是一种协商性的福利。不过，一个全面的计划终止一般适用于计划的发起人，主要是 DB 计划的三种类型：第一，硬冻结或终止。没有额外的福利支付给现在的计划成员，要么延长工作期，要么增加补偿。第二，软冻结。一般限制现在计划的成员因工作期的延长而增加可分配的福利，但可以允许增加补偿。第三，部分冻结。计划只对部分人而非全部成员冻结。① DB 计划终止时，公司有义务支付累算和既定的福利。一般而言，从 DB 到 DC

---

　　① John Broadbent, Michael Palumbo& Elizabeth Woodman, *The Shift from Defined Benefit to Defined Contribution Pension Plans—Implications for Asset Allocation and Risk Management*, Prepared for a Working Group on Institutional Inve stors, Global Savings and Asset Allocation established by the Committee on the Global Financial System.

计划的转换是一个渐进的过程，包括一个转换期，雇主要提供两种养老金计划，一种是 DB 计划给现在的雇员，另一种是 DC 计划给新雇的员工。DB 养老金计划中的雇员可能面临破产风险，如果发起人公司在该计划尚未完全筹资完成的时候宣告破产。有的国家如美国通过设立养老金福利担保公司（PBGC）之类的养老金福利担保机构来保障成员的养老金福利，在英国则设立英国养老金保护基金。在美国，宣告破产的公司一般面临较少的终止计划的严格条件，近年来导致大量的大计划的"失败"。当破产公司终止 DB 计划时，PBGC 公司则享有养老金福利筹资时就被隔离资产的所有权并接管向合格的退休者支付承诺福利的责任。当有的公司在养老金计划尚未完成全部筹资时就破产，PBGC 公司会将其过去几年的经济状况视为实质上恶化。总之，一旦发起人公司破产，这些机构就会接管向退休人员发放承诺的部分福利的义务。在这些类型的安排中，担保基金所承担的风险最终可能转给了纳税人。

传统的 DB 养老金框架给雇主和雇员带来不同类型的风险，雇主承担向雇员提供养老金福利的风险，如前方所提及的，主要表述为退休前总收入的特定替代率。雇主还承担市场定期或跨期风险，因为 DB 计划资产不必满足员工退休时的义务。通过许多非同时退休雇员之间所缴纳的计划筹资，与个人相比，雇主能够管理市场的定期风险。在管理与 DB 养老金计划相关的全部经济风险时，雇主承担"投资"风险，独立出来的筹集累积的养老金福利资产的实际回报的风险可能缺乏预期，如果不良的资产回报不能使养老金计划获得充分的筹资的话，这会强制雇主提高出资。投资风险包括市场风险、信用风险和其他类型的风险，可能产生于投资计划的资产。雇主通过投资与其累积债务的期限或现金流相匹配的固定收益证券来对冲市场风险，如果他们采取高收益率的固定收益证券，那么，他们也能限制信用风险。在实践中，大多数 DB 计划重点投资于公募证券（一半或三分之二的资产），如果接受市场风险暴露以及股票溢价以作为压低预期养老金出资的补偿。一方面，雇主也承担"长寿"风险，因为他们一般有义务提供 DB 福利作为递延终生年金。长寿风险是计划受益人的寿命比最初预计的要长，从而增加了向雇员支付福利的期限；另一方面，雇员主要首当其冲的是承担通货膨胀的风险，因为私人 DB 计划一般并不因为退休后一般的物价水平提高而将福利支付指数化。雇主与雇员所承担风险的具体本质和风险的大小显然由诸多因素所导致，这些因素因特定的国家而有所差异。另外，就 DB 计划而言，传统的养老金会计标准鼓励发起人将其投资转向于公司股票。美国和加拿大均允许发起人预订养老金资产上预期的组合收益作为收益并摊销若干年的预期和实际组合收益之间的差额。一般而言，这允许发起人将预测的股票溢价纳入到收入，平滑或甚至掩盖相关的组合风险。通货膨胀风险大量存在，或许 DB 养老金最大的风险是"增长性"或"可移植性"风险，这反映了福利传统上是向长期雇佣关系方面倾斜。因为福利支付（名义上）通常以收入和年限（两者每年呈增长趋势）的产品来计算。通货膨胀的风险与投资风险密切相关。员工的工作年限越来越长，作为收入的一部分的 DB 养老金福利的现在价值在退休前几年也大幅增长，因为福利支付的期限快到了。最终薪酬计划对受益人而言的主要优势是他们获得福利的标准是相当确定的，取决于退休时可养老金化的薪酬和可养老金化的服务年限。对于一位频繁调动工作的雇员来说，如果在刚刚服务两年前离开，而这时正好是有权获得其自己出资回报的时候，那么，最后薪酬计划并不具有优势。如果他在两年后离开，他可以选择将其累积的福利移转至另一个计划，但移转的价值并不能代表其投资的有利回报，他也可以将其福利留在其前任雇主计划中作为退休时可以支取的递延福利，但其价值可能不能与通货膨胀保持一致。对雇主而言，最后薪酬计划具有不可预见性。成本取决于诸多飘忽不定的因素，例如计划资产的投资回报，计划成员的福利开支增加等。雇员的出资是固定的，所以，雇主得弥补这种成本的差额，雇主通常也要承担运作计划的成本。另外，与金钱购买计划相比，可运用于最终薪酬计划的法律机制要复杂得多。

（二）DC 型养老金计划

固定出资型又称为金钱购买型，其固定的因素不是日益积累的福利而是雇主和雇员应支付的出资额。成员的养老金取决于向计划出资的水平，回报来自出资的投资，累积的数额在成员退休时以养老金的方式提取。对雇员而言，福利是不确定的，而且要承担投资的风险。如果投资价值下滑，那么用于购买年金的基金则减少。不过，此种计划概念上来说比最后的薪酬计划要简单得多，因此，被认为更具有吸引力。许多计划向计划成员提供投资选择，他们对福利享有一定程度的控制权。最后，金钱购买福利通常对流动性大的雇员来说具有优势，因为流动时仅需将累积的基金移转至新的计划，其福利不取决于由受托人决定移转支付的额度。对雇主而言，此种计划的最主要优势是金融的确定性，出资是固定的，为获得特定额度的福利出资不存在问题。另外，立法机制相比而言要简单得多，这种计划的劳动力和经营成本要低于最后薪酬计划。然而，从更长期限来看，特别是对更稳定和成熟的劳动力而言，不像最后薪酬计划那样，金钱购买计划很少能提供优厚的福利。

固定出资型安排在概念上比固定福利型简单。在此种计划中，每位雇员均有一个账户，由雇主和雇员共同向其账户中出资，雇员的福利多少根据该账户中出资的总额和积累的投资收益来确定。此种安排是一种延税退休储蓄账户，以信托方式为雇员运作。出资通常被确定为业已确定的工资部分，尽管该部分在职业生涯中无须改变。退休时，雇员主要是获得年金，多少则取决于退休账户中基金累积的价值。雇员经常对账户如何投资具有某种选择权，原则上，出资可以投资于证券，尽管实践中大多数计划限制投资选择各种债券、股票和货币基金。受托人承担所有的投资风险，根据定义退休账户是完全筹资的，公司不承担超过定期出资以外的义务。

与固定福利型相比可以看出：固定出资型以出资多少为基础，固定福利型则以工资和为雇主工作的年限为基础。固定出资型养老金计划通常为个人或利益相关者养老金，有时称为"资金购买"养老金计划。这种养老金计划又可分为由雇主提供的职业养老金和由个人安排的私人养老金。根据这种计划安排，雇主和雇员将资金投入养老金发起人的基金中进行投资，养老金的价值根据投资的绩效波动。通过这种安排，雇员可以在退休前将工资进行较低风险的投资，雇员领取养老金的数额根据出资多少、投资状况、支取方式如大额或小笔。这种养老金计划可以获得一定比例的免税额。在 DC 计划中，雇员选择如何投资他们的金钱，以及如果计划运作不良，公司不承担责任。在 DB 计划中，资产是作为公司养老金债务的担保。养老金基金与公司独立，法律意义上说是信托，无论发起的公司经济状况如何，筹资和资产分配决策应当为了受益人的最佳利益为之。DB 计划中所提供的养老金最好是视为参加的年金，其所提供担保的最小名义上的福利由计划福利的公式来决定。担保的福利通过自由裁量管理权的运作在不断地增加，此权力基于计划发起人的经济状况以及退休人员生活成本的增加以及基金资产的绩效来运作。①DB 计划承诺在退休时给付特定的福利，例如，退休期间的年支付相当于员工最后三年的平均薪酬乘以其总的服务年限之结果的百分之一。相比而言，DC 计划仅仅承诺规定的养老金基金的出资和向员工担保积累出资和收入（或损失）。在 DB 计划中，员工不承担任何与基金相关的投资风险，承诺的福利由雇主、保险公司和（或）政府机关保障，如果基金投资的业绩不足以支付承诺的福利，由保险人支付。在这种计划之下，雇员控制以及雇员投资风险的经济格局是不存在的。在这种情形下，保险人承担剩余风险（且有权享有上述必须筹资福利的所有资产）并且根据传统的格局，还应当控制基金如何投资。因此，行业工会倾向于对 DB 计划进行磋商并推动对此计划进行保险。显然，他们更倾向于安全性的控制。但与赋予雇员对养老金资产的控制权的目标相反的是 DC 计划，这是一种社会偏爱的养老金制度结构，具有广泛的覆盖性。第一，员工为获取与 DB 计划相关的保障而为支付，这具有较低的预期福利标准。在 DB 计划中，雇主愿意投入较多的养老金出资，像在 DC 计划中一样，却没有承担持续性的投资风险。第二，更为重要的是，作为整体的社会不能躲避投资风险，如果一部分可以躲避，而其他却不可避免。当然，限制于 DC 计划的制度仍可能产生不平等，不太成功的基金与较成功的基金相比回报率低。但在这种制度中，与少部分人承担投资风险的最初责任制度相比，高回报较少表现为社会集中和与其他社会地位的范围具有较少的相关性（如非养老金财富、阶级背景和职业声望）。而且 DB 计划的公共保险安排倾向于不公平的不同阶层员工的互相补贴政策。不同 DB 计划的受益人中的互相补贴可以产生，因为调整保险金与风险相匹配存在政治或管理困难。作为其余阶层的人 DB 计划的受益人中的互相补贴也可能发生，如果保险基金证明破产和政策被迫以一般税赋来救助他们。相反，DC 计划在不鼓励专断的互相补贴方面具有优势。另外，社会福利关注对过度风险承担的衡量，而且 DC 计划与 DB 计划相比使受益人面临更大的风险。退休员工收入的一小部分包括相对较少的风险福

---

① Zvi Bodie, The Lender's View of Debt and Equity：The Case of Pension Funds, Conference Series；［Proceedings］, Federal Reserve Bank of Boston, Vol. 33, pp. 106-135. https://ideas.repec.org/a/fip/fedbcp/y1989p106-135n33.html.

利，这是社会保障和 DB 计划所提供的。因此，仅有部分主要员工的资产以所有权与风险匹配的诉求类型被投资。①

在 DC 养老金计划中，雇员个人账户中基金得以积累，该账户由计划发起人管理，雇员采取直接出资方式，通常雇主要进行一定比例的配套。因为向 DC 计划出资通常是收入的固定比例，DC 资产总是保持相当稳定的速度增长。与 DB 计划相比，在 DC 养老金计划中雇员出资而福利不固定，所提供的退休收入预先并不知道。雇员工作期间所累积的养老金福利取决于其出资，同时取决于工作年限及计划余额的投资回报。与 DB 养老金计划相同，DC 计划的设计、立法、调控和税收等发生变化，影响到计划成员所承担的风险，这类计划由养老金法律和法规调整。员工养老金计划与 401（k）计划的主要不同在于后者具有传统的职业养老金计划和个人退休储蓄计划的特点。401（k）计划中可以提前支取，但须缴税，且还需满足一定的条件和罚款。退休和调动工作时可以一次性支取。英国、澳大利亚和加拿大养老金账户在退休前是锁定的，不允许提前支取，在加拿大 69 岁须强制性购买年金，在英国则是 75 岁。在加拿大，"锁定的"退休储蓄账户的投资也是可以的，其年支取限额是预先规定的。在澳大利亚 DC 计划中雇员有权选择购买年金或一次性支取全部余额（最早 55岁），在例外情况下，也可以提前支取。根据养老金立法，DC 计划资产归属于员工，也就是说之前所为的出资是可以在雇主间或不同雇佣时段移转的。在 DC 计划中，这一般是指 DC 计划资产由员工控制。员工可将计划资产交给之前的雇主管理，移转资产至新的雇主计划或移转资产到个人退休储蓄账户。与 DB 计划相同，DC 计划福利必须既定。如果计划在规定时间前终止，仅有员工出资和利息返还。根据其定义，DC 养老金计划总是全额筹资的，雇主主要没有经济义务而是定期向计划进行支付，在DC 计划中，员工承担投资和长寿风险，但没有累积风险。个人可以用退休时 DC 计划的资产来购买固定年金以规避长寿风险。根据养老金立法，雇员必须或自愿决定购买年金。在 DC 计划中，雇员承担薪酬替代风险。雇员不仅须计算退休时所需要的储蓄数额，而且需要作出一系列复杂的投

---

①　William H. Simon, The Prospects of Pension Fund Socialism, *The Berkeley Journal of Employment and Labor Law*, Volume 14, Issue 2 (1993).

资决策以达到退休目标。在许多 DC 计划中，雇员对参与出资的数额、组合分配，甚至在有些国家支取的时间等方面有相当的灵活性，然而，有相当一部分员工被 DC 计划广泛的选择而难以决定。在其他情形下，DC 计划成员要承担投资风险，没有对资产的混合或者提供有限的投资选择权享有控制权，这使设计最佳效果的组合以反映他们独特的投资目标和限制具有了相当的难度。最后，计划的调控和设计影响到 DC 计划成员能够管理经济风险的范围。雇主通过提供 DC 计划来规避与 DB 支付相关的经济和长寿风险。雇主必须承担的风险是潜在的作为 DC 养老金计划的发起者所面临的信义或法律风险。DC 养老金计划中的雇员，没有足够的退休收入，他们可以以此为理由提起诉讼。原则上，投资回报可以产生足够的收益来满足一般 DC 计划持有人退休时获得相当不错的收入，如果他们在工作期间以稳定的比率交纳了出资的话。

在一些国家，雇主养老金计划一直以信托的方式架构，因此受信托法调整和养老金立法的调整。事实上，传统意义上 DB 与 DC 之间的区别正变得越来越没有意义。

（三）CB 型养老金计划

CB 型养老金计划是混合型的计划，其包含着 DB 和 DC 的一些因素。

私人养老金的作用越来越重要，一般来说，整个养老金供给中占大部分比例的是政府设立的养老金，其对公共金融具有很大的影响。20 世纪 90 年代初，私人养老金计划在养老金体系中发挥着重要的作用。

许多 DB 型的养老金计划转换成混合型，其融合了 DB 和 DC 的特点。根据这些类型的安排，计划主要在税收、会计和调控目的方面视为 DB 计划，但福利是以概念账户全额的方面来表述，这通常是退休时一次性支付。其中最为普遍的是所谓的现金余额计划，被美国引入，也在日本、英国等一些国家得到普及。在美国 CB 计划的参加者持有的"概念账户"由年支付信用（出资）加上利息构成。这种养老金福利表述为退休时、计划终止时或如果员工调动时可支取的一次性数额。另外，与传统的 DB 计划相比，CB 计划中的养老金福利主要在一段时间较平稳累积。因此，像 DC 计划一样，CB 计划允许员工通过提供更多价值给雇主的或入职和退职的雇员规避与传统的 DB 计划相关的"增长性风险"，雇主承担维持 CB 计划累积福利的基金之责任，为此，员工也可以规避投资风险。在美国，一些 DB 计划的发起人被激励将传统的 DB 计划转换成 CB 计划以减轻福利的部分成本，但发起人公司转换的主要动因是便于为更流动的劳动力，特别是退休福利移转的价值而设计养老金。

私人养老金受制于许多不确定性和风险的影响，如社会风险（因失业、疾病、生育等因素职业中断）、长寿风险、通货膨胀风险和金融风险等。私人养老金受益人的风险显然因计划为"固定福利"（DB）或"固定出资"（DC）而显然有所不同。在 DB 养老金计划中，金融和长寿风险由计划的发起人承担，成员的福利由其工资和工作年限来决定。而在 DC 计划中成员的福利由成员和发起人出资的数额以及投资回报来决定。因此，DC 计划中，其成员得承担金融和长寿风险。

四　私人养老金的信托运作

信托在人们日常生活诸多方面的应用十分普遍并发挥着至关重要的作用。在许多国家，大多数养老金计划以信托的方式架构，在澳大利亚，超级基金是一种特殊类型的信托，其设立并运作的唯一目的是为其成员即受益人提供退休福利。养老金基金以信托形式持有资产具有相当的优势：资产分离、受托人（养老金基金）破产时资产保护、广泛的税收优惠以及养老金信托的税收豁免。养老金计划之所以采取信托形式，是因为信托的使用使受托人享有了广泛的管理信托的权利且仅为受益人（雇员或其抚、赡、扶养的家属）的利益以谨慎方式来管理，不得发生利益冲突。正因为这些优势，信托才得以在养老金领域的发展具有了正当性基础，并为养老金计划提供保护。

养老金信托是商事信托的一种，美国养老金信托具有相当的规模和重要性，它以劳动合同的方式设立，并于退休时递延支付。美国 1974 年制定的《雇员退休收入保障法》（下称 ERISA）作为养老金调控法，设定了强制性的受托人规则，并要求所有的雇员福利计划资产以信托的方式持有。ERISA 将信托信义法的核心原则法典化，ERISA 立法沿袭了普通信托法的传统，因此，受托人机构和法院解释及适用 ERISA 时倾向于根据《信托法重述》以及信托法条款而为之。之所以养老金信托与个人信托容易关联起来，是因为大多数养老金计划，除了便于工人的退休储蓄，还规定可将养老金账户未分配的余额移转给工人的遗属。养老金信托呈现出混合性特点：尽管它是一种商事信托，但通常也产生无偿移转。[①]

在英国，私人层面的养老金包括职业养老金和个人养老金。《1993 年养老金计划法》《1995 年养老金法》《2008 年养老金法》等综合性法律规定了职业养老金，职业养老金计划是由雇主为雇员提供养老金和相关福利而设立的安排。《2004 年养老金法》将职业养老金调控机构更改为养老金调控局，放宽了对养老金最低筹资要件的严格限制。《2008 年养老金法》设立了职业养老金自动加入养老金制度，职业养老金基金作为"国家雇佣储蓄信托"，由基金经理人来运作。《2011 年养老金法》对最初的立法进行修改，更改了雇主义务的调控框架，自动将有资格的员工纳入合格的养老金计划中并向计划进行出资，对《2008 年养老金法》的自动加入的规定进行了修订。该法修订了现行立法对职业养老金的估算或指数化以及养老金保护基金的支付等事宜，该法根据立法目的对"金钱购买福利"进行了界定。英国的个人养老金计划是指个人出资所设立的一种信托安排，由受托机构为此安排提供服务，享受税收优惠。将个人工作期间的出资进行投资，用于购买退休时的养老金。各种类型的个人安排名称不一，但它们在本质上基本相同。

在大多数情况下，养老金计划以信托的方式设立和管理，养老金出资支付到信托基金，由受托人持有，由其为雇员受益人的利益进行投资。在养老金信托中雇主一般是计划的发起人，计划成员一般必须是相关雇主的雇员。

一些国家如英国职业养老金计划以信托的方式设立，因为这是法律上的要求，计划资产必须与雇主的资产分离，受托人有义务保障成员的利益，直接的受益人对受托人有强制执行权，信托资产不能返还给雇主，除非出现例外情况。固定福利或最后薪酬养老金计划承诺提供一定额度的养老金给退休的成员，养老金数额通常根据成员最后的薪酬和他们为出资者工作的年限来确定。

大多数私人职业养老金计划由雇主或雇主们以信托的方式设立，养老金信托的福利提供给雇员以及雇主之前的雇员甚至他们的配偶、同伴和亲

---

① John H. Langbein, The Secret Life of the Trust: The Trust as an Instrument of Commerce, *The Yale Law Journal*, Vol. 107 (1997).

属，因为信托的架构有助于明确养老金基金的管理、调控和税赋。同样，许多人寿保险单以信托的方式拟定，以至被保险人死亡时保单规定的保险金交由保险人经营的信托来管理，由保险人根据被保险人的愿望来支付现金。信托的结构确保了去世人对保险基金如何分配的愿望能够迅速和确切地执行。信托也通常用于慈善筹资，与大型的知名的慈善信托一样，广泛的小信托有助于资助某一特定的善事。信托结构用于慈善筹资优势之一是设立信托的人仅表明他们希望基金如何使用如医学研究，但交由受托人决定将为何种具体的研究项目进行筹资。委托人可以留下一纸意愿信给受托人进一步表明其意愿，如果希望这样的话，大多数的决策交由受托人来自由裁量。当某人作出长期承诺时，信托结构固有的灵活性所带来的好处便表现出来。对大多数人来说，人们将信托用于运作家庭事务，在这种情形下，信托的主要魅力在于使委托人对资产未来如何使用更加充满信心，易言之，信托为那些不打算或不能自己亲自管理金钱或财产的人提供了一种持有和管理的工具。事实上自由裁量信托的设立对尚未出生的人更加有益。

职业养老金在大多数情况下必须以信托的方式运作的。① 信托因将复杂的所有权/受益权结构简单化以及优惠的税收待遇，尤其在英美法系国家成了现代商事活动中广泛使用的架构。又因信托制度特有的财产安全保障功能和灵活性，许多国家如美国、英国、智利、澳大利亚等通过立法将信托运用于养老计划资产管理和运作中。② 英国养老金计划须以不可撤销信托的方式设立，以确保养老金计划资产与作为资助者的雇员所拥有的资产在法律上发生分离，此条之规定也是英国为了遵守贯彻欧盟指令对职业退休规定制度的监督。③ 因此，信托成为职业养老金计划资产的所有权和管理权的普通结构。

许多养老金计划根据信托法设立和管理，无论是雇主还是雇员对养老金的出资均应向养老金基金为之。受托人管理基金的权利和义务主要由信托文件予以规定，由普通信托法予以补充。在英国，职业养老金委员会

---

① Gary Watt, *Equity & Trusts Law*, 5th Edition, Oxford University Press 2015, p. 38.

② The Harvard Law Review Association, *Legal Problems of Private Pension Plans*, HLR1957, Vol. 70, No. 3.

③ IDS, *Pension Trustees and Administration*, Incomes Data Services Limited 2010, p. 1.

（OPB）对计划的平等参与以及某些最低偿付标准享有一些有限的监督权。

养老金计划信托的法律文件可以分为两个部分即信托文件和规则。一般来说，信托文件规定了出资公司或雇主的权利和义务以及受托人和他们对成员的责任。规则具体包括计划的合格性、死亡、残疾、退休和退休金折算的安排、委托的规定以及额外的自愿出资等。

在养老金基金投资领域，养老金信托和其他信托所适用的原则没有不同，养老金计划受托人义务在许多方面与普通信托也并没有多大差别。计划成员在退休前去世的，就死亡抚恤金应向谁支付，受托人有决定权，受托人对其遗嘱的查证等自由裁量权及规则与普通信托并无不同。然而，养老金信托与普通信托相比而言毕竟具有其独特性，因此，信托法的有些规则在某些方面并不直接适用，主要在四个方面会产生信托法适用的困境：投资策略和实践、信托基金的受益所有权、代理和受托人的责任以及成员的权利和救济。

第二章　养老金信托之制度基础：
所有权分离理论

　　诸多因素推动了私人养老金制度的发展，但重要的是要关注养老金计划治理的恰当形式，尤其是基金的安全性。

　　信托被广泛用于现代商事活动中，它可以简化架构复杂的所有权和受益人结构，同时可以获得有利的税收优惠，尤其信托是养老金计划治理的恰当方式，具有保值增值和安全保障的功能。因此，信托可以用于构筑私人养老金计划资产的所有权与管理权的普通结构。养老金信托制度基础之探讨，需要从所有权分离和信托财产独立的法律效果入手，赋予受托人以法定所有权，使其享有管理权和控制权，但受托人不得享有受益权，而受益人须被赋予真正的所有权人地位，享有基金之受益利益。这种养老金信托之理念可以保障养老基金之安全。源自罗马法传统的信托，也存在着信托财产"所有权分离"，这种信托理念与我国民法理论没有发生抵触。

第一节　养老金信托构造的理论

　　许多国家的大多数私人层面的养老金计划均以养老金信托的方式而设立。信托是一种人与资产的法律关系。

一　何为信托

　　信托因人们为了解决实际问题而得以发展，而非由立法者或法官预先设立所有的恰当规则来创设，事实上，信托法是为了应对特定情形而制定，信托法的规定一直在努力规制和调整实务中的行为或事情。总之，所有权的分离能使财产获得许多复杂的商事和非商事利用，从养老金基金的设立到复杂的避税等无一没有信托的存在。调整养老金信托运作的规则最初来源于设立信托的文件（信托协议和规则）和立法（特别是英国的1993年《养老金计划法》和1995年、2004年《养老金法》）。

（一）信托的界定

原则上，信托是一个十分简单的概念，委托人将资产移转给受托人（或信托机构），指示其为指定的受益人的利益持有该资产。信托这种法律安排通过"信托文件"设立，置于信托的资产称为"信托基金"。易言之，在信托关系中委托人提供资产，由受托人为受益人的利益而持有，受益人的利益规定在信托文件（协议）中。信托的一个显著特征是信托基金上资产的法定所有权与受益所有权发生分离。受托人是资产的法定所有权人，但受托人须时刻将受益人的利益置于自身利益之优先地位，委托人也可以成为受托人，但须为受益人的利益行事，信托于委托人生前或去世时生效。

信托涉及受托人为受益人的利益持有财产，该财产可以是任何种类的财产，可以是不动产、动产、金钱和无形财产包括知识财产和股票之类的有价证券等。受托人享有财产上的法定所有权而受益人则享有财产上的受益所有权。一般的社会公众鲜有了解信托是什么的，且对他们自己成为受益人或受托人也一无所知。信托常用于我们的日常生活中，你也能观察到信托的可变性和灵活性。信托曾用于家族财产的传承，当时的信托财产多为土地，当然也不乏价值可观的传家宝如书画、家具、银器、珠宝或其他不动产。如今此类家族信托已被人淡忘，因为信托被普遍用于各种商事领域，也通常作为节税通道而被采用，例如，富有的商人为其子孙的利益而设立信托，可以在其百年之后节省一大笔遗产税。委托人可以利用信托的隐匿功能，不透露财产的真正所有权人是谁，仅由受托人为其以信托的方式持有财产。

关于信托的界定，比较被认同的观点："信托是一种衡平义务，约束称为受托人的人，受托人为称为受益人的利益对其享有控制权的称为信托财产的财产进行管理和处分，由任何受益人（受托人也可以成为受益人之一）强制受托人履行义务。"[1] 除此之外，信托还包括三个其他因素：任何受益人均可强制执行信托义务；受托人也可以是受益人；未经信托文

---

[1] Underhill and Hayton, *Law relating to Trusts and Trustees*, 15th ed., Butterworths, 1995, p. 3.

件授予或法律批准的行为或过错行为被称为"违反信托"。

信托努力避免资本主义日益加深和不断重复的危机，中上层阶级承认他们最常使用信托，因为资本主义的矛盾不可调和。资本主义的风险必须尽可能通过利用机敏、睿智、警觉的资本职业经理人来降低，因为他们是所有权人控制之外的精英。资本主义已如此病态以致即使采取信托这种保护从资本主义获取阶级利益的工具在情感上已成败笔。无论信托背后的道德基础是什么，信托绝非与社会政治环境或政治争议隔绝。大多数将信托用于家庭环境中的人一直是少数拥有相当资本的个人和家庭。而且不受所有权人控制的资本职业经理人是指不同的受托人角色，而非指蕴含在"对他人的信任"一词或其他法学家对信托的描述中，因为信托是很难界定的，但是可以描述的。信托的发展更多来源于实用主义而非原则。信托发挥着不同的功能，随着商事和社会变迁日益加快，信托理念也正在发展，以适应新的目的。

（二）信托的理念

为了了解信托为何在养老金领域应用，首先须了解信托理念。信托是一种涉及特定财产以及创设一定的义务来约束称为"受托人"，由受托人为称为"受益人"的人或人们的利益处分其享有的特定财产，或为某种目的而用之。"信托理念的基础是受托人对受益人享有不可减损的核心义务，该义务由受益人强制执行。如果受益人没有对受托人为强制执行的权利，就没有信托。"①有权强制执行信托目的的受益人或人们不仅享有对受托人的对人权，使受托人对违反信托所造成的损失或受托人为自己利益违反信托所获得的利益承担责任，而且他们对信托财产还享有财产性权利，基于此权利，他们享有从受托人处恢复特定的信托财产或受托人破产时或死亡时从受托人处受让的财产或任何从受托人处受让的财产如赠与，并且可以追及这些财产的替代物，除非受让人是支付对价的、没有被告知存在信托或转让人权利的移转受到法律特殊保护的善意受让人。在信托关系中，信托财产权可以对抗一切人，善意地支付了对价没有被告知信托存在或权利的继受人或受让人受特殊的法律保护的人除外。

---

① David Hayton, Modern International Developments in Trust Law, Kluwer Law Internat 1999, p. 145.

信托的理念具有两个方面的特点：第一，不只一个人同时对同一宗财产享有所有权，但在这一情形中一个人必须完全为了另一个人的利益来管理和处分该财产；第二，信托财产独立于各方当事人，受托人对受益人负有信义义务，而受益人对信托具有强制执行的权利，是信托财产的真正所有权人。

在委托人意图设立的明示信托中，受托人不得违背信托的条款。当受托人违背良心时，受托人会被施加推定信托。在信托关系中，受托人须为受益人之利益以信托的方式持有特定的信托财产，财产规则涉及财产处分的方式。信托赋予了财产性权利给受益人，此权利使受益所有权人能够享有财产上的权利，无论其价值如何变化。因此，人们更愿意保留财产性权利，因为财产有可能会增值。受益人权利的本质是财产性权利，作为受益所有权人，他们有权追及信托财产至任何人手中，也不论信托财产的形态如何变化。处于信义地位的人受贿的钱财应可以追及至任何用该金钱购买的财产，并以推定信托的方式为受益人而持有[1]。

如果信托是自由裁量信托，受托人可以以其认为合适的方式自由地处分信托的资本和收益。基本上私人养老金信托均为自由裁量信托。

（三）信托的功能

信托的精妙设计在于它能使称为受托人的人控制财产，而将财产全部的最终受益权赋予另一位称为受益人的人。[2]在家族领域，信托发挥着家族财产管理功能和家族财产代代相传的功能。受托人负有财产管理的义务，受益人享有财产的最终权利并可强制受托人履行义务。在商事领域，信托的主要功用是促进商事交易的便利。公众公司的股东登记须公开接受公众的检查，受托人（名义股东）注册为股东，真正所有权即受益人的名字并不出现在登记册上。有些组织必须以信托的方式持有财产并无他选，如工会必须这样做，因为不像公司那样享有独立的法律人格；一些俱乐部和社会组织也必须以信托的方式持有财产。他们不能成立为公司，因此，不能像公司那样拥有财产。如果所有的成员共同持有财产则不便于财产的管理，因此有必要委托受托人为成员的利益而持有财产。

---

① Attorney General for Hong Kong v Reid［1993］，UKPC 36.

② Alastair Hudson，*Principles of Equity and Trusts*，Cavendish Publishing Limited 1999，p. 31.

信托用于诸多不同目的，具有一些独一无二的特征，能发挥其他财产安排所不具有的功能，使其与其他法律关系如合同、代理和寄托等相区别。以信托形式持有资产具有许多优势：信托"两权分离"的理念为信托资产的安全性奠定基础，由于资产必须分离，因此，当受托人破产时该资产得以保护。此外，信托具有税收优惠的特点；受托人被赋予了广泛的管理信托的权利，同时要求信托仅为信托受益人的利益以谨慎的方式而管理。其中，信托财产所有权的分离，使信托具有了破产隔离的功能即安全保障的功能，可以使信托财产不受各方当事人之债权人的追索，这也是信托法十分重要的功能。信托是一种重要的节税管道，许多商事运作采取信托模式的原因是利用信托税收优惠的功能进行合理的避税。

二　信托所有权分离制度的罗马法溯源

信托的内涵就是以信托方式持有财产，其基本理念都是将财产权利名义上归属于信义人或受托人，由信义人或受托人为第三人的利益行使这些权利。

信托财产所有权分离制度非英美法所专有，通过历史考察不难发现信托所有权分离制度源于罗马法，这对解决我国养老金信托相关制度构建中所遇到的理论抵触具有重要的价值。我国接受了民法法系的传统，罗马法中信托制度的理念对我国信托所有权制度的构建提供了坚实的制度基础。

（一）信托财产所有权的特质

在信托双重所有权结构中，受益所有权与法定所有权并行存在，是法定所有权的补充，并以承认法定所有权为前提。双重所有权之意义在于功能分离，无论受托人是否被授予了积极的管理权和处分权，也不论其被授予的管理权和处分权的多寡，他都扮演着"既拥有财产又不享有财产权"的角色。这种功能分离主要体现在以下方面。

第一，负担、风险、责任与受益发生分离。信托之天才设计就是通过法定所有权和受益所有权之分离使被称为受托人的人能够控制财产，同时承担因所有权所产生之负担、责任及风险，而将该财产之最终权利赋予被称为受益人的人。受托人须尽最大诚信为受益人之利益对信托财产而为管理，并对管理不当所致损失承担赔偿责任，而受益人作为实质上的所有权人，只享有权利而无义务。总之，这种分离将可能发生之负担及不利均转嫁于名义上所有权人即受托人，受益人仅单纯享有信托财产所生之利益。

第二，财产有效管理工具。基于信托财产所有权的这种分离，这种分割财产权的设计使财产权不必集中在一个所有权人之手，而是将财产权从时间上或内容上在一个以上的人之间进行分配，即"既享有财产权，又不享有财产"。① 只要存在着信托或信托财产，信托财产由受托人来管理，作为真正的所有权人的受益人，并不直接亲自管理信托财产，而是通过间接的方式如强制法定所有权人履行义务来享有此所有权所产生的利益，受托人必须为受益人之利益以信托方式持有并管理特定信托财产，这种财产规则涉及受托人管理和处分财产的方式。这样，信托具有了财产法的功能，为财产之管理提供了理想的工具。

第三，受益人的监督权。在历史上，普通法将受托人视为信托财产之所有权人（完整所有权人），而且直至今日也视其为信托财产之法定所有权人，受益人被提供了对不诚实的受托人的救济。这种设计之目的是保障产生于信托财产的任何利益让受益人能够享有。这起初是指受益人享有强制受托人履行义务的对人权。后来，受益人被视为信托财产之受益所有权人。这种受益所有权与受托人之法定所有权并列存在。结果是受益人取得信托财产之财产利益并有对世性，除不知道且支付对价的善意之购买人外。一般来说，只要信托处于正当管理之中，受益人就无权干涉信托的管理，只能被动地享有基于信托而分配给他的利益。受益人的权利是消极的权利，他们所涉及的权利是确保受托人履行义务的权利。在受托人没有违反信托的情况下，受益人只有享有利益的权利，别无其他。受益人在信托事务管理中没有发言权。但是，如果信托被不当管理，受益人就可采取措施强制受托人正当管理信托。这是受益人基于信托财产所有权的分离而作为受益所有权人所拥有的信托法所赋予的基本权利，易言之，受益人享有信托法赋予的使受托人对其行为负责的基本权利，因为"如果受益人没有强制受托人履行义务的权利，那么就不存在信托了"。② 除了受益人，没有人有这种动机和资格来监督受托人。

第四，受益人的追及权。受益人之追及权是受益人的受益所有权所派

① Alastair Hudson, *Principles of Equity and Trusts*, Cavendish Publishing Limited 1999, p. 31.

② D. J. Hayton, *The Law of Trusts*, Law Press 2004, p. 158.

生出来的救济手段。由于信托受益人是受托人持有的信托财产在衡平法上的所有人，对信托财产享有物权。如果受托人把信托财产无偿地转让给第三人，即使受让人不是委托人与受托人间协议的当事人，受益人也可基于其实质所有权人的身份要求受让人返还财产，这是对受益人在双重所有权中地位之承认。① 如果受托人错误地将信托财产处分给第三人，基于受托人与受益人的信义关系，即使第三人取得了信托财产，仍然要服从于受益人的权益，除非第三人为善意、支付了对价且不知情的受让人。受益人的追及权是受益人受益权之物权属性的具体体现，而且物权化的受益权是信托的核心，否则，信托法将失去独立存在的必要性而为合同法所取代。② 总之，受托人在执行信托过程中不当处分信托财产的，受益人可以因其为信托财产之所有权人而追回该财产，除非受让人为善意第三人。受益人还可以追及信托财产的替代物，无论该财产变化成何物。

第五，受益人之优先权。在信托关系中，尽管受益人不能或不应当控制信托资产，但是，资产用于为受益人的利益且可以规避各方当事人之债权人的追索，如资产保护信托就是为规避受益人之债权人的追索而设计。受益人之利益之所以优先于各方当事人之各自债权人，主要是因为受益人被赋予了信托财产上的受益所有权。这种财产性权利约束任何取得信托财产的人，除了善意的、不知情的、支付对价的购买人。英美信托法赋予给受益人的财产权被认为是针对特定财产的权利，或对物权。

第六，信托财产安全性的保障。信托一旦设立，信托财产均不受委托人、受托人和受益人任何一方之债权人追索。就委托人之债权人而言，委托人既然已将财产移转给了受托人，就不得对不属于委托人之财产主张任何权利，无效信托除外。受托人为名义上的所有权人而非实质上的所有权人，所以，受托人的债权人也无法对信托财产为主张，信托财产独立于受托人固有财产之外而不为受托人之债权人所追及。如果受托人破产，信托财产也不属于受托人之破产财团，而应由受益人优先取回。虽然受益人是实质上的所有权人，仅能依照信托规定享有信托利益之权利，因此，受益

① Austin W. Scott, The Nature of the Rights of the Cestui Que Trust, *Colum. L. REV.*, Vol. 17, 283（1917）.

② 赵一平：《论信托受益权的物权性》，载江平主编《中美物权法的现状与发展》，清华大学出版社 2003 年版，第 32 页。

人的债权人不能直接对信托财产本身为任何主张，最多只能代位受益人请求受托人依信托之规定分配信托之利益。在"自由裁量信托"中，不仅信托财产本身不受信托三方任何一方债权人的追索，甚至信托利益也不为受益人本身之债权人所追及。

　　第七，受托人信义义务规制。信义义务作为保护受益人免遭受托人不当行为侵害的手段使受托人权利受到制约，而且信托不是合同，无法事前对当事人的行为进行事前约定，信义义务提供了一些责任规则用于受托人行为的事前预防。没有信义义务即无信托。[①] 一方面，信义义务要求受托人必须对受益人绝对忠诚，受托人执行信托事务，有义务完全以受益人的利益为考量，以避免利益冲突发生。此义务即为忠诚义务，[②] 是受托人基于信义关系而与生俱来的义务；另一方面，信义义务要求受托人履行注意义务或谨慎义务。受托人执行信托事务时，有义务具备一般谨慎小心的人处理自己事务的注意和技能。受托人即使已尽其所具备的注意能力，但未达到高于一般谨慎小心的人处理自己事务的技能和注意，对于所造成的损害，受托人应承担责任；如果受托人具备高于一般谨慎小心的人处理自己事务的注意和技能，如未尽此注意能力，对于所造成的损害，受托人也应承担责任。受托人管理信托事务必须采取合理的谨慎，客观上还须符合专业上的知识、经验和技能。如果受托人虽然已尽其所能地注意，并无故意和过失，但如依事务性质进行判断，受托人应具备特定的专业知识、经验和技能，如果受托人未具备上述知识、经验和技能，而使其所处理的事务陷入不合理的状态，受托人仍被认为未具有专业人士的注意，应属于违反注意义务。[③] 就忠诚义务的预防性规则而言，信义义务是积极监控的替代工具。就谨慎义务而言，受益人实际上能通过受托人对信托事务的披露来加以考察，信托法规定了受托人常规的强制性披露义务，这种披露义务提高了受益人监控受托人管理信托的能力。受托人如果违反忠诚义务而取得的利益，应推定成立其为受益人的利益而持有的信托，受益人对受托人所获得的利益可以追及其替代物的利润。受托人实施具体行为时是否采取了谨慎义务，是确定受托人对由此所造成的信托财产损失是否应承担责任的

---

① Parker and Mellows, *The Modern Law of Trusts*, Sweet & Maxwell, 1998, p. 16.

② G. G. Bogert & G. T. Bogert, *Trusts and Trustees*, West, 1993, §511-550, §543.

③ 谢哲胜：《信托法总论》，元照出版公司2003年版，第84页。

关键。如果受托人的行为符合谨慎标准，受托人个人对受益人不承担责任，否则，就要承担责任。如果受托人违反谨慎义务，而使信托财产消灭或不能被追及，受托人则应就信托财产之价值承担个人赔偿责任；如果受托人由于其疏忽或未能做到谨慎投资给信托造成了损失，他必须以其个人财产对信托加以赔偿。

第八，投资便利。信托十分便于众多小投资者筹集资本，一则实现规模效应，二则更有利于分散投资风险。

第九，法定所有权与衡平所有权的区分不仅具有理论意义，而且在信托违反的情况下，这种区分也尤其重要，根据"衡平即平等，法律优先"之衡平法理，为解决两个请求权人之间的优先权问题，如果各自均具有平等的请求权，那么，谁享有法定所有权，谁就具有优先于他人的权利，即使该他人取得权利早于法定所有权人。

（二）罗马法中的信托

一些法学家认为信托起源于罗马法的信托（fideicommissum）。这种信托将财物移转（commissum）给善意的受托人为他人的利益而持有，它主要涉及财产的移转，但也可能涉及实施某种行为如解放奴隶的行为。[①] 它与英美信托具有一样的特质。Francis Bacon 认为罗马法中，"与用益最相似的是 fideicommisseo，因此，在查士丁尼 lib. 2，247 中信托是指以遗嘱形式将遗产移转给某人为了另外一人的用益"。[②] 布莱克斯通认为，"从起源来看，用益与信托在本质上具有共通性，或几近一样：用益更接近民法中的 fideicommisseo 而不是用益权（ususfructus）……"[③]。"一些罗马法的原则极有可能对土地用益制度的构筑产生助益，此用益是一种确定的利益，有别于法定权利。在某些方面，在 fideicommissa 制度中法定所有权与受益所有权的分离与用益制度极其相似。"[④]

罗马法中存在一种类似于英国信托的制度称为 Fideicommissa，罗马法中的 Fideicommissa 是一种以信托方式所为的遗赠。在罗马法时代，信托

---

① David Johnston, *The Roman Law of Trusts*, Clarendon Press, 1988, p. 9.

② Gilbert Paul Verbit, *The Origin of Trusts*, Xlibris Corporaton, 2002, § 2, footnote 248.

③ Gilbert Paul Verbit, *The Origin of Trusts*, Xlibris Corporaton, 2002, § 2, footnote 249.

④ K. E. Digby, *An Introduction to the History of the Law of Real Property*, (3d ed.), University of Michigan Library, January 1, 1884, pp. 272–274.

是以遗嘱方式施加于继承人或其他受益人身上的义务，由他们为遗嘱人所指定人的利益而持有财产，但通常须移转财产。① 罗马法时代，信托关系中继承人与受益人之的法律关系在 Fideicommissum 之运作中至关重要。罗马信托与英国的信托极其相似。两者都存在着法定所有权和受益所有权的分离，两种所有权独立而各异，且均须移转财产于受托人所有。"Fideicommissum"一词在英国文件中就是指信托。虽然两者存在不同之处：罗马信托仅能以遗嘱方式设立，且继承人拒绝信托就会导致信托不成立。但英国的信托既可以生前方式也可以遗嘱方式设立，受托人的拒绝不影响信托的成立。② 但不可否认两者存在的共同之处：信托财产之双重所有权作为其基本要素。双重所有权的产生源自对裁判官法所有权人即事实所有权人的保护。在传统的罗马法中，财产以非市民法规定的方式进行移转的，起初，裁判官法所有权人被称为善意或受益所有权人仅享有一种道德上的请求权，根据财产的性质一定的时效经过，他就可以取得所有权。由于其所有权极易受到侵害因为第三人可能获得财产之占有或面临法定所有权人的返还所有权的诉讼。从罗马法至今，将财产交付于他人手中，非为自身利益而是为他人的利益或第三人的利益或仅为实现某种特殊目的而为使用的制度优势一直为许多国家的法律制度所吸收，并根据各民族精神而不断地发生变革。这实为信托之理念，构成了罗马法信托之基础。爱德华三世时，信托的观念从罗马引入英国。③

　　无论是罗马法的 fideicommissum 还是英国的信托制度最初都是为了规避"法律"而设计的，这种游离于法律边缘，企图反映从当时社会经济政策之法律束缚及负担下挣脱的特质一直存在于罗马法和英美法信托之信托基本概念与架构中。④ 有学者主张罗马法信托 fideicommissa 是用益的模板，随后被神职人员引入英国以规避法律对土地移转的限制性规定以及防

① Andrew Borkowski & Paul du Plessis, *Textbook on Roman Law*, 3rd ed., Oxford University Press 2005, p. 244.

② Roscoe J. C. Dorsey, Roman Sources of Some English Principles of Equity and Common Law Rules, *The American Law School Review*, Vol. 8（1938）.

③ Henry St. James Stephen, *New Commentaries on the Laws of England*, 9th ed., Butterworths 1883, p. 358.

④ 方嘉麟：《信托法之理论与实务》，中国政法大学出版社 2004 年版，第 53 页。

止土地集中于教会和公司的手中。① 查士丁尼法典中对受益人权利的规定为罗马信托（fideicommissum）是英国信托 Trusts 之鼻祖的支持者提供了可靠的依据。② 罗马法信托（fideicommissum）作为英国用益制度的前身，区分了法定的所有权与受益所有权。③

（三）衡平法之于两大法系信托之作用

衡平法在罗马法和普通法系中均居重要地位。无论是罗马法还是英美法中，衡平法对所有权的贡献之一就是通过程序法对所有权予以保护。虽然罗马法的市民法所有权和裁判官法所有权已融合，但其所体现的衡平法的精神还在。衡平法的理念可以修正或弥补法律的不足。当正义需要用法律的实质来捍卫时，衡平法的精神仍然可以使法律充满生机。④ 无论是罗马法信托还是英国法信托，其基本要素是所有权的分离，其制度功能最初都是为了规避当时法律的限制，后来适用于各种目的。但其基本要素始终不变。⑤

无论在普通法系还是在罗马法中，衡平所有权皆为衡平法之产物，法定所有权和衡平所有权的分离，体现了信托之本质。⑥ 罗马法时代所有权制度的变革经历了双重所有权确立到融合的历程，但公平正义的衡平理念永远存在，这主要体现在受益人所有权的保护方式上。罗马法承认包括信托在内的一些关乎所有权分离之设计，这种承认既不是一物一权的例外，也不是对罗马法时代以所有权为中心的法律观念的否定。

无论普通法渗透到何处，它都与衡平法并驾齐驱成为信托之装备，这种信托区分了法定所有权和衡平所有权的架构，似乎是现代民法法系学者

---

① Edward J. O'Toole, *Law of Trusts*, 2nd ed., St. John's University School of Law, 1935, p. 4.

② See P. Vinogradoff, *Roman Law in Memieval Europe*, 2nd ed., Clarendon Press, 1929, p. 17.

③ K. E. Digby, *An Introduction to the History of the Law of Real Property*, Clarendon Press, 1875, pp. 240-241.

④ William Galbraith Miller, *The Data of Jurisprudence*, Edinburgh & London: William Greeen & Sons, Law Publishers, 1903, p. 381.

⑤ Edward J. O'Toole, *Law of Trusts*, 2nd ed., Brooklyn, 1935, p. 119.

⑥ Abdul Hameed Sitti Kadija v De Saram ［1946］ 208 （Ceylon） at 217. （Privy Council, quoting with approval R. W. Lee, *Introduction to Roman-Dutch Law*, 3rd ed., Oxford University Press 1931, p. 372.）

完全不能理解的。① 但无论是罗马法还是英国法中均有同一物上之严格的法定所有权和受益所有权之分，英国法称之为"法定所有权"和"衡平所有权"，罗马法称为"市民法所有权"（quiritarian）和"裁判官法所有权"（bonitarian）。②

（四）信托理念与我国民法制度没有抵触

民法法系的学者认为，信托使两大法系在物权理论上产生冲突。③ 许多比较法学者认为，双重所有权构成了英美信托之核心，而这似乎是沿袭罗马法传统的民法法系国家所不可逾越的障碍，在其法域真正意义上的信托不可能存在，因为沿袭罗马法传统的民法法系国家，单一所有权理念是其民法的基础，而普通法系信托准则无法根植于民法法系国家的主要原因就是所有权不可分割的观念，此观念从本质上排除了普通法信托。④

信托财产所有权分离的制度与我国民法制度并没有任何抵触。我国学者普遍认为信托财产双重所有权与我国一物一权不相融合。一物一权指一个物上只能有一位所有权人。我国是沿袭罗马法传统的国家，传统罗马法赋予了受益所有权人相应的法律地位，在没有采用市民法规定的形式移转财产的情形下，他们仅享有对人权或道德请求权。这样，他们可以根据财产权的性质，在法定的一年至二年后取得所有权。但该准所有权人极易丧失占有权给第三人或者遭受法定所有权人的对抗。在后来的共和国时期，因大规模的商事交易的发展，所有权的常规取得方式渐趋过时，为了保护取得所有权者的先期利益，执政官赋予了准所有权人以诉讼权，从而可以对抗第三方占有人以及法定所有权人。罗马人称其法律地位为善意拥有

---

① R. W. Lee, The Civil Law and the Common Law: A World Survey, *Michigan Law Review*, Vol. 14, No. 2, 1915.

② Thomas Erskine Holland, *The Elements of Jurisprudence*, 12th ed., Oxford: Clarendon Press 1916, p. 223.

③ Vera Bolgár, Why No Trusts in the Civil Law?, *The American Journal of Comparative Law*, Vol. 2, No. 2 (Spring, 1953).

④ Jaro Mayda, "Trusts" and "Living Law" in Europe, *University of Pennsylvania Law Review*, Vol. 103 (1955).

（"in bones esse"和"rem in bonis habere"），现在称为裁判官所有权。[1] 盖尤斯（Gaius）直接称之为双重支配权（dominium duplex），因为所有权被分割为法定所有权和裁判所有权。[2] 在罗马信托中，受托人受诚信义务的规制，须履行与委托人间约定之义务，在一定目的实现后返还财产于移转人，否则，会被提起信托诉讼。罗马法信托受益人仅能诉标的物之继承所有权人，但执政官赋予其对信托标的之财产享有占有权，从而使受益人能从任何占有人手中请求返还财产，除善意的受让人外。在继承人破产情况下，受益人有优先于信义人之普通债权人的权利。[3] 这种传统罗马法中法定所有权与受益所有权分离的制度，旨在保护受益人的利益，又称为"双重所有权"制度。从民法法系的德国来看，其现代民法中有一种制度称为 Treuhand，它是为管理之目的，通过协议方式，移转所有权之设计。在此法律关系中，受托人被赋予了法定所有权，有别于标的之受益权。在 1899 年，帝国法院将 Treuhand 视为某人受委托为他人利益或客观目的而处分物或权利之制度，其中，信托之物或权利均构成信托之财产。于是，根据 Treuhand 之合同，首先，在受托人破产时，委托人享有对抗受托人之债权人的权利，阻止受托人之债权人追索信托之标的财产。另外，委托人本人有权从受托人破产财团中取回标的财产。其次，委托人之债权人有权取得信托合同项下之财产，但是，受托人仍然被视为信托财产之唯一所有权人。可见，Treuhand 有内外两种不同的效果。从外部来看，仅有一个所有权人，而从内部来看，受托人受合同之约束。[4] 然而，委托人之所以能获得上述之救济是因为其享有的、对信托财产之受益权地位以及出于对其所有权之期待权的保护。总之，在罗马法和现代民法中，受益

---

① Kaser, "In bonis esse" （1961） 78 Sav. Z/Rom 173, p. 184. See also, Ankum & Pool, "Rem in bonis meis esse andrem in bonis meam esse: Traces of the Development of Roman Double Ownership", in: Birks （ed.）, *New Perspectives in the Roman Law of Property* （Oxford, 1989） who distinguish between three categories of in bonis expressions.

② Edward Poste, *Gai Institutiones or Institutes of Roman Law by Gaius*, Oxford: Clarendon Press 1904, p. 147.

③ David Johnston, *The Roman Law of Trusts*, Oxford University Press 1988, p. 30.

④ B. Akkermans, *The Principle of Numerus Clausus in European Property Law*, Intersentia in the Ius Commune Europaeum Series, No. 75, 2008, pp. 184-186.

所有人的权利已经被强化。一物一权与所有权的分离并没有任何扞格。[①]

三　何为养老金信托

信托形式的现代商事应用，是占主导地位的应用，养老金信托就是其中之一。由于信托的优点逐渐为人所知，被用于养老金信托中解决养老金基金雇主破产时基金的安全性保障以及税收豁免，并受禁止利益冲突规则之约束。

（一）养老金信托的界定

信托法在养老金中发挥着重要的作用，大多数私人养老金以信托的方式运作，其受托人是以身份为基础的信义人。养老金计划以信托的方式设立，又可称为养老金计划信托，该信托有责任提供福利，雇主并没有直接提供福利的义务，但仅有为提供福利的信托筹资的义务。至于何为养老金信托，学界探讨不多。养老金信托具有独特的特征：受益人要么是委托人的雇员或前雇员，要么是这些雇员或前雇员的家属，他们"不是赠与者而是通过其工作及向基金出资而获得养老金权利的人"[②]。

养老金信托是一种法律安排，现金和资产赋予受托人（受托人负有管理者的信义义务如忠诚义务），由其为被称为受益人（计划的雇主、成员以及成员去世后的福利享有者）的第三人的利益持有和管理，信托的资产通常完全与雇主的资产分离，以至信托的资产不受雇主债权人的追索。[③]

英国的养老金专家 Hugh Arthur 将养老金信托定义为："养老金计划信托由在一人或以上的人（受托人）的法定控制下的资产构成，受托人负有将这些资产进行投资的义务（信托义务），并将由此所产生的金钱利益提供给计划的成员及其家属（受益人）。"[④] 在信托项下，养老金计划的资产独立于雇主，雇主及其债权人对该资产没有法定权利或受益权，除有限情况下产生剩余外。因此，尽管公司设计、运作和融资养老金计划，他

---

① 参见陈雪萍《信托财产双重权所有权之观念与继受》，《中南民族大学学报》（人文社会科学版）2016 年第 4 期；陈雪萍《推定信托的修正正义与修正正义的推定信托制度之借鉴——以攫取公司机会行为的修正为例证》，《上海财经大学学报》（哲学社会科学版）2018 年第 4 期。

② IDS, *Pension Trustees and Administration*, Incomes Data Services Limited 2010, p. 2.

③ David Pollard, Review and disclosure of decisions by pension trustees, *TLI* 1992, 11（2）42.

④ IDS, *Pension Trustees and Administration*, Incomes Data Services Limited 2010, p. 1.

们也得依靠受托人来运作。

养老金基金是一个资产池，聚集的资产作为支付雇员养老金的储备，其由雇主筹资并管理，该雇主之雇员受此基金覆盖。英美等国的养老金法均要求养老金基金资产以信托形式持有，此要件的主要宗旨是确保基金的资产不受公司债权人的追索。养老金信托主要包括职业养老金计划，由受托人对企业的养老金基金进行管理和运作，在雇员退休后以年金形式支付给成员及其家属等受益人的信托形式。职业养老金计划之设立是为了确保公司员工的退休收入，包括养老金和其他福利。养老金计划信托之法律文件由两部分构成，一是信托文件，二是信托规则。一般而言，信托文件规定了作为资助者的公司或雇主的权利和义务、受托人及其对成员的责任；而规则通常包括计划适格的详细情况、成员死亡、残疾、退休和养老金替代安排时的福利。

尽管信托具有一些优势，但也存在一些缺点：第一，由于受托人代表不同的利益集团，养老金信托也会遇到利益冲突问题；第二，受托人管理具有大量金融资产实体的能力和在复杂不确定的环境中的责任能力均影响到养老金基金的治理；第三，养老金计划运作的管理成本和其他成本需要降低。当然，养老金信托中受托人专业能力、潜在的利益冲突等问题可以通过采取改善调控框架和内部治理等措施予以解决。

（二）养老金信托的消极所有权

英美法系国家养老金基金采取的法定形式是信托，在其法律架构中，受托人作为法定所有权人对养老金资产享有法定所有权。受托人须为养老金计划成员的利益管理信托资产，计划成员作为受益人根据信托文件享有资产投资所产生的利益。在美国，养老金信托资产的管理人可能是计划的发起人、受托人或/和第三方当事人。单一的公司养老金计划需要有一个或更多的被指定的信义人，其有权控制和管理养老金计划，包括投资。发起人雇主和受托人通常被指定为信义人，另外，资产经理人、金融顾问以及其他人或实体对基金资产行使着自由裁量权，他们被认为是"功能性"信义人，对养老金基金承担一定的法定责任。[①]

在养老金信托中，受托人是基金的管理机构。在职业养老金计划中，

---

① IOPS, Supervisory Oversight of Pension Fund Governance, *Working Paper*, No. 8, August 2008.

雇主或计划发起人和基金管理机构是基金管理的两个重要当事人。为了避免利益冲突，确保管理机构真正为计划成员的利益和受益人的利益进行运作是养老金治理所面临的挑战。在个人养老金计划中，养老金治理所涉及的重要当事人是管理机构。

信义法架构了养老金资本受益所有权人与养老金经理人之间的关系，信义法将养老金所有权人的恰当的作用定位于被动的投资者而非自我管理和承担责任的所有权人，它架构了养老金治理结构。

养老金信义法将养老金所有权人限定于被动投资者的地位。对这一点，美国 ERISA 与普通信托法之规定有所不同，普通信托仅有一个信义人地位即受托人，很少有三个以上的人同时充当受托人。因为信托法强化了所有的信义义务，包括将投资权力置于少数几位受托人或甚至一位受托人之手，这对信托受益人来说，比较容易监控受托人行为，且受益所有权通常处于被动地位。在养老金信托中，信义职位分散化，每一计划至少有一位受托人，主要是数位受托人，计划受托人须按某一位被指定信义人的指示行事，该信义人有权控制和管理计划的运作和管理。遴选指定信义人的权力由法律赋予发起人的雇主，[①] 受益所有权人对指定的信义人没有控制权，也没有机会参与该指定信义人的遴选。从这点来看，养老金成员几乎没有参与基金管理的权利。养老金法与普通信托法的第二个偏离是进一步削弱受益人对养老金资本的控制权并将投资功能从养老金受托人身上剥离开来。养老金计划几乎总是利用法定权利将涉及计划资产的占有、管理和处分的决定权交给另一位法定的主体即"投资经理"来代理。[②] 美国的 ERISA 尤其鼓励养老金受托人将投资决策交给投资经理人来代理，将计划资产不当管理的受托人责任移转给投资经理人。[③] 一些公司通过将所有的信义责任交给指定的信义人、投资经理人等强化养老金所有权的消极地位。结果，ERISA 规定养老金资产的最终控制权分配给雇主的职员。法律没有赋予养老金受益人任何直接参与养老金资产运作决策的权利，养老金法也没有赋予养老金所有权人间接的话语权，如认可对参与养老金资产享有控制权人遴选的决策权。一些职业投资经理人而非计划的受托人或受益

---

① ERISA §402（a）（2），29U. S. C. §1102（a）（2）.

② ERISA §402（c）（3），29U. S. C. §1102（c）（3）.

③ ERISA §405（d）（1），29U. S. C. §1105（d）（1）.

人对控制养老金财产的运用真正地负有责任。

美国 ERISA 将内部事务的控制权专属于受托人和其他养老金信义人来架构信义职位，但成员对这一结构内部事务无须受托人保护。对其中的一些事务，计划成员（也可称为"成员"）不能单独行动，但可以通过一个集体来行事如工会等，工会自身也是一种民主性的组织，成员可以通过集体行动来行使话语权，因此，不需要受托人的保护。ERISA 有一个反转让规则，规定成员不能转让其利益，其债权人也不能追索其养老金利益，此规则的目的是保证养老金用于退休收入，防止成员在退休前将此利益消费殆尽。此规则是一种私益信托法所认可的所谓的禁止挥霍信托。但也有重大差异。禁止挥霍信托的限制不是强制的，仅由委托人施加。而 ERISA 对转让的限制是强制性的，成员作为受益人和发起人对此不享有任何控制权。

对投资的控制权专属于受托人，成员不能指示受托人将投资限定于特定的行业或区域。ERISA 要求受托人为成员的专属利益行事。此处成员的利益是指最大化基金的回报。受托人禁止考量非经济利益如提升某区域的就业、保留计划成员的工作等，即使成员同意他们这种做。但对有些事务受托人可按所有的成员通过民主的方式并不违反信义职务情况下进行表决的结果行事。ERISA 规定了专属目的规则，要求受托人专门为成员之利益行事，禁止任何与最大化计划福利相悖的行为。[1]

表决权和其他控制权的行使方式也使养老金受益所有权处于消极地位。当公司股票作为计划资产时，DB 计划的受托人或投资经理人，而非成员所有权人行使股票上的表决权如选举公司董事和审计人以及公司组织的变化包括并购、股票交易和资产出售，这并不需要他们与成员商量。成员对敌意收购中计划股权的收购要约没有控制权。发起人公司是收购的目标公司，养老金计划包括公司股权的持有，管理层有强烈的动机拒绝收购要约。计划的受托人由管理层遴选或是经理人本人，可以拒绝要约，因为他们负有信义义务仅为成员的最佳经济利益行事以及禁止与计划福利最大化相悖的行为。而且 ERISA 确立的谨慎投资者规则将"利益"界定为专门对成员的计划投资进行经济保护。在收购的情形下，最大化成员的退休

---

[1]　ERISA § 404（a）（1）A，29U. S. C. § 1104（a）（1）（A）（1980）.

利益的政策似乎要求受托人接受要约。在此情形下，雇员的利益与管理层的利益一致，都不希望收购成功，因为担心失去工作或薪资减少或两者兼具。从这点来看，让成员控制受托人行为毫无意义。

尽管养老金信托财产所有权人处于消极地位，但这种消极性并非绝对，它的消极性仅体现为不能干预受托人对信托事务的管理方面。信托所架构的养老金计划所具有的优势是其他制度无法替代的。从委托人角度来看，基于双重所有权，委托人可以出于节省时间、精力的目的将其财产设立信托，由专业的受托人进行财产的管理和处分以实现财产的保值增值。从受托人角度来看，基于名义所有权，受托人具有了正当权源；受托人负有信义义务，为受益人之利益积极运作信托。从受益人而言，受益人享有被动的所有权，无须积极管理即可获得受益。同时，信托财产所有权"两权分离"的制度使养老金信托资产处于"破产隔离"的保护机制中，信托所具有的投融资功能和节税功能等多功能性使养老金计划以信托模式进行运作，以实现养老金计划的目的。

（三）信托基金

养老金信托基金包括全部资产，即由雇主出资的、雇主出资但未实缴的，根据合同支付的股息、利息、返还的资金或其他支付给受托人的资产，由受托人所持有的投资资产，所有的收益以及受托人通过信托协议和信托文件所管理和持有的任何其他财产。应收金额被认为是雇佣终止时雇员可获得的及受托人于特定时间和地点应支付的资产。

受托人有权将信托基金用于如下目的：第一，用于支付工资、薪酬、额外福利、其他合理的和必要的开支、费用以及受托人聘用执行董事和员工的酬金；第二，受托人所确定的用于支付任何征收雇主出资和管理信托基金、计划事务所产生的合理费用；第三，支付受托人在信托基金和计划运作及管理中产生的所有合理和必要开支、费用和酬金，包括顾问和其他提供服务的人的酬劳；第四，支付根据现行和未来的法律所规定的对信托基金、形成该基金的所有金钱或财产所支付的所有动产和不动产税、所得税、其他税；第五，保留三个月内可能产生的合理的管理费的储备金；第六，支付或提供既定的退休、死亡和终止等福利。

受托人所收到的作为信托基金一部分或全部的出资均应存入由受托人指定的一个以上合格金融机构的账户中，并用于上述目的。受托人可以是雇员受托人和雇主受托人组成，雇主受托人是唯一有权利和义务从账户中提取基金的人。除了保险公司根据保险合同、投资经理人或托管人、合格的投资机构或由受托人指定的合格金融机构所管理的账户或普通账户，从此账户中管理经理人和受托人有权签发支票用于支付信托基金一般的费用或返还根据受托人所采取的程序信托基金所收到的出资。

信托基金上的权利或利益或使用受到如下限制：第一，工会、雇主、雇员、任何其他个人、组织或公司对信托基金均无任何权利、权能或利益；第二，除非信托协议和宣言有相反的规定，信托基金的部分财产或收益均不得用于其他目的或背离专门为雇员、退休雇员及其家属和其需赡（扶、抚）养的人提供福利之目的以及支付合理的管理信托基金和计划的费用之目的；第三，除非计划或法律有相反的规定，雇员、退休的雇员、受托人或向他们主张权利的人以任何方式对信托基金上、集体年金合同里或任何可支付的福利或金钱上的任何金钱、财产、股权和利益所进行的预支、转让、出让、移转、分配、留置或抵押以及任何试图产生同样结果的行为均归于无效。

信托基金的管理全部由受托人来承担，其管理行为须与信托基金的目的保持一致，他们有权力和义务实施如下行为：第一，为与信托协议和宣告之规定保持一致和为使该规定有效实施，制定统一的规则和规范。第二，解释养老金计划和信托协议和宣言的规定和其中的条款，受托人以诚信的方式所采用的解释对工会、雇主、雇员和他们的受益人均具有约束力。第三，受托人还享有法律赋予的其他权力：根据条款的规定以他们认为合适的方式在任何时候出售、交换、出租、让与或处分构成信托基金部分或全部的任何财产，移交且使与之相关的任何和所有转让和移转文件生效；签订任何和所有合同、协议以使信托协议和宣言条款实施，实施所有的他们认为必需和适当的行为，上述合同、协议和行为对工会、雇主、雇员以及他们的受益人均有约束力和确定力；实施所有的无论是否明示授权的行为，只要该行为是受托人认为保护其所持有的信托基金必需或恰当的行为，他们的判断具有终局性。第四，受托人认为履行其义务所必需或恰当地聘请雇员、咨询师、顾问和服务提供者，包括但不限于执行董事和员工、管理经理人、合同管理员、投资经理人、托管人、精算师、会计、福利顾问、金融投资咨询师、法律顾问、管理、搜集和计算机录用数据员、诉请调查员，包括管理经理人、合同管理员、投资经理人以及托管人等。第五，颁布信托协议和宣言、养老金计划中例外的工会和雇员许可的要件规则，以及其他他们认为恰当的和必要的信托基金安全、有效管理的规则和规范，这些要件规则、规则和规范与信托协议和宣言不一致。第六，真实、准确地记录每一笔账目和所有的交易，以备随时接受任何受托人的检查和受托人所选任的有资质的公共会计师至少一年一次的审计，该审计随时接受工会或雇主在信托基金主要办事机构的审查。第七，管理信托基金应遵循信托协议和宣言的规定，并随着相关的法律的修订适时进行调整。

受托人可将管理权力或义务委托给代理人或雇员行使或履行，信托基金和计划的任何受托人对该信托基金和计划均可担当一种以上的信义角色，譬如可以同时作为受托人和管理人。

第二节　养老金信托权利之本质

养老金以及其在当今社会中的运作是最为重要的社会经济问题之一，出生率的急剧下降、人们的寿命越来越长以及国际环境中福利状态的恶化，需要私人养老金的发展，当今的问题迫切需要人们为明天规划，私人养老金计划特别关注计划的长期性的个人资产管理，信托的多功能性、易适应性以及可持续性可以有效地解决养老金的运作问题。养老金基金的产生和为养老金资产运作和安全保障设立可行的法律框架之需要凸显了信托在当今最大的社会经济问题中具有重要的意义。信托是最佳的能够促进养老金计划的便利和安全的工具，在养老金信托中，需要确立养老金信托"两权分离"之理念，从而保障基金之独立和受益人之利益。

一　养老金信托资产之归属

从养老金计划的信托安排来看，公司作为发起人向养老金计划出资，计划的管理者承担责任，雇员在退休时开始享受养老金计划的福利。养老金计划通过出资形成的基金由作为管理者的受托人名义上享有，最终的受益利益由雇员享有。在这种安排中，计划资产不受公司（雇主）、受托人和雇员以及其债权人追索。

在美国，ERISA 颁布前，雇主较容易动用基金资产、对投资和筹资决策进行控制甚至可动用这些资产用于公司目的，在 ERISA 颁布后，公司动用基金资产的途径被堵住。在一些福利国家，随着养老金计划的迅猛发展，这些养老金基金聚集了大量资产，这些资产所有权归属问题的厘清对解决如下问题具有不可或缺的作用：养老金计划受益人之间的风险分摊；计划终止时资产剩余的归属；养老金计划中控制权的行使；养老金信托中受益人的权利保障；养老金信托中社会责任投资。

（一）信托财产所有权同时由不同的人享有

在英美法系，信托财产由受托人和受益人同时享有。但在民法法系，信托财产的归属存在许多争议。英美法系国家信托财产的所有权发生分离：法定所有权和受益所有权（或衡平所有权）。这种两权分离的所有权制度与其他法律制度相比具有其独特的功用：安全保障。在英美，大多数公司养老金计划均以信托的方式设立，其主要原因是通过信托模式不仅可以获得更多的税收优惠，而且可以确保养老金计划的资产与雇主的资产发生分离。受托人作为法定所有权人，是独立于雇主的个人或公司，为养老金计划的受益人持有资产，受托人有责任确保养老金计划恰当的运作以及成员利益的安全性。这种所有权分离制度的基础在于财产权无须集中于一个所有权人之手，而是可以在两个以上的人之间在时间上或内容上进行分配。一方面，受益人被认为是财产的所有权人，当然，他们能主张对世利益，除了不能对抗没有被告知信托存在且支付了对价的善意的第三人；另一方面，受托人对信托财产享有法定权利，其有权移转信托财产。而且受托人将信托财产转换成其他财产，受益人的利益和受托人的义务附着于通过交换所取得的新财产上。如果受托人不当地将信托财产移转给不知信托存在且支付了对价的善意的第三人之外的其他人，则可以通过"追及"方式予以救济，受益人的财产利益继续附着于移转的财产，受让人则被认为为被称为受益所有权人的受益人的利益以信托的方式而持有财产和由此所产生的孳息。

养老金信托的财产根据计划规则主要为成员的利益以信托的方式而持有，旨在根据计划规则在成员取得领取养老金资格时向其提供养老金福利，成员被认定为计划的受益人。为了获得税收优惠，养老金计划须以不可撤销的信托方式设立。计划用于支付养老金的部分财产应当以信托的方式为受益人持有，直到该财产绝对地移转于恰当的养老金领取者时。这种有利于受益人的信托并未赋予特定的成员对计划财产特定的部分享有财产性权利。如果计划以准保护信托的形式架构，为成员老龄时提供福利，受益人将无权要求受托人将整个基金移转给他们。因此，成员的权利是要求基金的受托人确保计划财产按照计划规则进行处分。成员享有合同权利，可以根据计划规则具备领取养老金资格时获取一定比例的计划财产的份额。计划财产以信托方式持有，成员仅为众多受益人之一部分。因此，在养老金支付给成员之前，他们对计划财产的任何部分均不具有可以识别的财产性权利仅仅是监督受托人的一般权利。成员受益人的此种权利表现为一种财产性控制权，非直接的财产性权利，但这种财产性控制权是受益所有权派生出来的一种权利。

（二）养老金信托资产归属之厘清

许多养老金计划都是溢额筹资的，因此，养老金资产的剩余归属于雇主还是雇员存在争议。

1. 各种学说

养老金资产和福利包含着大量的经济财富的份额。谁享有信托财产的问题一度引起相当的困惑，学者与法官众说纷纭：有受托人说、受托人与受益人同时享有说和受益人说。[①] 如果受托人是所有权人，而受益人享有不受受托人的债权人追索的权利，因此，受益人也享有所有权，这样发展出来了"双重所有权"理论，受托人须区分个人财产与信托财产，而且两者不能互相移转。[②] 因此，关于私人养老金资产的归属，学界众说纷纭。关于剩余的归属于谁的问题存在诸多观点，仅归属于雇主的观点就有三种：一是"雇主权利观"，主张雇主被认为保留了剩余上的权利；二是"合同自益观"，认为是根据诚信的合同原则设立计划规则的问题，并允许自益；三是"合同信用观"，主张剩余不应当视为独立和确定的财产，应当直接视为计划财产的一部分，不能与其他基金相区别，因此，也以信

[①]　James Chalmers, "Ownership of Trust Property in Scotland and Louisiana", Vernon Valentine Palmer &Elspeth Christie Reid, eds, *Mixed Jurisdictions Compared*: *Private Law in Louisiana and Scotland*, Edinburgh University Press 2009, p. 132.

[②]　Kenneth Reid, Patrimony not Equity: the Trust in Scotland, *European Review of Private Law*, Vol. 8, 2000, p. 427.

托的方式而持有。①

　　剩余作为可以识别的财产，其归属仍是一个棘手的事情，通常取决于计划规则的详细说明。本人认为剩余部分是雇主、雇员或其共同出资所形成的信托基金所产生的增值，当属于信托财产的范畴，可以将其界定为"信托财产说"。关于乘除的归属，主要学说如下。

　　（1）雇主权利观

　　此观点基于 Millett 法官的判决②，他主张在产生剩余的情况下，雇主是唯一享有取回出资剩余的人。"从后见之明来看，这样的剩余可以被视为过去的溢额筹资。表面上，如果可返还且不用于增加福利，他们应当返还给出资人。在共同出资的计划中，这可以被认为是雇主和雇员按照各自出资比例而产生。然而，通常不是这样的。在大多数养老金计划中，他们的地位是不同的。雇员必须用其薪酬的固定比例进行出资或常常由雇主决定减少比例。即使基金产生赤字，他们也无须支付更多；如果基金产生剩余，他们不能要求减少出资或暂停出资。相反，雇主仅有义务进行足以履行义务的出资。如果基金产生赤字，雇主得弥补之；如果产生剩余，雇主没有义务支付之。在基金产生剩余时，雇员无权要求雇主在不出资的情况下继续出资。如果雇主选择减少或暂停出资，他享有这样做的优越性且有利于保持良好的企业关系。为此，产生了两种结果：第一，雇员无权享有'出资暂停期'；第二，非由雇主和雇员按各自出资比例所为的过去的溢额出资而产生了剩余，而仅由雇主所为的全部出资，且仅支付给雇主。"③ 此观点的主要依据是雇主作出无偿支付形成了剩余，该剩余应当说仅来自该无偿支付，所以，应将剩余返还给雇主，雇主实施了维护企业和谐的善举。④ 此处背后的法理是雇主在基金有剩余时有权获得其出资剩余的返还，而雇员则必须继续进行定期出资。因此，雇主自愿出资产生剩余，可以说此剩余仅仅是产生于自愿出资。这就是剩余须返还于雇主的缘由。雇员根据雇佣合同的义务出资，而雇主则出于内心之美善来维持企业之和谐。

---

① Alastair Hudson, *Equity and Trusts*, Cavendish Publishing Limited, 2003, p. 781.

② Re Courage Group's Schemes [1987] 1 All ER 528, 545.

③ Alastair Hudson, *Equity and Trusts*, Cavendish Publishing Limited, 2003, p. 782.

④ Alastair Hudson, *Equity and Trusts*, Cavendish Publishing Limited, 2003, p. 782.

有学者认为此观点的逻辑尚不完全明晰，因为基金资产大于其应履行的债务时产生剩余。剩余之所以产生是因为向计划所为出资的所有人所出资的资产总和大于所需，不仅仅是雇主进行了溢额出资。雇主停止向计划进行出资的权力与谁的出资产生了剩余混为了一谈。养老金计划财产的剩余产生于两种途径：雇主和雇员。因此，仅将剩余的权利归属于雇主是不正确的。由于剩余并不是一种可以识别的财产，因此，不能分离出来仅为雇主的利益而以信托的方式持有。

（2）合同自益观

这是 Browne-Wilkinson 法官提出的另一种学说。因为雇主受制于合同义务而非纯信义义务或财产义务，因此，有权关注自身利益。对其自身利益的能力必须受到限制，这源自合同法，雇主须诚信行事，雇主不能否认成员的合同权利。他认为雇主对计划成员就剩余不负有信义义务，而且雇主遵守了雇佣合同中诚信的合同义务，他就有权根据养老金计划规则享有权利。雇主对每一位成员单独的负有义务，不是简单地遵守一般性的合同义务。雇主必须关注计划的"有效运营"，且不得"附带强制成员放弃他们在现有基金上累算权利"。由于雇主所负有的义务不是信义义务，有权考虑其自身利益，不受信托之禁止利益冲突规则的拘束。雇主有权为其自身利益取回信托基金。雇主除确保信托有效运营和实现成员累算权利外无须考虑信托受益人的地位，剩余被称为构成了基金恰当运作和成员合同权利之外的价值。Walker J. 法官认为，雇主有权利"关注自身经济利益，即使与成员和养老金领取者的利益存在冲突"[1]。合同自益说认为雇主受合同义务的约束而非纯信义义务或财产权，其有权行事时考量自己的利益。根据合同法，雇主须诚信行事，因此，雇主不应当否定成员的合同权利。Browne-Wilkinson VC 认为雇主对计划成员就基金之剩余不承担信义义务。雇主须遵循诚信义务，他们不仅应注意"计划的有效运作"而且"不得强迫成员放弃现有基金上积累的权利"。由于雇主不负有信义义务，因此，其有权考虑自身的利益。易言之，雇主有权为自身利益获得信托基金的返还。除确保信托的有效运营以及成员积累权利的实现外，没有必要考虑信托受益人的地位。需要指出的是剩余产生了基金恰当运作和成员合

---

① Alastair Hudson, *Equity and Trusts*, Cavendish Publishing Limited 2003, p. 784.

同权利之外的价值。Walker J. 法官认为即使雇主利益与成员和养老金权利人的利益发生冲突，他们也有权考虑其自身经济利益。

但 Walner J. 法官认为，雇主须对剩余承担信义义务，当雇主违反信义义务而未将此财产分离出来时，成员对剩余享有财产性权利。雇主负有明确的受托人义务。特别制订的计划规则显然要求剩余仅用于为可以识别的目的。因此，雇主不应当主张对剩余的权利。然而，这要求改变职业养老金计划设立时获得的主要谈判权利不平等性。雇主一般会确保计划规则中包含雇主明示的权利以获得剩余的返还。雇主会对受托人施加义务来时不时的分离剩余，这是合同信用观所不可能实现的：分离的资金可以用不同的信托来有效持有。①

对剩余的归属，权威们众说纷纭，Walner J. 法官明确指出雇主就剩余对成员负有信义义务。Browne-Wininson 法官则明确反对此种信义义务，更愿意采取诚信的合同义务与合同范围内可允许的自我利益的混合理论。Millett J. 法官则采取财产法学者的方法，根据雇主而非雇员所承担的出资所产生的全部剩余，将剩余上的财产权利分配给雇主。由此来看，谁享有剩余不是一个简单的问题，即使根据计划规则也可能产生三种结果：雇主保留剩余的所有权；雇主根据合同诚信义务为自己的利益行事；雇主就剩余承担信义义务。

（3）合同信用观

剩余被认为是独立的信托"财产"是不恰当的，认识养老金基金剩余的本质是至关重要的。根据精算计算，说是确定时间计划的可能义务以及其相应资产是可能的。DB 计划要求雇主在基金出现缺口时进行额外出资或在产生剩余时暂停出资。这是一种合同机制，使受托人有权对雇主请求进一步支付，或使雇主有权根据计划规则不支付。剩余不是计划财产的特定部分，计划财产以不可撤销信托的方式而持有。主张任何一部分计划财产上所有权的人须证明他是计划财产上该特定部分的信托受益人。信托法一般要求特定信托的信托基金须分离独立且可独立识别。因此，要想享有基金上的财产性权利，必须是受托人持有的特定财产不同于计划财产的其他部分。然而，剩余不是识别任何特定、分离的资金，即当时计划所需

---

① Re Goldcorp［1995］1 WLR1399.

要资金之外的剩余。而是通过精算，基金所持有的价值超出了当时基金的义务。因此，主张对该剩余享有所有权毫无意义，因为没有特定的财产识别为剩余。主张剩余上的财产性权利的人所能取得的只是一种信用，是承认过去的出资超过了履行计划义务的所必需的部分。①

（4）合同债权说

合同债权说认为，剩余认定为独立的信托财产是不恰当的，认定养老金基金的剩余的本质十分重要。根据精算估算，确定特定时间计划可能的义务与相应的资产是完全可能的。DB 计划要求雇主额外出资以防出现缺口或产生剩余时有权利暂停出资。这是一种合同机制，使受托人有权诉请雇主进行更多的出资或使雇主有权不根据计划规则出资。剩余不是计划的特定部分，计划财产以不可撤销信托的方式持有。凡是主张计划财产特定部分权利的人就是主张其对计划财产该特定部分之信托的受益人。根据信托的基本法理，特定信托的信托基金独立且可以分开识别。受益人对基金享有财产性权利，其所持有的特定财产不同于计划财产的剩余部分。然而，所说的剩余不是识别特定的、独立的那一部分即当时计划所要求的剩余。而且，根据估算，基金中持有的价值要大于当时基金的义务。因此，剩余的权利归属毫无意义，因此，没有可以识别的可以作为剩余部分的特定财产，仅仅是一笔记账，归属于剩余的价值不归属于任何特定的财产。主张对剩余所享有的财产权利是一种债权，即对过去的出资超过了其必要的履行计划义务的部分的认可。据此，没有任何一方当事人对养老金基金的剩余享有独立的权利，除非该剩余起初就独立于一般的计划财产，这要求受托人对此掌握了特定的权利。而且，剩余作为一般计划财产的一部分以信托的方式持有，并根据计划规则进行分配。因此，雇主对剩余保留所有权的主张违反了信托法的原则。

雇主权属的观点是受到法律限制的。加拿大没有统一的养老金法，具体由各省单独立法，其萨斯喀彻温省的《1992 年养老金福利法》对养老金剩余归属于雇主进行了严格的限制，其第 62 条规定，计划的剩余资产不得移转给雇主，除非（1）计划规定了此种移转；（2）管理者遵守了预定的条件；（3）且管理者收到监管人的书面通知，要求进行剩余资产的

---

① Alastair Hudson, *Equity and Trusts*, Cavendish Publishing Limited 2003, p. 786.

支付或移转，根据监管者的意见，计划仍然能满足偿付标准。美国 ERISA 中，发起人必须针对计划仅为计划成员的利益履行其义务。美国的《国内税法典》（The Internal Revenue Code）也明确规定合格计划的养老金资产专门用于为计划成员的利益。

2. 资产剩余归属的金融理论观

从金融理论的视角来看，对养老金计划资产剩余是否属于公司资产，金融理论上存在两种截然相反的观点：一是整合理论，该观点认为，计划资产与公司资产不可分；二是独立理论，该观点认为独立于公司资产。①

根据整合理论，养老金基金被认为是公司资产，支付福利的义务是公司责任，这种观点与 ERISA 一致，从而使计划的发起人对既定的福利承担责任。② 福利独立于养老金计划的业绩，公司所有的资产，不仅仅是计划资产对承诺的福利提供担保。从银根宽松需要的角度来看，与整合理论一致，养老金剩余也被认为是为银根宽松服务的。银根宽松是不常使用的债务能力或流动性资产如在经济下滑时公司可掌控的现金或可交易的证券而不需寻求外部融资。尽管流动性资产比养老金剩余更易获得，但税收优惠有利于银根宽松，在养老金基金中，由于养老金资产的收益免税，出资通常可以享受税收减免。③

独立理论认为，由于信托财产归属于受益人，养老金基金独立于公司，根据此观点，筹资和投资决定的作出需要服务于计划受益人，而不是公司。独立说也可以从 ERISA 中找到依据，该法明确规定养老金基金是独立的法律实体对公司在养老金资产上的控制权加以限制。

总的说来，金融理论对养老金剩余提出了两种互相矛盾的观点。从公司金融的角度而言，在剩余返还之前，市场并不认为净养老金资产是公司资产。养老金剩余的所有权问题一直难以解决。

---

① Welsh, Mary Jeanne, Excess pension assets as corporate assets: an unresolved issue, *The CPA Journal Online*, Jan. 1991.

② Welsh, Mary Jeanne, Excess pension assets as corporate assets: an unresolved issue, *The CPA Journal Online*, Jan. 1991.

③ Welsh, Mary Jeanne, Excess pension assets as corporate assets: an unresolved issue, *The CPA Journal Online*, Jan. 1991.

3. 养老金资产的剩余归属的逻辑分析

究竟谁享有养老金资产的剩余？无论哪种学说，既然是养老金信托，自当援引信托的基本理论来判断基金剩余的归属，虽然普通信托在养老金的一些场合不再适用。

雇主出资的个人养老金是以"递延工资"为基础的，雇主与雇员协商确定雇主愿意支付给雇员的总的收入。雇主可以支付全部的工资，也可以支付一定数额的工资外加一定的福利。雇主支付给雇员的金钱包括直接的补偿和间接的补偿即递延的工资，全部存入至养老金基金里。这是雇员有权享有的补偿。存入养老金基金信托的金钱原本是可以支付给雇员更高的薪酬的。作为筹资工具的信托说明该金钱不再是雇主的，其分离出来并为计划成员的利益置于信托中。由此来看，该金钱属于雇员，雇主对该金钱不享有利益。这充分彰显了信托基本理念：第一，信托财产所有权的分离。在私人养老金信托关系中，信托财产的所有权发生了分离：受托人对信托财产享有控制权（管理权和处分权），是名义上的所有权人；受益人（投资人）对信托财产享有信托受益权，是实质上的所有权人。受托人有义务为了受益人利益行使其所有权；受益人有权利监督受托人并享有追及权。第二，信托财产之独立性。在私人养老金信托中，委托人一旦转移信托财产于受托人就丧失了所有权，从而使信托财产独立于委托人财产；受托人虽然享有名义所有权，但其并不享有信托之受益权，故信托财产独立于受托人的固有财产；受益人虽然拥有受益权，但其本质上是一种被动型请求权利，并不享有完整的绝对所有权，故信托财产独立于受益人财产；受托人在处理信托事务过程中所产生的收益，应当归于信托财产，并由受托人依照信托文件之规定分配给受益人；非因受托人义务违反所造成的损失，应当由信托财产来承担。第三，信托管理之连续性。信托管理的连续性表现为：信托关系依法建立后，除法律另有规定或者信托文件另有约定外，信托不因受托人的欠缺而终止。基于信托财产之独立性，在信托运行过程中，如果受托人辞任、被解任或者出现死亡、丧失民事行为能力、依法解散、被依法撤销或者被宣告破产的情形，信托财产不属于受托人的遗产或清算财产。除有相反的规定外，信托财产仍可依据信托文件重新选定受托人而继续运行。

当前，普通信托法决定了养老金计划终止时剩余的归属。从信托的法理来看，受益人是信托财产的最终所有权人，在养老金信托终止时有权要求将所有信托财产包括剩余进行分配。如果原来的养老金计划文件规定所有的资产（包括剩余）以信托的方式仅为雇员和退休人员持有，则计划存在的剩余归属于雇员和退休人员。① 这种剩余在养老金计划终止之前通常不会全部或部分支付给雇员。计划通常在所有的雇员退休时以及没有成员继续向计划出资时完全终止，终止时产生剩余的，剩余的部分和全部分配给享有剩余的人。如果雇员和退休人员享有剩余的所有权，则雇主对剩余没有权利享有。产生剩余的原因对确定谁享有养老金剩余的福利不起任何作用。在计划进行中产生了剩余，因雇主对商事经营享有广泛的控制权以及对计划享有相当的控制权，因此，雇主有可能获得剩余的福利。相反，在计划终止时产生了剩余，雇员几乎总是能够获得一些剩余，有时可以获得全部剩余。如果溢额筹资的计划终止，雇主不可能获得剩余，除非"养老金计划规定在养老金计划终止时将剩余支付给雇主"。② 如果养老金基金以信托的方式运作，雇主就不能够主张信托项下的基金的权利，除非信托条款规定雇主为受益人，或除非在信托设立时雇主保留了撤销信托的权利。③ 撤销权的保留须明确地予以规定方可有效。④ 总之，当计划终止时产生的剩余是雇主不可以获得的。即使公司设立了计划终止时剩余的权属，但有些国家的法律明确规定雇主须就剩余取得的条款与雇员和养老金领取者协商。⑤ 实践中，雇主与成员分享剩余需要取得计划成员的同意。无论是英美判例法、成文法和调控规则均规定雇员通常取得部分剩余，有时取得全部的计划终止时剩余的福利。

4. 资产剩余归属的立法规定

美国养老金资产的公司控制受 ERISA 调控，养老金计划的发起人的法定权利和义务规定在 ERISA 中，发起人必须针对计划仅为计划成员的利益履行其义务。美国的《国内税法典》（*The Internal Revenue Code*）也

---

① Nelligan O'Brien Payne LLP, Who Owns Pension Surplus? – Eves Government Wants to Change the Rules, *Nelligan O'Brien Payne LLP Labour Alert*, November 7, 2002.

② PBA, §79 (3) (b).

③ 115D. L. R. (4th) 631, 657 [1994].

④ 115D. L. R. (4th) 660 [1994].

⑤ Ari N. Kaplan & Mitch Frazer, *Pension Law*, Irwin Law, 2013, pp. 591–592.

明确规定合格计划的养老金资产专门用于为计划成员的利益。只要计划在实施中，公司取得养老金资产就会受到法律的限制。然而，根据 ERISA 的规定，在计划终止时，剩余的养老金资产可以返还给雇主。ERISA 的宗旨是在承诺的福利范围内保护雇员的利益，不是就溢额筹资向其提供养老金额外的利益。ERISA 要求养老金资产仅为雇员的利益而为管理，即使在计划终止之时。公司不能主张养老金资产剩余的归属于自己，除非计划条款明确允许取回剩余。计划终止必须获得养老金担保公司的同意，计划不能为了向雇主返还剩余而进行修改，当条款规定在计划终止之前返还时，该担保公司可以提起诉讼。有诸多种诉讼阻止公司利用养老金资产对抗收购意图或没有与雇员分享而独自获取剩余。美国国会也尽力阻止公司请求养老金的剩余。返还于雇主的反对者主张，剩余返还于雇主对员工是"不公平的"，因为终止时的福利少于计划实施中可以获取的福利；而且养老金法要求计划设立具有永久性。尽管国会并没有禁止返还，但美国有许多立法试图限制公司获取养老金计划资产，并提升劳动者对养老金基金的控制。①

　　关于公司直接控制养老金剩余存在许多不确定性，但当为雇员的利益进行管理时，养老金资产剩余可以为公司提供经济福利，例如，有建议提出公司可以在计划没有终止时将养老金基金剩余为后来的雇员福利进行融资（现在的 ERISA 不允许了）。

　　在计划终止前，ERISA 要求养老金计划资产为计划成员的利益而管理，而非为公司股东的利益。股票价格对养老金剩余返还的反应表明市场并不认为公司一定可以取得养老金资产。计划进行中所产生的剩余则不同。计划进行中，雇员想获得部分剩余是十分有限的。他们不能开始终结程序，他们取得剩余取决于雇主或监管机构，他们几乎或根本没有控制权对此终结程序。相反，雇主控制着营业，对计划行使着相当大的权力。雇主可以拒绝雇员获取养老金剩余，通过拒绝终止计划以及通过调整人力资源结构如减少劳动力来减少部分终止计划诉求的可能性。通过出资暂停期或利用剩余为提前退休的人融资，雇

---

① Welsh, Mary Jeanne, Excess pension assets as corporate assets: an unresolved issue, *The CPA Journal Online Jan.*, 1991.

主可以用公司的资产来支付人力资源费。① 主流观点认为剩余通常产生于养老金基金终止时。

5. 资产剩余的判例法解释

养老金计划各式各样,其剩余的归属取决于计划的条款。在最普通的计划中,雇员用其薪资的特定部分出资而雇主根据"筹资均衡"出资即他的出资额须使整个出资达到筹资标准。在此计划中,如果在公司解散时,养老金基金尚有剩余的,剩余基金的归属颇具争议,在 Re Courage Group's Pension Schemes② 一案中,Millett J. 法官认为过去宽裕的筹资所产生的剩余并非来自雇主和雇员按他们各自的比例所为的出资,而仅仅是来自雇主过去全部的出资以及仅由雇员所为的出资。Vinelott 法官认为 Millett 法官在那个案子中以强制性的理由将筹资均衡情形下基金计划的剩余归属于雇主。③ 在 Davis v Richards and Wallington Industries Ltd 一案中,④ Scott J. 法官则将雇员和雇主出资的部分进行区分,认为因雇主超额出资所产生的剩余以归复信托的方式归属于雇主。但雇员的出资不成立归复信托,因为这样会产生不可操作性以及与给予特定计划税收优惠的法律规定相冲突。⑤

6. 养老金剩余到底归属于谁

养老金剩余的立法涉及雇员利益与雇主权利包括雇主破产时其债权人的权利之间的平衡。雇主认为剩余是他们的出资超过其必须履行义务的部分,所以他们有权享有剩余;相反,雇员认为养老金计划主要是为其提供福利,剩余源自良好的投资绩效,剩余应当完全用于其福利。

从养老金的本质来看,有学者认为职业养老金是一种形式的"递延支付",通过向雇主提供服务所赚取的福利。实证证明下调雇员工资是为了弥补雇主向养老金所为的出资。而且在很多种情形下,雇主出资和养老

---

① Anthony Devir, Fiduciary Obligations and Surplus Issues in Pension Plans: The Employers'Perspective,Estates, *Trusts & Pensions Journal*, Vol. 18 (1999).

② Wrightson Ltd v Fletcher Challenge Nominees Ltd [2002] 2 NZLR1.

③ National Grid Co plc v Mayes [2001] UKHL 20, [2001] 2 All ER417.

④ Re UEB Industries Ltd Pension Plan [1992] 1 NZLR 294.

⑤ Philip H Pettit, *Equity and the Law of Trusts*, Oxford University Press 2012, p. 179.

金福利代表一种递延支付。① 再者，雇主仅需要足额出资以满足履行根据计划规则规定的福利标准所负有的计划义务。

当然，养老金计划可以明确规定剩余资产用于为成员提供额外的福利。同样，计划也可以明确规定剩余的福利应返还给雇主并由其控制，受到养老金立法的限制。当然，计划剩余为最终向成员提供福利提供更多的保障。除非计划有其他强制性规定或要求，剩余允许留在计划中并最终为了计划的发展发挥作用。有观点认为将剩余归属于雇员极可能挫败雇主根据最后的工资（或 DB）设立养老金计划。② 在养老金计划进行中，不存在剩余所有权的确定问题，只涉及受托人被允许或有义务根据信托文件和计划规则处分剩余的问题。在这种情形下，受托人有应用剩余为成员提升福利的自由裁量权。在受托人行使自由裁量权之后仍有剩余的通常归复于雇主。③

在养老金信托中，受益人是有偿的，这对信托基金剩余之权利归属的确定具有重要的意义。当雇主公司破产时，养老金基金存在剩余，公司的破产债权人是否能追索到该剩余，取决于受益人权利的性质。如果将公司对受益人的义务定性为只是对人债务，基金上的剩余就属于公司，其破产债权人可以追索至该剩余。由于受益人向基金进行了出资，他们不是无偿的，因此，公司对受益人的义务是信义义务，养老金获取人取得信托基金剩余上的权利。④ 即使信托文件没有有效的执行，受益人向基金所为的出资使他们享有了基金及其剩余上的受益所有权。因此，显然在一些情形下，成员取得了针对受托人信义义务的财产性权利，不限于就其向基金进行出资而享有债权人与债务人之间的诉权。另一种观点认为，雇员出资人仅有权根据养老金信托文件条款在退休时取得合同性的支付。在基金终止时，是否成立有利于受益人的归复信托，存在争议。有观点（Scott 法官）认为向养老金基金出资的雇员应当有权在基金终止时取回基金上的剩余出资，也有观点（Privy Council 枢密院）认为在养老金基金精算剩余

①　Parry v Cleaver［1969］1 All ER 856 at 863.

②　David Pollard, *The Law of Pension Trusts*, Oxford University Press, 2013, § 20. 6－20. 10.

③　David Pollard, *The Law of Pension Trusts*, Oxford University Press, 2013, § 20. 59.

④　Alastair Hudson, *Equity and Trusts*, Cavendish Publishing Limited, 2003, p. 779.

的场合，出资人并不当然有权取回其溢额出资。①

基金资产用于偿付养老金后尚有余额，即产生剩余。剩余的存在是计划所有的出资人所出资的财产超过了所需要偿付的金额的那一部分，不仅仅是雇主单方的溢额出资。雇主享有暂停出资的权利不能与谁的出资产生剩余混为一谈。计划财产的剩余来自两个方面：雇主和雇员。因此，仅雇主可以请求基金剩余（溢额）之所有权是不正确的。当然，如果后来能证明雇主的出资超过了保障那些福利所必需的，那么，"溢额出资"返还给雇主是不会有任何疑问的，可以不必用于给雇员增加额外的福利。有观点认为，当养老金基金出现赤字时，雇主有义务弥补之，因此，认定剩余产生于雇主的"溢额出资"，雇主享有剩余，而且雇主于艰难时期需要承担责任，为何在景气时期不能收获回报呢？其实，雇主提供养老金或弥补缺口是其对雇员递延支付的补偿，弥补赤字是其履行足额出资义务的具体体现；再则，剩余是不可识别的基金财产，不能分离开来仅为雇主的利益以信托的方式持有。由于剩余不能与基金财产独立，因此，没有任何一方当事人对养老金基金剩余享有独立的权利，除非剩余首先与一般的计划财产发生分离，这需要将特定的权利赋予受托人。而且剩余作为一般计划财产的一部分以信托的方式持有，根据计划规则进行分配。主张雇主保留了剩余之所有权的观点违背了信托法的原则。② 由此可见，"雇主权利观"是不正确的。

在雇主清算时，雇主之债权人无权享有计划剩余之权利。如果雇主也是受托人，他必须对剩余行使信义义务，清算人不能无视信义义务行使雇主受托人之权利。成员被认为对剩余享有财产性权利，对此雇主不能违反信义义务分配该剩余财产。③ 计划规则要求剩余仅用于可以确定的目的时，雇主不得主张剩余的所有权。但一般雇主会确保规则包含雇主取得剩余的明示权利，雇主会获得建议要求受托人分离剩余的义务即分离的基金可以以不同的信托有效的持有。由于雇主受制于信义义务，而非合同义务，因此，雇主不能根据合同的诚信义务为自身利益行事而将剩余归属于自己，"合同自益观"存在缺罅。

---

① Alastair Hudson, *Equity and Trusts*, Cavendish Publishing Limited, 2003, p. 784.

② Alastair Hudson, *Equity and Trusts*, Cavendish Publishing Limited, 2003, p. 786.

③ Alastair Hudson, *Equity and Trusts*, Cavendish Publishing Limited, 2003, p. 784.

在确定养老金剩余归属时，信托文件条款是至关重要的，因为剩余的实现和分配涉及自由裁量权的行使，通常以文件中规定的权力形式来进行。权力的性质根据剩余请求权产生的环境不同而不同。如果计划终止，受托人必须根据文件决定是否以支付剩余给发起人公司的方式来处分剩余。如果没有被授予明示的权利，雇主可能希望通过计划条款的修改来引入恰当的规定。那么，当修改后的自由裁量权交由受托人行使，受托人占据十分重要的地位。受托人通常仅能行使他们的权利以促进养老金计划的主要目的，即"养老金计划一旦设立，不是为了特定公司的利益，而是为了那些在商事活动中被雇用者的利益"，① 而且受托人权力只能规定在提供退休福利的条款中。由于雇员的福利是他们为雇主提供福利而赢得的，如果他们是共同出资人，那么，剩余中也有他们的贡献。② 由于养老金计划的雇员不是自愿的，他们权利的渊源不同于普通信托的受益人。

二　养老金利益与债权人之剥离

尽管公司设计、策划并对养老金计划融资，他们也得依靠受托人来运作这些资产。一般来说，养老金计划以信托的方式设立，由受托人来管理。调整信托运作的规则主要来自设立信托的文件即信托协议和规则以及养老金立法。但人们常常会问养老金资产可否受各方当事人之债权人追索呢？这需要根据养老金信托的结构进行分析。养老金信托结构中包括三方当事人：委托人、受托人和受益人。

（一）养老金信托委托人之债权人

一般的私人明示信托以三方当事人即委托人、受托人和受益人为轴心来运作，此架构可以复制在养老金信托情形下，但采取与一般的私人信托略微不同的形式。在职业养老金计划之外的个人养老金信托中，基金的成员向基金筹集资本。因此，他们是委托人。关于委托人的身份，养老金计划必须要求基金的成员向基金出资，并从基金中领取养老金，因此，受益人也是委托人。在职业养老金计划中，如果雇主是全额出资的，他们是委托人，雇员是受益人；如果是与雇员共同出资的，他们与雇员均为委托

---

① Re Courage Group's Pension Schemes［1987］1 All ER 528 at 541.

② Mettoy Pension Trustees Ltd v Evans［1991］2 Al ER 513 at 537.

人，雇员同时也是受益人。大多数养老金计划，在信托设立之时均未对整个信托财产的归属进行规定，而且雇主主要是对最初的资本进行出资以及与成员委托人一起通过生前信托进行出资。然而，较为复杂的是大多数养老金基金中新的养老金领取者不断加入基金中成为生前信托之委托人。一般而言，雇主没有法定义务为雇员设立职业养老金，然而，许多雇主提供职业养老金计划作为雇员薪酬的一部分。雇主通常为养老金基金出资最初的种子资本，然而委托人的作用十分复杂，雇员也可能主动或从其工资中扣取一定比例的用于出资，最终为受益人提供回报。在 DB 计划中，雇主的出资额须与维持基金需要实现回报的水平一致。因此，雇主承担基金未能实现预期回报的风险，雇员出资成为委托人同时，又希望从基金中获得利益，因此，他们同时又是受益人。根据信托之法理，信托财产独立于委托人及其债权人。因此，在养老金信托项下，养老金计划资产独立于雇主的资产，雇主及其债权人对该资产既没有法定的权利也没有受益权，有限情形下的养老金剩余除外。同时，雇员作为委托人时，其债权人也不能追索到养老金计划之资产。

（二）养老金信托受托人之债权人

养老金信托受托人有可能是委托人公司的董事，雇主因出资而成为委托人，董事受托人一般对雇主公司享有控制权，但与作为委托人的法人不同，董事委托人也可能是养老金计划的成员而作为受益人。因此，董事享有原委托人控制地位、他自身权利的委托人和基金的个人受益人三重身份。

为了避免计划财产被欺诈或滥用的风险，成员可以提名受托人，以确保计划的恰当运作。成员提名受托人作为计划受托人委员会①的一部分享有完整的表决权，应当与其他受托人一样能够担当受托人的责任，在计划运作出现不正常情形下，发出警告。

公司也可以任命为养老金信托的受托人，公司受托人对计划的成员承担责任。

从信托的法理来看，受托人仅仅是信托财产上的法定所有权人，即使

---

① 受托人委员会由全体受托人组成，提供全方位的公司受托人服务，负责职业养老金计划的各方面经营如日常管理、投资和治理，向雇主和成员提供计划良好管理的经验。

受托人是来自委托人公司的董事，其作为受托人对信托财产也只享有名义上的所有权或法定的所有权，并非真正意义上的所有权人。受托人的所有权虽披上了所有权的外衣，但受托人不享有受益权，因此，信托的所有权结构将受托人的法定所有权限定于控制权和管理权的范围，使其成为不是所有权的所有权。因此，养老金信托资产也独立于受托人及其债权人，养老金信托资产不受他们追索。

（三）养老金信托受益人之债权人

养老金信托中，雇员及其家属是受益人，即使雇员在出资情形下也是委托人。雇主公司的董事受托人也可能是自身权利的委托人而成为养老金计划的成员，从而成为受益人。根据信托的法理，受益人享有受益所有权，其所有权是一种被动的所有权，因为受益人对信托财产不享有管理权和直接的控制权，其受益所有权与所有权的控制和管理功能相分离。因此，受益人仅能在其受益权作用的范围内享有权利，信托财产仍然是独立于受益人及其债权人，不过，其债权人仍可追索其于信托财产上的受益份额。在养老金信托中，为了使受益人于养老金资产上的受益利益不受其债权人追索，在信托文件中可以设立"禁止挥霍"条款。但如果禁止挥霍信托之财产是支付给雇员的对价，则禁止挥霍条款无效。有观点认为，将雇主的出资视为一种赠与，即使信托文件中没有设置"禁止挥霍"条款也可以阻却债权人对养老金资产的追索。养老金是源自主要由其他人出资的福利，是专属于关照养老金计划成员的，因此，成员的福利应优先于其债权人予以考量。[1]

三　养老金信托受益人权利之本质

养老金信托中受益人权利性质须根据法理而解析之，但首先须明确养老金信托受益人的范围。关于受益权的性质，理论界存在诸多观点（对人权、对物权、混合性权利、自成一体权、针对权利的权利等）。本书认为，赋予受益人以财产权性质的权利，可以防止因权利性质不明和权利落空使受益人保护不利之虞。

---

[1]　Seventy-First Street and Broadway Corporation v Thorne, 10 N. J, Misc. 99, 157 Atl. 851（Sup. Ct. 1932）.

（一）养老金信托之受益人

受益人是现在或未来对养老金计划享有权利或接受计划福利的人。受益人主要包括：第一，在职的成员即享有计划中福利的人；第二，领取养老金的成员即从计划中获得养老金的人；第三，税延成员即离开计划但仍享有计划之福利的人如他们尚未将其福利转入另一个养老金安排；第四，准成员，即将来他们一旦满足资格要件即有权加入计划；第五，成员的遗属；第六，成员所抚养或赡养之人如孩子或他们经济上需要依靠之亲属；第七，成员的前夫或前妻，他们根据法院裁判之结果享有计划的养老金份额；第八，雇主，一定情况下，雇主参与养老金计划或基金出资剩余或终止时接受计划的支付而成为受益人。

受益人对信托基金享有财产性权利，标的的确定性要件是指信托法旨在要求有可识别的财产以便承载受益人和受托人的权利和义务。然而，这并不指受益人的权利必须是存在于基金本身上的权利。他们也包括对抗受托人控制使用信托财产的权利，这是一种财产性权利。受益人原则规定所有的信托受益人共同享有全部的信托受益利益，如果他们集体行动的话，他们可以指示受托人如何处分信托财产。这是受益人民主的规则，但须全体受益人一致同意方可。因此，任何受益人可以反对和否决某个计划。所有的受益人须一致行为，如果这些要件满足，他们可以完全控制基金，无论委托人的意愿如何。根据受益人原则，受益人可以终止信托或指示受托人以与委托人最初确定的不同方式来处分信托财产。从委托人的角度而言，可以设立禁止挥霍信托或保护信托来阻止受益人控制信托基金从而阻却委托人的意图。根据英国信托法受益人享有信托财产上的最终的财产性权利。

（二）养老金信托受益人之权利

广义上来说，养老金计划的成员和雇员均被视为受益人。基于信托之机理，养老金信托的受益人是信托资产的真正所有权人。除不享有信托财产的管理权和处分权外，受益人享有作为所有权人的权利。养老金信托受益人享有由其所有权派生出来的三个至关重要的权利：追及信托财产的权利、终止信托的权利和强制受托人恰当的管理信托的权利。

1. 追及信托财产的权利

基于实质所有权，个人养老金信托受益人可以不必管理财产而充分享有信托收益的受益权，有权行使监督受托人的权利以及具有物权性质的追及权。受益人的追及权具有物上代位性，其可以对受托人持有的原始信托财产及其投资转化的变形财产提出主张，亦可以对恶意无偿占有信托财产的第三人主张。

受益人基于其实质所有权可以追及违背信托而转让给任何其他人的信托财产，但支付对价的、不知信托存在的善意受让人所取得的财产除外。[①] 养老金信托基金及产生的剩余归属于雇员受益人，禁止雇主为自己利益以各种不当行为转移任何资产。[②] 根据追及原则，受益人可以追及先前计划移转给后续计划的资产，最后追及最后的计划。资产从先前计划移转给后续计划时，基金没有剩余，则资产的移转使雇主履行了其为受益人的专属利益而持有并管理的义务。一旦雇主公司履行了义务，资产的移转使雇主处于创设一个新信托的地位。因此，最后计划中的条款实际是创设了一种新的信托，但新信托条款仍需规定资产须为了受益人的专门利益而运作。

2. 终止信托的权利

个人养老金信托可以通过分配而终止外，还可以由受益人行使撤销权而终止。受益人是真正的所有权人，对信托资产享有受益权，他们可以要求受托人立即分配信托财产并终止信托。受益人享有绝对的权利，其受益利益是既定的，包括实际和可能的受益利益。受益人须是具有完全民事行为能力的人，对信托财产享有绝对的所有权。受益人须确定，其利益包括信托财产上的所有利益，即实际的和可能的利益。

3. 强制恰当的管理信托的权利

受益人有权以各种方式强制受托人恰当地管理信托。在养老金信托中，可以表现为各种情形，主要有以下三点。第一，合理性的披露。根据信托法，受托人被赋予了自由裁量权，受托人无须对其自由裁量权的行为履行说明义务。但对非自由裁量权的行为，受托人有义务进行披露。如果公司将部分股权转让，同时部分雇员也一并调归受让人。在转让条款中，

---

① 参见［英］F. H. 劳森、B. 拉登《财产法》，施天涛等译，中国大百科全书出版社 1998 年版，第 56—58 页。

② Joy Technologies Canada Inc. v. Montreal Trust（1995），7 E. T. R.（2d）243（Ont. Gen. Div.）.

受让人须设立养老金计划，以信托方式运作，信托协议规定受托人以其认为恰当的方式移转该部分信托资产。受托人移转的数额相当于被调动的雇员过去服务的积累，全部剩余均留归于出让人的养老金计划中。雇员可以要求受托人披露相关文件以证明受托人作出此决定是合理的。第二，合理合法的支付费用。受益人有权限制受托人不当地利用信托基金支付不合理和不合法的费用。一般而言，受托人有权获得补偿其在恰当地管理信托过程所产生的恰当的开支和费用，只要其完全履行了自己应尽的义务，如像对待自己的财产一样管理信托财产。但在个人养老金信托中，什么是合理和合法的费用？尚待探讨。第三，公平对待。受托人须公平对待受益人，不得偏爱某一受益人或某部分受益人，除非信托文件批准这样做。受托人向部分雇员支付福利时不得损害其他雇员的利益。

（三）养老金信托受益人权利之定性

关于养老金信托受益人权利的本质，须根据其权利的内涵及特征来分析。养老金计划财产根据计划规则和信托文件之规定以信托的方式为成员（主要）和其他受益人的利益而持有，以便将来给符合计划规则的养老金领取者提供养老金。成员是计划的受益人。为了享受职业养老金计划的税收优惠，计划必须以不可撤销的信托方式设立。这种制度安排可以有效地防止雇主在利用税收优惠后谋取计划财产的绝对受益利益。

通过信托财产分离的架构，计划财产产生概念上的分离。一部分基金必须兑现计划承诺的养老金义务；另一部分剩余是履行养老金义务后源自溢额出资的部分，也须以信托方式独立管理。用于支付养老金的那部分计划财产须以信托的方式为受益人的利益而持有，直到其用于支付给合格的养老金领取者之时。由此来看，养老金信托并没有赋予特定的成员对计划财产的特定部分享有财产性权利。这种结构仅为成员年老时提供福利保障，受益人无权对基金的全部资产行使 Saunders v Vautier 权利，[1] 即养老金信托受益人在取得领取养老金资格前无权要求受托人将信托财产之法定的绝对所有权移转给他们以终止信托。因此，成员仅享有要求基金受托人

---

[1] Saunders v Vautier［1841］EWHC J82,（1841）4 Beav 115. 这是英国信托法上的重要案例，它规定的衡平法规则规定，如果信托的所有受益人成年且具有完全民事行为能力，则受益人可以要求受托人移转信托财产的法定所有权给受益人，因此而终止信托。此规则在普通法法域得以认可，简称为"Saunders v Vautier 规则"。

确保计划财产按照计划规则之规定管理和运作的权利，并于其具有领取养老金资格时要求受托人根据计划规则和合同之规定支付其规定份额的养老金。这样，在一定数额的金钱分配给成员之前，成员受益人还可以被认定为对计划财产的任何一部分享有财产性权利，仅仅享有一般的监督受托人的权利，此权利是一种财产控制权而非财产权。[①]

第三节　信托财产之独立性

信托财产之确定性是独立性的前提。利用信托财产独立性的原则，将信托财产与各方当事人固有财产相分离，实现养老金信托之破产隔离功能。

一　养老金信托财产之移转

信托财产的移转是信托财产独立的前提，委托人将信托财产的法定所有权移转给受托人的必要形式取决于相关信托财产的本质。为作出一个有效的处分，委托人必须根据要处分的财产的性质采取必要的形式从而移转财产并使该处分对其具有约束力。信托关系是委托人移转特定的财产给受托人，意图将此财产与受托人固有的财产或委托人的财产发生分离，从而保障信托财产或基金的独立性。当然，委托人可以通过这样的意图将某种财产与其固有的财产分离，并宣告其以某种信托的方式持有该财产，如养老金信托即可采取这种移转方式。

强化财产移转要件具有如下功用：第一，阻却了委托人破产风险。信托设立后，信托财产从委托人处移转到受托人，使委托人的债权人无法追及该财产。即使这样，委托人也不得保留实质性的处分权，否则，受托人行使财产的管理权和处分权时仍会受到委托人的控制，受托人消极行为的信托是否称为信托也就成了问题，而且委托人享有财产的控制权，则财产仍属于委托人的财产，无法达到信托财产独立于委托人的效果，其债权人仍可追至该财产。第二，受托人享有名义上的所有权。这样，受托人方可享有诉权，可以为保护信托财产对第三人提起诉讼。基于此，受托人有权

[①]　Alstair Hudson, *Equity and Trusts*, 9th Edition, Routledge 2017, Chapter 24.

"对信托资产提起诉讼进行和解、抗辩或放弃诉讼请求"①。此种权力被解释为"受托人享有法定的起诉的权利，而非受益人"②。信托可以通过受托人代表信托起诉和应诉。③ 一般受益人没有诉权针对第三人提起诉讼，只有受托人有诉权保护受益人的权利。④ 如果受托人认为诉讼成本太高，而决定不起诉，那么，受益人也无诉权对第三人提起派生诉讼。

养老金信托是最具有经济意义的信托形式，成为人们在职期间为其退休进行储蓄的重要工具。养老金信托是一种法律安排，受托人为养老金计划成员及其家属的利益以及以提供退休收入为目的以信托基金的方式持有养老金计划资产。在养老金计划设立之时，筹集养老金资产有助于分散为在职的计划成员提供养老金的成本。养老金信托基金设立的目的是筹集资金将来支付各种不同的养老金福利。信托基金通常由雇主及雇员出资并移转于养老金信托名下而形成，无论是雇主还是雇员的出资均应移转于受托人名下形成养老金基金，由其控制和管理（投资、运作），并按信托文件的规定，支付雇员及其家属退休收入或养老金福利。这种出资资产的移转，一方面对养老金受托人施加了基本的管理义务和基金运作的信义义务，另一方面使雇员及其他受益人获得了受益所有权，并由此获得了对受托人的监控权。

为了设立养老金基金，资产为成员的利益必须留出。在延期交付的情况下，移转或出资须近期为之，而且必须按信托文件的规定须由受托人持有名义上的金额。此金额是作为出资，将来必须分配给成员的。在DB 养老金计划中，雇主是发起人，有义务向计划进行定期的现金出资，或至少要确保在支付退休福利时有可以使用的基金。雇主存入的金额取决于向雇员所承诺的支付类型。向雇员支付的养老金可以在其有生之年采取每月支付固定数额的方式或根据一些因素来计算支付的数额，如服务年限、工作期间的薪酬以及预期寿命等。养老金出资须移转至信托账户，而不保留在雇主账户。在筹资的计划中，由雇主，有时也由雇员出资，投资于基金以满足福利支付的要求。将来的投资回报以及将来要支

---

① 760 ILCS 5/4 and 5/4. 11.

② United States ex.Rel.Mosay v.Buffalo Bros.Management，20 F.3rd 739，742（7thCir.1994）.

③ Restatementof Trusts，2nd Edition（1959），§ 280.

④ Axelord v Giambalvo，129 Ill. App. 3rd 512，519（1st Dist. 1984）.

付的福利事先并不可知，因此，无法保证既定的出资标准足以支付福利。缴付的出资通常需要根据计划资产和债务的估值由精算师来评估，以确保养老金基金满足将来的支付义务。这就意味着在 DB 计划中，投资风险与投资回报主要由发起人/雇主来承担，而不是由成员个人来承担。如果计划的资金并不充足，那么，计划发起人可以不提供继续向计划筹资的资金。在许多国家，如美国、英国和澳大利亚，多数私人通过 DB 计划进行筹资。在美国，私人雇主须向养老金福利担保公司支付保险型保费，该公司是政府机构，其职能是鼓励自愿私人养老金计划的继续与维持，并及时且不间断地支付养老金福利。如果养老金福利担保公司介入并收购养老金计划时，它根据通胀指数所确定的一定的最大数额来支付养老金福利。移转给养老金福利担保公司的筹资主要来源于参与计划的发起人的保险金、接管的计划资产、从破产企业资产中取回的资产以及投资收入。对 DB 计划日益增加的关注之一是将来义务的水平与计划所持有的资产价值保持一致。

　　"筹资不足"的困境是各种 DB 计划所可能面临的。养老金协议要求所有的雇主出资将按协议条款进行，并在协议规定的日期出资到位。在到期日或到期日之前，雇主须提交雇主月度报告以及管理经理人对雇主根据协议对每位雇员每月应缴纳的出资制定表格、雇员的名字和证件号、雇主出资转到雇员账户上的数额以及管理经理人对与信托基金管理相关的必要或可行的关于雇员的其他信息。[①]

　　由于养老金计划储蓄了大量的金钱，是人们据以获得退休的根本保障，因此，需要保障其不受雇主破产、不诚实行为以及股市风险的影响，特别是在 1992 年英国的 Robert Maxwell 养老金丑闻之后。[②] 在此养老金丑闻中，Robert Maxwell 欺诈性地挪用了明镜集团的养老金基金。有鉴于此，养老金信托出资的移转与信托基金的独立是养老金信托目的最终得以实现的前提和保障。

[①]　The Western Conference of Teamsters, Pension Trust Fund: Agreement & Declaration of Trust, www.wctpension.org/.../WCTPT_ Agreement_ &_ Declaration_ of_ Trust_ 07_ 12_ 2011.

[②]　Goode Report, Pension Law Reform (1993), Cm 2342.

二　养老金信托财产独立之功能

在普通信托中，受托人须将信托财产与自己固有的财产进行分离，否则，受益人可以通过特殊的识别规则①从受托人所取得的其他财产中追及信托财产的价值。如果资产增值了，受益人可以请求该资产的全部，无论是资产 100% 来自信托基金还是部分来自信托基金。但如果受托人取得的资产价值贬损了，仅能就此资产作为请求受托人赔偿违反信托所受损失的担保。一切皆作不利于受托人的推定，譬如，受托人将 10 万元信托资金存入其自有的账户（自有资金为 5 万元），受托人花了该账户中的 5 万元用于购买某公司的股票，结果该股票涨了 30 多倍，受托人不得主张该股票属于自己。受托人将信托资产与自己财产的不当混同不可以阻止将某笔资金用于实现此目的的认定。因此，受托人不得否认该股票是用的信托资金购买的。

养老金计划资产之所以独立于雇主的营业，其主要是为了确保这些资产可以用于支付雇员的养老金，无论雇主是否尚在营业。在养老金信托中，信托须采取书面形式，一般而言受托人在信托文件或计划文件中指定，也可由计划发起人任命。这样，通过履行这些手续，可以有效地将计划资产的法定权利置于另一方当事人手中而非计划发起人手中。

养老金信托利用财产的独立性，使其具有破产隔离的优势。

第一，由于委托人不享有养老金资产的法定所有权，计划资产与雇主的债权人隔离，即使雇主破产，养老金资产也不能成为其破产财产，而仅能用于支付雇员的福利。在加拿大，根据其联邦立法，雇主必须将私人养老金计划中的全部资产独立于以及区别于其自己的基金并以信托方式持有。这些资产要以信托方式由保险公司或信托公司持有。加拿大一些省的法律规定雇主出资必须独立于并区别于雇主自己的资产。在英国，之所以大多数公司的养老金计划以信托的方式设立，除最大限度地获得税收优惠外，最主要的原因之一就是确保养老金计划的资产与雇主的资产保持分离。

---

① Hayton & Marshall, *Commentary & Cases on the Law of Trusts & Equitable Remedies*, Sweet & Maxwell 1996, pp. 827-853.

第二，养老金信托之受托人作为基金持有人破产时，享有养老金基金受益权的人仍然能够通过主张养老金基金上的财产性权利而请求相应的份额，这样，利用信托架构之优势对养老金基金持有人即受托人施加严苛的信义义务，受托人须为受益人的"专属利益"持有、管理和处分计划财产，并且须对计划绝对忠诚。为此，受托人不得将计划资产与任何其他账户相混合，也不可以为自身利益或其他人的利益而使用之。雇主之出资一旦标识为计划资产且向信托进行了出资，则不得取回出资。

第三，计划成员的债权人也不得追索至该信托资产。对债权人这种不得追索计划资产的限制是对退休计划资产的另一种保护方式。无论是雇员、雇主、受托人抑或其他涉及计划的当事人之债权人均不得追索到计划资产。DC 养老金基金必须独立分别管理，不受雇主不当行为的影响。一些国家立法如英国《1986 年破产法》就规定未偿付的养老金出资优先于普通债权人，但享有固定担保权利的债权人除外。[1] 不过，DB 计划须确保每一位受益人均有稳定的收入，无论他们退休后寿命长短。[2] 总之，计划资产独立性使养老金信托资产独立于信托的当事人及其债权人，是养老金安全的重要保障。

为了保障养老金信托基金之独立性，受托人需要设立独立的账户且须为每一成员设立独立的账户。作为受托人的雇主须将私人养老金计划中的所有资金与其自己的基金分离并独立开来，并将其以信托方式持有。这些资金可由保险公司或信托公司等金融机构作为受托人以信托方式持有。普通法信托原则与养老金计划的交织使信托法在养老金领域的应用受到一定的限制。在加拿大所有的省立法均规定养老金基金由雇主以信托方式持有或为成员的利益以信托方式持有。这些基金包括雇主的出资或根据计划安排由雇员出资所扣除的资金。立法明确强制规定雇主的出资必须与雇主自己的资产分离并独立开来。

---

① IA 1986, §§175, 386 and Sch 6.

② See Houldsworth v Bridge Trustees Ltd [2011] UKSC 42.

第三章　信托法之于养老金的作用：
为调控养老金计划之行为
提供合适的框架

　　私人养老金计划的设立旨在确保公司员工的退休收入，包括养老金和其他福利。许多雇主通过职业养老金计划给他们的职工提供退休储蓄的机会，参加计划的雇员须相信该计划会良好的运作。职业养老金计划需要设立信托以获取税赋优惠并确保养老金计划的资产独立于雇主的资产。养老金计划信托的作用在确保计划诚信和有效运作以及保护受益人的最佳利益方面发挥着重要的作用。

第一节　养老金计划何以信托

　　在私人职业养老金计划中，雇主会支付一笔钱到基金里，然后在特定的情况下，为现在和将来领取养老金者的利益由雇员代表和雇主代表所组成的受托人机构或其他受托人机构以信托的方式持有。

一　信托在养老金领域的优势

　　在大多数情况下，养老金计划以信托的方式设立，将对计划的出资交给受托人，由其为雇员/受益人的利益进行投资，英、美养老金立法要求使用不可撤销的信托。

　　在私人领域，大量的养老金资产以信托的方式持有具有许多优势：资产分离；受托人（养老金基金雇主）破产时资产受到保护；广泛的税赋优惠，养老金信托享受税赋豁免。

　　信托被认为是能够促进养老金计划使用的便利和安全的最佳方式，受特定的养老金立法的"正常"运作的调整。将职业养老金提供理解为一种基本的雇主的自愿行为，通过一个法律架构来反映，最初对雇主施加少量的义务或限制。当然，雇主也没有法定的义务向所有的雇员提供养老金计划或使之适用于所有的雇员，直到近年来法律并未对计划施加最低标准或调控计划成员可能被剥夺他们的养老金权利的情形。在美国，唯一限制是根据金融法下的国内税法对福利标准所施加的最高限额，以防止利用养老金来规避税赋。不过，现在一些法律规定涉及养老金计划的取得以及在赋予和保留养老金福利施加最低的标准。除了受劳动法、社会保障法和税法的调控，养老金计划的法律框架根据信托法而设立。信托作为养老金提供的工具首先非因其财务优势，而是因为信托的概念对那些想努力在雇主和雇员之间创造一种更和谐关系的人们具有情感上的吸引力。

（一）税收优惠

人们一旦退休，需要妥善处理好退休后的生活等事宜，这不仅关系到个人利益，也关系到国家利益。养老金信托的一种优势是税收优惠，但仅限于以不可以撤销信托的形式设立的，① 这主要是通过不可撤销信托形式防止雇主公司利用养老金信托基金来逃避税赋。在英国，私人职业养老金的设立具有许多吸引力的优势：由雇主缴纳的养老金部分，不会按照雇员的收益缴纳税款，且可以从雇主的应税利润中扣除；雇员对自己缴纳的那部分养老金获得所得税的减免，一次性支取养老金可以免税。退休收入像普通收入一样需要交纳所得税，如果雇员退休前去世，大多数计划允许向其指定的遗属支付养老金而不征收遗产税，理论上，向其遗属支付是基金经理人的自由裁量权范畴以便享受遗产税豁免，但在实践中，雇员被要求指定被支付养老金之人，经理人将为其指定的人行使自由裁量权；养老基金的投资仍可减免所得税或资本收益税，这有利于基金更快发展。

雇主向信托出资时须单纯支付。这可使雇主获得税收减免。事实，正是由于此原因，之前的养老金计划明确禁止给雇主一定数额的回扣，明确限制对这方面的修改权力，这与解释信托文件所依据的背景相关。②

在英国，自2005年9月后，养老金计划必须根据《2004年养老金

---

① Margaret Wilkie, Rosalind Malcolm & Peter Luxton, *Equity and Trusts*, Oxford University Press 2008, p. 182.

② David Pollard, *The Law of Pension Trusts*, Oxford University Press 2013, §2.6.

法》以信托的方式设立。该法第 252 条规定要求在英国管理的职业养老金计划"以不可撤销信托"方式设立。养老金信托须制定书面的有效的规则规定计划的福利以及计划福利产生的条件。养老金立法要求采取不可撤销的信托主要是因为税收优惠,这可以激励雇主向雇员提供具有吸引力的养老金计划,雇主几乎会采用信托运作养老金,而且雇主和雇员均可获得税收优惠。设计良好的养老金计划使雇员在从雇主处获得福利的同时享有税收优惠,而且是一种储蓄计划有效的投资工具。对雇主来说,养老金信托也是一种"经济"的回馈雇员的方式。养老金信托的魅力和优势大部分来自其税收优惠待遇。

(二) 控制权的保有

信托是一种经济实惠和灵活的工具,那些想对自己所设立的养老金基金保留控制权的人实际上可以自己任命所有的受托人,很多计划是以这种方式设立的。另外,通过利用信托的灵活性,在养老金信托中雇主作为委托人也有给自己保留某些权利的自由。如果养老金基金大部分是由雇主出资,那么,雇主在行使这一自由权利时会强调他们对任何有争议的事情享有话语权。雇主可以自由选择何时终止计划或提供何种福利给雇员,甚至在何种程度上追求管理计划中有利于自己的合法利益,这有利于激励雇主为雇员设立养老金计划。不过这种控制权在一些养老金攫取丑闻事件后受到严格的限制和监控。

(三) 破产隔离

养老金资产独立于三方当事人及其债权人,尤其是资产独立于雇主的资产,如果雇主破产,信托项下的资产不受其一般债权人追索。

信托法对于养老金计划成员存在一些内在的优势,信托可以使养老金基金的资产与雇主的区别开来,这是信托法对于养老金计划成员存在一些内在的优势:信托基金的法定所有权名义上与雇主的营业发生分离,或者说将雇主养老金基金与他的其他基金分离开来,这在雇主处于经济困难时尤其重要,对可以防止无良雇主将养老金基金作为自己财产而滥用如 Robert Maxwell 丑闻。而且当雇主破产时其债权人也不能追索到该基金。

信托具有财产分离的本质,可以将养老金基金与雇主的其他基金分离开来,从而在雇主遇到经济困难时不为其债权人追索。当然,有时这种保护名不符实,如果雇主对受托人享有一定的控制权的话,如雇主可以提名养老金基金的受托人。在这种情况下，雇主可以从养老金基金中支取金钱，用于不恰当的目的或受益人不同意的目的，如信托基金用于购买雇主公司的股票或向雇主公司提供福利。这可能导致严重的问题，像《每日镜报》养老金挪用基金的行为正是此种，该挪用行为造成 42 亿英镑的损失。不过，养老金权利和养老金期待利益均不能通过这种安排得以保障的原因是：现在的养老金权利在雇主破产时是否可以兑现，最终取决于计划的偿付能力，结果取决于对出资的期限和标准所为的精算估值的精确性，以确保基金恰当地履行养老金计划的养老金义务。困难是有多种可接受的筹资方式，对特定时期的基金偿付能力具有不同的含义。有些国家政府对"自由披露"课以了诚信义务，旨在确保计划成员和他们的工会代表履行监控他们自己计划的偿付能力并根据其判断作出陈述。剩余的不足凸显出调控问题，这时不时会引发与雇主之间的矛盾。养老金权利或期待利益的安全取决于养老金基金的偿付能力，结果其安全性取决于大量的非法定的自我调控机制所产生的效果。[①]

（四）保值增值

由于出生率低及人们寿命的延长，私人养老金信托涌现，强烈需要今天为明天作筹备，私人养老金计划关注有规划的长期个人资产管理。为此，信托所具有的传统的管理和保值增值功能运用于养老金基金运作中，信托的多功能性、适应性以及其持久性有助于养老金基金的保值增值以保障其良好的运作。

有人认为养老金采取信托模式的根本的优势是受托人被赋予了广泛的权利来管理信托，同时，要求信托仅为信托受益人的利益而管理以及以谨慎的方式来管理，此原则"禁止"利益冲突行为。当然养老金信托也需要处理好一些关系，否则，也会产生一些劣势，如养老金信托受利益冲突影响，因为受托人代表不同的利益集团。无论如何，信托模式为养老金计划提供保护是其得以发展的正当理由。

（五）养老金基金安全

信托是一种养老金保障的有效工具，因为信托使大量基金的管理控制

[①]　Graham Moffat and Michael Chesterman, *Trusts Law Text and Materials*, Weidenfeld and Nicolson 1992, p. 537.

权（包括投资）① 集中于少数受托人之手，而将基金上的财产利益赋予了计划的每一个成员，这在一定程度上给每一位成员在他们的雇主破产时或被其他公司并购时提供了保障。养老金计划的成员对基金享有财产利益意味着他们有权将其基金上的利益于其百年后留给其指定的受益人。而且受益人享有养老金信托管理之强制执行权，雇员、养老金领取者以及他们的配偶或家属被赋予了直接针对受托人的强制执行权。

除此之外，信托还为其提供了一个优势，就是使养老基金的管理人受制于严苛的信义义务。② 如果受托人违反信义义务，特别是当他们欺诈性的违反信托义务时，对养老金计划的成员来说，其后果是惨烈的。在英国，职业养老金的滥用根源于 Robert Maxwell（英国的媒体商）所实施的欺诈性阴谋即"盖伊·福克斯之夜"③，在麦斯威尔神秘死亡后才得以曝光。作为国内、国际出版业以及《每日镜报》的巨头，麦斯威尔一直滥用由其公司为雇员以信托方式持有的养老金基金。此丑闻由养老金法律审查委员会古德报告揭露，④ 结果催生了《1995 年养老金法》，该法要求受托人委员会至少要有两位成员提名的受托人（如果该养老计划包含 100 或以上的成员），或者至少含一位成员提名的受托人或成员提名的受托人，无论如何须构成至少三分之一的委员会成员。该法还要求，如果受托人是公司，委员会必须至少有两位成员提名的受托人（如果该养老计划包含 100 或以上的成员）或至少有一名成员提名的受托人或无论如何成员提名的受托人，须构成至少三分之一的受托人委员会成员。⑤

二　养老金信托的法律架构

信托一直为养老金提供框架的原因有诸多种，但养老基金的产生及运作需要设立一个可行的法律框架来确保养老金资产的安全，由此，信托引入到这一当下最为重大的社会经济问题中。养老金信托主要有三个

---

① Gary Watt, *Trusts & Equity*, Oxford University Press 2016, p. 35.

② David Pollard, Review and disclosure of decisions by pension trustees, *TLI*, 1992, 11, (2) 42.

③ Bishopsgate Investment Management Ltd v Maxwell (1993) Ch 1, CA.

④ Gary Watt, *Trusts & Equity*, Oxford University Press 2016, p. 35.

⑤ Gary Watt, *Trusts & Equity*, Oxford University Press 2016, p. 36.

功能:养老金福利支付的主要来源,担保支付以及养老金成员权利的集体保护和行使。[1] 养老金计划将提供相关退休福利的基本义务交给受托人而非雇主。养老金信托结构十分容易建构以至于信托资产处于一种安全设计中,信托提供安全的筹资形式以确保义务的最终履行,[2] 这也是为何以信托方式来运作养老金的原因之一。经济动因以及信托内在的特点之结合推动了养老金计划以信托的模式设立与运作。无论出于何种原因,信托一直作为养老金计划的法律基础。

(一) 养老金信托的主要结构

许多职业养老金计划以养老金信托的方式设立,因此,养老金计划也是信托。信托是个人和资产之间的法律关系,由称为委托人的人提供的资产移转给称为受托人的人,为第三方称为受益人的利益而持有。受益人的利益规定在信托文件中。

1. 信托文件和规则

信托文件和规则是养老金计划的基本法律文件,信托文件是计划的宪法,在信托法的范围内和法律要求的范围内,它反映了信托委托人的目标,委托人几乎总是设立计划的雇主或雇主集团。计划规则详细规定了所有的要素如资格、出资、养老金权利的计算、提前退休和死亡福利等。它们通常作为独立的部分附属于决定性的信托文件,通常以安排的形式。它们详细地规定了雇主和雇员的出资以及各种福利,也规定了受托人的自由裁量权如支付死亡福利的自由裁量权。

受托人有义务熟悉信托文件和规则,但这也不是易事,除非他们是以简单易懂的语言写出,除非规则的修改纳入到主体文件中。许多计划的信托文件和规则实际上并没有根据独立的修改文件作出最新修改。如果这样,受托人不能全面和进一步理解信托文件和规则的要件,除非受托人也了解所有后来的修改。

受托人需要遵循"熟知"原则和受托人须了解和熟悉信托文件和规则的长期原则。信托文件须包括如下内容:第一,明确谁承担信托实施和

---

[1]　David Blake, *Pension Schemes and Pension funds in the United Kingdom*, 2nd Edition, Oxford University Press 2003, pp. 94-95.

[2]　David Pollard, *The Law of Pension Trusts*, Oxford University Press 2013, § 1.5.

管理之责任；第二，规定受托人会议，包括受托人必要人数以及采取意见表示一致或采取多数表决；第三，受托人可以将何事委托给代理以及委托给谁，是否可以再委托；第四，聘请代理人的权利如精算师、律师和股票经纪人；第五，开立银行账户、投资、对财产进行保险以及借贷的权力。受托人必须决定谁应当授权支付以及是否应当进行贷款，他们须了解自己的责任；第六，规定受托人的保护，某些行为可能是"信托违反"，但仅仅明知且恶意实施的行为才使受托人可能承担责任，否则，受托人不承担责任，可替代的是雇主可以补偿受托人承担责任的损失；第七，产生的费用和债务由雇主或基金来抵偿，职业受托人费用必须能够获得抵偿；第八，确保账目记载和审计的权利，受托人必须确保账目得以记载，其中包括必要的精算和投资信息；第九，必要情况下设立秘书处的权利，聘请信托投资经理的权力以及从信托基金支付经理人报酬的权力；第十，购买年金合约的权利；第十一，受托人有权安排信托文件中关于主要雇主的替换事宜；第十二，公司受托人，可以由他们行使受托人权利；第十三，明确什么权利赋予雇主，什么给受托人。信托文件还包括提供信息给成员、成员的条件、出资、转移支付和福利等其他规定。

2. 养老金信托之构造

养老金信托是一种法律安排，受托人为计划成员及其赡（抚、扶）养人的利益持有信托基金中养老金计划的资产，目的是提供退休的收入。养老金信托的架构是一种担保工具，雇主的主要义务是为养老金出资，信托是一种筹资形式的担保以确保义务的最终履行，因为养老金信托将计划资产与雇主的营业分离，其旨在确保这些资产用于支付的养老金，无论雇主是否尚在营业，为养老金计划筹资以便于其积累，有助于分摊对计划成员退休之后提供养老金的成本。在英国，根据信托法和《1995 年养老金法》，养老金计划受托人必须确保计划恰当地运作，他们须保护作为计划成员的权利，如果他们认为有存在严重错误的情形时，他们还须承担向养老金授权机关报告的义务。在一些计划中，成员能够提名代表担任成员提名的受托人。

信托是一种便宜且灵活的工具，在养老金信托中，信托文件的内容雇主可以选择，雇主想保留对信托基金的控制权实际上可以自己选聘所有的受托人。受托人作为法定所有权人享有养老金基金资产，由其仅为计划成员利益管理信托资产。根据信托文件，计划成员是该信托资产的受益人。职业养老金计划以信托方式设立主要因其为一种法律上的要求，由受托人而非雇主负有义务向雇员提供相关的养老金福利，旨在将计划之资产与雇主的资产分离，受托人有义务保障成员的利益，直接和间接的受益人对受托人有强制其履行义务的权利，除非有例外，信托资产不能返还给雇主。受托人在养老金基金运作中发挥着至关重要的作用，在发展和监控投资策略以及确保规则的执行方面，计划的受托人有义务运用专家服务，获取投资建议，受托人委员会最终承担计划目标实现与否的责任。在计划承诺的养老金无法兑现的情况下，计划受托人须对计划的成员就其行为承担责任。

养老金信托之委托人可以通过信托文件保留一些权利，通过这些保留权力的行使取得对养老金信托基金的控制权，在英国 Maxwell 丑闻案中，Maxwell 不仅掌控着大部分公司的运作，同时管理并控制成千上万雇员的养老金，其权力没有任何限制，因此，养老金被攫取。Maxwell 丑闻事件后，对雇主权力的监控受到理论界与实务界的普遍关注，养老金立法也因之进行重大修改。与传统信托的委托人不同，雇主对计划的运作享有更大的影响力和利益，因此，受托人在保障成员的权利和利益上的作用尤其重要。受托人的义务通过相关的法律和金融问题的极具技术和复杂的本质而强调。受托人也面临着比传统信托更激烈的利益冲突，这些冲突产生于雇主和成员以及不同类型的成员之间，这些利益冲突涉及投资政策包括自我投资、精算剩余的受益权利等问题，此类冲突可能导致 Maxwell 案中出资的大规模欺诈发生。从较轻的角度来看，他们可能使劳资关系紧张，雇员会对雇主不当行为提起诉讼之虞。为了消除这种紧张关系，根据信托法，受托人须谨慎、认真、忠诚的行事，尤其是须独立地仅为成员的利益行事。但需要承认的是过多地依赖于受托人对成员进行恰当的保护也是相当危险的。为此，一些受托人应任命到由成员组成的受托人委员会，根据英国《1995 年养老金法》第 16—21 条之规定，每一受托人委员会的三分之一由成员提名且此类受托人的总数不少于 2 人，如果计划成员总数不足100 人时不少于 1 人。《2004 年养老金法》第 243 条将成员受托人的比例提升到了一半。特别需要注意的是成员进入受托人委员会不意味着工会的进入，也不代表劳资双方的平等性。事实上，提名为受托人的成员仅是受托人而已，只是由成员"提名的"，并不是他们的代表，与其他受托人一样负有同样的信义义务。

如果信托是自由裁量权信托，受托人可以用他们认为合适的方式自由地处分信托的本金和收益。养老金信托以雇主与雇员之间的合同来设立，最为重要的是信托可以保障养老金资产的安全，因为信托基金的法定所有权名义上与雇主的营业资产相分离，当雇主破产时该基金不受雇主债权人之追索。但需要注意的是养老金权利和期权的安全性均不受此结构保障，因为没有一种法律制度可以防止有预谋的骗子，而且成员权利的安全性取决于计划的偿付能力，这取决于精算师对出资的期限和额度进行精确的计算，以确保基金能够足以履行计划的养老金义务。英国《1995 年养老金法》第 56 条引入了法定的最低筹资要件，但自 2005 年 9 月起被特定的筹资要件所替代，旨在使计划更具有灵活性。《2004 年养老金法》第三部分规定，受托人须与雇主对筹资的各种问题达成共识，如果不能达成共识，则提交给养老金调控机构来解决。

现在运行的养老金信托的设立通常不是仅仅通过一次性移转资产给信托进行筹资来向信托文件中指定的受益人提供福利，而是一种开放性的向不断变动的成员提供福利并且不断地接受出资的结构。在固定福利计划中，委托人（通常是发起人的雇主）持续性的任务是肩负着预先不能精确确定但需要时不时重新估算的长期义务。养老金信托的财产是以出资的形式产生的，最终是可以支付的资产。

养老金信托十分容易架构，其信托财产处于一种安全设计中。显然职业养老金计划有一种信义义务根据相关标准向养老金计划的成员、其配偶及亲属支付福利。这些义务是未来的某个时间一般可支付的义务。根据精算所确定的养老金计划的资产额度或多或少被认为是基本预期的未来债务。这可能导致基金产生剩余或赤字。

（二）养老金信托当事人之法律地位

养老金信托的当事人是指委托人、受托人和受益人，他们是养老金信托运作的核心。认识养老金信托的最佳方式是将其视为雇主、受托人和雇员的三方当事人之间的法律关系。养老金信托需要有一种恰当的法律框架保障养老金计划真正独立于雇主的营业内容以及促使管理者恰当地履行义务以确保成员的权利和利益。与一般私益明示信托一样，养老金信托也存在三方当事人之间的法律关系，只是形式上有些差别而已，且三方当事人的法律地位是养老金信托法律框架的基石。这三方当事人的关系涉及设立信托的信托工具（文件），一般涉及雇主与受托人之间的关系。它有时也指福利结构，或许是一套独立规则（通常与信托文件有关），还涉及雇主与雇员之间的劳动合同关系以及由信托文件调整的受托人与成员之间的典型的信托/受益人关系。

1. 委托人

在养老金信托中，向养老金基金出资的人是委托人，有的养老金计划由雇员出资，他们既是委托人又是作为成员的受益人。如果雇主出资的，他们也是委托人。在养老金计划中，在设立信托之时不仅信托的全部财产需要处分，而且在信托存续期间雇主须向基金出资，同时雇员也须以处分的方式出资。较为复杂的是新的成员要加入基金并成为委托人，那么，不同阶段的出资问题不得不考虑。

对雇主来说，他们并无义务为其雇员设立养老金计划，但很多雇主都愿意将其作为雇员酬资的一部分而为之，在一些行业，养老金已经成为劳动合同的一部分。雇主作为委托人通常向养老金基金缴纳最初的种子资本，但委托人的地位是十分复杂的。在固定福利基金（DB）中雇主是委托人，有时雇主是唯一的委托人。在许多情况下，通常只有雇主有动力设立养老金基金，雇主须支付养老金计划设立时获取的法律意见和金融意见的费用和登记费用。雇主需提供一定数额的种子资金以构成最初信托资本，从这个意义上来说，雇主扮演着委托人的角色。这并不是说雇主是唯一充当委托人的人。养老金信托基金的主要来源有二：第一是雇主，第二是计划的成员自己。作为计划成员的雇员要么自愿缴纳出资要么按其工资的固定比例缴纳，剩余部分由雇主缴纳，养老金信托的目的是使受益人获得既定的回报。在固定福利计划（DB）中雇主所需出资必须维持基金能获取既定回报的标准。因此，雇主需承担基金不能获取既定回报的风险。

被期望从基金中获得利益的雇员也可以成为委托人，只要他们向养老金基金出资。结果，出资的雇员与计划的其他成员相互作为委托人。也就是说，此类委托人负有固定的出资义务。出资义务本身是以雇员的劳动合同为基础的，因此，雇员具有受托人与受益人的双重地位。然而，雇员受益人并不是自愿出资的，因为他们向信托基金所为的出资是直接从他们的工资收入中扣除的。所有产生于委托人、受托人和受益人之间的义务均为合同义务和信义义务。所有的委托人均须持续性地出资，所有的受益人各自取得相应的合同权利和信义权利。

2. 受托人

以信托形式运作的养老金计划的受托人职位不可或缺，可以包括雇主和/或其他重要的组织机构（如董事会）、特定的职业机构或任命的独立的专业受托人公司。

（1）多种角色

第一，董事受托人。养老金信托的受托人一般是委托人公司的董事，委托人是雇主（主要是有独立法律人格的公司）和雇员出资人。董事受托人一般是公司享有部分决策权的人但不同于作为委托人的法人。董事受托人也可以是作为受益人的养老金计划的成员。因此，董事的地位十分复杂，他们享有最初委托人的决策地位、自己权利的委托人和基金的个人出资人、基金的受托人和基金的个人受益人的地位。这种地位关乎基金的投资、基金的分配和基金剩余利益的处分等。在这些情形下，同一位人具有许多法律资格并将自己暴露于信义人的利益冲突之中。他们有义务诚信行事，有义务遵守养老金法的规定（如果有的话），对违反信托使基金遭受损失的行为承担责任，即使他们没有获得任何个人利益，也可能要承担违反信托原则的责任。作为受托人，需要承担超过欺诈等一般责任之外的广泛的责任，甚至在故意或疏忽提供虚假信息时要承担与受托人和基金经理人相关的刑事责任，如英国《2004年养老金法》就有此规定。在雇主和雇员共同出资的情况下，雇主作为受托人与雇员受益人之间存在着信托和信任关系。因此，雇员对待养老金信托条款下的权利和义务方式必须在此关系下考量。

第二，成员提名受托人。在英国，受托人部分由雇主任命，大多数成员提名的受托人是作为资助者的雇主的雇员或现在的养老金领取者。大多数计划的受托人委员会中至少有三分之一是计划成员遴选或提名的受托人。在公司受托人中，有三分之一成员提名受托人也要取代受托人公司的董事①。

---

① Pension Act 2004，§§241-243.

英国 Maxwell 养老金案对养老金的法律规制产生深远的影响，提名成员为受托人可以减少计划财产欺诈或滥用的风险，这样的受托人可以确保计划恰当地运作。通过引入独立的受托人确保养老金基金的调控水平，独立的受托人由成员提名，但自身可以不是养老金计划的成员。

成员提名受托人会产生两方面的问题：第一，是成员提名受托人控制计划活动的真正的能力；第二，立法的发展偏离了普通的信托法。

成员提名受托人作为计划受托人的一部分享有完整的表决权，与其他受托人具有同等的法律地位，当计划活动出现异常时如果不能直接制止，他们可以提出批评。缺点是受托人委员会有权将投资功能委托给某些受托人或指定的代理人（主要是职业投资顾问）。这样，成员提名受托人就无法具体监督计划每一重要活动，如果这些活动不属于计划投资功能中的日常活动的话。

（2）个人受托人和公司受托人

养老金信托的受托人有两种基本的选择来构成受托人职位，受托人可以是个人也可以是公司即公司受托人。受托人可以是信托文件和规则所指定的一群个人，也可为公司。在公司受托人中，其董事作为受托人委员会可以作出与个人受托人所组成的委员会一样的决策。如果受托人委员会是公司受托人，那么，作为注册公司，其受公司法的调控。

受托人或受托人公司之董事可以是作为资助者的雇主的雇员，受托人对受益人负有义务，受托人的主要义务是为恰当目的行使权力，通常是指为受益人的最佳利益行事。关于信托管理中受托人的权利和义务均详细规定在信托文件和规则中，除此之外，受托人还享有一般信托法和特定养老金法所规定的权利和义务。

信托法和制定法对公司受托人与个人受托人课以同样的义务，因此，对个人受托人所施加的全部义务均施加于公司受托人的董事。在公司作为养老金信托受托人情形下，公司而非其董事有责任履行信托文件和规则所施加的义务。

在股份有限公司中，股东是公司的所有权人。因此，公司受托人由全体股东所拥有。在养老金计划的公司受托人情形下，有四种基本可能。第一，公司受托人与作为雇主的公司同一，即雇主是唯一受托人；第二，公司受托人完全属于雇主的子公司；第三，公司受托人完全或部分由董事所拥有，其中部分或全部是参与计划的雇主的董事或雇员；第四，公司受托人完全独立于雇主，在营业中为受托人提供专业化的服务。在第四种情形下，专业、独立的公司受托人受聘以履行所有的受托人义务来获取报酬。在大规模的自我管理的计划中，由独立的公司受托人作为唯一受托人的情况比较少有，相反，大的自我管理的养老金计划可以聘任独立的公司受托人与内部的公司受托人之个人受托人或受托人董事一起来共同服务。当雇主破产时，计划终止，在此情形下，聘任了独立受托人的，由其来进行清算。在小型的职业养老金计划中，很可能由个人受托人而非公司受托人来组成受托人委员会来提供服务。

公司设立作为雇主养老金计划的唯一受托人，公司受托人的某些董事也是雇主的董事，根据董事所作出的决策，公司受托人与雇主进行了大量的交易给计划造成相当损失的，由公司受托人和这两类董事承担责任。公司受托人仅以信托的方式为养老金计划持有相应的资产别无其他，公司受托人的董事与养老金计划的受益人之间没有直接的信义关系，公司的董事仅与公司之间存在信义关系，养老金计划的受益人仅与公司受托人自身存在信义关系。即使表面上不当行为人是公司，但公司的董事也有可能被施加责任，这可能发生于此董事的行为可以推定承担个人责任的情形，为此，公司受托人的董事对计划的受益人须承担个人责任，该董事冒了"商业上不可接受的"风险，因为这损害了他人的利益。在此情形下，如果董事违反了其对公司受托人的注意义务，结果导致损失，公司受托人有义务弥补该计划的损失，替代的受托人可以诉请其前任公司受托人，新的受托人可以要求其前任公司受托人的清算人起诉该董事。在个人受托人的情况下，每一受托人均对计划的受益人承担信义义务，都可能被任何受益人直接诉请承担信托违反的责任。然而，公司受托人的董事有义务履行信托法义务与个人受托人的义务类似。

尽管受托人通常是作为资助者的雇主的雇员和/或计划的成员，但也可能是独立的受托人，既不是成员也不是雇员。近年来，越来越多的养老金计划聘请独立的受托人与现任养老金计划的成员受托人一起来管理。这种独立受托人，如果具有专业资质，被希望来监控计划的运作，监控任何变化以确保信托文件所有的要件严格遵守。独立受托人的作用在企业并购、计划中止和计划产生剩余时十分重要，以前，计划聘请独立的受托人是为了对抗敌意收购要约，一般受托人委员会中设有独立受托人职位具有重要的意义，他们具有专门知识，充分了解不同的养老金计划，预防敌意收购和未预见的变化，以外部人的视角及时反映潜在的安全隐患以及增强安全意识。不过，反对者认为，独立受托人产生额外费用；对履行信义义务的受托人进行约束，通过采取恰当的意见方式就足以；独立受托人可能妨碍现在运行良好的受托人委员会的工作；作为计划顾问，与受聘的其他养老金职业人存在冲突；在过去，可以作为聘任成员受托人的替代。

独立受托人可以是个人或公司，专门提供受托服务，这些担任独立公司受托人的公司是一些专门的公司，称为"信托公司"。

3. 受益人

计划之财产根据计划之规则以信托的方式为成员的利益而持有，为其提供养老金。成员被视为计划的受益人，为了享受税收优惠，计划须以不可撤销信托的方式设立，这样可以防止雇主利用养老金的税收优惠并谋求计划财产的绝对受益利益。计划的财产在支付给成员之前应以信托的方式为受益人的利益持有直到绝对地移转给成员。

根据信托法原则，计划的受益人一般是计划的成员，他们的家属也可以成为受益人。当成员达到领取养老金的年龄的，根据计划的规则，受托人就要向他们（包括其亲属）支付福利。除成员外，通常可以指定他人为计划的受益人，如受益人可以指定其家庭成员或近亲属在其去世时有权取得雇员之份额。因此，受益人的范围扩张至成员委托人之外。当养老金基金产生剩余时，雇主也可能会有权获得其出资的返还。更为常见的是当出现剩余时，雇主有权享受"出资暂停期"，直到其溢交的出资额转化成由雇主所有的出资。

养老金信托的受益人不同于普通信托的安排，他们是委托人的雇员或前雇员，或这些雇员或前雇员的家属。与传统的家族信托的受益人不同，他们"不是受赠人而是通过工作和向基金出资而获得养老金权利的人"。① 根据信托法原则，计划下的受益人一般应是计划的成员，根据计划之规则，福利支付给达到退休年龄的成员。通常只有成员才能被提名为计划的受益人，但受益人可以指定家庭成员或亲属在其死亡时有权

---

① IDS, *Pension Trustees and Administration*, Incomes Data Services Limited, 2010, p. 2.

继承其对养老金的份额。因此，受益人的范围超过了成员委托人的范围。

当基金产生剩余时，雇主有权取回其部分出资。通常产生剩余时雇主可以暂停出资直到出资超过的数额全部转化成其应为的出资。不过，由于成员向养老金计划出资，他们不是无偿的，他们是养老金信托的受益人。因其并非无偿，因此，受益人对信托基金剩余的权利至关重要。即使信托文件没有有效实施，受益人向基金进行出资的行为使其获得了基金包括对剩余的受益所有权。显然，在某些情形下，成员取得了与受托人信义义务相对应的一些财产性权利，而不仅仅是基于其向基金出资所产生的债权人与债务人的关系。当计划终结时，是否应当成立有利于受益人的归复信托，而不是根据计划的规则分配基金。养老金信托的受益人与其他受益人相比有权根据其出资地位享有优先权利。

养老金信托的受益人的权利由劳动合同规定，养老金计划成员（受益人）所为的出资非为其自愿也是劳动合同规定的。根据信托法原则成员一般被认定为计划的受益人，有资格获取养老金的雇员享有信托上的受益利益，其享有的权利性质与普通信托受益人一样，受益人是否享有基金的剩余的权利，其权利是物权还是合同权利？在 Mettoy Pension Trustee Ltd v Evans[1] 一案中，作为雇主的公司破产，法院认定公司向受益人所负的义务是信义义务，养老金成员取得信托基金剩余利益上的权利。由于受益人的出资，成员获得了养老金基金包括剩余利益上的财产性权利。养老金信托受益人鉴于其出资而享有优先于其他受益人的权利。在基金终止时，成立有利于受益人的归复信托而不是根据计划规则对基金进行分配。

美国，有些州的法律规定雇员养老金利益不受债权人的追索。养老金剩余以归复信托的方式分配给所有的出资人。

在养老金信托中，受益人须合格。合格受益人的确定标准如下：

第一，受益人仅限于公司、行业和集体交易组织等内的雇员；

第二，受益人仅限于工会的成员；

第三，需要有正式的雇佣关系，临时、兼职的雇员不包括在内。

---

[1]　Mettoy Pension Trustee Ltd v Evans，［1990］1 WLR1687. 53（1990）1 WLR. 1511.

第二节　养老金信托有别于私益信托

职业养老金计划代表重要的经济和社会力量。当今,信托概念已直接深入养老金计划领域。由于信托法理念和规则具有灵活性,因此,以信托所架构的养老金计划也更加具有灵活性:信托文件实际上可以采取适合雇主的任何方式草拟,雇主可以通过其任命的受托人对基金进行有效控制。信托也是一种保护养老金计划受益人和受益的有效工具,因为信托可将众多受益人包括那些未出生人的利益与养老金资产联系在一起。信托还可以将信托的资产与雇主的资产独立开来,以保障养老金福利的支付。①

一　信托法的社会性之于养老金的意义

信托在诸如家庭、雇用、贸易等领域内发挥重要作用。在这些领域,合同是一种占主导地位的法律模式,用以理解非法律和超法律的社会关系,但是信托的理念用于这些领域通常比合同更恰当。② 信托的理念蕴含于与受托人相关的法律,在将商业与社会联系起来的过程中发挥着关键性的作用。而且信托极具有灵活性、适应性和多功能性,对商事关系中的财产性权利提供确定性和保护。信托运用于养老金领域具有重要的经济和社会价值,这主要是因为出生率的剧降、人们的寿命延长以及全球范围的福利国家的缩减,私人筹资的养老金逐渐居于主导地位,私人养老金计划包括职业养老金计划尤其关注有计划的长期的个人资产管理,信托传统的财富管理和保值增值的功能,为个人资产管理提供了契机,尽管以信托模式运作的养老金基金与"普通"信托原则发生重大偏离。显然,社会和经济的巨大变迁催生了养老金信托,信义责任的基本原则和受益人的财产性权利是此种信托得以发展和创新的核心。③

信托通过养老金福利、工会福利、员工持股计划、慈善基金以及娱乐设备等方式,发挥着关键性的雇佣关系职能,而且雇主有时候须履行不得

---

① David Blake, *Pension Schemes and Pension funds in the United Kingdom*, 2nd Edition, Oxford University Press, 2003, p.95.

② Gary Watt, *Trusts & Equity*, Oxford University Press, 2016, p.35.

③ Sarah Wilson, *Textbook on Trusts*, 8th edition, Oxford University Press, 2007, pp.182-183.

与其雇员的利益相冲突的信义义务（信托式义务）。当下，养老金信托及其运作是至关重要的社会经济问题之一。养老金和退休计划的最初目的是保障员工退休后他们与其家属的生活。20 世纪 70 年代初，随着养老金计划的不断发展，一些国家富有的人开始利用养老金和退休账户用于节税目的和有生之年的投资，积累的财产于死亡时非遗嘱移转。① 同时，为了吸引和留住雇员，雇主为雇员安排养老金计划越来越普遍，而且雇主认为有必要提供这种便利。在许多计划中，雇主与雇员共同出资，但在一些情形下，雇主进行了全部出资。退休时，雇员有权获得收入，也可以选择一次性支取。一些养老金计划将雇员的权利与其退休时的薪酬挂钩，这被称为"最后薪酬计划"。在这种计划中，基金的规模总是需要涵盖现在和可能的养老金支出，这是一个精算预测的事情。因为出资水平或对未来投资回报的预测有可能显示基金规模太大或者太小而不能与现在和未来的义务相匹配。当基金产生剩余时，棘手的问题是剩余的归属。实际的出资投资设立基金用于退休时支付福利，福利的多少取决于所设立的基金规模，这种计划称为"金钱购买计划"。②

在养老金信托中，信托计划成员的利益得以保障，他们实际赢得了利益，当考虑到雇主与雇员之间合同关系中信托目的时，法院几乎较少干预，当然，养老金受托人以及由其聘请的自由裁量组合投资经理不可以免除其疏忽大意投资的责任。

在养老金信托中，信托法的整个社会性得以充分体现。过去人们将信托法理解为专为富人们所进行的设计，但在养老金信托中普罗大众的退休福利可以得到充分的保障。养老金基金的产生以及养老金资产运作和安全的保障需要设立具有可操作性的法律框架，这使得信托对解决当下最重大的社会经济问题之一具有重要的意义。信托安排在养老金基金中具有相当的魅力，养老金及其运作是当下社会最重要的社会经济问题之一。由于出资率降低、寿命增加以及具代表性福利国家解体的国际环境，对私人筹资的养老金逐渐涌现。今天需要为明天进行计划，私人养老金计划如职业养老金等非常关注计划的长期个人资产管理。从这点看，信托传统上与财富

---

① Dukeminier Sitkoff, Wills, *Trusts and Estates*, Wolters Kluwer, 2013, p. 476.

② Richard Edwards & Nigel Stockwell, *Trusts and Equity*, Law Press, 2003, p. 54.

传承相关联。

养老金基金日趋增强的经济价值是信托法原则的社会意义的深层次的内容。养老金基金是信托,因此,养老金成员、基金经理人和为其雇员设立职业养老金基金的雇主权利均由信托法的一般原则、养老金基金文件的特别规定和专为养老金信托之立法规定来调整。养老金计划中的巨额金融资产使职业养老金计划的受托人成为最大的机构投资者之一,其经济重要性与其社会重要性旗鼓相当,因为他们所代表的巨资由众多人享有。养老金信托法的发展主要源自日趋重要的养老金的社会意义和多国频发的养老金丑闻[1]案件对其立法进行检视的需要。养老金信托从私法调控的领域中的社会关系层面发展到由法定调控者监控的层面。英国《1995 年养老金法》引入了职业养老金的调控结构并于《2004 年养老金法》中得以强化。职业养老金计划的重要性引起了各国政府的广泛关注并催生了大量的立法,主要目的是保护计划受益人的利益。

二　普通信托法抑或养老金信托法的调整

一旦信托设立以持有养老金计划资产,则信托法理念即发挥作用。

(一) 普通信托法的适用

养老金基金受信托法的一般规则来调整,以保护受益人的利益。也就是说,信托法的原则和规则一般也以同样的方式适用于养老金信托。"没有理由认为养老金基金应适用不同于其他信托的原则"。[2] 信托法应用于养老金信托,独立的受托人须仅为受益人的最佳利益而管理、运作养老金信托,受托人负有信托法的基本义务即诚实守信、公正谨慎的义务。但养老金信托与非养老金信托相对照具有不同的特点,两者存在较大差异,养老金信托影响着法律的发展,许多信托法的基本规则得以演进。

在典型的非养老金信托中委托人通过赠与的方式设立信托,直接以固定信托的方式处分资产,此类信托通常在以后不能变化。委托人没有义务继续向信托移转财产且对信托资产不再享有任何的经济利益。遴选出的受

---

[1] Neil Faulkne, The five biggest pension scandals, ttps://www.lovemoney.com/news/4133/the-five-biggest-pension-scandals, 24 September 2010. 另日本、韩国、巴西、希腊等国均有相关丑闻发生。可百度搜索。

[2] Cowan v Scargill [1985] Ch 270.

托人通常与委托人不存在任何经济或合同关系。而且非养老金信托的受益人通常对其受益利益不支付任何对价，与委托人也不存在任何基础的合同关系。养老金信托一般不具有以上特征。受益人是雇员或委托人的前雇员，或是这些雇员或前雇员的家属。不像传统家族信托的受益人，养老金信托的受益人不是受赠人，而是通过劳动和向基金出资来获得养老金权利的人。[①]

1. 美国的 ERISA 与信托法的关系

美国的 ERISA 借鉴了许多衡平法（信托法）的理念、原则和规则。该法第 403 条要求雇员福利计划资产应当以信托方式持有，第 404—406 条对行使计划资产控制权或计划管理自由裁量控制权的人施加了信义义务，第 409 条规定了违反上述义务的责任，第 502 条授权成员、受益人、信义人以及劳动部提起民事诉讼以取得恰当的救济，从而执行立法和雇员福利计划之规定。该法还设立了衡平法为基础的谨慎规则和仅为成员及其受益人利益的信义义务规则（又称为"专属目的规则"）[②]。为了控制不诚实行为，ERISA 不仅采取了专属目的规则，还采取了源自衡平法的一系列特定规则如禁止受托人自我交易规则。

ERISA 第 403 条 a 款要求养老金资产须以信托方式持有，但有某些有限的例外。该法采取了源自信托法的信义原则，但为了适应养老金计划进行了修改。该法关于信义规则的规定适用于所有的养老金计划，且制定了两套相关联的信义标准：一是一系列一般信托原则；二是适用于特定禁止性行为的原则。一般的信托原则要求计划信义人必须仅为计划成员的利益履行义务、谨慎行事（"谨慎人规则"）、分散投资、遵守计划文件的规定。[③] 特定禁止性行为的原则所禁止的行为包括：禁止与利益关系当事人的交易、禁止信义人为自己牟利、禁止为一方当事人或收取该方当事人与计划进行交易的补偿（回扣）。

ERISA 与信托法具有如下共同之处。第一，两者均对计划管理者和信托管理者施加了忠诚义务。普通信托法之受托人负有不可推卸的义务仅为

---

① 　1993 Report of the Pension Law Review Committee.

② 　*Employee Retirement Income Security Act of 1974*, 29 U. S. C. § § 1104.

③ 　*Employee Retirement Income Security Act of 1974*, 29 U. S. C. § § 1104 (a).

受益人的利益管理信托，禁止任何自利的行为。① ERISA 通过仅为计划成员之利益即"专属目的规则"和禁止交易规则来反映信托法忠诚要件，要求计划信义人履行此种义务。第二，对计划管理人和受托人施加谨慎义务。信托法对受托人施加了谨慎义务。《信托法重述》（第二版）规定的谨慎标准是"像一位谨慎的人对待自己的财产那样考虑资产的保值和增值的额度和幅度来进行这样和仅进行这样的投资"。② 信托法一般许可信托的委托人免除受托人某些特定的信托要求，包括对普通股票的投资或其他投资的禁令。《信托法重述》（第二版）规定，确定某项投资是否合理，受托人应综合其他因素考虑其他信托投资的本质以及信托的特定需要。这是用组合投资理论来维护某些情形下的特定投资。ERISA 制定时也强调了《信托法重述》（第二版）中的上述谨慎规则，但对一些概念作了较大的修订，用更灵活的谨慎人代替了《信托法重述》（第二版）中一般化的"谨慎人"，不限于"考虑资产的保值和增值的额度和幅度"。第三，传统的信托法和 ERISA 一般均对受托人和计划管理者施加分散投资的义务。《信托法重述》（第二版）规定受托人必须分散风险，除非他们能够证明在此情形下这样做原本就是不谨慎的。③ 分散投资可以减少大型组合投资损失的风险，这通过确保投资分散化以减少对相同投资常会产生的风险。尽管此义务通常被认为是一种独立的责任不同于一般谨慎要件，它也可以理解为谨慎人规则的适用，因为谨慎人须至少注意是否该投资有助于或不利于组合投资的分散来选择每一个投资。④ 根据信托法，如果信托资产投资过度集中于某一个公司、一个行业、唯一一类证券或唯一一个地区，那么，受托人违反了分散投资的义务。ERISA 中的分散风险规则并未明示修改传统的信托法，除了 ERISA 一般禁止信托委托人起草信托文件来减少谨慎和分散投资要件。⑤ 与传统信托法相同，ERISA 没有特别规定投资分散的数量要件，分散应当根据计划的目的、涉及特定投资的资产数额、投

---

①　George T. Bogert, *Trusts*, 6th edition, Westgroup, 1987, § 95.

②　*Restatement of Trusts*, 2nd, § 227 (1959).

③　*Restatement of Trusts*, 3rd, § 227 (b); Restatement of Trusts, 2nd, § 228.

④　*Restatement of Trusts*, 3rd, § 227 (b); Restatement of Trusts, 2nd, § 228.

⑤　*Employee Retirement Income Security Act of 1974*, § 404 (a) (1) (D) 29 U. S. C. § § 1104 (a) (1) (D).

资时的金融和行业条件、反映组合投资的地理和行业分布状况、组合投资中股权和债务的混合以及债务工具的到期日等。第四，传统信托法要求受托人遵守信托文件，ERISA 也规定了信义人必须根据计划文件行事，除非文件与法定要件不一致。① 遵守信托文件的义务通常要求受托人行使自由裁量权，包括决定如何投资信托资产，决定根据受益人的身份向受益人分配利益的时间等。因此，要求受托人遵守信托文件的规定或要求 ERISA 信义人遵守计划文件基本是一致的，比较困难的是受托人或信义人如何在行使自由裁量权时通过调整文件扩展自由裁量权的范围。在很大程度上，这种自由裁量权的行使由忠诚、谨慎、投资分散原则来指导，但这些基本上是限制性的原则，用以区别自由裁量决定是否具有可接受性，这不能完全说明放弃选择是必要的。两种信托义务都没有明确体现在 ERISA 法定标准中，它们提供了作为做出自由裁量选择的指导原则。ERISA 明确引入信托法原则，这些原则规定的义务旨在指导自由裁量决策的作出：第一个原则是合理性原则。② 此原则的意思是只要受托人以诚信的方式和恰当的动机行使自由裁量权，且在合理的判断范围内，法院就不会干预；但受托人的行为超过合理的判断范围的，法院就会干预。易言之，尽管某个领域，通常更宽泛的领域，受托人可以决定是否行事或不行事以及何时怎样行事，但不在法院控制的领域。该领域的范围取决于信托条款、权力的本质和所有的情形。第二个原则是与合理的行使自由裁量权义务有关的公正义务原则。在多受益人的信托中，受托人有时所作出的决策对每一位受益人的影响并不一致。在养老金信托中这种冲突的发生不可避免且是多方面的。在出资不充足的养老金信托中可能需要决定两个福利承诺中哪一个得以兑现，受托人不得不决定是否对雇主证券进行风险投资以便有助于保住现在雇员的工作，却又威胁到老年雇员和退休人员的到期福利承诺的安全。在作出这种决策时，受托人可以接受来自调整文件的某种自由裁量权，但更可能不得不在没有委托人明确指导的情况下作出决策。公正对待冲突受益人的义务要求受托人根据信托的潜在目的而不是出于对某些受益

---

① *Employee Retirement Income Security Act of 1974*, §404（a）（1）（D），29 U.S.C. § §1104（a）（1）（D）.

② *Restatement of Trusts*, 2nd, §187（1959）.

人群体优于另外的受益人群体的考量作出决策。①

2. 以信托法为框架

支撑养老金计划的文件不仅仅限于单一的文件即养老金计划文书,许多养老金安排明示或默示的涉及信托宣告,雇主作为委托人向养老金基金出资,由一位以上的受托人为雇员受益人的利益管理并获取收益,由此,信托法在确定养老金权利中逐渐占据重要地位。特别是根据信托法诠释的规则应用于确定养老金基金当事人权利的事项,这些事项与养老金计划文件的规定相异。援引信托法所要解决的诸多问题涉及雇主可以使用养老金信托资产或获取其福利。养老金信托产生的法律争议包括:雇主作为养老金剩余受益人的范围;修改养老金信托以赋予其从养老金基金中支付养老金管理费用的权利②或利用"出资暂停期"使用运行中的养老金计划剩余资产即概念上从养老金基金中支付其年度出资义务:③ 无论雇主是否将两个或以上的养老金计划或养老金信托"合并"以及在这样做时将某一计划的剩余用于弥补另一计划的赤字或其年度服务费用;④ 在何种情况下,雇员可以于计划周期的特定时间点强制养老金剩余的分配,如计划运行中⑤、计划部分终止或完全终止时。这些争议通常要求对养老金计划和信托文件进行信托法分析,以确定委托人于信托设立之时所保留的权利。需要重点强调的是信托原则仅适用于意图对养老金基金资产设立信托时,即有明示或默示的信托宣告,财产的移转和受托人责任,仅存在养老金计划并不必然设立了普通法"信托","养老金计划通常可以具有与信托相联系的特点,如存在为了成员的利益由出资所形成的基金,基金由他人控制并为成员的利益而支出,但这并非自动设立了'信托'"。⑥ 如果没有满

---

① John H. Langbein & Daniel R. Fischel, ERISA's Fundamental Contradiction: The Exclusive Benefit Rule, *University of Chicago Law Review*, No. 55, p. 1105 (1988).

② Markle v Toronto (City) [2003], 223 D. L. R. (4th) 459 (Ont. C. A.); Hockin v Bank of British Columbia (1995), 123 D. L. R.. (4th) 538.

③ Maurer v McMaster University [1995], 23 O. R. (3d) 577 (C. A.)

④ Baxter v Ontario (Superintendent of Financial Services) [2004], 43 C. C. P. B.

⑤ Buschau et al. v. Rogers Communications Inc. et al. [2004], 236 D. L. R. (4th) 18. (B. C. C. A.).

⑥ Crownx Inc. v. Edwards (1991), 7 O. R. (3d) 27 (Gen. Div.), aff'd [1994], 120D. L. R. (4th) 270 (Ont. C. A.).

足设立信托的"三个确定性"要件，则没有信托设立，合同的原则用于解释确定当事人意图、权利和义务的范围。

私人和职业养老金的出资由公民自愿向养老金计划直接支付，而非国家保险制度的一部分，私人养老金要分为两类：一类是职业养老金计划；另一类与雇佣关系无关，完全由私人承担。职业养老金基金是以合同而设立，是雇主与雇员之间雇佣合同的一部分。因此，信托法的投资义务或合理期待的合同观念对调控受托人投资时的义务、认定对养老金基金享有权利以及养老金基金上可识别的剩余利益的归属等重大问题具有重大意义。另外，如何理解作为一种递延支付的形式由雇员向职业养老金计划所为的出资的内涵。作为雇佣合同的一部分，雇主必须根据合同计算的出资额向基金进行出资，雇员也是如此。这是一种雇佣福利，被作为雇员退休前的递延薪资的一部分。这引发了养老金计划中当事人各自的权利和义务的合同观还是信托法观的探讨。雇主有权利制定具体的计划规则。由此而产生的核心问题是传统的信托法原则是否完全适用于养老金计划信托。

一般而言，对养老金信托采取特定的信托原则来解释。首先，公平对待受益人原则。养老金信托在可能的范围应当解释为受益人之间的平等性即"解释的结果并非有利于受益人集团和受益人集团优于其他人，除非信托文件明确规定了这样的结果"①。其次，税收优惠原则。在加拿大，许多养老金计划根据《所得税法》进行注册以利用其税收优惠出资和税延规则。作为养老金计划解释的原则，"当事人税收优惠动机在解释此类计划时受到相当的限制"。对养老金信托的解释，"税收的考量不能改变信托的结构，以便剥夺受益人的剩余权利"②。易言之，税收考量或其他法定要件一般不能作为削减养老金信托受益人权利的利剑。当然，税收考量对信托受益人具有一些优势，至少不会损害其利益。最后，信托法原则优先适用原则。信托型养老金计划与合同型养老金计划在计划修订条款的范围上是存在差异。至于前者，在确定基金的当事人权利时信托法原则优于合同法原则。信托法原则优先于合同法及合同设立规则，当信托协议条款与养老金计划文件发生冲突时，信托法原则优先于合同法原则。除非有

①　Re Jeffery, ［1948］4 D. L. R. 704 at 711 (Ont. H. C.).

②　King Seagrave Ltd. v Canada Permanent Trust Co. ［1986］, 13 O. A. C. 305, 35A. C. W. S. (2d) 154 (C. A.)

相反的明确规定, 信托适用于整个养老金基金, 包括未标识的剩余资产或养老金计划文件中承诺用于支付养老金的资产, "置于信托的基金包括受托人所持有的所有基金, 即各当事人的出资以及精算剩余。除非有明确相反的规定, 受托人管理的所有基金均属于为受益人利益而设立的信托。如果设立养老金信托的文件中没有规定运行中养老金计划的精算剩余不是为了受益人的利益而持有的, 那么, 根据信托法原则, 运行中的精算剩余构成信托基金的一部分。因此, 在此情形下精算剩余构成了信托基金的一部分为雇员而持有。雇员对该基金的权利在计划终止时才得以固定, 此时, 精算剩余 (如果有的话) 成为实际的剩余, 这并不能改变精算剩余构成信托基金一部分的事实, 该基金在信托存续期间根据信托法原则或相关法律规定的方式而管理"。① 因此, 调整养老金计划文件尤其是雇主修订养老金计划或信托协议的权利时采用信托法而不是合同法。如果计划采用合同原则, 那么, 计划文件中所保留的一般权力允许雇主可以以任何理由修订养老金计划, 即当事人合理的期待可以包括雇主可以修订计划赋予其当初所不享有的权利, 包括对养老金基金的使用权或受益权。如果养老金计划采取信托模式, 计划文件中一般的修订权力不足以允许雇主赋予其信托基金上的受益权或将基金用于非为计划受益人之利益的其他目的。这种修订因违法而无效。不合法的修订意图赋予雇主 "挪用信托基金财产或资产" 的权力或 "对信托管理和信托财产行使完整的控制权", 这与 "信托的基本理念不符", 除非撤销权从开始得以保留。雇主要想有效地撤销信托, 在信托设立之时计划文件必须采取十分清晰、明晰的语言。Schmidt v Air Products of Canada Ltd. ② 一案中, 加拿大最高法院宣告养老金信托不是 "纯目的" 信托, 而是 "典型的" "真正的" 所有的信托法原则可以适用的信托。在 Rogers Communications Inc. v. Buschau③ 一案中, 加拿大最高法院对雇主在管理和修订所谓的 "现代" 养老金信托中的权利义务的本质和范围进行裁决, 包括对参与养老金信托的雇员是否可以援引 19 世

---

①　Markle v Toronto (City) [2003], 223 D. L. R. (4th) 459 (Ont. C. A.)

②　Schmidt v Air Products of Canada Ltd. [1994], 115 D. L. R. (4th) 631 at 659 (S. C. C.)

③　Buschau et al. v Rogers Communications Inc. et al. [2004], 236 D. L. R. (4th) 18 (B. C. C. A.).

纪 Saunders v Vautier① 一案中的信托规则以集体主张信托终止并要求分配信托资产。自从 Schmidt 一案将传统的信托原则应用于养老金计划中。②

对受托人义务的规定,"没有理由采用与其他信托不同的原则适用于养老金基金信托"③。像所有的信托一样,养老金信托会将其中的许多权力和自由裁量权赋予计划的受托人或相关的雇主。

养老金信托受益人的利益就像信托的其他利益一样,是可以转让的,通常计划条款可以规定雇员可以提名其他人作为受益人。此规定就像一种指定权,受益利益无须履行严格的手续就可以转让给被指定的人。

信托有效设立的"三个确定性"是普通信托所应遵循的规则,也适用于养老金信托中。在 McPhail v Doulton〔1970〕2 All ER 228 一案中,因缺乏确定性要件,养老金计划不成立。④

3. 信托法原则与养老金信托

养老金基金以信托法原则来架构,普通信托法一整套原则和规则在养老金领域一般也适用于调整受托人与受益人之间的关系。尤其是这些原则和规则使当事人有权向法院寻求救济以保障信托所赋予他们的权利。在英国,根据信托法原则,受托人有责任投资信托基金并从基金支付养老金给成员,但调整投资形式和受托人责任的法定机制规定在《1995 年养老金法》和《2004 年养老金法》中。养老金基金与普通信托法相关联的范围,需要进一步探讨。无论如何,信托法原则有利于为职业养老金计划设立一般原则作为受托人履行义务的指南。

养老金领域中,信托法所包含的规则涉及受托人的行为,包括受托人不得从信托中营利、不得进行利益冲突行为的信义义务、具体有诚实、公正行事的义务和恰当注意、技能和谨慎的义务,还包括其义务违反的救济后果。受托人权利也受养老金信托条款的调整,但受托人违反信托条款的责任却不能通过协议予以免除。受托人有权委托他人代理投资,在其作出合理的选择代理人且履行了合理的监督代理人的义务时可以免除自己的责任。投资需要由受托人根据通常的投资原则并遵循法律的规定进行。

---

① Saunders v Vautier〔1841〕EWHC J82,〔1841〕4 Beav 115.

② Kaplan, Ari N., *Pension Law*, *Essential Canadian Law*, Irwin Law Inc., 2006, p. 20.

③ Per Megarry V-C in Cowan v Scargill〔1984〕2 All ER 750 at 763.

④ Richard Edwards & Nigel Stockwell, *Trusts and Equity*, Law Press, 2003, p. 56.

在加拿大,除了魁北克省,养老金计划文件和相关法律应根据普通法诠释。除了适用养老金法的调控,养老金计划设立"方式""运作""剩余""信义义务"等问题适用信托法的规定。①

养老金计划在支付成员的养老金后产生的剩余仍然需要遵循信托条款,信托继续运作,普通信托法适用于所有养老金信托。信托法适用于养老金计划的合并或资产的移转。在公司并购时,养老金计划也会合并,但须遵循信托协议的规定。即使养老金计划被合并,但如果信托协议规定两个计划之资产须独立并加以区分,那么,公司并购后也须保持移转的计划资产的独立性,即两个计划的资产根据独立的信托协议而持有,各自独立资产的剩余不能为对方计划进行筹资。如果信托文件规定独立的计划资产仅为该计划成员的专属利益而使用,那么,该计划的剩余资产的使用就会受到此规定的限制。②

一般的养老金计划根据信托法的一般原则而运作。同样的一般原则也适用于养老金基金终止时。将财产以归复信托的方式归复于成员同样可以用于计算计划成员的权利。③ 在受托人投资政策上,没有理由认定对养老金信托应适用不同的原则。④

（二）普通信托法适用的例外

信托法产生于中世纪家族财产管理领域,其衍生出的原则现在也适用于现代的养老金计划中。尽管养老金计划采取传统的信托模式,但由于契合性较差,传统的信托法原则在现代养老金领域并不总是产生最佳的结果,因此,仅用信托法条款来分析职业养老金计划当事人的权利和义务已不再可能,历经数世纪发展起来的信托法原则在适用于现代养老金计划时引起了一些意外的棘手的问题。在职业养老金立法中,雇主和受托人的义

---

① Ian McSweeney & Douglas Rienzo, Trust Law and Pension Plans—An Evolution in Progress, Benefits Canada, June 23, 2008. https://www.benefitscanada.com/pensions/governance-law/trust-law-and-pension-plans%E2%80%94an-evolution-in-progress-2457.

② Ian McSweeney & Douglas Rienzo, Trust Law and Pension Plans—An Evolution in Progress, Benefits Canada, June 23, 2008. https://www.benefitscanada.com/pensions/governance-law/trust-law-and-pension-plans%E2%80%94an-evolution-in-progress-2457.

③ Alastair Hudson, *Equity and Trusts*, Cavendish Publishing Limited, 2003, p.787.

④ Cowan v Scargill [1985] Ch 270.

务越来越强化，需要将雇主提供的福利视为无偿的，大量的养老金立法的实施引发成本问题。养老金信托立法须以简化现行的立法机制以及保护计划受益人利益的安全为宗旨，如果养老金信托适用不同的规则，那么，当事人在信托文件中对这些规则应作出特别的规定。

调整职业养老金计划的关键性立法规定与信托法相互交织，信托法本身广受喜爱，应当继续为养老金计划之利益、权利和义务提供理论基础，但信托法的一些原则应当修改，以更好地应用于养老金领域。尤其是，对可允许的计划规则内容必须施以一些限制，尤其是对雇主所保留的某些权利、受托人的权利以及受托人违反义务之责任豁免的范围等加以限制。信托法还须以其他方式加强法律规定，保障计划成员的权利和强化雇主、受托人、审计人员和精算人员的义务。① 鉴于此，一直以来，大量的养老金立法如雨后春笋般产生，旨在调整养老金信托当事人的权利和义务，并将一些可适用的信托法原则法典化。

1. 养老金信托法的发展

（1）英国养老金信托法的发展

养老金基金日趋增强的经济重要性使信托法原则的社会意义发生了重大的分化，养老金基金是信托，基金持有人的权利、基金经理人的权利以及设立职业养老金基金的雇主的权利均受一般信托法原则、养老金基金文件的具体规定以及针对养老金信托所特别制定的法律调整。养老金基金法律的发展也愈来愈迅猛，部分由于养老金的社会重要性日益增强，也由于Maxwell 养老金丑闻的影响，养老金法的修订显然需要提上日程。尽管当初养老金计划基本上被认为是雇主的自愿行为，相应的法律框架对其施加了较少的义务或限制。随着养老金欺诈性攫取案件的发生，英国养老金法改革委员会极力强调继续使用信托法作为养老金法的宗旨，《1995 年养老金法》和《2004 年养老金法》中所包含的普通信托法的内容应随着普通信托法的修改而修改。《1995 年养老金法》设立了调控机构，赋予其对养老金基金受托人进行监管的权利，引入了最低筹资要件以及对雇主在计划进行中获取剩余资产的限制，规定了必须有三分之一的受托人是成员提名

① *Pension Law Reform：Pension Law Review Committee Report*，1993（Cm2342），Vol. 1，para 4. 1. 14.

受托人。《2004 年养老金法》第 243 条通过设立养老金保护基金和设立养老金调控机构进一步强化了立法保护，以更灵活的计划替代了最低筹资规则。该法还允许提升成员受托人的比例，根据规则可以提升到二分之一。

私人层面的养老金计划包括个人和职业养老金计划，其基金具有以衡平和信托的方式运作的特点。养老金信托在雇佣环境下运作使其具有特殊的社会意义，而且具有特殊的法律意义，但其核心架构与普通明示信托有很大不同。养老金信托本身由该计划的合同规则和许多法定规则来调整以保护计划的成员。一般的信托法服从于养老金计划的规定，在那之外，"养老基金信托遵守与其他信托同样的规则"。① 自此，在养老金领域一直都有涉及受托人自由裁量权行使、剩余基金的归属、反永续规则等事项的裁决，这些裁决揭示养老金信托适用与调整一般的明示信托的规则完全不同的规则。由此也引发了一个问题：调整养老基金的信托法是否与一般的信托法基本不同。② "养老金计划与传统的信托完全不同。传统的信托是委托人通过赠与的方式将财产移转于受托人为作为赠与对象的受益人的利益进行管理……养老金利益是雇员就其提供的服务所获得的对价。"③

在特定的情形中，对受托人义务的规制和受益人权利的保护则不同于普通信托，通过解构养老金信托受托人和受益人之间的关系（特别是立法中所包含的特定权利和义务），可以揭示他们之间的诸多不同。特别是养老金成员既可能是信托的受益人和委托人，也可能是受托人，这可能产生了普通私益信托之外的利益冲突。养老金信托立法的发展产生了养老金基金的调控机制，大部分取代了以普通信托法的方式所进行的规制。鉴于普通信托法允许受托人通过合同方式限制他们的责任并根据受益人原则以确保受托人恰当地履行他们的义务，养老金信托立法创设了行为规则使养老金基金经理人受制于更具体的行为标准以及受益人根据普通信托法原则所提起的诉讼外的规范来监控。

在养老金信托中，受托人须具备恰当的技能并谨慎行事，因为受益人通常以自己出资或提供服务的方式对其所获得的利益支付了对价而非仅从委托人处获得赠与，更为重要的是他们的利益需要得到保护。为此，养老

---

① Gary Watt, *Trusts & Equity*, Oxford University Press, 2016, p. 36.

② Gary Watt, *Trusts & Equity*, Oxford University Press, 2016, p. 36.

③ Imperial Group Pension Trust Ltd. v. Imperial Tobacco Ltd. [1991] WLR 589 AT 597.

金信托不限于传统信托的范围。

　　养老金计划信托与传统信托的性质有很大差异。信托文件赋予了受托人自由裁量作出某些决定的权利。如果信托文件和规则赋予了受托人自由裁量权，那么，受托人须考量特定情形下是否行使此权利。如果受托人享有的是对一般事务的自由裁量权而不是特定事务的自由裁量权，他们必须时不时地考量他们是否在相应时间行使该自由裁量权。为了有效地实施自由裁量权，受托人必须了解他们可以行使什么样的自由裁量权以及信托文件所设定的条件以及权利行使的规则。在实践中，判断受托人如何行使或选择不行使任由他们支配的自由裁量权，有各种标准可以遵循，但通常会参照所谓的 "Wednesbury Principles" 即受托人须自问正确的问题；受托人须根据法律正确地指示自己且特别是他们必须作出对信托文件和规则正确的解释；他们不得作出不合常理的决定，这是合理的受托人群体所不可能作出的；他们必须考虑所有的相关因素，不考虑不相关因素。①

　　在受托人或相关雇主决定如何行使这些权利和自由裁量权时，需要划分相关的其他法律原则适用的范围。由于计划的规定是结合其商业背景的，在很多情形下，养老金计划成员资格的取得需要以雇佣关系为前提。尽管雇主对资产和筹资机制享有权利，这些权力还要受制于源自劳动法原则的控制，而这种机制对劳动法原则承认的范围如何确定是亟待考虑的问题。

　　有的普通法信托的原则在养老金信托的适用中会发生一些改变，如受托人在行使信托赋予他的权利时不能牺牲一些受益人的利益而偏爱其他受益人，但在养老金信托中受托人有权根据某些附带条件排除某些受益人的特定利益而偏爱其他受益人。② 养老金信托也不受反永续规则所要求的信托存续期间的限制。另外，养老金福利基于部分对价，即雇员提供服务所获得的回报。譬如，在共同出资计划中，雇员也是出资人、计划的受益人即成员，非无偿地支付了相当价值的对价，公司雇主的出资不是赠与。因此，养老金信托由不同于传统信托的规则调整，有些情形下，传统信托原

---

① Associated Provincial Picture Houses Ltd. v Wednesbury Corporation［1948］1 KB 223.

② Edge v Pensions Ombudsman［1997］.

则不可适用。

(2) 美国养老金信托法的发展

在美国，尽管信托法是养老金立法的框架，信托法的一般原则也适用于养老金领域，但在养老金领域有些原则的适用标准要求会更高。

在 ERISA 中，禁止交易规则和专属目的规则比一般信托法的忠诚规则要求更高。忠诚的信托规则设定了信托与受托人之间交易的可撤销性，而在 ERISA 中不仅计划和信义人之间而且计划与任何利害关系人之间均绝对禁止交易，另外，ERISA 对一般禁止性规定作出了宽泛的例外规定。这样，严格的忠诚规则在某种程度上又与法律明确对雇主信义人的宽容不一致：雇主信义人在计划决策中有权决定其利益不同于成员，而计划成员又根据法律的规定要求计划信义人绝对的忠诚。[①] 有观点认为这种宽容通过默示承认信义人为雇员和雇主的利益管理计划来修改 ERISA 的专属目的规则。[②] 不过，专属规则在文字上并未否定这些利益的合法性。

ERISA 规定的谨慎义务与传统信托有所不同，更具有灵活性，信义人是否谨慎是根据 "谨慎人具有相当的能力并熟悉此类事宜"[③] 所作出的决策来判断。这一标准允许信义人考虑计划特定要件例如对流动性的需求、计划规模、计划类型以及雇员的年龄、特点等。最重要的不同是对特定投资重要性的弱化。根据 ERISA，谨慎的判断是根据计划要求的全部组合投资的预期绩效来判断。信义人须恰当地考量所有的信义人了解的或本应了解的与投资相关的事实和环境，而且其在计划的整个组合投资中的作用。ERISA 之规定为信托法重述谨慎投资者规则的修订提供参考，被 1992 年修订的《信托法重述》(第三版)[④] 所采纳，该修订的规则规定：受托人对受益人负有作为谨慎的投资者根据信托的目的、条款、分配要件以及其他环境进行投资和管理信托基金的义务。此标准要求行使合理的谨慎、技能和注意，这不仅适用于独立的投资，而且适用于信托组合投资中以及作

---

① *Employee Retirement Income Security Act of 1974*, §408, 29 U.S.C. §§1104 (a) (1) (B).

② John H. Langbein & Daniel R. Fische ERISA'S Fundamental Contradiction: The Exclusive Benefit Rule, *University of Chicago Law Review*, Vol. 55, 1105 (1988).

③ *Employee Retirement Income Security Act of 1974*, §404, 29 U.S.C. §§1108.

④ *Restatement of Trusts*, 3rd edition, §227.

为整个投资策略的一部分中，此标准将风险与回报目标合理地适用于信托。在作出并实施决策的过程中，受托人有义务分散信托的投资，除非根据当时情形，不这样做是谨慎的。①

2. 信托法在养老金基金领域的特定规则

养老金信托的发展对普通信托法产生较大影响，但很难确定的是扩大信托法发展的范围抑或应当发展特别适用于养老金信托的规则。除了受益人人数众多，还有诸多其他因素将养老金信托与传统信托相区别，一些养老金信托基金的规模远比传统家族信托大得多。在英国，法官认为养老金规模巨大，其中含有"某种公共因素"，他将其视为一种特殊环境来判断法院根据《1925 年受托人法》第 57 条规定了受托人投资权力扩张的合理性。《1995 年养老金法》第 34 条第 1 款赋予了养老金计划受托人类似于资产绝对所有权人的投资权利，以及与《2000 年受托人法》第 3 条第 1 款所赋予其他信托受托人一样的广泛权利。

养老金信托法在一定程度上为养老金基金发展了特定的规则，养老金信托法的发展大部分取代了用一般信托法调整养老金基金的情况：尽管一般信托法允许受托人通过合同限制他们自己的责任以及根据受益人原则确保养老基金经理人恰当的履行其义务，但养老金信托法创设了一些行为规则让养老金受托人受制于更为具体的行为标准和一般信托法原则下受益人诉讼外的监控。

尽管养老金基金通常采取信托形式，在很多方面不同于传统信托。养老金信托不同于传统的信托主要体现有：受益人人数众多；基金规模巨大；恰当的权力控制。与传统的信托相比，养老金信托受益人人数众多，可以说成千上万，而传统信托的受益人人数较少。尤其重要的是，养老金信托的受益人不像普通信托的大多数受益人那样是无偿，他们对其所获得的利益是支付了对价的。该对价可以采取向基金直接出资的方式，但即使基金是非共同出资的，雇员也可视为通过为雇主工作支付了对价，以期最终从基金中获取养老金。事实上，养老金有时被认为是一种递延酬劳形式。因为养老金基金的雇员为其福利提供了经济上的对价，养老金信托是

---

① *Restatement of Trusts*, 3rd edition, §227.

一种商事信托，雇员也可以根据归复信托享有剩余的权利。① 养老金基金终止时与普通私益信托不同。

　　一般原则作为职业养老金计划受托人在其履行义务时的指南是十分有用的。在英国，上议院就提出有必要制定信托法的特定规则，将雇员之利益与现代大规模信托之需要相匹配。② 英国职业养老金委员会（1997 年 4 月终止）制定的 5 个原则一直沿用至今：在法律的框架内根据计划的信托文件和规则行事；谨慎、认真、诚实以及最大诚信的行事；为受益人的最佳利益行事并维护不同层面受益人的利益之平衡；对技术问题和他们不理解的其他问题进行咨询；基金的投资。

　　关于一般信托的反永续和反积累的规则是否适用于养老金信托，如果养老金计划使用信托条款来限制其期限的，反永续规则视为可适用，在人们没有设定一般的养老金计划的固定终止日期的情形下信托完全无效。有观点一致认为此规则不适用于养老金信托，因为此类信托被认为是慈善信托，不存在违反此规则的问题。类似的反累积规则也被认定为适用于养老金信托，因为他们须保留收入不用于现在的支付。养老金信托并不违反普通法的反累积的规则，如果该信托并未保留合理管理所需的收入更多的收入的话。另外，如果养老金信托被认为是慈善的，那么，此规则并不适用。美国有许多州通过立法将养老金信托豁免于这两个规则。③

　　3. 养老金信托法与普通信托法不同之处

　　在现代世界经济中，养老金基金基本根据普通信托原则而运作。普遍认为养老金信托与普通信托不同之处在于成员通过为雇主工作取得信托权利。④ 但更重要的区别在于养老金信托中受托人不仅仅专门提升成员的最佳利益。养老金信托受托人与传统的受托人一样必须为提升受益人的最佳受益利益为目标，这主要是针对养老金信托受托人行使投资权利而言，但

---

　　①　Margaret Wilkie, Rosalind Malcolm & Peter Luxton, *Equity and Trusts*, Oxford University Press 2008, p. 185.

　　②　McPhail v Doulton [1971] AC 424.

　　③　The Harvard Law Review Association, Legal Problems of Private Pension Plans, *Harvard Law Review*, Vol. 70, No. 3（Jan., 1957）, pp. 490-509.

　　④　Imperial Group Pension Trust v Imperial Tobacco Ltd [1991] 1 W. L. R. 589, 597 per Browne-Wilkinson.

并不必是行使其所有的权利。成员只是养老金计划相关成员圈内的一部分，因此，受托人必须关注雇主在运作计划中的利益。① 而且计划是附属于雇主的营业内容的，雇主须直接承担受托人决策所产生的道德风险之责任，因为雇主在计划出现赤字时须补足筹资的差额。事实上，养老金信托与普通信托在其他方面也存在差异：养老金计划的筹资规模和来源、经济社会作用、计划成员利益的本质以及作为雇主与工会集体协商结果的福利水平等。

（1）委托人

委托人的作用不同于普通信托。在传统的信托中，设立信托的人即委托人通过赠与直接处分资产到通常以后不能变化的固定信托中，委托人没有继续移转资产到信托中的义务，对信托资产也不再继续享有经济利益。普通信托一旦设立，委托人的作用即终止，而养老金信托的委托人（雇主）通常可以继续参与计划中。设立计划的委托人可以决定信托之架构，雇主委托人有权决定最初的受托人或部分最初的受托人以及他们的权利和义务，这些权利和义务由普通信托法予以补充。显然，雇主可以选择认为会偏向雇主利益的受托人。如果受托人也是公司的雇员，他们的工作就存在风险，如果他们忽视了雇主的意愿的话，这极可能诱使他们以一种不与雇主利益产生冲突的方式管理信托。在英国，根据《1995 年养老金法》所制定的《1996 年职业养老金计划（成员受托人和董事）调控法》对成员受托人给予了保护，据此法，信托文件可以规定广泛的权利，使雇主提高、减少和暂停出资。雇主还有权力使向雇员支付的福利按照雇主的意思进行变更，根据信托文件和通过任命的受托人，雇主可以确保他对基金享有相当大的权利和控制权。雇主行使养老金计划中权利时须向其雇员承担诚信的义务，这由雇主与雇员之的合同关系所决定。② 在传统的私人信托中不存在"外部人"承担信义义务的问题，但养老金信托在本质上不同于传统的私人信托，因为委托人通过犒赏的方式将财产移转于受托人，由其为受益人的利益而持有，这是其犒赏的目的。

雇主具有"完全意义上"的信义权力。雇主有义务以不违反"默示

① Edge v Pensions Ombudsman［2000］Ch. 602，627 per Chadwick L. J.

② Imperial Group Pension Trust Ltd v Imperial Tobacco Ltd（1991）2 All ER 597.

的忠诚义务"的方式行事，这也在雇佣合同中予以了规定。雇主仅以为自身经济利益的方式行使权力，这样做不构成对其诚信义务的违反。[①] 养老金剩余利益分配权力赋予雇主（公司）而非受托人，此种权力是一种信义权力而非个人权力。而且雇主（公司）清算时无人可以行使此权力，只有法院可以最恰当的方式行使此权力。信托法已确立的原则不适用于控制养老金项下所有权力的行使，显然信托项下可行使的权力并非均为信义权力，因此衡平法无权干预。

在出现剩余的情况下，雇主也可能有权减少出资，也可以享有"出资暂停期"直到出资剩余金额转化成雇主后续本应履行的出资。

（2）受托人

一般信托中被遴选的受托人通常是与委托人没有经济关系或合同关系的人。受托人部分由雇主任命，大多数成员提名受托人是发起人雇主的雇员或现在的养老金领取者。运营中的养老金信托通常不是仅向信托文件中指定的受益人提供福利而是一次性移转资产到信托来进行筹资，它通常具有开放性目的即允许成员不断地流动和不断地接受流动性的出资。在固定福利计划中，委托人（通常是发起人的雇主）有持续性的任务来履行长期义务，这不能够预先精确计算且必须时不时重新估算。

在英国，有三部分法律对受托人的权利和义务进行了规制：《1925 年受托人法》、《2000 年受托人法》和《1961 年受托人投资法》，尽管这些法律对养老金基金受托人具有重要意义，但它们不及养老金立法规定的法定要件对职业养老金计划受托人的影响力。[②]

对成员提名受托人的监控不能适用普通信托法。普通信托法从两个方面解决信托财产滥用问题：一是受益人原则要求有资格成为受益人的人可以通过诉诸法院的方式控制受托人的行为；二是有关信托违反的救济规则为受托人个人滥用信托财产的行为提供救济，受托人在信托基金遭受损失时须提供赔偿。然而，在养老金信托违反的情况下，职业养老金计划的个人受托人不可能有效地弥补信托基金的损失，因为养老金基金的规模巨大。在一般的私人信托不当违反的情况下，有过错的受托人能够对信托基

---

① Richard Edwards & Nigel Stockwell, *Trusts and Equity*, Law Press, 2003, p. 54.

② IDS, *Pensions Trustees and Administration: an IDS Pensions Handbook*, Thomson Reuters 2010, p. 2.

金遭受的损失提供赔偿这是毫无疑问的。在有些情况下，民事信托的原则不适用于商事信托，受益人对受托人监控的普通法原则不能对养老金基金提供有效的调控。在普通私人信托中受益人有足够的强制执行权，但因养老金处于十分敏感的社会地位，因此受托人的监控需要更加严格的机制：一是受益人的内部监控；二是监管机构的外部监控。

对受托人投资义务调控的规则与普通信托法原则不同，受托人投资的范围不像普通受托人那样受到限制。

职业养老金基金根据信托法原则设立，但在特定的法律环境下，受托人义务以及受益人权利的法律规定与普通私益信托有所不同。特别是立法中特定的权利和义务、受托人与受益人的关系在重要方面与普通私益信托不同。养老金领取人具有信托之受益人和委托人的双重地位，同时也有可能是受托人。显然，这产生许多普通私益信托之外的利益冲突的可能性。受托人有责任对信托基金进行投资并从基金中支付金钱给养老金领取人。虽有专门的养老金法调整受托人的投资和责任，但养老金基金信托遵循普通信托法的规定，有关问题的调整也存在例外规定。受托人投资的权利也受信托计划条款的调整，但受托人违反法律规定的责任不能通过信托协议予以排除。受托人有权将其义务委托他人代理，在合理地遴选了代理人并对其进行了合理的监控时可以豁免其责任。受托人须根据法定的投资原则进行投资。[1] 这在美国通过《雇员退休收入保障法案》得以彰显。ERISA第 403 条明确规定雇员福利计划资产须以信托方式持有。该法案中关于谨慎规则与"专属目的"规则[2]的规定源自信托法，信托法为 ERISA 提供了框架。从 ERISA 的信义标准的立法历史来看，信托法为信义行为提供标准，ERISA 采用了"现行信托法中的信义行为原则，但针对雇员福利计划作了适当的修订。"[3] ERISA"在本质上，将信托法所演化出来某些原则法典化并适用于信义人"[4]，主要包括两套相关的信义标准：一是一系列一般的信托原则；二是特定的禁止性行为的清单。第一，虽然 ERISA与信托法均规定了计划管理人和信托管理人的忠诚义务，ERISA 通过要求

---

①   Alastair Hudson, *Equity and Trusts*, Routledge, 2016, pp. 984-985.

②   要求计划信义人履行为成员及其受益人提供福利的专属目的之义务。

③   Norman Stein, *ERISA and the Limits of Equity*, Law and Contemporary Problems, 1993.

④   Norman Stein, *ERISA and the Limits of Equity*, Law and Contemporary Problems, 1993.

计划信义人仅为计划成员的利益即"专属目的规则"以及通过禁止交易规则来反映信托法的忠诚要件,但 ERISA 规定的禁止交易规则与专属目的标准之结合均或多或少比忠诚的一般信托规则要求更高。忠诚的信托规则认定信托与受托人之间的交易无效,而 ERISA 绝对地禁止计划与信义人、计划与利害关系当事人之间的交易。当然,ERISA 对一般禁止的行为也有宽泛的例外规定。ERISA 规定的严格的忠诚规则在某种程度上与立法对雇主信义人明示的容忍不一致即信义人可以为雇员和雇主两者的利益管理计划,这种容忍改变了 ERISA 规定的专属规则。第二,ERISA 与信托法均规定了计划管理人和信托受托人的谨慎义务,信托法重述规定的谨慎标准要求受托人"要像谨慎的人对待自己的财产那样进行这样的投资以及仅能进行这样的投资,维持资产、保障其数额及其正常的收益"[1]。

（3）受益人

一般信托的受益人通常对其受益利益无须支付任何对价且与委托人不存在任何潜在的合同关系。根据信托法原则,计划的受益人一般理解为计划的成员。福利将根据计划规则支付给达到领取养老金年龄的人（家属需根据计划规则进行识别）。通常成员之外的他人也可指定为计划的受益人,例如受益人可以指定家庭成员或近亲属于其死亡时享有雇员的份额。因此,受益人的范围超过了成员委托人的范围,受益人包括了委托人的雇员或前雇员,或这些雇员或前雇员的亲属。

私益信托通常具有赠与因素,委托人为受益人之利益将其财产作为赠与移转于信托。普遍的观点认为,养老金信托不具有赠与因素,养老金计划的成员即受益人不是无偿的,他们通过出资和为雇主工作对其计划项下的福利支付了对价,他们通过自己的劳动购买了这些福利。也就是说,与传统的信托不同,养老金信托的受益人"不是受赠人而是通过工作和向基金出资获得养老金权利的人"[2]。

在大多数传统信托中,信托外的当事人之间不存在法律关系,受益人处于无偿之地位,无须为其福利支付任何对价,而在养老金信托中则不同,受益人提供了对价,因为其福利是其所获得的雇主对其提供服务之回

---

① *Restatement of Trusts*（2nd edition）§ 227（1959）.

② *1993 Report of the Pension Law Review Committee*.

报的部分对价。养老金信托受益人根据其出资人地位有权享有优先受偿权。[①]

三　养老金基金剩余分配归复信托的适用

公司经常为雇员设立养老金计划，雇员支付部分工资到计划基金里，雇主则为每一位雇员出资。通常，这些养老金基金根据信托文件以信托的方式设立。信托文件规定了信托条款，譬如谁将获得养老金、多少及何时等。投资环境好的年份，许多养老金计划会产生剩余基金，在支付养老金后会产生剩余，也就是说，运作良好的私人养老金信托基金有可能会产生剩余。一个恰当设立的计划应当明确规定如何计算养老金领取者从信托所应取得的利益，包括剩余的分配方案，但事实并非如此，在养老金信托的运作中，常常出现的问题是基金剩余的所有权和分配问题。养老金剩余的所有权及分配对我们理解养老金信托法的发展具有重要的意义。关于养老金剩余的所有权问题，在前文第二章第二节"养老金信托权利之本质"中加以探讨，本章节重点探讨分配依据及分配方式问题。

（一）养老金基金剩余之分配依据：计划规则

原则上，养老金计划规则应当明确养老金基金剩余的分配问题。养老金信托财产从概念上区分为履行计划义务的基金和履行义务后的基金剩余。养老金基金大量概念上剩余的产生实际上源于诸多因素，一方面源自精算师估算的出资价值高于实际应偿付义务的价值；另一方面较好的投资回报与裁员导致的对"早期离开者"偿付义务的减除。[②]"剩余"实为资产精算价值扣除养老金计划义务后的差额，它指根据所采取的计算方法，资产精算价值超出义务精算价值的那部分，[③] 即信托资产的价值超过精算义务的数额。由于对资产和义务的价值计算方法很多，每一种都可能在出资率、筹资额等方面存在很大差异，因此，剩余或赤字的规模也不同。

养老金基金中向受益人支付福利以实现养老金获取者的合同权利，包

---

①　Alastair Hudson, *Equity and Trusts*, Cavendish Publishing Limited, 2003, p. 780.

②　Graham Moffat, Gerry Bean & John Dewar, *Trusts Law Text and Materials*, 4th Edition, Cambridge University Press, 2005, p. 666.

③　Graham Moffat, Gerry Bean & John Dewar, *Trusts Law Text and Materials*, 4th Edition, Cambridge University Press, 2005, p. 666.

括已退休雇员所取得的退休金和将来退休的雇员要取得的退休金。只要养老金信托存续,剩余仅仅是精算。信托终止即雇主(公司)并购或破产解散之前基金没有实际的剩余。

显然,计划财产用于支付养老金的一部分应当被认为以信托的方式为受益人的利益而持有直到其绝对地移转至恰当的养老金领取人手中时。这样有利于受益人的信托显然没有赋予特定成员对计划财产的特定部分享有财产性权利。计划财产以信托方式持有,成员构成众多受益人中之一员。他们享有的权利仅仅是一种财产控制权,而非直接的财产权。①

如果基金超过了应当支付给受益人的数额,该剩余的资产应当如何分配? 也就是说,养老金计划溢额筹资所产生的剩余资产以什么方式进行分配,由受益人即成员及其家属获取新设福利以及增加现有福利抑或由出资人即雇主和雇员减少其未来出资比例或获得剩余返还? 问题可能产生于养老金权利从某一公司移转到另一个公司如公司并购或公司清算时。相关问题的回答取决于计划的条款。理想的处理方式是在信托文件中明确规定剩余的分配方式,但实际并非如此。

在多数情况下,基金设立时规定雇员缴纳固定出资而雇主补缴差额以确保合同规定的福利。有观点认为在这种情况下,剩余产生于雇主的溢额出资,因此,雇主有权享有此剩余。② 在完全由雇员出资的情况下,也会产生比需要支付合同约定的养老金更多的基金,在这种情况下,剩余分配给雇员。但也有观点认为雇员仅有权享有合同项下的福利,就其出资,他们已视为放弃剩余部分,剩余将为无主财产,归属于雇主。③ 在有的计划中,雇主或受托人或两者被赋予了自由裁量权,可将剩余用于支付额外的福利。在此场合,受益人而非雇主享有剩余,至少计划的受托人有权不经雇主同意分配额外福利。④

在养老金基金运作和终止(破产清算、并购)时,养老金基金剩余的受益所有权需要识别。信托文件可能会指明在此情形下剩余如何使用。然而,大多数文件为了保持灵活性并没有作出如此规定。相反,大多数赋

---

① Alstair Hudson, *Principles of Equity and Trusts*, Cavendish Publishing Limited, 1999, p. 780.

② Davis v Richards & Wallington Industries Ltd, [1990] 1 WLR 1511.

③ Davis v Richards & Wallington Industries Ltd, [1990] 1 WLR 1511.

④ Mettoy Pension Trustees Ltd v Evans [1990] 1 WLR 1587.

予了各种各样的权利给受托人或雇主（公司），以便他们处理剩余。然而，由于权利的行使是自由裁量性质的，如果没有确立谁在计划终止时享有受益利益，那么，确定谁享有受益利益就十分的重要。确定这种受益所有权是具有难度的，英国《1995年养老金法》对此也没有提供解决方案。表面上，这可归咎于信托法的缺罅，因为大多数养老金基金是以信托的方式设立并运作的，目的是使养老金基金与雇主的个人资产区别开来以及利用各种税收豁免，而且法院在运用信托法原则时意见也不一致。然而，深析之，不确定性非完全源自信托法，也系养老金基金自身的本质使然。

关于养老金剩余的分配，存在不同的观点：第一，在大多数养老金计划中，不能要求雇员增加出资，即使在基金出资赤字时，也应由公司弥补缺口。因此，剩余仅被视为公司溢额出资的结果，显然应由公司享有未分配剩余的受益权。① 第二，如果公司能有效自如地以其希望的方式运用剩余，那么很难理解为什么信托文件明示将公司有权处分某些事务的权力赋予它，易言之，将剩余应用于雇员对象的利益，该观点基于剩余的受益所有权归属于雇员，以此作为行使分配权力的依据。② 第三，在信托文件没有明确规定的情况下，推定剩余以归复信托的方式为出资人持有。归复信托是溢额出资返还给出资人的工具。如果溢额出资被认定为来自雇主，那么，雇主享有整个剩余。在雇员共同出资的情况下，由于每位雇员福利的价值不同，取决于他们参加计划的时间和他们退休的年龄，归复信托适用于雇员不具有可操作性，没有推定雇员有产生此结果的意图。另外，计划利用各种税收豁免而设立，相关立法对可以返还给雇员的数额设定了上限，因此衡平法不推定源自其出资的任何剩余以归复信托的方式返还给雇员。③ 第四，雇员没有意图保留受益利益的证明并不能阻止他们根据归复信托享有受益利益。④

不同观点的焦点在于剩余受益利益分配权力行使的依据。如果养老金基金终止，剩余的分配通常通过权力的行使来确定，仅有终止时剩余可归属于雇主的溢额出资的事实不足以成为受托人拒绝行使权力的理由，以至

---

① Re Courage Group Pension Schemes［1987］1 WLR 495.
② Mettoy Pension Trustee Ltd v Evans［1990］. 1 WLR 1587.
③ Davis v Richards & Wallington Industries Ltd.，［1990］1 WLR 1511.
④ Air Jamaica Ltd. v Charlton［1999］1 WLR 1399.

于允许剩余返还给雇主。如果养老金基金尚在运行中,剩余仅仅是精算的剩余:剩余的范围取决于精算师所使用的各种计算方式,未来剩余是否尚在或变成损失无法确定。因此,努力确定运行中基金剩余所有权是不恰当的。"运行中基金是剩余还是赤字很难精确回答,剩余所有权的概念比整个基金所有权的概念更不确定。"[1] 在英国的实践中,谁享有剩余问题的解决取决于信托文件与《1995 年养老金法》以及其他法律条文一致的规定,取决于信托文件是否授权或能够被修改授权以授权的方式使用剩余。"剩余的处分取决于计划本身条款,不依赖于对精算剩余所有权及其真正本质的有争议的理论。"[2]

大多数养老金基金信托赋予了各种权力给受托人或公司(或公司许可的受托人),以便他们能处分剩余。这些权力包括修改信托文件的权力、增加雇员和其他养老金领取人的合同权利之外的养老金或其他福利;许可公司(及少数情况下雇员)采取"出资暂停期"(产生剩余基金出资减少或暂停)以及用养老金基金资产向公司进行支付的权力。如果这些权力属于信义权力,则受衡平法的调整。如果分配剩余的权力赋予养老金基金的受托人,此权力一定是信义权力。享有此权力的受托人须积极考量其行使,须以恰当的目的行使权力,须公平地考虑权力对象各自的诉求以及须排除任何不恰当的考虑。

剩余的分配受计划本身所包含的修改权力行使的影响。受托人可以通过行使修改权力减少雇员和雇主出资、给服务期限的成员提供额外的服务信用来处分精算剩余。[3] 现任养老金获取者的福利不增加,一些养老金提取者主张在受托人行使自由裁量权时没有公平对待不同的受益人群体。修改权力是自由裁量权,所以受托人作出的偏爱某一受益人群体的决定不应受指责。如果没有证据证明受托人没有根据恰当的目的行使权力或没有恰当地考量相关事宜或没有拒绝考虑不相关事宜,那么,他们根本不构成信托之违反。即使养老金基金的受托人违反了信托,他们进行了不恰当的考量,受益人也难以获取信托违反的证据。在传统的信托中,受益人在缺乏证据证明受托人不诚信时仍可强制受托人披露其作出决策的理由,但养老

---

① Re London Regional Transport Pension Fund Trust Co. Ltd. *The Times*, 20 May, 1993.

② National Grid Co. v Mayes [1999] PLR 37.

③ Edge v Pensions Ombudsman [2000] Ch 602.

金信托受益人雇员则不能。① 雇员属非无偿的这一事实并不能为背离一般原则而找到理由。②

受托人有义务不将自己置身于作为受托人所承担义务与其个人利益相冲突的地位。非利益冲突规则具有潜在的功能防止养老金基金的受托人（也是基金的成员）从其作为受托人所作出的决策中谋利，如通过增加养老金的决策。《1995 年养老金法》第 39 条限制了此规则的运用，因此，受托人不受制于此规则，仅因为他们以作为计划成员获取利益或可能获取利益的方式行使作为受托人的权力。

一般而言，权力赋予第三人而非受托人，可以解释为非信义权力。该解释应用于养老金基金中，如果使用养老金剩余资产的权力赋予公司雇主（本身非为基金受托人），雇主仅为自身利益行使权力就不会受到阻碍。在特殊的场合，赋予雇主（非受托人）的权力可以视为信义权力，③ 因为养老金基金受益人不是无偿的，为其养老金提供了对价，为此，他们取得了要求公司恰当地考虑为他们的利益行使权力，同时防止公司养老金基金剩余受并购中其他公司的侵害。④ 如果雇主破产，赋予他的信义权力仅可由独立受托人行使，同时规定了雇主行使权力与其自身利益冲突的问题。如果计划在进行中，赋予他人（包括雇主）向雇主行使支付的权力仅可由受托人行使以保护成员的利益。赋予雇主暂停出资的权力不是向雇主进行支付的信义权力，不受该法律条款的约束。雇主须履行的其他义务是诚信义务。由于雇员受益人不是无偿的，公司保留同意修改养老金计划的权力须以诚信的方式行使，公司无权利用此权力诱导成员移转到新计划中。诚信义务隐含在雇佣合同中，因此，也隐含在养老金基金信托合同中。⑤ 享有修改养老金权力的公司行使此权力必须满足成员和养老金取得者的期望，但即使如此，他们也可以行使减少出资或暂停出资的权

① Wilson v Law Debenture Corp. ［1995］2 All ER 337.
② Re Londonderry's Settlement ［1965］Ch 918.
③ Mettoy Pension Trustee Ltd v Evans ［1990］. 1 WLR 1587.
④ Margaret Wilkie, *Rosalind Malcolm & Peter Luxton*, *Equity and Trusts*, Oxford University Press, 2008, p. 190.
⑤ Imperial Group Pension Trust Ltd v Imperial Tobacco Ltd ［1991］1 WLR 590.

力。① 这些义务须以一般条款的方式表述，实践中公司可能面临的困难是它们了解是否必须遵守这些条款，特别是基金尚在运行中而剩余还纯粹是精算剩余时。②

大多数的养老金信托由雇主设立，由独立的受托人以信托的方式持有基金，根据雇员的合同权利支付养老金给雇员。有些计划由雇主出资，但许多计划是共同出资的，其中雇员要进行特定数额的出资。

在共同出资的养老金计划中，计划筹资部分来自雇员薪酬的抵扣和雇主与之相匹配的出资。雇员根据其劳动（雇佣）合同成为养老金计划的成员，其对养老金基金的权利产生于计划之信托，而非雇佣合同。③ 受托人须行使恰当的技能和注意来保护受益人的利益，由于受益人通常对其所得利益须支付相应的对价，而非从委托人处获得的赠与，因此，对他们利益的保护尤其重要。值得注意的是养老金计划受益人要么以出资的方式、要么以提供服务的方式支付对价。④ 雇员退休时所取得的养老金是其过去所提供服务的对价。首先，雇员取得了养老金制度中可强制执行的权利。私人养老金计划构成递延补偿而非执行的赠与，雇员所提供的长期持续的服务是具有约束力的对价，"一般性的规则是（雇员）在养老金计划知悉后的持续性服务构成对雇主承诺支付福利的对价"，⑤ "以具有价值的对价为基础的承诺不是赠与的承诺，即使当事人是这样称谓的"。⑥ 第二，在缺少法律法规禁止性规定的情况下，由公司设立养老金制度的行为不是越权行为。事实上，即使是视为赠与，养老金的消费也需获得法律的许可，因为养老金在诸多方面有利于公司的良好运作的。当然，有一种理论是养老金属于递延补偿。第三，根据养老金计划所接收的福利视为税收优惠收入。而且雇主也可就其出资享有税收优惠。第四，养老金支付仅来自雇主出资的，视为确定是否属于共同财产的收入。第五，雇员养老金是集体谈

---

① British Coal Corporation v British Coal Super-annuation Scheme [1994] ICR 537.

② Margaret Wilkie, *Rosalind Malcolm & Peter Luxton*, *Equity and Trusts*, Oxford University Press, 2008, p. 192.

③ Sarah Wilson, *Textbook on Trusts*, 8th edition, Oxford University Press, 2007, p. 184.

④ Patrick McLoughlin, Catherine Rendell, *Law of Trusts*, Macmillan Press LTD, 1992, p. 134.

⑤ Hunter v Sparling, 87 Cal. App. 2d 711, 723, 197 P. 2d 807, 814 (1st Dist. 1948).

⑥ McNevin v Solvay Process Co., 32 App. Div. 610, 617, 53 N. Y. Supp. 98, 103 (4th Dept. 1898).

判的标的。养老金福利构成递延工资，雇员的福利和其他保险受益权利是雇员真实工资的一部分，雇员长期持续的服务构成其获取养老金福利的对价。

（二）养老金基金剩余之分配方式：归复信托

剩余的分配对养老金信托存在的法律环境有着深远的影响。剩余在作为可以识别的财产的一部分时，其权利分配方式是一个棘手的问题，通常取决于对计划规则精细的解释。计划规则没有规定的，适用归复信托。

1. 归复信托的本质

由于剩余的分配与归复信托的本质一致，因此，归复信托常常用于养老金资产剩余的分配。归复信托产生于转让人保留了资产上的受益利益的情形，"归复信托"是对利益"回复"于转让人的程序的描述。归复信托是通过法律的运作而将利益归复于委托人，财产的转让人没有使财产的受让人受益的意图。"归复信托非因转让人放弃受益利益而无效，即使他确实已放弃了该利益。"①

归复信托可以视为一种确定财产所有权的最好方式，仅此而已。它与信托的基本概念相联系，因为法定所有权人无权主张受益所有权但可以为受益所有权人以信托的方式持有财产。② 由此可见，在动产移转的场合，归复信托成立的要件：要么受益人支付了对价，要么移转人没有赠与的意图。

归复信托的产生有利于提供财产的人，其生效须有财产之移转或财产上设定了利益。归复信托于转让人不愿意受让人获得利益时产生，受让人必须以归复信托方式持有财产，受让财产之受益利益归复于转让人即委托人。

受益利益返回于委托人时，归复信托产生。归复信托产生的情形主要有：第一，自愿移转。如果 A 将其动产移转给了 B，没有取得对价，那么，推定成立由 B 为 A 的利益持有该财产的归复信托，除非 B 可以证明 A 有向其进行赠与的意图。③ 第二，以他人名义持有的财产。一种归复信

---

① Vandervell v Inland Revue Commissioners［1967］72AC291, per Lord Upjohn at 314.
② Alastair Hudson, *Understanding Equity& Trusts*, Routledge Cavendish, 2007, p. 85.
③ Andrew Iwobi, *Essential Trusts*, Wuhan University Press, 2004, p. 51.

托产生于下列情形:当 A 向 B 无偿支付或进行全部或部分支付以购买财产,该财产赋予 B 或以 A 和 B 的名义共同享有,可以推定 A 没有向 B 进行赠与的意图。推定该金钱或财产以信托的方式为 A 持有(如果他是唯一的资金提供者)或由 A 和 B 共同购买的情况下,由 A 和 B 按他们的出资比例分别享有。这一箴言表明如下理念:如果两人共同出资购买财产,那么,推定该财产被希望以信托的方式为共同出资人以信托的方式持有,无论谁是财产的法定所有权人。如果可以证明其他意图的存在,那么,此推定可以推翻①。第三,明示信托无效。明示信托无效的情况下也会成立归复信托。信托财产以归复信托的方式归复给起初的委托人,究竟如何归复取决于信托的条款。第四,明示信托没有对全部的受益利益进行处分,这时对未处分的利益也成立归复信托。前两种情形属于推定的归复信托,后两种情形属于自动的归复信托。养老金资产剩余属于第四种情形即自动的归复信托,产生于以信托方式移转,但转让人未能处分一些或全部的受益利益而产生资产剩余之情形,如 A 以明示信托的方式将财产移转于 B,但并未用尽全部的受益利益,此种信托不取决于意图,而是自动产生。如果财产由信托持有,任何剩余均可成立有利于出资人的归复信托,除非被其他因素所排除。② 此种信托称为"剩余基金归复信托"更为形象。

2. 养老金资产剩余归复之情形

养老金计划雇员向基金的出资不是无偿的,是根据合同而为之,因此,他们对剩余的权利主要取决于信托文件和合同。信托文件没有规定剩余分配的,法律规定才可为基金出资人的利益适用归复信托。

一般情形下计划条款会明确规定信托财产及其剩余的归属,如果计划没有明确规定剩余归属的,在计划文件或条款没有明确规定的情况下,产生默示的归复信托,剩余须归复出资人。在雇主与雇员共同出资情况下,按出资比例归复他们。当然,在计划终止时,剩余应当先为成员之利益提供额外的福利。

从归复信托的理论上来看,在养老金计划中,如果信托文件没有明确规定剩余的归属,那么,计划终止时的剩余归复出资人,因为在此情形下

---

① Westdeutsche Landesbank v Islington〔1996〕UKHL 12.

② Mihlenstedt v Barclays Bank International Ltd.〔1989〕IRLR 522.

出资人即委托人对可能产生的剩余没有进行处分，也就是说委托人没有对全部的受益利益进行处分，应当成立归复信托，将未处分的受益利益归复于委托人。雇主或雇员单方出资的，剩余归复出资的雇主或雇员；雇主和雇员共同出资的，剩余归复出资的雇主和雇员。但事实上，对共同出资的养老金信托中剩余的分配问题，无论是在实践中还是理论上存在分歧，主要原因是剩余到底是雇主还是雇员的出资产生的？事实上，此剩余是雇主和雇员共同出资所产生，剩余应归复雇主和雇员按比例或共同享有。

　　3. 剩余处理的英美实务

　　如果雇员作为受益人已经取得了合同项下的权利，基金剩余是否应请求以归复信托方式返还是具有争议的问题。在 Davis v Richards and Wallington Industries Ltd. [1] 一案中，雇员请求回复其职业养老金基金上出资的剩余，法官认为不成立归复信托。Scott J. 法官认为向养老金基金出资的雇员在计划终止时有权取回出资之剩余，这在 Air Jamaica v Charlton [2] 一案中遭到质疑，枢密院建议对职业养老金基金的剩余进行精算，出资者不享有自动取回其超额出资的权利，这些情形关乎职业养老金基金的特殊难题。在此环境中的剩余是经过精算的，养老金基金中的金钱数额多于当时基金养老基金人数的需要。[3]职业养老金的设立必须是以合同形式而不只是一个承诺。承诺人所为的承诺必须具有对价的合同形式或以文件的方式为之。在职业养老金计划中，需要有商事合同，其中引入了信托，或者在职业养老金基金中必须有委托人与受托人之间的合同。关于委托人与受托人之间的佣金合同，在授予受托人费用的合同指定受益人利益是不可能。在 Davis v Richards and Wallington Industries Ltd. [4] 一案中，Scott J. 法官区分了雇员出资所形成的基金比例与雇主出资的比例，认为来自雇主溢额出资的剩余，对雇主成立归复信托。然而，雇员的出资不适用归复信托。

　　在 Air Jamaica Ltd v Joy Charlton [5] 一案中，Millett 法官认为，表面上剩余以归复信托的方式为出资者持有，有时这也产生复杂的问题。雇员进行

---

① 　Davis v Richards and Wallington Industries Ltd［1990］1 W. L. R. 1511.

② 　Air Jamaica Ltd v Joy Charlton［1999］1 WLR 1399.

③ 　Alastair Hudson, Equity and Trusts, Routledge 2015, p. 236.

④ 　Davis v Richards and Wallington Industries Ltd［1990］1 W. L. R. 1511.

⑤ 　Air Jamaica Ltd v Joy Charlton［1999］1 WLR 1399.

了出资,公司则进行了配套出资。实践中,剩余须视为公司和成员一半一半而提供。

4. 归复信托适用的情形

一般养老金信托文件会规定剩余的分配。但没有规定,剩余分配给谁就出现问题。"像推定信托一样,归复信托产生于法律的运作,尽管不像推定信托,它产生于意图。但无论转让人是否有意图保留受益利益,归复信托均得以产生,他几乎总是没有意图将其受益人利益移转给接受人。归复信托甚至在转让人确实想让与其受益利益时也会产生。"①

剩余分配的归复信托之适用应根据出资形式的不同而不同:首先,在共同出资情形,剩余是在共同出资人出资的基金上所产生,它不仅仅是由雇主的溢额出资所产生,雇员作为共同出资人,对养老金基金的贡献不可否认,不能因为雇主需弥补基金赤字而否定雇员出资人地位,因此,剩余产生时,在信托文件没有明确规定的情况下,可成立归复信托将剩余按比例归复于雇主与雇员;其次,在雇主出资情形下,剩余是雇主对雇员为其服务所进行的补偿,是雇员服务的对价,因此,不能成立对雇主的归复信托;最后,在雇员出资情形下,雇员作为出资人没有对剩余进行处分,雇员有权根据归复信托获得剩余利益,不能仅以雇员只能获得规定的养老金而剥夺其获得剩余的权利。

总之,剩余是出资产生的基金经过有效的运作而产生,是与养老金基金不要分割的,与信托财产不可分,因此,不能根据归复信托成为雇主之财产一部分。

第三节 作为治理结构的信托

许多公司向雇员承诺固定福利 DB 养老金,自 1970 年以来,人们的寿命不断延长,用于计算养老金义务的现在价值的利率也不断下降,导致公司支付养老金的义务大幅增加。另外,股票价格贬值,大大降低了许多养老金计划资产的价值,结果,许多 DB 公司养老金计划表现出大量赤字,因此,养老金基金的治理问题具有重要意义。

---

① Vandervell v IRC [1967] 2AC 291.

一 作为信托的养老金计划

养老金计划以信托的方式设立，受托人负有信托财产的保值增值和管理的责任。确切地说，受托人须决定如何投资养老金计划资产，须将发起人公司的出资计划付诸实现。这些权力与养老金计划规模、赤字结合意味着养老金计划受托人的行为对养老金计划成员（受益人）以及发起人的价值和行为具有重要的意义。

通过集体协商的养老金计划几乎总是涉及信托的要素。除了由雇主直接购买保险的情形，基金的积累和开支是为某些人而不是赠与人的利益。根据法律的运作，信托蕴含在那种关系中，尽管采用了组织设计和技巧，然而，现在大多数养老金计划显然根据雇佣法或劳动法的规定来准备的，养老金计划通过明示信托而运作。由雇主进行出资，也可以由雇员或不由雇员出资，由受托人为雇员的利益分配既定收益。

养老金法中规定了受托人的权利和义务，除了合同的安排，需要适用信托法的规则。产生于信义关系的规则具有重要的意义，这些规则需要受托人个人公正地对待信托利益的分配，忠诚地管理信托，将其所获得的所有信息向受益人进行披露，包括保护信托所必要的、信托基金的保值增值措施，实现信托的明示目的，禁止信托基金的浪费、损害或个人攫取等信息。他们需要努力为受益人的利益服务，其服务标准超过了普通商事交易的要求。他们将信托道德内涵引入受托人的法定义务中，显然，信托的基本规则适用于这种计划，这种基金被认为是相当神圣的。在养老金治理中，不恰当的管理费用是不允许的。法律、法规和计划文件规定雇员成员根据雇员出资比例获得福利，受托人滥用信托基金构成犯罪，需要承担刑事责任。信义关系对道德行为施加了义务，一种保护、维护和增加受益人利益的积极义务、为受益人的利益提起诉讼、及时披露信托事务管理状况以及避免利益冲突等，受益人可以强制执行这些信义义务。为了避免"禁止永续规则"的适用，养老金信托被有的学者称为"受益慈善信托"，养老金信托具有慈善或公共目的，不是为雇主出资者的个人利益。①

---

① David Ziskind, The Law of Employee Benefit Plans, Washington University Law 112, 1955. Available at：http：//openscholarship. wustl. edu/law_ lawreview/vol1955/iss2/2.

　　信托在其历史发展的过程中受到一些限制性规则的限制，这些规则直到今日尚在适用。反永续规则要求赋予受益人财产上的权利持续存在到设立信托时最后一个受益人死亡后若干年，随后信托终止。同样信托收益的累积也有时效的限制，虽然这些规则随着时代的变迁发生各种变化但仍然适用于信托关系。在美国，虽然有 24 个州的立法免除了养老金信托中适用反永续规则，但对养老金信托中反收益累积规则的免除少有规定。

　　禁止受益人不确定规则要求受益人必须是可以确定和识别的，不同于慈善信托。由于养老金信托的受益人是变动的群体，通常在特定时期享有利益，这种信托与受益人确定性规则有一定冲突。在美国，许多州已免除了养老金信托中受益人确定性的要件。

　　许多法律对信托投资加以限制，最初是限制投资的类型，对可投资的类型进行了列举：政府证券、初级抵押、一些公司债券，但不包括公司股票。在美国有的州扩大投资范围，允许投资一些股票。另外，受托人可以以一位谨慎的人对投资自己的基金那样进行投资，谨慎人理论几乎普遍被接受。受托人可利用共同信托基金分散风险，还可购买投资公司的股票进行投资。

　　信托文件可规定个人权利，将某类个人权利授予某人以决定信托财产的归属是可能的。此类个人权利与信义权力有所不同，权利的持有人并没有义务行使或保留它。在信托文件中一个公司被赋予了对处理养老基金所产生的剩余享有"绝对的自由裁量权"，那么，此公司被认为仅享有个人权力而非信义权力[①]。但事实上，受托人须以信义人的资格行事。主张此权力为个人权力的法理是公司有权以其绝对的自由裁量权来决定如何使用养老基金产生的那笔剩余财产，而不是要求其处理该财产时必须在信义义务的框架内行事。然而，事实上，管理信托基金的受托人必须作为信义人行事，因此，需要证明认定受托人不可能以纯个人资格行事。

　　受托人的本质是不同的。假设信托文件规定，"以 100 万为所有的退休煤矿工人以信托的方式持有，这些工人为×××省的煤矿工人，在 2020 年 11 月还活着"，显然，概念足以确定。让公众中普通成员作为受托人来管理此信托是不可以的。如果受托人也是为×××省煤矿工人所设

[①]　Mettoy Pension Trustees v Evans［1990］1 WLR 1587.

立的养老金计划的受托人，其直接的任务就是为退休煤矿工人取得并持有资产，对基金进行相应的分配。因此，受托人的资格和能力对信托权力的影响根据不同情形有所不同。

二 养老金治理中受托人之定位

受托人在养老金治理中起到至关重要的作用，关系到发展和监控投资战略，确保遵守规则。尽管计划的受托人有义务聘请专家服务如投资顾问，但最终的责任仍须由受托人委员会来承担。当养老金计划没能兑现其计划承诺时，计划受托人就其行为向计划成员承担责任。

（一）养老金受托人之治理地位

谁可以成为养老金计划的受托人？许多国家法律规定计划的受托人可以是雇员或成员代表，独立的个人或尤其是发起人公司的董事。

养老金基金受托人是养老金治理之主体，他们必须对所有涉及养老金基金的事宜，须以普通谨慎人的注意和谨慎的程度为其负有道德义务的人之利益进行管理，并采取受托人作为其职业、营业或要求所具备或应当具备的额外的知识和技能来行事。①

当养老金产生剩余时，受托人需要决定是否将其返还给雇主或雇员，当养老金基金产生赤字时，受托人需要决定雇主向计划进行额外的出资，这两种情形下，产生了内部受托人即那些也是发起人执行董事的受托人的利益冲突。与更为独立的受托人相比，作为养老金计划的受托人的公司内部人会允许发起人对养老金基金施加更多的控制。内部受托人是产生代理成本问题的渊源，如果允许内部受托人支持公司的股东而非养老金计划的成员。例如，一个设立了 DB 养老金计划的公司拥有看跌期权，如果资产（公司和 DB 资产）不足以支付养老金基金义务，公司有权选择将这些资产交付给受益人作为支付。由于看跌期权的价值随着基础资产的风险而增加，内部受托人可能会有动机将资产（公司和 DB 资产）的风险提升至超过对养老金计划成员的最佳状态，如将养老金计划资产投资到股权。其代理问题也反映在向养老金计划的出资方面。养老金计划义务与长期债务相

---

① *Report of The Pension Law Review Committee*（*The Goode Report*），September 1993，recommendation 103.

似，养老金计划成员是公司的债权人。内部受托人更重视公司股东的利益而非养老金计划成员的利益，他可能有动机减少公司向计划的出资。

内部受托人可能会促进有效的税务管理，这对股东和养老金计划成员都具有积极的作用。确切地说，公司可以通过整合经济和养老金投资政策来节税：如果公司提高杠杆，用收益去为养老金计划筹资，并将这些基金投资于债券，这在不影响经济风险的情况下进行了节税。因为杠杆的提高产生了债务税赋防护，同时养老金计划所持有债券回报是免税的。

（二）养老金信托受托人之治理

受托人作为治理主体同时也是治理的对象，因为养老金信托良好的治理涉及有动力、有知识和有技能的受托人到位，涉及恰当的结构和程序以保障决策有效及时的作出和有效的风险管理的进行。受托人有责任确保计划良好的运作，投资时间和资源使计划治理到位，降低风险并最大化计划和成员的机会。从长远的角度来看，受托人所进行的良好治理的投资可以为成员和发起人雇主提供可观的价值并提升成员的福利。受托人良好的治理可以产生与风险匹配的良好的投资回报。

1. 受托人为核心的治理

大多数的养老金计划通过一整套法律文件和称为信托文件的计划规则来设立信托。遗憾的是，信托文件一般不对公众提供。然而，通常信托文件赋予雇主或现在的受托人任命受托人的权力。一般而言，年满 18 岁以上具有完全民事行为能力的人均可以成为受托人。另外，英国自 1997 年 4 月以来，养老金计划法律上要求允许计划成员对遴选和任命受托人有话语权。因此，雇主有权选择：（1）提议选择受托人的安排以及将这些安排交由成员按照法定协商程序批准；或（2）把此选择权留给现任的受托人对选择提名成员受托人进行安排。无论哪种情形，安排均需允许至少三分之一及两位受托人（或如果计划不足 100 位成员的只需一位受托人）是提名的成员。养老金信托受托人可以是外行也可以是专家。

受托人资格是受托人委员会确定治理绩效的关键性要素之一。职业受托人或独立受托人由于其专业技能和经验有助于受托人委员会作出复杂的决策。而外行受托人可以使委员会关注成员的利益。委员会委员的性别、种族和年龄不是关键性治理要素，通常不被考虑。高品质的受托人委员会具有很扎实的治理结构并能很好地合作，但如果受托人与发起人的关系破裂，就难于为成员获得积极的结果。雇主与受托人之间的关系及权利平衡因计划的不同而不同。受托人委员会与雇主的关系十分重要，必要时受托人委员会须矫正他们之间的关系。受托人须衡量提供福利和支付计划费用之间的成本，确定优先权益如投资营业还是支付股息给股东。受托人必须保护成员的利益，但需要了解雇主的情况。受托人须确保成员获得最佳可能的利益，却要避免损害雇主的利益或造成对抗气氛而产生僵局，他们须衡量长期和短期的利益。受托人还须建立与外部顾问之间的良好关系，这也是重要的治理因素，让外部顾问参加会议，与他们一起合作提供全面的综合性的建议，如特定决策的精算、法律建议等。受托人须在恰当的时候就有关专业性问题咨询有关的外部专家。

受托人委员会需要采取有效的治理标准，进行有效的风险和利益冲突管理，扩大有用人才和专家的范围以保障委员会能恰当地履行其职责。DB 受托人委员会须对养老金基金的投资决策承担全部的责任以及承担计划筹资的责任。

2. 受托人技能对良好治理的影响

受托人的工作和专业技能是影响养老金计划良好治理的重要因素，因此，受托人需要具有一定的专业知识和技能。受托人还需要具有相关专业领域重要的专业技能以及养老金法、风险评估和管理、筹资包括公司金融以及投资等方面的重要的专业知识。成员提名受托人一般需要充分了解需要提供什么福利。在计划到期时和筹资出现缺口时，受托人委员会须证明其在关键领域中的运作能力并能产生效益，而且证明他们恰当地管理了资产、将资产与雇主的资产进行分离以及对计划进行了很好的管理。如果所有的受托人充分发挥了其作用，如积极参与讨论、必要时进行咨询、吸收和分析信息、质询顾问、果断而自信、决策时进行信息充分的判断并达成共识等，那么，可以判断受托人具有专业的知识和技能。这适用于外行受托人和职业受托人。受托人需要认识到知识的缺陷，通过培训来提升特定领域的专业知识。英国《2004 年养老金法》要求受托人证明具有关键领域的知识和技能。受托人委员会必须证明自己具有必要的技能和专门知识来作出决策或监督委托代理人的决策。受托人委员会须确保由计划成员提名受托人和雇员提名受托人组成，但需要有恰当的程序来提名。另外，在治理程序中独立受托人也是应当充分考量的，独立受托人可以发挥重要的功能并确保权利制衡到位。独立受托人可以确保受托人决策不受利益冲突的影响以及为计划成员的最佳利益作出决策。这种受托人可以最好地独立评估外行受托人或其同行的集体和个人技能以及决断技能缺陷,并能避免受托人委员会产生的僵局。

独立受托人不必是职业受托人,弥补技能缺陷的方式是对专业性问题特别是筹资和投资等所作出的关键性的决策委托给职业受托人或外部的专家。易言之,从单一的治理架构到双重的治理架构。此种架构的风险是受托人没有足够的专业能力来有效地让决策者承担责任。

受托人与受托人之间以及与雇主之间须互相交流,他们还需与成员进行交流。受托人须确保弥补知识缺陷,与雇主建立有效的工作关系以及采取一定的标准去衡量顾问的业绩并确保他们提供有价值的意见。

三　养老金信托信义关系规则

(一) 养老金信托信义关系

信义关系是信义人与他人之间存在的关系。在信托关系中,信义关系是关于财产的信义关系,将受托人与受益人联系起来且产生于委托人的意图。[1] 受托人在正式的履职过程中须承担严苛的义务并对义务违反接受严重的处罚。因受托人责任重大,因此,信托法要求受托人须同意接受委托方可成为受托人。在信托文件中任命为受托人的人对是否接受信托有选择的权利,信托法通常赋予他们权利放弃或拒绝担任受托人,没有人可以违背其意愿被强迫承担受托人的职责。美国的 ERISA 扩大了信义人的概念,包括了涉及养老金计划的如下类型的人:对资产的管理或处分可以行使自由裁量权或自由裁量控制权;有偿的直接或间接地针对计划的资金或其他财产提供投资服务或其他补偿的权利或义务;对计划的日常事务的管理有自由裁量权或自由裁量的义务。[2]

美国的 ERISA 为了促进雇员福利计划的雇员和受益人的利益,创设了一种关于"雇员福利计划"或简单"计划"的信义关系,该计划提供

---

[1]　*Restatement of Trusts* § 2（1959）.

[2]　ERISA § 3（21）(A), 29 U. S. C. § 1002（21）(A).

"养老金"或"福利"待遇。①养老金计划包括美国的 401（K）计划为雇员提供退休收入，必须由雇主筹资。由于计划得以筹资，养老金计划就像信托一样成了"对财产的信义关系"。ERISA 规定了正式的信义职位，包括受托人职位，但远超过了信义人的范围，因为受托人被赋予了对资产的自由裁量权、计划的日常事务的管理权和经营管理权，享有提供计划投资建议的报酬。受托人对计划的自由裁量权或控制权足以使其成为计划的信义人。受托人的信义地位使其承担忠诚和注意的信义义务。根据 ERISA 第 1 条所设立计划的信义人负有忠诚和谨慎的义务。忠诚义务的基本要素是禁止自我交易。

在金融环境中，信义人要求为其所管理的资产所有权人或当事人的最佳利益行事。信义人须将受信人或受益人的最佳利益置于其自己利益优先考虑的地位。投资顾问信义人必须确保所有的投资建议精确而完整，符合他们的最佳知识；避免和披露所有的潜在利益冲突，明确披露所有的费用和佣金；进行与受益人的目标、目的和风险承受能力相一致的投资推荐。信义人的标准比"适应性标准"更为严格。

信义规则旨在为退休计划顾问的金融职业人承担信义义务提供标准，主要是确保退休计划发起人、受托人和其相关信义人履行法定义务，将受益人的利益置于首位，此规则适用于所有与养老金计划相关的信义人。

在实践中，由于信义人自我交易、不谨慎投资和滥用计划基金的行为，一些计划被不诚信或不胜任的管理。因此，立法对养老金计划资产管理、控制和处分享有自由裁量权或义务的信义人课以严苛的信义义务。

（二）养老金信托信义规则的内涵

调整信义关系中的规则是最重要的，这些规则要求受托人在信托中无私、诚信的管理信托事务、向受益人披露所有的受托人所了解的对保护信托所必需的信息、维护信托基金并采取某种措施使其增值、实现信托的明确目的以及禁止浪费和损害信托财产或强化自身利益。他们需要忠诚地对待受益人的利益，远远超过了普通商事交易的要求。他们将信托的道德内涵引入受托人的法定义务中。在养老金信托中信托的基本规则得以运用。受托人的义务是针对计划而言的，不是针对任何与受托人相关的集体或个

---

① ERISA §3（1），29 U. S. C. §1002（1）（2006）.

人,如雇主、工会或特定的成员集体。因为其他的利益冲突,譬如是否将剩余计划基金支付给雇主,受托人有时会面临困难。一般而言,受托人对每一信托文件和每位个人信义地位十分敏感,受托人的义务须特别关注。须谨记在心的是相关信托存在两种不同的形式:一种是在认真起草的信托文件中包含着信托条款,该信托由职业受托人管理;另一种是非正式设立的信托或没有认真草拟信托文件且受托人是非职业信托经理人的信托。认真草拟的信托文件可能采用或排除了某些受托人一般原则。因此,在涉及在既定环境中应用这些规则所产生的问题通常可以通过分析相关的信托文件来解决。

在美国,ERISA 要求信义人为成员的最佳利益服务并设立了一套管理和处分计划资产的要件。ERISA 信义规则适用于广泛的雇主发起人养老金计划,包括 401(k)计划、固定出资计划、固定福利计划和 ERISA 403(b)计划。ERISA 计划的信义人有 4 类:指定信义人、计划管理人、投资经理人和投资顾问。每一个计划必须特别指定至少一位个人或一个实体作为信义人,该信义人可以任命计划管理人、投资经理人和投资顾问。计划管理人负责日常的经营计划的行政决策,投资经理人则承担所有的自由裁量义务,选择和监控计划投资。计划发起人有信义义务谨慎地选择投资经理人,但投资经理人有法定的义务和责任作出实际的投资决策。投资顾问信义人与计划发起人一起分担信义义务,但计划发起人保留最终的法定权力且须监控投资顾问信义人的行为。投资顾问信义人提供有偿的投资意见,对计划资产行使自由裁量权或自由裁量控制权。养老金信托的信义人地位取决于其功能、权利和义务,履行上述功能、行使上述权利和履行上述义务的个人或实体均为养老金计划的信义人包括计划的受托人和投资委员会的成员。

ERISA 第 1 章将那些与传统的信托法相同的规则和救济运用于调整信义人的行为。该法规定的基本信义义务可以追踪至普通信托法:第一,信义人须仅为成员及受益人的利益或专门为其提供福利而行事,[1] "专属福利"要件将普通法的忠诚义务引入 ERISA 中;第二,信义人须像一位谨慎的人以同样的技能以及具有同样资格和同样目的的企业对此类事务所必

---

[1] ERISA §404(a)(1)(A),29 U.S.C. §1104(a)(1)(A)(1999).

备的知识和技能那样采取注意、技能、谨慎和勤勉的方式行事,[①]可见,信义人谨慎的判断是根据普通信托法所发展而来的"谨慎人"标准;第三,信义人须分散计划投资以减少大量损失的风险,除非根据情形不这样做显然是谨慎的;[②]第四,信义人须根据调整计划文件和手段运作计划,但这些文件和手段须与 ERISA 的要件保持一致;[③]第五,违反信义义务规则的特定交易类型即禁止交易规则,[④]禁止交易涉及利益冲突,会导致一方当事人利用其在计划中的地位获得"甜心"交易即内幕交易。

美国劳动部于 2016 年 4 月正式提出了新的信义规则(下称"2016 年信义规则"),主要是调整投资顾问信义人,对现有"禁止交易"的 6 个豁免情形进行了修订,设立了 2 个新的"禁止交易"的豁免,扩大了信义人的范围,许多金融服务提供者之前非属于 ERISA 的信义人,因提供养老金资产的投资建议而成为"2016 年信义规则"的信义人,因此,须遵循 ERISA 规定的注意义务和禁止交易规则的信义标准。总之,"2016 年信义规则"扩大了 ERISA 规定的"信义人"的定义,包括向 ERISA 涉及的计划及其成员和受益人、个人账户所有权人以及健康储蓄账户持有人所提供的有偿投资服务的个人和实体,信义人须为受信人的最佳利益服务并禁止利益冲突,遵守 ERISA 所规定的很高的信义标准,包括最佳利益标准和适应性标准。

(三) 养老金信托信义人的信义义务

ERISA 对管理养老金计划和投资的信义人施加了严苛的行为标准。计划信义人有义务为计划成员的最佳利益行事、谨慎行事、遵循计划文件条款、分散投资和确保计划费用的合理使用。另外,该法还对信义人设立了许多禁止性规定:禁止计划与"利害当事人"之间的交易;禁止自我交易和其他利益冲突;禁止信义人为自身利益或为自己考量处分计划资产;禁止信义人在涉及计划的交易中代表相对方;禁止信义人在涉及计划资产相关的交易中为自身利益考量从任何与计划进行交易的当事人处获取对价。

---

① ERISA §404 (a) (1) (B), 29 U.S.C. §1104 (a) (1) (B) (1999).

② ERISA §404 (a) (1) (B), 29 U.S.C. §1104 (a) (1) (B) (1999).

③ ERISA §404 (a) (1) (B), 29 U.S.C. §1104 (a) (1) (B) (1999).

④ ERISA §406, 29 U.S.C. §1106 (1999).

　　为计划成员的最佳利益行事之原则要求 ERISA 信义人必须仅为计划成员及其他受益人的利益以及向他们提供福利的专属目的行事。作为计划信义人而履行职责时受托人须避免忠诚地服务于任命他们的当事人利益。信义人仅能支取管理基金所需的合理费用，不过也有例外，信义人所实施的行为是谨慎的且主要目的有利于计划，但该行为也同时有利于计划的发起人或受托人或更多的为实现公共目的，就不可认定为违反了"仅为受益人"或"专门为受益人"的要件。

　　信义人必须披露利益冲突，禁止进行自我交易即实施主要作为信义人的行为。法律规定禁止某些交易以防止处于某种地位的当事人对计划实施不恰当的影响。信义人还被禁止从事自我交易，必须避免对计划造成损害的利益冲突。信义人不得为自身利益或自身考量与养老金基金之资产进行交易；不得为代表基金或与基金利益相冲突的当事人的利益以信义人或个人的资格进行任何交易；不得为自身个人利益考量从任何交易的当事人或涉及基金资产的当事人处取得任何补偿或任何有价值的东西。

　　在下列情形下，受托人等信义人不得明确促使或建议基金与投资经理进行投资交易：受托人等信义人及其配偶因投资交易对投资经理人的收入、收益或利润享有任何的直接利益；或与投资经理人的关系会导致受托人等信义人因投资交易而获得金钱利益。例外的情形有：作为基金成员或受益人，信义人可以取得通常所能享有的利益；可以获得履行与基金相关的义务所产生的实际的恰当的费用的补偿；除担任利益相关当事人的职员、雇员、代理人或其他代表外同时可担任受托人。

　　禁止与计划进行交易的当事人即利益相关当事人包括雇主、工会、计划信义人、服务提供者、相关利益的所有权人、职员和亲戚。ERISA 规定的禁止交易行为具体包括：计划与利益相关当事人之间的销售、互易或租赁；计划与利益相关当事人之间的借贷或其他授信行为（延期付款）；计划与利益相关当事人之间的供应货物、提供服务或设施的行为。

　　信义人没有履行上述义务须对计划承担个人责任，恢复给计划造成的损失或返还其不当利用计划资产所获得的利润。计划信义人故意违反义务的还须承担刑事责任以及计划成员可以提起民事诉讼。

四　养老金计划的管理

（一）筹资管理

1. 计划的筹资

受托人最为重要的责任之一是确保向计划所为出资按时归集到位。固定福利计划由雇主和雇员出资，受托人须确保出资比率足以根据计划规则提供福利。受托人须向养老金调控机构报告迟延支付情况、拟定出资规划以及固定福利计划的法定筹资框架。法律要求雇主将从成员薪酬中扣除的养老金出资在月末一定期限内移转给受托人，雇主在规定的期间内没有将雇员出资移转给受托人的，则构成违反法律。受托人须监督和核查出资是否恰当，是否按时支付，否则，应向调控机构报告。养老金调控机构须关注构成成员福利真正风险的事宜。许多迟延支付并不构成风险，因为这仅仅是短期的管理不当，可以立即得以纠正。这意味着受托人无须向调控机构报告每一迟延支付情况，如果受托人合理相信迟延支付会造成实质性风险，则应向调控机构报告。DB 计划必须有"出资规划"而 DC 计划必须有"支付规划"。雇主须按规划进行出资，包括于到期日从雇员薪酬中扣款。受托人必须监督并核实恰当出资及按时出资。英国 DB 现有的法定筹资框架替代了最低筹资要件。每一计划必须满足"法定的筹资目标"以保证有足够和恰当的资产来覆盖精算的债务。

2. 受托人的责任

计划筹资规则要求受托人准备筹资原则声明；获取通常的精算评估和报告；制定筹资不足时的恢复性计划；通过签发通常的简要的筹资声明向计划成员报告计划筹资地位。

3. 调控者的权力

如果受托人或精算师不能履行其计划筹资要件所规定的义务时，计划调控者享有特定的权力干预和纠正某些事情。这些权力有：调整福利增长；指示技术规定如何计算；指示未能达到法定的筹资目标时应当补救的期限以及如何补救；进行出资规划。调控者的方式是帮助受托人和雇主理解计划筹资要件，具备恰当的知识，在没有调控干预的前提下实施筹资程序。

（二）计划的投资策略

1. "投资原则声明"的确立

养老金计划负有长期的债务，为了能够偿还这些到期的债务，受托人须监督计划的筹资水平，管理计划现有的投资以及对其取得的新出资进行投资。大多数计划的受托人有责任决定计划所采取的投资策略。受托人能够进行不同投资包括股票和公司股份（通常称为"股权"）、政府股票（通常称为"金边债券"）和财产，也可投资一定的"替代"产品如对冲基金和衍生产品。在决定投资策略时，受托人须考虑：信托文件和规则以及其他法律要件中对投资的限制；受托人选择投资的信义义务是为计划成员的最佳经济利益；不同资产类别的适应性以满足计划和未来债务的需要；涉及不同类型投资和可能获得的回报的风险；计划投资的恰当分散即不将"所有的鸡蛋放在同一个篮子里"。所有的决策须根据职业顾问如计划精算师和投资顾问所提供的恰当的意见而作出。受托人在确立投资策略时须提供计划投资原则的声明。大多数计划的受托人必须草拟书面的投资原则声明，该声明规定投资决策作出的调控原则，该原则包括：选择投资、投资类型、不同投资种类之间的平衡；风险包括风险如何衡量和管理以及投资的预期回报；实现投资；受托人作出决策时须考虑的社会、环境或道德因素的范围以及与投资相关的权利包括表决权。

在草拟书面的"投资原则声明"时，受托人须掌握和考量受托人合理相信对金融事务和投资管理具有恰当的知识和经验的人所作出的书面意见；与雇主进行协商，在此情形下，受托人须充分考量雇主的意见，但并非指受托人必须同意雇主的意见或实现其愿望，并不要求受托人必须取得雇主的同意。

受托人须审核"投资原则声明"，至少每三年以及投资政策有重大变化时进行审核。受托人修订"投资原则声明"须采取与雇主协商与投资原则声明最初制定时同样的方式征求雇主意见。

2. 投资的委托代理

当考量计划资产投资时，受托人须了解养老金法的一些重要的规定：日常投资决策的委托代理；选择投资的法定要求；投资于雇主营业的限制；保障计划资产的安全。关于日常投资决策的委托代理，受托人可以将投资决策委托给投资经理人代理。受托人可依法将日常投资决策委托给他人代理，并承担其明确作出决策的责任。

如果受托人将决策委托给基金经理人，受托人须确保基金经理人具有恰当的资产来实施计划的投资事务，他们须恰当地被任命。受托人须设定恰当的核查程序：根据受托人所设定的目标或指令核查基金经理人的业绩；核查他们收取的费用和管理费。无论何时受托人将日常的投资决策委托他人代理，受托人均须对基金经理人必须遵循的投资策略承担责任。然而，如果受托人已核实他们具有管理计划投资的恰当的知识和经验，有能力胜任他们的工作以及根据"投资原则声明"选择投资政策，那么，受托人对基金经理人所实施的过错行为不承担个人责任。

3. 投资权的恰当行使

受托人或基金经理人必须如何行使他们的投资权利由调控规则予以规定。他们享有权利如下：确保基金的安全、充实、流动性和可赢利性；以恰当的方式保障计划中可期待的未来退休福利在规定的期限内偿付；选择分散的计划投资；确保计划资产主要在受调控的市场上投资。选择投资时，受托人或代表受托人的基金经理人必须根据计划"投资原则声明"来行使投资权利。在没有预先获得和考虑恰当的建议前不得作出投资决策。

4. 投资于雇主营业的限制与禁止

信义义务中的忠诚义务要求受托人不得从事与雇主相关的投资，"雇主相关"的投资通常称为"自我投资"，包括雇主营业中的份额以及在营业中所取得的财产。受托人仅可在有限的情形下投资于雇主的营业。在大多数计划中，受托人通常不能将5%以上的计划资产投资于雇主相关的投资。这样的投资唯有在对计划产生合理的回报的情形下方为合理，至少与其他投资相比而言能产生一样的效果。

某些雇主相关的投资是绝对禁止的，主要有：向雇主发放贷款；为雇主及相关或有关系的人提供贷款担保或其他金融安排；以低于正常的市场价值而交易；与雇主相关联的第三人进行某些贷款安排。

（三）投资代理及代理人的任免

1. 一般地位

养老金信托看起来与大多数私人信托不同。甚至相对中等规模自我管理的养老金信托资产远远超过了绝大多数私人信托的资产。

（1）投资管理代理。希望所有被任命的受托人能够像有经验的和职业基金经理人那样有效地在金融市场上投资是不切实际的。如果基金规模较大，那么，只有职业受托人才能更好地服务于受益人的最佳利益。受托人可以大量聘用职业基金经理人以解决此问题，但在投资政策方面受托人的角色和责任的明确也成为新问题。

运作养老金计划是一个十分复杂的事情，受托人需要其他专业人员才能完成一些任务，通常需要咨询专家意见。根据法律规定，受托人必须对计划运作中的专门性事务聘请各种"职业顾问"以寻求帮助。受托人需要与一定范围的顾问协同工作。受托人须确信能明白可以从不同的顾问和服务提供者处获得某种帮助和服务，尤其是他们能提供某种类型的服务，以及服务的范围包括他们能解释涉及计划的某些法律；具有帮助受托人遵守法律的能力；在有些情形下，例如涉及计划筹资的某些方面，受托人须在作出决策前寻求顾问的建议；告诉受托人在何时以及如何获得更多的专家帮助；受托人还须核实所有的顾问和服务提供者是否具有他们恰当的履行职务的知识和经验。一些顾问必须具有专业的资格且能履行专业的义务。受托人应当要求顾问解释所不懂的事情，不同意他们提供的意见时向他们提出质疑或质询。受托人无须总是遵循他们提供的意见，但如果受托人选择不遵循，计划的成员或调控者可以要求受托人阐释其决策的正当性。

受托人可以将自己的义务委托给他人履行，在某些情形下，受托人被允许将其义务委托给适当合格的人，但受托人仍对代理人的行为承担全部的责任。受托人将其义务之一委托给他人，受托人均应遵守相应的程序对代理人行为进行监督，受托人还须确保能够获得错误或问题产生的报告。

（2）其他信义人之委任与解聘

受托人任命计划的顾问时，须保证此任命及后续的服务是独立的，受托人须要求其披露真正或潜在的利益冲突，受托人还须确保顾问之冲突得以管理。受托人任命的顾问有义务报告违反法律的情况。受托人的任何顾问涉及计划的管理，须合理地认识到违反了与计划管理相关的法律，此违反可能对养老金调控机构来说是具有实质性的意义，它们有法定的义务向调控机构报告。

受托人可以任命某些职业顾问来履行与计划相关的特定任务。受托人仅能够采纳恰当任命的职业顾问的意见，职业顾问主要有如下情况。第一，几乎所有的计划必须有计划审计员对出资提供审计报告；如果需要，审计计划账目。计划审计员可以是个人或公司。第二，计划精算师。固定福利计划必须有计划精算师对计划的筹资各方面提供意见，包括作出重要决策前对与计划筹资相关的事宜进行咨询如筹资原则声明的内容或出资规划；计算的技术性规则的确立；准备至少每三年一次的精算评估；在考虑剩余或赤字后计算未来向计划须支付的出资，确立出资规划；计算从计划移转的额度以及计划成员在移转中的福利；向受托人提供影响计划筹资事件的具体内涵以及成员福利的选择。计划精算师必须是个人，尽管他们通常为精算公司或保险公司工作。第三，其他职业顾问，包括基金经理人负责计划资产的日常投资；托管人负责计划资产的管理；法律顾问负责相关的法律事务。

通常受托人法律上需要任命某些顾问，但最好是与任命的所有顾问签订正式协议，包括雇主提供管理服务的场合。受托人必须遵循法律规定的任命和解聘职业顾问的程序。任命顾问须采取书面形式，任命书须指定任命开始的日期；顾问向谁报告；谁向顾问作出指示。顾问必须在一个月内确认任命，且须向受托人汇报影响其工作的利益冲突。任命在受托人接到确认书时方可产生法律效力。

受托人可以通过书面的通知来解聘顾问，如果受托人解聘计划审计员或计划精算师，他们认为解聘可能严重影响计划成员或未来成员或其他享有计划利益的人的利益时须向受托人提供有关情况的书面声明。如果他们不知道此类情形，他们须声明不知道有此类情形。如果计划的审计员或计划精算师辞职，他们必须向受托人提供同样的声明或宣告。替代的计划审计员或计划精算师必须在 3 个月内任命。受托人必须向新的顾问提供一份之前顾问的声明或宣告以及受托人下一个年度的报告。

2. 投资权力和代理投资权力

养老金受托人被赋予了十分广泛的投资权利和代理投资自由裁量权[1]。

（1）投资决策

职业养老金计划受托人必须确保准备了书面声明，设定调整基金投资

---

① *Pension Act 1995*，§§34-36.

政策的原则，该声明须时不时地维护和修订"投资原则声明"①，须规定受托人有关各种投资的政策、不同投资之间的差额、风险以及投资的实现。在准备此声明时，受托人须获得和考虑由可靠的、有金融事务能力和经验的基金经理人所出具的合格的书面意见，并与发起计划的雇主协商。受托人和基金经理人须考虑投资的分散化和适应性。

养老金信托所实施的组合投资能够比普通信托将风险分散提到更高的程度，包括艺术品投资、外币上的期权合同和期货合同，这些在普通信托中均被视为投机性投资。在大规模基金中，广泛地分散风险是合理的，当需要相当的资本增长时风险性的投资更为必要。②

（2）代理的自由裁量

受托人可以"像计划资产的绝对所有权人"那样进行投资，受托人可以行使自由裁量权将投资完全委托给投资经理人代理。如果经理人具有资质就被授予了实施"投资营业"的权利。受托人可以将某一自由裁量权交由基金经理人代理，受托人负有监督的责任。如果受托人采取了合理的措施确定基金经理人有"恰当的知识和经验管理计划的投资"、"有能力完成任务"以及遵守了相关投资法律的规则，那么，受托人就不对基金经理人的作为或不作为承担责任。然而，受托人可以享有特定替代责任豁免，但一般对违反注意义务和有关投资功能或技能的要求不能豁免。在传统意义上，信托资产的管理是受托人职责的一部分，但受托人的角色从资本的监控经理人转换成经理人的监控者。受托人是否具有完成任务所必需的专门知识、是否具有专业技能和其产生的绩效均会受到监督。受托人须履行如下法定义务：熟知计划的信托文件和规则、根据依法制定"投资原则声明"以及其他计划文件、知道和了解与养老金和信托相关的法律以及确定筹资和计划投资原则。另外，受托人不仅负有法定义务，而且要遵守信托法的规定。

（3）投资决策的代理

养老金信托基金的规模意味着这些基金的投资政策对金融市场产生巨

---

① *Pension Act 1995*，§ 35.

② Steel v Wellcome Custodian Trustees Ltd. ［1988］1 WLR 167.

大影响，但在进行投资决策时受托人不能忽视这一点。①

受托人委员会可将他们投资决策的权力交由他人代理，由他人行使代理投资决策权，除非信托文件表示这种代理是不恰当的②。受托人委员会有权排除成员提名受托人的投资决策权之权力。

普通信托法与养老金信托法事实上的不同导致了对待养老金信托的法律上的不同。在投资管理领域，关于投资决策的基本注意义务显然没有任何改变。

3. 受托人作出投资决策需要考虑的因素

第一，养老金计划受托人有义务对其投资原则进行披露。受托人的投资选择、保留和实现应考虑社会、环境或道德因素。

第二，在养老金信托中，为受益人的利益中的"利益"是指广义的利益还是指经济利益，需要厘清。在养老金基金场合，广义的利益不适用，受益人的利益推定为纯经济利益。③

第三，受托人有义务为信托的最佳利益行使其权力，维护不同类型的受益人之间的利益平衡。在 Edge v Pensions Ombudsman［2000］Ch 602, CA 一案中，养老金计划基金产生大量剩余，因此，受托人修改条款，让现在工作的成员减少出资，提高福利，而养老金领取者的福利没有提高。受托人这样做的主要目的是在成员减少出资的情形下发挥基金的激励作用，帮助雇主留住人才并减少雇主出资。根据计划规则，雇主出资不得减至低于雇员出资水平，因此，雇员出资也会相应减少了，而且显然养老金领取者获得了福利提高而在职雇员的福利也相应提高，养老金增加到相对于计划的平均水平以上。然而，养老金领取人诉诸养老金监管局，要求裁决受托人对条款的修改是违反信托和无效的，因为其决定违反了公正义务，没有为全体受益人的最佳利益行事，其行使权利的目的不恰当。在上诉的时候，监管局的裁决被推翻。"要恰当地理解所谓的公正行事的义务，该义务只是法律对被赋予自由裁量权的人所施加的普通义务，其须为

① Graham Moffat, Gerry Bean & John Dewar, *Trusts Law Text and Materials*, 4th Edition, Cambridge University Press 2005, p. 661.

② *Pension Act 1995*, § 34（5）.

③ Graham Moffat, Gerry Bean & John Dewar, *Trusts Law Text and Materials*, 4th Edition, Cambridge University Press 2005, p. 663.

既定目的行使此权利，并恰当地考虑相关事宜和不考虑非相关事宜。如果养老金基金受托人这样做了，那么如果他们所作出的决定显然偏向一部分人的利益也不应受到批判——无论是雇主的还是现在雇员的抑或养老金领取者的利益优于其他人的利益。"① 公平的行事义务并不等于在任何情况下行使自由裁量权时都以这种方式对所有受益人产生等价等利以及所有的受益人都因自由裁量权的行使获得某种利益。简言之，受托人有权利保持公正，至少在行使处分权力时。

第四，成功投资政策所产生的福利不能推定，且不必直接归属于养老金计划的成员。如果 DB 计划的筹资以收支平衡为根据，那么，产生比预期回报率更高收益的投资政策可以减少雇主向养老金计划的出资。如果受托人是发起人公司的董事或高级经理人即所谓的"内部受托人"，那么，这给受托人施加了潜在的利益冲突。实证证明这些受托人为发起人股东的利益行事，而不必为计划的成员，因为他们强调更高收益率而非安全性，由此允许公司减少对计划的出资。② 这样增加了公司的利润，从而间接地增加了雇员计划成员的福利。

第五，对雇主而言，通过信托基金提供养老金的不利一面是他必须从营业活动中分出一部分资本，这一缺陷在雇主向养老金基金出资时部分通过税赋优惠得以弥补。然而，有观点认为，如果受托人将部分基金投资于发起人的营业活动则这种资本的损失会减少更多。③ 自我投资过去一直用于以优惠的利率为营业活动提供借贷资本或向控制股东提供敌意收购的壁垒。但自我投资的结果是这些资产不能与雇主资产相分离，公司一旦破产，对计划的在职成员会造成双重损害，因为他们的工作职位与养老金福利均会面临危害。如果自我投资不当，则会产生越来越大的压力，为此，英国 1992 年引入调控法规，将自我投资限制在养老金基金的 5%。后来，《1995 年养老金法》第 40 条和《1996 年职业养老金计划调控规则》对此

---

① Graham Moffat, Gerry Bean & John Dewar, *Trusts Law Text and Materials*, 4th Edition, Cambridge University Press, 2005, p. 665.

② Joao F. Cocco and Paolo F. Volpin, Corporate Governance of Pension Plans: The U. K. Evidence, inancial Analysts Journal, Vol. 63, No. 1 (Jan. - Feb., 2007).

③ Graham Moffat, Gerry Bean & John Dewar, *Trusts Law Text and Materials*, 4th Edition, Cambridge University Press 2005, p. 666.

也予以规定，并额外规定计划资产无论何时均不可投资于雇主相关的贷款，如果受托人违反此规定则要面临处罚。①

（四）资产的持有与托管

1. 计划资产的安全持有

受托人有义务确保计划投资安全进行。股权证、财产的权利文件以及表明资产属于养老金计划的任何其他权属文件是受托人安全持有的依据。如果受托人不采用托管服务，那么，受托人须核实持有计划资产的安排是否到位以及是否令人满意。重要的是受托人须考虑所有的可能风险，包括欺诈、盗窃以及财产的毁损。受托人须能明确地识别计划基金，须将收到的计划资金存入合适的银行账户并独立于雇主的账户。第三人如保险公司或养老金管理机构可以代表受托人持有账户中的资金。

2. 资产的托管

如果受托人计划任命托管人来持有计划资产，那么受托人须谨慎地选择托管人且须先行考虑如下情形：托管人有何保险安排；如果托管人利用分托管人看管资产，那么，他们如何确保这些分托管人实施恰当的行为？受托人须核实托管人与基金经理人之间的安排到位以确保托管人所持有的资产与基金经理人所报告的资产相一致。

（五）资产管理程序

良好的计划管理对养老金计划的恰当运作至关重要，受托人最终须对计划的管理负责。受托人须积极地监督计划程序的正当与有效。受托人须建立、实施和维护恰当的内控机制以实现监督计划根据计划规则为成员和受益人的利益而有效管理和运作之目的。受托人须注意实施下列行为：对计划作出决策；记载并持有原始文件；更新信托文件和规则；获取审计员的报告和审计后的账簿；向成员和其他人提供信息；提供年度报告；解决与计划成员之间的争端。

（六）计划运作中的剩余

如果资产在计划运作中超过其债务，那么，计划出现"剩余"如何处理？如果在运作中的 DB 计划出现了剩余，雇主可以要求将剩余支付给

---

① Graham Moffat, Gerry Bean & John Dewar, *Trusts Law Text and Materials*, 4th Edition, Cambridge University Press, 2005, p. 666.

他。如果他们获得了精算师书面的评估,这表明计划筹资超过了全部债务的水平,受托人仅可以授权支付给雇主。如果受托人同意雇主的请求,那么,受托人须依法通知成员可能的支付并在支付时通知养老金调控机构。当所有的有关成员、受益人或其资产的债务通过购买保险予以担保或完全支付时,剩余也可以产生于 DC 计划。这种剩余支付给雇主无须通知成员或调控者。

（七）　其他事务的管理

有时,受托人必须处理非常规事件如终止或产生于公司行为的情形。最为普通的雇主破产且停止向计划出资。在这种情形下,信托文件和规则通常规定计划应当终止,计划须尽快终止,终止行为必须在一定期限内完成。受托人不确信计划是否终止时必须核实信托文件和规则,受托人有责任保障计划资产可以识别并得以保护。

第四章　养老金信托之法律关系：人与养老金基金的关系

信托之所以在私人养老金的管理和运作中发挥着重要的作用，是因为它是养老金权利支付的主要渊源。它能保障支付的安全性，是私人养老金成员权利集体保护和强制实现的工具。

第一节　养老金信托法律关系之构造

雇主发起并设立的养老金计划由信托的方式进行管理和运作，雇主向信托基金出资，受托人为其雇员成员进行管理、运作并分配养老金福利给成员受益人。

一　养老金信托法律关系的内涵

为了获得大多数税收优惠、确保养老金计划资产与雇主资产分离，养老金计划以信托方式来设立。信托是一种财产持有和管理的法律关系，也是一种人与资产的关系，私人养老金通常以信托方式而设立。在此关系中，一人或数人即受托人为受益人的利益而管理运作养老金基金，从而确保养老金计划资产在法律上和实际上与雇主的资产相分离。

由雇主出资的信托型个人养老金计划中，雇主出资设立养老金计划，并由雇主提供福利给雇员。该计划由受托人管理，其信托资产由受托人持有，受托人负责支付养老金并一次性支付福利。此种个人养老金信托是三方当事人间的法律关系：雇员、雇主和受托人。雇主可以向养老金计划更多地出资，成员可以获取大笔的免税现金。如果成员仅提供短期服务就离任，雇主可以获得出资的返还，称为"短期服务的返还"。

对于养老金来说，作为信托核心的当事人应当如何定位？在养老金计

划中，信托财产是以向信托所出资的形式来形成，它是养老金信托项下可
支付的财产。从这个方面来看，"信托当事人"用于定位委托人、受托人
和受益人，他们均是养老金信托运作的核心。此处非为设立信托的当事
人，因为恰当设立信托之受益人有权强制执行信托，但不是创设信托的当
事人。委托人、受托人和受益人是私人信托运作的核心，在养老金信托的
运作中也是如此。在职业养老金信托中，雇主是委托人，计划的成员主要
是雇员及他们的家属，他们处于受益人的地位。计划的受托人包括雇主
和/或其他关键性的组织机构如来自董事会或其他专业性机构或任命的独
立的专业性的受托人公司。私人养老金由专门的公司充当受托人或作为财
产的法定所有权人为"受益所有权人"的利益进行管理和运作。受托人
有权行使对信托资产的控制权，他们负有为受益人的最佳利益行事的注意
义务。

　　信托财产由信托或被任命的公司持有。信托财产法律上由信托的受托
人持有，由其为信托受益人即受益所有权人的利益而持有。受托人的义务
通常由信托文件和规则如信托协议予以规定。在没有能力支付信托规定的
债务，从而导致其终止时，被任命公司的董事对其作为受托人向受益人承
担信义义务违反的个人责任。

　　出于治理的考量，养老金基金受托人以及运作 DC 计划的人作为所有
权人运用代理人来进行了大量的工作如基金经理人、精算师、投资顾问等
工作。此处负责管理和运作养老金基金的人是名义上或法定的所有权人，
真正的所有权人是受益人即雇员和他们的家属。

　　养老金信托的最终目的是向雇员提供福利。在美国，为了取得豁免审
批的地位，养老金计划须以不可撤销信托的方式设立，雇员是信托的受益
人，而雇主则是出资人即委托人。不可撤销不是绝对不可变化，信托文件
可以规定计划的变更和终止，但计划的唯一目的必须是根据雇员的服务提
供相关的福利，这是不可以改变的。此福利可以界定为养老金，可于退休
时或死亡时一次性支付，福利必须支付给成员或其遗属或其赡（抚、
扶）养的人。

　　信托设立养老金基金比较便宜且具有相对灵活性，信托文件以雇主认
为合适的方式草拟，雇主可以通过任命受托人有效地控制基金。信托也有
利于保护养老金福利，因为信托是一种将资产与一定范围的受益人的利益

相联系的方式，包括未出生的受益人。信托将信托资产与雇主的资产分离开来，是一种有效的破产隔离措施，以防止雇主违约支付养老金。养老金计划必须任命管理人来管理计划，主要是受托人被任命为计划的管理人员。大多数养老金信托有时效限制。

二　养老金信托法律关系的结构

1. 信托作为私人养老金计划管理运作之工具

职业养老金计划一般以信托的方式来设立，主要原因如下。第一，税收优惠。因计划资产必须与发起人雇主的资产相分离，计划须以不可撤销信托的方式设立方可享受税收优惠。第二，当雇主破产时保护雇员积累的福利免受发起人雇主的债权人的追索。第三，在成员死亡后，确保可能的受益人如配偶和子女等能够实现养老金计划项下的权利。

养老金信托可视为三角形的结构，受托人位于三角形的顶点，而雇主和雇员则位于底端的两角，通过信义义务和合同义务与受托人联系起来。雇主与雇员之间的关系由雇佣合同来约定，两者之间的相互义务和责任主要在此合同中规定。

传统信托法的核心中，委托人、受托人和受益人的地位是各自独立的，但在养老金信托中，他们可能身兼数个角色，因此，他们的地位是模糊的，因此，每一当事人的身份或利益没有严格的区分。

2. 信托文件

信托文件主要是指信托文件和信托规则。信托文件是计划的宪法，信托文件和规则是养老金计划的基本法定文件。传统意义上，受托人的首要义务是全面了解计划的信托文件和规则，此义务被法定的"熟知要件"[1] 所强化。

3. 无偿的受益人

有人主张源自私人家族信托的法律原则不应当适用于养老金计划的受益人，因为他们是无偿的。"受益人是无偿的，他们的权利来自合同的规定。鉴于此，受托人拒绝接受请求的权力不仅仅是一种不可控制的自由裁量权，受托人的义务是充分恰当地考量权力的行使。如果有利于

① *The Pensions Act 2004*，§ § 24-249.（UK）

无偿受益人的自由裁量权由遗嘱或私人安排来规定，那么，被赋予权力的人对其对象不负有义务也不足为怪。然而，相关养老金计划信托文件所规定的自由裁量权人是否对其对象负有义务须根据养老金计划的受益人是否是无偿的来判断。受益人的权利既源自雇佣合同又源自信托文件，这些权利由成员根据雇佣合同提供服务以及其出资所赚取的。当受托人怠于履行义务的，成员可以取而代之对雇主提起诉讼，要求雇主根据合同向其支付计划项下的福利。我们须谨记受益人权利的源起作为解释信托文件的重要背景。"①

关于增加福利权力的行使，雇主应当诚实信用地行使其不同意增加福利的权力。养老金计划信托与传统信托在本质上完全不同，传统信托由委托人以赠与的方式将财产移转给受托人，由其为作为赠与对象的受益人之利益进行管理，通常与信托之外的当事人之间没有法律关系，受益人无须对其获得的利益支付任何对价。委托人作为赠与人可以对其选择的赠与进行限制，包括以同意其自己或某位其他人行使此权力作为要件。而养老金福利是部分对价，雇员所获得的福利是其提供服务的回报。在许多情形下，包括现在，养老金计划的成员须具有雇佣关系。在共同出资的计划中，雇主作为成员，自己也须支付其出资，计划的受益人或成员不是无偿的，他们支付了相当的对价，公司雇主没有实施赠与。计划以雇佣关系而设立，并以此进行解释雇主与雇员之间的对价关系。

职业养老金计划成员有权获得计划规定的福利，对此福利他们通过向雇主提供服务来支付对价。职业养老金计划的雇主或受托人行使自由裁量权时必须考量养老金信托的本质，对成员购买计划项下的权利予以恰当的关注。

4. 受益人与受托人之间的关系

与其他形式的受益人与受托人关系相比，养老金信托受益人与受托人之间的关系十分复杂，为了保护成员的利益，一些国家立法对受托人施加了严苛的义务。另外，养老金信托受益人和受托人之间的关系以合同和信托法为基础，根据雇佣合同，将可养老金化的服务移转于计划中。在许多种情形下，受托人与受益人存在合同关系，这种关系通常对

---

① Kerr v British Leyland（Staff）. Trustees Ltd. （1986）CA Transcript 286.

提出诉求的成员有利，因为计划（雇主，视具体情况而定）在信息错误的情况下也必须提供福利，而不是仅仅承担弥补因错误表述而造成损失的责任。

5. 雇主

大多数雇主在养老金计划信托文件中保留了重要的地位，尤其是雇主在信托文件中保留了一些权力（单独享有的或与受托人共同享有的）：增加福利、授予提前领取退休养老金的权利、决定向养老金增资的额度（超出法定要求）、批准不符合成员要件的计划雇员成为成员、任命和解聘受托人以及修改计划，等等。

起初，在计划设立之时计划权利的平衡基本由雇主以及其顾问来决定，因为他们有责任草拟最初的计划文件。在许多计划中，平衡点主要向有利于雇主的方向倾斜。后来，雇主地位发生了改变。不管计划的信托文件是如何规定的，全部或部分受托人获得了许多重要的权力，这些权力包括修改计划、决定出资比例（达到某些额度）、任命受托人以及分配剩余。

6. 雇主与受托人以及其他信义人之间的关系

受托人和雇主各自在养老金计划的恰当运作中发挥着至关重要的作用。受托人和雇主须形成和维护良好的工作关系。常规的协商十分重要，在某些情形下法律要求雇主协商。

由于雇主一直涉足计划，受托人和雇主存在不可割裂的关系。雇主不仅是计划的委托人，也一般是计划终止时享有剩余资产的剩余受益人。当受托人作出有关计划的决定的，他们需要考量雇主的利益以及其他受益人的利益。雇主在养老金计划中发挥着至关重要的作用，他们必须进行足额出资方可保证计划具有偿付能力。他们必须雇佣那些愿意参加计划且出资的雇员，受托人一方面须考虑每一位雇主的生存能力；另一方面须考量养老金计划和成员的整体利益来进行资产的管理和分配。因此，受托人在行使权力时须考量雇主的地位以及他们决策的后果，尽管他们需要平衡考量计划成员的利益。

受托人、雇主和职业顾问必须分享以下信息：提升计划成员的利益；解雇或受侵害的保护；雇主计划的通知。受托人与发起人雇主之间建立良好工作关系的核心是直接、坦诚的沟通。受托人须依照程序确保雇主向受托人提供有关雇主经济状况和计划的财务状况变动或对养老金计划产生影响的信息。雇主须告知受托人有关劳动力规模和计划成员可能发生重大变更的情况包括并购或裁员；公司结构调整可能影响到雇主支持养老金计划的能力；计划规则修改提议；成员福利调整提议；将薪酬相关计划转变为金钱购买计划或反之的提议。受托人须对其从雇主处获得的信息进行保密，不应将这些信息传给其任命的职业顾问之外的任何人。为了确保所有的当事人认识到保密的重要性，有必要与雇主签订保密协议。

雇主和为雇主工作的精算师或审计员必须向受托人提供有关计划管理所必要的信息以及实质性重要信息如雇主收购新公司所产生的大批新成员的加入；涉及成员提前退休以及大规模的裁员计划；对养老金计划产生实质性不利影响的雇主结构调整等。

7. 雇主与受益人之间的关系

显然，雇主与养老金计划在职雇员之间是合同关系，在同意修改计划时，雇主须谨记雇员所享有的合同权利，即使根据计划规则，这种修改是允许的，但如果违反合同，雇主会被诉请承担责任，结果可能会承担损害赔偿之责任。

除了明示的合同条款，雇佣关系受制于默示的互相信任和信赖的义务，这可以宽松地解释为诚信义务且不得损害雇佣关系。此义务被认为适用于职业养老金计划的雇主权力的行使以及雇佣关系的其他因素。在每一雇佣合同中，存在一个默示条款即雇主在无合理和恰当的原因时不得故意或可能严重损害雇主和雇员之间信任和信赖关系的方式行事，这是一种默示的诚信义务条款。雇主必须行使养老金计划项下的权利、权力和作为雇主的权利、权力时须遵守信托文件条款所规定的义务。也就是说，在行使声称的同意或不同意的权利时，公司可以自由地决定将提高群体 A 而非群体 B 的养老金福利，有可能群体 B 在合同中对违反默示的诚信义务有着良好的诉求。对雇佣合同背景进行解释，养老金信托文件和规则本身可以被视为默示的受到公司仅能根据默示的诚信义务行使其权利和权力规则的限制。①

---

① Imperial Group Pension Trust Ltd v Imprial Tobacco Ltd [1991] 1WLR 589.

第二节　养老金信托法律关系之特质

养老金计划信托通常在计划文件中明确规定委托人于信托设立后享有介入权、委任权以及受益人基于出资和工作取得养老金之权利。通过信托合同安排，确定受托人之人员组成以及受益人的利益与对价。

一　养老金信托法律关系中法律调控的独特性

考量养老金信托之特殊性是养老金信托的良好治理和运作的前提和基础。养老金信托信托法律关系的特殊性主要体现在信托法律关系是否受普通信托法调整、受托人的权利和义务可否由信托文件来加以规定或排除。

养老金信托设立后，为了使基金保值增值以补充雇主和雇员对养老金基金的出资，有必要对养老金基金进行投资并获取投资回报。受托人管理、运作基金的权利和义务由信托文件加以规定，由普通信托法进行补充。受托人负有义务的观念可以表述为受托人在良心需要他们这样行为时承担义务的理念。由此来看，对养老金信托受托人义务相关法律没有核心的表述，而是在个案中通过信托条款来规定。受托人义务的内涵是每一信托文件或每一受托人所关注的内容。

一般而言，尽管法律调整养老金受托人的义务内容与调整其他受托人相同，但养老金信托运作的法律框架却发生了巨大的变化，法律的调控结构与信托法提供的治理机制交织在一起。由于养老金信托是雇佣关系的产物，因此，养老金安排的范围和条款成为劳资关系中协商的目标，这与传统的信托法不相符。养老金文件条款规定的内容包括：养老金基金的投资策略、基金的受益所有权、受托人责任、员工（受益人）的权利和本质以及救济方式、企业与工会集体协商等方面。

每一位受托人均受到信托文件规定的所有义务的约束，未能遵守信托条款之规定就构成信托之违反。一般情况下，受托人不享有超出信托文件规定范围的权力，例外的情形是没有信托文件或信托文件对某一特定事项未作规定。如果信托文件赋予受托人特定的权力，那么，受托人须遵守信托文件规定行使该权力。受托人行使一般的投资权力时须遵守相关法律的规定。在英国，养老金信托受托人行使权力或履行义务时除遵守信托文件

的规定外，还须遵守《1925 年受托人法》或《2000 年受托人法》或其他
法律的规定，但《1925 年受托人法》和《2000 年受托人法》的一般原则
可以被信托文件的条款予以排除，一般信托法的原则是指受托人所实施的
违反信托的行为不构成不诚信即可排除其责任。如果受托人受其他法律的
约束，如有关单位信托、养老金基金的法律或根据《2000 年金融服务与
市场法》关于投资的一般规定，这些法定的义务可以补充甚至可以推翻
信托文件条款的规定。总之，没有实施信托文件要求的行为或实施了未经
信托文件授权的行为就构成信托之违反。

二　养老金信托法律关系中权利义务配置的特殊性

职业养老金基金根据信托法的原则而运作，但在特定的法定环境中，
受托人和受益人的法律关系与普通的私人信托有所不同，这体现在立法对
受托人义务的规制和受益人权利的保障上。立法上规定的特定权利和义务
揭示了受托人与受益人的特定法律关系在重要方面不同于普通的私人信
托。比较特殊的方面之一是养老金享有者具有受益人和委托人的双重角
色，也可能具有受托人的角色。显然，这就产生许多普通私益信托之外的
利益冲突之虞。受托人有义务投资信托基金并从基金中支付金钱给养老金
享有者，但关于投资的形式和受托人的责任则由养老金法调整①。受托人
的投资权也由信托计划的条款调整，但受托人违反此规定的责任不可由协
议排除。受托人有权将他们的义务委托给他人，如果他们合理地选择了代
理人并对代理人进行了合理的监管，即可免除其责任。投资须按照受托人
确立的正式的投资原则及依法律进行。

第三节　养老金信托的设立、修改和终止

一个有效的养老金信托之设立必须具有如下要素：第一，受托人或公
司受托人董事；第二，信托文件即调整规则；第三，资产；第四，可以识
别的受益人（成员）。

---

①　在英国由《1995 年养老金法》和《2004 年养老金法》调整，在美国由《雇员退休收入
保障法》调整。

一　养老金信托的设立

（一）成立要件

1. 主体资格要件

养老金信托关系之设立需要有适格的主体即委托人、受托人和受益人。

（1）委托人的地位

关于委托人的身份，在职业养老金信托中雇主是养老金计划的发起人，也是委托人。雇主通常向养老金基金出资最初的种子资本，成为委托人。但雇主不是唯一能成为委托人的人，因为信托资本除来自雇主外，也来自计划成员自己。构成计划成员的雇员自愿出资或从其薪酬中拿出固定比例来出资，雇员出资远远超过雇主出资。基金的目标是为受益人获得既定回报。在 DB 计划中，雇主必须出资的金额须达到基金获得必要回报的标准，因此，雇主须承担筹资不能实现预期回报的风险。雇员希望从基金中获得利益并向养老金基金出资，他们也是委托人。这样，雇员与计划的其他成员一起共同成为委托人。这类委托人负有出资的固定义务。出资义务本身是源自雇员的劳动合同的，因此，雇员既是委托人又是受益人。雇员受益人可以以直接从其薪酬中抵扣的方式进行出资的，他们是非自愿出资，所有的委托人必须持续出资。

由于一些养老金计划要求基金成员必须是基金的出资人，他们将成为计划的养老金领取者，因此，受益人也是委托人。在大多数养老金计划中，不仅仅是在信托设立时对全部的信托财产进行处分，而且雇主主要缴纳最初名义上的资本金，整个信托存续期间成员委托人均须以资产移转方式进行出资。事实上，在大多数养老金基金中，新养老金领取者加入基金，在基金存续期间成为委托人。在提供养老金的普通信托而非职业养老金计划中，向基金资本出资的基金成员是委托人。

（2）受托人的任职资格

谁可以成为养老金计划的受托人？一些国家法律特别规定计划的受托人可以是雇主或成员代表、独立的个人，尤其是发起人公司的董事。显然，后者作为受托人可能导致执行人和受托人角色的利益冲突。这种可能存在的冲突被调控机构所认识。作为受托人，其义务是针对计划而非任何与其有利害关系的集体或个人如雇主、工会或特定的成员组织如养老金成员，因为其他利益，如支付剩余给雇主等因素，人们有时会面临困难的抉择。

一般只要具有法律能力的人均有资格持有财产，也就有资格成为受托人。然而，对以信托设立的职业养老金计划的受托人，法律有任职资格的规定。未成年人不能有效地任命为不动产或动产之受托人，尽管他们有能力持有财产。新的受托人的任命也需要遵循某些规则：在遴选受托人时，首先，信托委托人的意愿需要考虑，其意愿在信托文件中明示表达或显然可以从信托文件中推断；其次，某些受益人的利益较之于其他受益人而言需要受到关注；再次，任命的受托人是促进抑或妨碍信托的管理；最后，不得任命利益与义务存在冲突的人作为受托人。

现任的受托人拒绝担当提名的新受托人人选的，并不妨碍其被任命。

不能履行独立受托人职责的受益人不能被任命。两位受益人被任命为受托人者，他们必须获得成为共同受托人的任命。而且有利害关系的近亲属不能任命为受托人，除非确有此必要。受益人的律师以及现任受托人的律师以及现任律师受托人之合伙人也不能被任命为受托人。一般银行可以被任命为受托人，不能仅因为所有的或其中某些受益人是该银行的客户，但特定的事实表明如果特定的银行作为受托人可能因其享有预支和透支的自由裁量权的，那就另当别论。一般而言，在任命新的受托人之前，受托人有义务与受益人协商。

总之，委托人可以合法地选择最初的受托人，受益人也可以对受托人的任命作出指示。在实践中，受托人的任命至关重要，受托人的选择影响到信托的顺利运营和受益人利益的安全性，因此，对受托人的品德的考察不可或缺。受托人人选须具有公正正直、甘于奉献（愿意花时间和精力管理信托事务），善于处理与共同受托人、受益人的关系，具有金融知识、商业敏锐力和管理常识。[1]

（3）受益人的资格

受益人是现在和将来有权或者可以获得计划福利的人，在有些情况下，雇主也可以作为受益人，在计划终止时，如果筹资有剩余的，雇主还

---

[1]　Philip H. Pettit, *Equity and the Law of Trusts*, Oxford University Press 2012, p. 373.

可以获得计划的剩余支付。受益人包括现在的成员、领取养老金的成员、递延成员（已离职的成员，但仍然在此计划当中享有福利，因为他们还没有将他们所享有的福利移转至另外一个养老金安排）、成员的遗属以及成员的前任配偶。

由于计划的合同规定不确定性导致在确定雇员享有福利的资格时产生困难。由于雇员通常具有流动性，他们的聘用时间和地位十分重要。计划规定那些"现在被雇主雇佣的人或可能以后被雇佣的人"被认为赋予了福利但不包括那些辞职的人或被解雇的人，但仅限于那些仍在聘用期间的人。根据年龄和工作年限有资格获得福利的人，即使他们后来被解雇或辞职，他们也是受益人。作为一般规则，雇员在他们取得资格前被解雇的，无权享有福利。一个特殊的问题产生了，关于仅因到了退休年龄拒绝被解雇的雇员如何对待呢？不自愿退休被解释为是一种解雇。养老金计划受托人在应用合格标准时可以行使他们自由裁量权，协议要求某种年龄和某些服务年限可取得养老金，雇员请两天病假后雇主公司因故关闭，在此期间该雇员达到退休年龄，受托人认定他不具有领取养老金的资格，因为他的工作中断了。养老金协议赋予受托人"全权"处理合格事宜，"全权"不是指绝对或不受限的自由裁量权。如果取得养老金资格依赖于医护人员的推荐，那么，领取养老金的雇员必须是长期患病根据员工赔偿法不能得到赔偿的。[1]

2. 行为要件

无论是职业养老金中雇主委托人、雇员委托人，还是个人养老金中雇主委托人或个人委托人均须以资产处分的行为向养老金基金出资。在许多养老金计划中，雇员的出资是直接从其税前薪酬中抵扣的，而在个人养老金计划中，雇员须通过直接借记的方式进行常规出资或由银行转账一次性支付。通常雇主负责从雇员薪酬中扣除加上他们的出资一并支付到计划基金中，许多国家制定了一些规则确保雇主在合理的期限内有效实施上述行为。

养老金计划允许雇员将其现在工资的一部分投入养老金计划中作为退休筹资，雇主也可按其员工年出资进行配套出资。自动登记规则要求雇主

---

[1] David Ziskind, *The Law of Employee Benefit Plans*, Wash. U. L. Q. 112 (1955).

必须向其雇员提供养老金计划，由雇员选择是否自动加入，该选择是雇员的"选出权"而不是"选入权"，如果雇员未作选择，视为雇员选入。自2012 年以后，英国一般要求所有的雇主将雇员自动加入合格的养老金安排（职业养老金或个人养老金）中。自 2018 年后，英国强制要求所有的雇主根据法律必须向其雇员养老金出资。雇主可以直接从雇员工资中直接扣除并缴付给养老金计划，雇员也可以自行支付给养老金计划。无论是雇主还是雇员的出资均须按规定的方式和规定的时间足额交付给养老金计划，受托人负有监督之义务，如果出资没有按规定的时间和方式足额交付，受托人须采取措施督促他们交付，并将相关情况报告给调控者。如果出资人还未及时足额支付，调控者会对出资人课以罚款。如果他们还不交付，调控者会采取进一步的处罚按日累积。如果出资人欺诈性地逃避支付，他们会构成刑事犯罪，会受到刑事处罚或被监禁。

3. 形式要件

养老金信托须根据信托文件来设立和运作，信托文件是一种法律文件，规定了信托设立和运作的规则，它包括信托设立的目标、谁可以成为成员、受益利益支付的方式。

养老金信托必须由信托文件来规定一整套规则来调整当事人之间的关系，规定受益人的福利结构，从而设立信托。

养老金信托具备信托文件这样的形式要件，是养老金计划的基本法律文件。信托文件是计划的宪法，必须根据信托法的范围和法律的要件来设立，必须反映信托委托人的目的。

信托文件一般处理的关系包括三个方面：雇主和受托人之间的关系；雇主和成员的关系；受托人与成员之间的信托关系。

信托文件的内容具体包括：第一，明确养老金信托日常管理和运作的责任主体；第二，规定受托人会议，包括受托人会议必要的出席人数以及表决规则；第三，受托人委托代理的事项以及代理人的资格以及转代理等事项；第四，聘请精算师、律师和经纪人的权利；第五，开立银行账户、投资、保险、借贷等权利；第六，受托人的保护，明确信托违反之行为，受托人仅对明知且恶意的行为承担责任，雇主对受托人的补偿等；第七，产生的费用和债务的承担问题；第八，记账和审计的权利，受托人须设立账簿，记载必要的精算和投资信息；第九，如果有必要设立秘书处、聘请信托投资经理人、从信托基金中支付其报酬的权利；第十，受托人购买年金合同对冲债务的权利；第十一，受托人更换信托文件中规定的主要雇主的权利；第十二，公司受托人的权力；第十三，明确雇主的权力和受托人的权利；第十四，向成员信息披露的制度；第十五，成员的资格；第十六，出资；第十七，移转接续；第十八，福利；等等。

（二）生效要件

凡信托之成立，须具备三个基本要素即三个确定性要件，"三个确定性"原则是由兰德尔勋爵在 Knight v Knight[①] 一案中提出的箴言，是私益明示信托之创设所须遵循的原则，其包括意图的确定性、标的确定性（信托财产和受益利益的确定性）、受益人的确定性。后来，英美在司法实务中通过判例法形成了一整套判断规则。意图的确定性涉及委托人是否真的有创设信托关系的意愿、委托人的行动能否产生设定信托的法律效果；信托财产的确定性要求设立信托时的标的范围和受益利益能确定；信托对象的确定性要求信托的受益人是可以确定的。[②]

1. 养老金信托确定性要件的规范价值

关于养老金信托的有效设立即遵循传统信托法的方面也有不遵循信托法的方面。无论如何，普通信托的三个确定性要件对养老金信托的有效设立也适用。

（1）养老金信托有效设立的前提

养老金信托，不仅需要满足书面要件，而且须具有完全的确定性方可以强制执行。确定性要件不可或缺，因为信托可能会影响到那些不愿意设立或未参与到信托者的权利。

为使养老金信托有效设立，与一般明示信托一样也是为某个人或某些人的利益以明示的方式而设立，唯有具备一些特定的要件方可有效。养老金信托是一种不可撤销的明示信托，除须满足行为能力要件、设立方式要件、形式要件及合法性或公共政策要件等外，也须同时满足"三个确定性"要件，"三个确定性"是养老金信托能够得以强制执行的前提。三个

---

① Knight v Knight（1840）49 ER 58.

② 陈雪萍：《论我国〈信托法〉对信托有效要件规定之完善——以英美信托法信托有效设立的"三个确定性"要件为借鉴》，《政治与法律》2018 年第 8 期。

确定性缺一不可，否则，该信托从设立之时起自始无效。

　　与普通信托所创设的角色相同，养老金信托实为创设了三个不同角色之间的关系。一旦信托有效设立后，委托人一般不对信托再发挥进一步的作用了，他们可以作为受托人或受益人，或可能兼具两者。在考量养老金信托是否有效设立，重要的是揭示委托人设立信托的意图，委托人的行为和语言在养老金信托设立之后仍具有重要意义。养老金信托的有效设立首要和至关重要的要件是委托人须清晰地表明其设立信托而非其他法律关系的意图。如果意图不能证明或意图存在不确定性，不能产生有效的养老金信托，除非根据委托人明确的言语可以解释委托人有赋予此权利的明确的意图。对受托人而言，他须了解信托是否有效设立以至自己是否承担信义义务。确定性规则的本质是法院须能够确定受托人义务的本质以便能够有效地监督他们。养老金信托委托人完全可以任命自己作为养老金计划的受托人之一或唯一的受托人以及作为该计划的受益人之一。养老金信托基金由作为委托人的雇主出资或由雇主和雇员共同出资或自雇的个人委托人出资所形成，所以，信托财产足以确定，且受托人须明确信托的受益人是谁，否则，信托无效。养老金信托出资的数额是确定的，即在量上是明确的。养老金信托的受益人由信托文件或计划文件及规则确定，确定受益人的范围主要有领取养老金的人、现任和递延成员、成员的遗属包括配偶、同居伙伴和需要抚养或赡养之人、未来的成员及配偶以及享有补偿权的受托人。

　　受益人作为受益所有权人可以要求受托人将信托文件规定的福利支付给他们。

　　（2）养老金信托基金安全之保障与价值最大化之需要

　　就委托人而言，三个确定性要件可以有效防止委托人意图被误解的可能，从而确保基金能够出资到位并根据委托人的意愿进行投资以保值增值，以实现基金按信托文件规定支付福利给受益人之目标；三个确定性要件可以促使受托人对投资作出慎重的决策，使受托人避免因一时兴起作出不慎重决定而遭受损失，或促使受托人委托专业的功能性信义人并对他们的行为负责。尤其是三个确定性可以减少不当得利的可能，如果没有此类要件，对己有利时，委托人主张是信托，对己不利，主张是合同关系，从而获得不当得利。就受托人而言，一方面，受托人显然需要了解其应在养老金信托基金上应承担的义务；另一方面，需防范受托人的欺诈。无论何时受托人均有产生欺诈之虞，因为有权力就会有滥用。对此，须强调受托人在非理智的情形下不应实施信托，受益人可以要求法院强制受托人从事信托文件中规定的日常管理以及管理运作之义务。[①] 三个确定性要件可以最大化养老金基金之价值，保障受益人之利益得以实现。

（3）养老金信托可执行性的保障

为了能够有效并得以执行，养老金信托须满足已确立的特定标准和规则，且必须符合规定的最低的确定性标准，方可设定一定的权利义务关系。

在养老金信托关系中，委托人创设信托义务的意图须确定即向受益人提供退休、死亡和终止福利，明确出资之数额以形成信托基金，受益人具体包括哪些人员。这些要件潜在的目的是委托人通过这些方式使法院能够，如果需要的话，介入委托人意图的执行，委托人须明确谁将获得信托项下的利益以便法院能知道谁有充分的利益可以提起诉讼。[②]

确定性要件是信托得以有效成立的前提。委托人设立明示信托须采用清晰、明确的语言，一方面以便委托人施加有约束力的信托义务，确保出资到位且能按委托人的意愿管理分配，受益人能强制执行信托并监督受托人恰当地履行其义务；另一方面可以缩小可能产生争议和诉讼的范围，必要时使法院能够执行信托，特别是按照信托条款，法院可以判断委托人有充分的意图要求受托人恰当地管理信托事务，且法院可以区别争议的法律关系的性质：合同、信托抑或其他法律关系。[③]

2. 养老金信托确定性要件的的规范效应

因确定性要件规则所规定的事项较为具体，且其对行为模式的设定是具体的，表现出一种具体性和确定性，对相应的法律后果的设定也具有确定性，因此，其对解决司法实务困境具有确定的规范效应。

（1）意图的确定性

养老金信托意图的确定性要件是必须具备的，养老金计划文件的用语

---

① 陈雪萍：《论我国〈信托法〉对信托有效要件规定之完善——以英美信托法信托有效设立的"三个确定性"要件为借鉴》，《政治与法律》2018年第8期。

② Richard Edwards, Nigel Stockwell, *Trusts and Equity*, Law Press, 2003, p. 79.

③ Alstair Hudson, *Principles of Equity and Trusts*, Cavendish Publishing Limited, 1999, p. 53.

须证明雇主有为计划之成员设立信托的意图，因此，信托有效设立，信托原则用于确定权利。① 养老金信托被作为筹资工具，雇主采取合同形式设立信托，意图的确定性要件在养老金信托设立中也是不可或缺的。②

与普通信托相同，养老金信托的设立意图无须采取技术性的语言来设立信托。意图不确定，信托不能成立生效。另外，意图虚假也不成立有效信托。

（2）标的的确定性

此确定性包含信托财产的确定性和受益人受益利益的确定性两个方面。信托财产是信托目的实现的前提，养老金信托委托人设立信托的目的在于通过受托人履行义务对基金的积极、专业管理，以实现其设立信托的宗旨即向受益人提供各种福利。

信托还须因受益利益的确定性方可有效。养老金信托不同受益人的利益于信托文件中已明确规定。

信托财产除须"确定"外，还需要将已经"确定"的财产移转给受托人，这样信托才能成立。养老金信托之雇主须将出资及从雇员工资中自动扣除的出资移转给受托人，受托人须将养老金信托之基金予以独立，当规定的出资到位时，信托方能成立。

信托关系产生于财产的移转，在财产归属于信托之前，信托并不存在。养老金信托之出资必须能从数量上确定，才能发生所有权的分离，达到信托设立的目的。

标的的确定还包括受益利益的确定性。信托之设立，不但需要确知受益人的利益为何，且其享有的受益利益也须具有确定性。不能笼统地表达为为了所有受益人的利益而设立信托。③ 养老金信托的受益人须于信托文件和规则中予以确定，在受益人确定的前提下，对受益人的受益利益进行规定时，须明确说明受益人的具体利益有哪些。

---

① Eileen E. Gillese, Pension Plans and the Law of Trusts, *The Canadian Bar Review*, Vol. 75 (1996).

② Bull Moose Tube Ltd. v. Ontario (Superintendent ofPensions) (1994), 3 C. C. P. B. 187 (Ont. Gen. Div.).

③ 陈雪萍：《论我国〈信托法〉对信托有效要件规定之完善——以英美信托法信托有效设立的"三个确定性"要件为借鉴》，《政治与法律》2018 年第 8 期。

（3）对象的确定性

对象的确定性是指受益人的确定性。信托财产的受益所有权人是受益人，信托从设立之时起，受益人即对信托财产享有财产性权利。在信托中，受托人如不知向谁履行义务，信托目的则无法实现。自由裁量权信托将信托事务管理的很多权利授予受托人，由其自由裁量，受益人在信托设立时无须完全确定，受益人的范围由受托人自由裁量确定。由于养老金信托是自由裁量权信托，雇主委托人设立信托时雇员受益人具有流动性，并非完全确定养老金。自由裁量信托并不是典型的信托受益人确定性的例外，毕竟此时受益人的大致范围是确定的。

3. 我国信托法信托立法之缺罅

（1）意图的确定性要件的缺失

意图的确定性作为信托有效设立的要件之一，为使信托有效成立，委托人须将其对特定的财产设立信托的意图表达于外部，期望产生为特定的受益人之利益由受托人为信托管理之义务的法律效果。[①]

我国信托法未提及"意图的确定性"，没有确立判断设立信托的意思表示的法律规则，也没有规定"移转财产所有权于受托人"这一意思实现行为，我国信托法中关于信托行为之意思表示的法律规则阙如。意思表示[②]与所有权移转[③]两个法律行为的结合使受托人取得"名义上的所有权"以及受益人取得"实质上的所有权"，这非我国物权体系下的所有权。[④] 这种所有权与我国民法理论发生抵触，我国信托立法对以意思表示与所有权移转为核心的信托行为的规定阙如，因此，我国所谓的"信托"仅称为"信托"，是一种类似于"信托"的设计，而非真正意义上的信托。[⑤]

---

① 陈雪萍：《论我国〈信托法〉对信托有效要件规定之完善——以英美信托法信托有效设立的"三个确定性"要件为借鉴》，《政治与法律》2018年第8期。

② ［德］维尔纳·弗卢梅：《法律行为论》，迟颖译，法律出版社2013年版，第28页。

③ ［德］维尔纳·弗卢梅：《法律行为论》，迟颖译，法律出版社2013年版，第29页。

④ 方嘉麟：《信托法之理论与实务》，中国政法大学出版社2004年版，第249页。

⑤ 陈雪萍：《论我国〈信托法〉对信托有效要件规定之完善——以英美信托法信托有效设立的"三个确定性"要件为借鉴》，《政治与法律》2018年第8期。

（2）标的和受益人的确定性之缺罅

信托财产的确定性可以确保信托财产独立于受托人的固有财产。我国《信托法》第 11 条第 2、5 款明确规定了信托财产不确定、受益人或者受益人范围不确定的，信托无效。另外，我国信托法第 16 条还规定信托财产必须独立于受托人所有的财产即受托人固有财产，不得归入受托人的固有财产或者成为其固有财产的一部分，其立法宗旨主要也是确保信托财产的确定性和独立性。这些规定均是对英美信托的借鉴，无疑具有重要的意义。英美法中标的的确定性要件须与财产移转要件结合方可设立有效信托。然而，根据我国信托法第 2 条之规定，信托财产是委托给受托人的，不要求信托财产移转于受托人。另从我国信托法第 15 条的规定来看，信托财产须与委托人未设立信托的其他财产相区别，由此进一步推断，委托人保留了信托财产的所有权，没有规定信托财产移转要件。由于委托人对信托财产所有权的保有，信托法没有对其加以限制，受托人行使信托管理时势必受到委托人的操控，同时信托财产的完整性也难以得到保障。委托人势必会左右受托人行使自由裁量权或信托管理权。

因标的的确定性的缺罅，实务中产生困境：养老信托中出资所形成的信托基金部分来自企业的出资，属于企业之资产，外部第三人也认为企业是该资产的所有权人，受托人对信托的管理失去正当性基础，其有效管理受到妨碍，受托人投资决策均须企业来定夺，最终导致养老金信托基金无法与企业之资产独立开来，受益人的利益存在被企业攫取之虞。

4. 我国信托立法之完善①

养老金信托也要遵循一般信托法之规定，信托法中"三个确定性"要件的完善要为养老金信托的有效运作提供法律保障。

为了保障信托有效成立并与其他法律关系相区别，解决司法裁判中信托关系认定之难题，确保法官判断规则的统一，我国信托立法有必要树立信托理念，将信托财产名义上所有权赋予受托人，使受托人享有有效管理信托之正当性基础，在信托财产管理、受益人保护等方面享有相应的权利，并切实履行信义义务。受托人负有履行信托管理和投资义务之责任，

---

① 陈雪萍：《论我国〈信托法〉对信托有效要件规定之完善——以英美信托法信托有效设立的"三个确定性"要件为借鉴》，《政治与法律》2018 年第 8 期。

如果企业具有控制信托基金和影响信托管理意图的，那么，信托无效。即使企业形式上将出资移转于受托人，也可以认定企业有设立信托的虚假意图，使信托归于无效。

我国信托法应明确"三个确定性"要件的立法宗旨：将判断信托行为之意思表示是否存在以及设置相应的法律规则作为意图的确定性所要实现的目标，将标的的确定性和受益人的确定性作为指导受托人履行其义务的规则，同时，便于法院对受托人义务之履行实施监控。

立法应将意图的确定性、标的的确定性和对象的确定性作为信托行为之意思表示的核心内容予以明确，并将移转信托财产于受托人作为意思表示的实现行为在立法中加以规定，从而将"确定性"要件与财产移转要件有机的结合，以保障真正意义上的信托得以有效设立。

立法应增加意图确定性的规定，借鉴国外经验，根据其规范价值，构建相应的法律规则，以便实现其规范效应，保障委托人的意图得以实现，从而维护信托各方当事人的合法权益。信托立法应尽量要求采取具有较强证明力的文件来表达委托人的意图，能够采取书面形式的，就不采用口头形式，能采取公证形式就不采用一般书面形式。在语言表述方面，立法须强调尽量采取强制性语言、确定的字眼如信托、受托人等，在有判断规则的前提下可以不使用"信托"字眼，但不得使用没有给受托人设定法定义务意图的祈愿性的语言。

在立法上明确标的确定性、对象确定性的规范路径，设立具体规则，为当事人的行为和法官裁判提供行为准则和判断标准。立法应强化信托财产的确定性以便使信托财产具有独立性，为便于判断信托财产的确定性，可以将不"确定"的情形予以列明。

立法尚需明确规定"确定性"要件缺失产生信托无效的法律后果，针对不同的情形，采取列举主义，对各种不同情形的法律后果予以列明。

二　养老金信托的修改

养老金法和信托法均没有赋予受托人以一般的法定权力来修改计划信托文件以及规则，尽管受托人享有限制性的法定权力。因此，受托人修改养老金信托的权力取决于信托文件的规定。

（一）修改权力

养老金立法要求受托人实施许多行为，可能与计划文件产生矛盾如成员提名受托人要件的实现。因此，即使受托人有法定的权力这样做，为明确起见，一些人可以要求通过修改权的行使使他们的计划文件与法定的要件保持一致。

在许多有限制性的情形下，受托人可以通过决议修改计划①，具体如下：第一，扩大成员死亡时能够获取计划福利的人之范围；第二，使计划遵守成员提名受托人要件，包括对受托人数量或范围之规定或财产移转或赋予的受托人的规定之修改；第三，使计划遵守"赔偿委员会"关于受托人所为的支付所设定的条款和条件；第四，使计划遵循受托人行使分配计划运行中剩余的权力之要件、最后薪酬计划终止时根据法定优先顺序分配资产的要件以及养老金权利不可转让的要件；第五，使计划向某些人提供离婚成员的养老金债权或养老金债权权利；第六，使计划雇主的全部到期债务以不同的比例在雇主之间分摊，而不是按照与某位雇主之间的雇佣关系而产生的计划债务的数额或与任一雇主之间的雇佣关系所产生的计划债务的全部数额进行分摊。对前述第一项的修改需要取得雇主的同意，因为它不是法定的要件，其目的是允许作出的修改可以由可能的受益人提出质疑。然而，第二项和第六项可以由受托人单方为之。

所有制定良好的信托文件包括修改权力，典型的养老金计划修改条款规定了受托人和主要雇主共同行使的权力，尽管有时文件可以规定仅由雇主行使此权力。一些修改权力禁止对累积权利不利的修改，禁止行使修改权力或许使成员受保障，也或许使有利的金钱利益减少②，因此，受托人应当经常提议变更计划修改权力。运用修改权力减少计划未来的累积率的建议难获准许，因为受保障的金钱利益在本质上可以解释为此利益是根据过去服务和计划承诺的所有未来福利于到期时所累积的福利，所以，减少累积会使受益人的未来福利产生风险。

除对修改权力明确的限制外，修改权力的行使仅需符合赋权的目的。③ 一般可以接受的是计划修改的权力自身不能被修改。结果，受托人仅在更新后的包含草拟者形式上的修改权力的标准信托文件底端签名，有时会产生问题。根据这个新修改权力所作出的未来修改可能是无效的。

---

① *Pension Act 1995*，§ 68.

② Lloyds Bank Pension Trust Corporation Limited v Lloyds Bank plc［1996］OPLR 181.

③ *Re Courage Group's Pension Schemes*［1987］1All ER 528.

修改权力由信托文件以及法律予以规定，如果信托文件和规则需要修改，受托人须确保根据计划修改权力进行修改，否则，修改无效。通常修改权力由雇主在受托人同意的情况下行使。一些修改还需获得成员的同意。

如果提议修改福利权利，他们必须符合对现有权利修改的法律要件。

（二）修改权力的行使

受托人或雇主可以向职业养老金调控机构申请修改令。这种修改令仅可以根据如下目的作出：第一，减少溢额法定剩余；第二，在所有的债务偿付完毕后，使计划终止时的剩余资产分配给雇主；第三，使计划满足合同约定的要求。

无论计划文件如何规定，当会或可能影响计划成员在修改权力行使前获得的权利、累积的权利或养老金债权权利时，修改权力不能行使，除非特别要件得以满足。① 将累积的权利界定为当时其对计划之未来福利或为其所累积的权利以及职业养老金计划成员可取得养老金服务还在继续提供的任何时候，他的累积权利可由其选择来确定，他可选择就在那个时候或服务终止时，而且参照累积的养老金或累积的福利作出相应的解释。② 成员为在职的、领取养老金的人、递延和养老金债权成员，此范围可扩大至鳏寡。③

受托人在行使修改权时需彻底弄明白④：有关成员的认证要件或一致同意要件是否满足；如果权力由某人而非受托人行使，那么，受托人须批准在此情形下以哪种方式行使权力。因此，受托人须介入所有的影响到累积权利之修改的有关决策中。在成员没有一致同意的情况下，他们还须获得计划精算师的认证，以证明修改权力以其自定方式行使并没有对计划成员在此权力行使前所获得的权利、累积权利或养老金债权权利造成不利影响。⑤ 这些认证很难获得，需要在修改之前到位。

事实上，难以确定"累积的权利"究竟是什么以及提出的修改是否

---

① *Pension Act 1995*，§ 67.

② *Pension Act 1995*，§ 124.

③ *The Occupational Pension Schemes Regulaions 1996*，SI 1996/2517，reg 2.

④ *Pension Act 1995*，§ 67.

⑤ *The Occupational Pension Schemes Regulaions 1996*，SI 1996/2517，reg 3.

对他们产生不利的影响。如意图放弃支付的养老金的固定增长，转向全部有限的价格指数的增长，这一变更可能对累积权利造成影响或不利影响，这取决于通货膨胀率。"会或可能"影响成员权利或累积权利的修改也是需要关注的。修改的另一困境是配偶的养老金修改为配偶的或孩子获得的养老金由受托人自由裁量权决定。这实际上会导致成员死亡时可支付福利的减少，因为孩子的福利仅于有限期限内支付，而配偶的养老金通常是终身的，另外，这可能剥夺了配偶本来有权获得的养老金。修改时须考虑一组成员福利的提升不能抵销另一组成员累积权利价值的减少。

如果是给予额外福利方式的错误，那么，精算师或许不能提供必要的认证以允许计划修改来修正此情形。受托人可要求减少在薪酬方案修改和修改文件的提议执行之间所累积的权利和权益①。

计划可以修改影响累积权利的规则的情形有：第一，计划规则规定了修改权力的；第二，修改不涉及将 DB 权利变成 DC 权利；第三，受托人同意修改；第四，在修改时成员累积的权利的总精算价值得以维持；第五，已在付养老金没有减少；第六，修改前征得成员的同意。②

三　养老金信托的终止

养老金计划信托一经设立可以持续很多年，事实上，只要他们的寿命长于豁免永续规则适用的时间，尽管豁免没有推翻计划信托文件规定的永续期。然而，对雇员来说，假定公司养老金安排保证在其退休时仍然存在也是不保险的。职业养老金的长期存在取决于雇主持续的偿付能力和支持。因为法律对雇主作出的出资无限制或运作职业养老金的承诺没有要求，因此，计划规则会规定雇主停止支付出资的后果。许多计划规定，对雇主相关的计划资产和债务可实行计划的部分终止，绝大多数全部终止的规定也适用于部分终止。

（一）终止开始

计划何时终止是十分重要的，计划信托文件主要规定，当主要的雇主

---

① South West Trains v Wightman［1998］PLR 113，para 20.

② *Simplicity，Security and Choice：Working and Saving For Retirement—Action on Occupational Pensions*，Cm 5835，2003，Ch3，para 17.

通知受托人他希望终止计划时终止程序开始。当破产或出资停止时，破产受托人被任命代表主要的雇主开始终止程序。在极少数情况下，一些计划允许受托人开始终止程序。

一旦发生引起终止程序开始的事件，信托文件可以规定允许受托人推迟终止程序，按封闭式计划来运作，即使计划文件当中没有规定此项权利，在最终薪酬计划中，受托人可以决定计划暂时不终止①。如果没有继续向计划进行出资，或者计划成员没有累积的新福利，那么，受托人也可以决定计划暂时不终止。

当受托人考虑是否行使此项权利的时候，他们需要考虑：继续运作计划是否对计划成员有利；筹资情况会是怎样；如果计划按封闭计划运作，那么，成员福利的安全性能否得到保障等。

尤其重要的是，确定在计划终止时雇主权利终止，如果雇主已资不抵债，那么董事的功能就要赋予破产受托人，由其对雇主的债权人尽可能地履行偿付义务，实际上，养老金计划的剩余对他们非常具有吸引力。另外，如果雇主进入清算程序且不复存在，问题是由谁来行使雇主的剩余权力？计划文件规定不允许没有雇主参与的情况下来完成终止程序。雇主解散、计划终止程序完成时，剩余的分配需要获得雇主的批准。关于剩余的分配权力，"如果主要雇主解散，在法律上不复存在，那么，有两种可能的选择：第一，权力不可行使；第二，不必取得同意，可以行使。第二种选择的前提是养老金信托文件要求对由许多不同的公司所签署的文件进行变更，其中，一个公司已不在该雇主集团当中，对此，人们普遍认为文件的执行无须取得已经丧失其法律存在的公司的同意。"②

另外，不管特定的权力赋予了谁，问题是特定的权力能否行使？一旦计划开始终止程序，信托条款就不可以修订，除非信托文件规定了特定的修改文件的权力。③

（二）分配资产

终止的金钱购买计划中的资产分配是相当直接的，每位成员都有权享

---

① *Pension Act 1995*，§ 38.

② Davis v Richard & Wallington Ltd［1990］WLR 1511.

③ Re ABC Television Pension Scheme High Court，22 May 1973. See Geraint Thomas，*Thomas on Powers*，Oxford University Press 2012，§ 14. 40.

有福利，该福利是由他们的金钱购买账户当中累积的价值所保障的。如果需要拿出一笔钱来支付终止程序的费用，那么，这些账户当中的价值可以减少，在有些情况下，计划可能会出现剩余资产，例如，成员在两年必要的服务期届满之前离开，而且雇主对他们所为的出资仍然保留在该计划中。

不足为怪的是，在最终薪酬计划当中的情形十分复杂，因为在没有剩余或者赤字的情况下，不可能确定资产的具体数额以确保所累积的债务能够实现和计划费用的偿付。对终止时债务的估算方法以及剩余或赤字的处理，均由计划规则予以规定。

计划的终止程序开始后，资产分配的顺序是：计划开支；额外自愿的出资；支付的养老金；其他福利；最后是提高所有的福利。

属于法定优先顺序的福利需要根据"最低筹资要件"估算标准相同的标准来进行估算，不必限于资产的价值，即使计划规则这样规定。特别是在计算混合计划中的债务时，金钱购买福利位于固定福利承诺之后。如果计划没有足够的资产，即使计划规则限制了福利的承诺，固定福利承诺价值也不局限于计划资产的价值。

最低筹资要件估算不必代表福利的真正成本，因此，成员的福利不能在法定优先顺序用尽之后仍然完全能够得到保障。在此情形下，计划还有资产，受托人需要诉诸计划的规定来确定剩余资产如何分配的方式。通常这意味着信托文件需要将优先顺序予以规定，然后，根据剩余分配的终止规则之规定分配差额。

如果计划终止时，雇主尚有偿债能力的，则情况有所不同。对支付养老金债务的数额，根据购买年金的费用来估算并且需考虑保障债务履行的费用。[1] 另外，具有偿付能力的雇主选择终止计划时必须确保计划有足够的基金来支付计划成员所累积权益的总额，除非这样会导致公司本身产生风险，在此情形下，受托人可以通过行使信义义务来协商一个较低的数额。因此，他们提议要求所有的债务完全以收购成本来估价，与现在的养老金领取者的债务估算方式一致。[2] 结果使雇主的债务负担大大增加，以

---

① The Occupational Pension Schemes Regulaions, 2002.

② Geraint Thomas & Alstair Hudson, *The Law of Trusts*, Oxford University Press, 2004, p. 1489.

致具有偿债能力的雇主想终止最终薪酬计划已成为不可能的事情。

(三) 雇主的债务

非金钱购买计划中，计划的资产在应偿付时的价值少于计划需偿付债务的数额，这中间的差额要视为雇主对计划的受托人或经理人的到期债务①。确定雇主到期债务价值的"应偿付的时间"取决于很多因素，如果雇主进入清算程序，那么，在决议作出之前以及清算程序开始之前债务立即确定、具体化。如果雇主没有进入清算程序，受托人可以确定债务偿付期。② 显然，受托人确保他们能使雇主到期债务在恰当的时候确定具有十分重要的意义，否则，他们等待时间越长，风险就会越大，因为计划资产的价值或者雇主的偿债能力可能会发生不可预料的变化。

受托人享有将雇主到期债务资本化的额外权限。计划的资产和债务根据最低筹资要件规则进行估价，如果受托人拥有一个金边证券与投资原则规定的政策相匹配，那么，债务的价值和雇主的到期债务要增加。

如果是多雇主计划，债务要么根据计划规则，在雇主之间平均分配，或者如果雇主不同意，由计划精算师确定一个依据，在与受托人商量之后，将计划债务总额按比例分配给每一个雇主。

债务数额十分重要，其支付可能影响到雇主的偿债能力。尽管受托人不可能利用合同将债务排除在外，但受托人可以折中相关的债务。受托人需要采取诚实、合理的措施，确保能以最大数额弥补缺口。受托人在知道筹资赤字和雇主经济状况时，同意采取折中方式尽可能地获得与缺口数额相当的支付。如果这样做所产生的成本与任何合理期待的偿付不成比例的话，他们也可以决定不这么做。没有强制性的法定目的或公共利益要求受托人请求支付债务，从而强制雇主进入清算程序，无论债务偿付与否。事实上，这将违背最低筹资要件立法的宗旨，如果受托人被阻止折中债务并被强制采取措施减少计划收益，将导致受托人对成员的普通利益之间的冲突。③

---

① *Pension Act 1995*，§ 75.

② Bradstock Group Pension Scheme Trustees Limited v Bradstock Group plc and Others [2002] PLR 327.

③ Bradstock [2002] PLR 327.

（四）剩余资产的处分

在养老金信托终止时，很少会产生剩余资产，因为终止一个最终薪酬计划，通常是因为雇主发现继续向计划出资成本太高或者是雇主面临经济困难。如果计划确实产生了剩余，第一步就是确定如何进行分配，这通常由信托文件来规定，分配剩余的权利可能划归雇主或者受托人，剩余可以用来增加成员的福利或者是全额返还给雇主。除非以下情况，分配剩余的权力不得行使：第一，计划债务已经完全履行；第二，如果计划存在分配剩余资产给其他人而非雇主的权力，而该权力已经行使或者不行使此权力的决策已作出；第三，计划项下的所有的养老金年税率根据有限的价格指数提高；第四，行使此权力的提案已经通知给了计划的成员。受托人没有遵守上述要件的，就要承担罚款的责任，如果计划规则禁止将剩余支付给雇主，而成员的福利已经提升到了最大限度，而且，对此福利已经全面提升了有限的价格指数，那么就可以向雇主支付剩余。如果所有的其他要件不能满足，那么，剩余以归复信托方式归属于出资人。[1]

如果由受托人决定如何分配剩余，他们需要根据计划文件的规定而为之，然而，如果受托人有自由裁量权决定如何分配剩余的，那么，究竟是雇主还是雇员享有剩余的权利，应由其自己裁量，不应当受其他观点的影响。

如果计划的受益人获得了他们应得的福利以及雇主慷慨赋予的更多其他福利，也不能说计划受益人的权利得以实现，受益人有权获得自由裁量福利。在解释解决养老金计划剩余的"成本收益均衡"规则之规定时，不应将剩余从道德上归属于雇主。[2]

（五）完成终止程序

如果养老金计划所有的资产已经处置完毕或者所有的债务已经清偿，那么，养老金计划程序终止。受托人根据信托条款之规定免除计划之责任，最终薪酬计划受托人可根据法律的规定而免除其责任。如果受托人对计划受益人以许多种规定的方式之一，包括移转给职业养老金计划和个人计划、购买全保保险，而免除责任。如果福利正准备移转，受托人须获得

---

[1]　Per Millett LJ in Air Jamaica v Charlton［1999］OPLR 11.

[2]　Mettoy Pension Trustees v Evans［1990］1 WLR 1587.

成员的同意，如果移转给另一个职业养老金计划，他们需要获得计划精算师出具的接收计划的每个成员所获得的福利不少于被移转的权利的确认书。

第四节 养老金信托法律关系主体的权利义务

一 雇主的权利和义务

根据传统的信托法理论，雇主是信托的委托人，为此，在信托设立时，他可以保留某些条件。在养老金信托文件中，他可以保留某些权力，如同意或拒绝增加养老金支付、终止计划、修改计划之条款（通常仅由受托人同意）。像这样的权力可能影响到剩余的使用以及获取剩余返还的直接的权力。雇主可以选择行使这样的权力增加养老金支付，从而在运行的计划中用尽剩余。如果计划条款规定将剩余支付给雇主之权力，此权力仅可以由受托人行使①。但在实务中，雇主保留对剩余之权力如何行使受到限制，② 雇主行使其权利须考虑"计划的有效运作"且"不存在强制成员放弃其在现有基金上已累积的权利"，③ 雇主在作出决策时有权利考量其自身的经济或非经济利益。

尽管信托法适用于养老金环境，但不像传统信托的委托人，雇主并没有不受限制的处分"自己资产"的行为自由，即使起初在设立计划时雇主保留了相关的自由裁量权。在养老金领域信托法的地位发生了改变，雇员享有"尊重对待"的诉求而不是需要对其成员所有诉求予以承认。雇员的诉求被"合理期待"所掩盖。雇主委托人不像传统信托法的委托人那样可以自由行使自己所保留的权力，但与传统信托的委托人相比，在受信义权力约束的前提下，雇主具有更大的自由去追求自己的利益。如果雇主修改权力的行使可能影响成员的权利时需要加以限制。在大多数情况下，任何修改须征得成员同意。如果计划精算师可以证明与精算价值相当的权利赋予了成员，那么，涉及计划成员累积权利的某些修改可以不经成

① *Pension Act 1995*, § 37. Pension Act 2004, § 250.

② Imperial Group Pension Trust Ltd v Imperial Tobacco Ltd [1991] 2 All ER 597.

③ Woods v WM Car Services（Peterborough）Ltd [1981] ICR 666 at 607.

员同意而作出。①

二 受托人的权利和义务

养老金信托受托人原则上负有与其他信托受托人同样的义务。他们是信义人，须为受益人的最佳利益绝对忠诚地行事，而且他们必须按照信托条款管理计划。赋予他们的任何权力的行使必须符合权力赋予的目的，而不存在其他间接目的如权力欺诈。受益人的最佳利益在法律上可以界定为最佳的经济利益。然而，即使在追求这些利益时，信托文件中雇主保留的权力意味着受托人有时同意以不确保计划可以用于支付经济福利的方式处理养老金基金。如信托文件要以保留雇主行使的修改权力，但仅需获得受托人同意。如果雇主希望修改计划规则以便于剩余的返还，那么尽管成员认为他们有权享有整个计划基金，受托人的义务也可以解释为与雇主协商关于成员享有剩余之份额的义务。"……在少数情况下，雇主享有任何剩余部分返还的法定权利，返还……通常要求修改计划，因此，需要雇主和受托人或管理委员会之间的合作。如果雇主要求返还，受托人或委员会可以希望强烈要求善待雇员和养老金获取者，雇主希望维护良好的劳资关系。因此，剩余所涉及的作为雇主的公司与作为现在或过去雇员的成员之间的关系可以视为养老金计划的基本特征……然而成员没有法定的权利参与到运营中计划剩余的分配，他们有权就剩余的分配与其雇主……及受托人……进行协商，不能通过收购者的单边决定不可撤销的放弃这些剩余，而仅享有使用剩余的公司之股权资本上的转换利益"②。成员的最佳利益规则与商业、劳资关系及计划规则修改有关。受托人有权促进养老金计划、成员以及雇主作为一个整体的利益。

因雇主破产或其他原因养老金计划终止时，计划的资产和义务得以固定，须按照特定的计划规则进行处分，也须受到某些优先权的限制③。通常，在基本的义务得以履行后尚有剩余的，终止规则包含着增加福利的权力。当雇主破产计划终止时，受托人也可以将这些剩余资产赋予雇主或其

---

① *Pension Act 1995*，§ 67.

② Re Courage Group's Pension Scheme v Imperial Brewing & Leisure Ltd［1987］1 WLR 495 AT 515 G-515H.

③ *Pension Act 1995*，§ § 73-74.

债权人。此权力仅由受托人所享有，由作为雇主或唯一受托人的雇主或由雇主和受托人共同享有。在此情形，雇员可以主张剩余权利，如果有的话；增加福利权力的享有者对成员负有某种义务，如果有的话。"信托基金上的任何剩余……可以由雇主享有绝对的自由裁量权将其于用于确保增加福利，还有剩余的……以现金的方式支付给雇主。"① 增加福利权力是信义权力，计划成员享有的权利被视为自由裁量福利，雇主破产清算人不能行使此种权力，因为仅为成员的最佳利益行使的信义义务与其对债权人的义务相冲突。"被视为的权力"并不必然导致成员任何福利的提升。根据传统信托法原则，获得权力的人没有义务行使权力，如果权力并未为其利益而行使，雇员就不可以诉诸救济。

三　成员的权利和义务

（一）成员的权利

1. 成员的剩余享有权

成员即受益人，主要是雇员，他们不是无偿的投入。成员有权利获得剩余，确切地说，成员主张部分剩余的权利归因于他们的出资，因为他们并没有获得他们交易的全部对价。②

关于成员对基金剩余资产上的潜在的成员"所有权"问题，需要考量成员的地位和期待利益。确切地说，在考虑养老金剩余分配时怎样才算是公正和衡平的呢？需要考量、评价剩余的全部或部分证明可能是为雇员的福利。对养老金基金，雇员可能合法地享有期待利益，雇主在行使有利于雇员的自由裁量权时不得违反诚信义务或在不行使自由裁量权时不得滥用信义权力。如果精算师发现基金有剩余时，一种可能是增加养老金。毫无疑问，剩余越多期待利益就越大，但在绝大多数养老金基金中存在的是期待利益而非权利。③ 这种期待利益可以产生积极的效果：它须在现在和将来的计划成员中分配养老金基金的过程中予以考量。同样，在计划终

---

① Mettoy Pension Trustees Ltd v Evans［1991］2 All ER 513.

② Graham Moffat, Gerry Bean & John Dewar, *Trusts Law Text and Materials*, 4th Edition, Cambridge University Press 2005, p. 677.

③ Graham Moffat, Gerry Bean & John Dewar, *Trusts Law Text and Materials*, 4th Edition, Cambridge University Press 2005, p. 676.

止时，受托人仅根据雇主没有法定义务将剩余用于弥补计划成本缺口而拒绝行使权力将剩余用于提升福利。

用财产权和所有权的概念对受益人利益进行分类，将共同出资养老金计划成员对剩余分配的利益等同于财产权。① 即使剩余归因于雇主的溢额出资，也不足以成为拒绝行使增加雇员福利的充分的理由。在某些情况下，如果计划允许受托人行使增加福利权力是公平和衡平的，同时考量此权力赋予的目的，受托人可以行使此权力。通过增加福利给递延养老金领取者以同等保护，结果是剩余在递延养老金领取者和公司非担保债权人之间进行极为公平的分配。一旦计划终止程序开始，信托文件修改权力不得行使。

2. 养老金权利的不可转让性

作为一个总的规则，职业养老金计划的养老金权利不可以转让、交换、放弃或质押，也不得对其行使留置或抵销。任何关于上述行为所达成的协议均不可以强制执行②。然而，这种一般性的禁止并不妨碍对个人利益的质押、留置或抵销。

职业养老金计划权利没收的一般禁止性条款。作为破产之例外，计划规则主要规定，如果成员破产意图转让其福利，受托人可以没收成员的福利以确保这些福利不支付给成员的破产受托人③。在此情形下，受托人享有自由裁量权将没收的福利支付给成员的家属之一。绝大部分的养老金权利不构成成员资产的一部分，因此，此权利不可赋予成员的破产受托人。④ 由于成员实际上有权获得福利而不是由计划受托人行使支付福利给成员家属的权利，因此，破产受托人有权使破产人向其支付约定的数额，此数额超过了破产人的退休津贴收入。一旦养老金开始支付，破产人的养老金福利就得划归破产受托人且对计划受托人具有约束力。无论破产人退休前或退休后领取养老金，其养老金收入均因其破产划归破产受托人。如果破产人存在溢额出资的情况，该溢额出资也须划归破产受托人并相应减少其养老金权利。

---

① National Grid Co plc v Laws ［1999］ PLR 37.

② *Pension Act 1995*，§ 91 （1）.

③ *Pension Act 1995*，§ 92.

④ *Welfare Reform and Pensions Act 1999*，§ 11，amending s91 of the Pensions Act 1995.

（二）成员的义务

在共同出资的养老金计划中，作为成员的雇员也是出资人，负有出资的义务，须按照养老金计划规则规定的出资比例进行出资。根据对价理论，雇员所获得的养老金福利是其向雇主提供一定期限服务的对价，因此，雇员有义务为其所获得的回报提供服务，支付相当价值的对价。

从成员的角度，在决策作出时对某些被考量的事务所赋予的相应权利也会负有相应的义务，而非根据已确定的一系列事实的存在确保某种结果。① 成员提名受托人除享有成员的权利外，负有受托人的义务，须考量全体受益人的利益，作出信托运作决策，受到信义义务的约束，必须遵守专家信义人的标准，具有专门的知识、经验和技能，对超出自己知识、经验和能力之外的信托事务须咨询有关专家，并在行使委托代理权限时，同时对功能性信义人的行为承担责任。他们须按照既定的行为规则识别、监管和管理义务冲突，并在不违反保密义务的情况下履行信息披露义务；成员当自身利益与其作为成员提名受托人的义务发生冲突时须根据信托文件和规则许可的自利范围内识别、监控和管理冲突。

除出资义务外，作为成员而非成员受托人别无其他义务。

---

① Graham Moffat, Gerry Bean & John Dewar, *Trusts Law Text and Materials*, 4th Edition, Cambridge University Press, 2005, p. 674.

第五章 养老金信托的受托人制度：
受托人权力之衡平

在养老金信托关系中，受托人是重要的主体。受托人为养老金计划的受益人持有资产。受托人有责任确保养老金计划恰当地运作以及成员福利之安全，受托人须独立于雇主为成员和其他受益人的利益行事。

第一节 受托人的地位

一 受托人的作用

大多数公司养老金计划由受托人以信托方式而运作，作为重要的当事人，受托人为计划的受益人持有资产。受托人有义务确保信托资产为成员和其他受益人的利益而运作，并在法律上与雇主的资产相分离，例如信托资产，不能被雇主用于解决他的经济困境。受托人须确保养老金计划恰当地运作以及成员利益的安全性，受托人须独立于雇主并为成员及其他受益人的利益而行事。

受托人对涉及基金的所有事务必须采取与普通谨慎人处理其负有道德义务的人的财产一样的注意和谨慎程度，并且根据受托人的专业、经营或需要运用其额外的知识和技能。

受托人的作用是为受益人的最佳利益运作养老金计划并公平对待不同类型的受益人的利益。他们须根据信托文件和计划规则在信托法及其他法律规定的范围内行事，他们须以谨慎、认真、诚实以及极大诚信的方式行事。受托人负有信义义务，使信托资本保值增值，根据信托文件之规定应用该资本及收益。受托人须最终对资产的安全性负责，并确保根据计划规则向成员提供福利并及时交付给他们。受托人一般享有广泛的投资权力，包括借贷的权力。受托人违反信义义务使基金遭受损失的需承担弥补损失的责任。如果受托人因非谨慎行为使成员遭受损失的，成员可以诉请赔偿。受托人须依法提升信托之管理，使受托人充分利用广泛的投资机会，为了防止受托人权力滥用，保护受益人的利益，受托人须有更为严苛的注意义务。受托人须接受养老金调控机构的监督。

受托人负有以有序和正确的方式投资基金资产，禁止信托文件或规则对注意义务没有恰当履行的情况下受托人责任的豁免。受托人一般有权力进行任何种类的投资，受托人被允许将其投资权委托给基金经理人。只要受托人采取了所有的合理措施来查明基金经理人具有恰当知识和经验来管理计划投资，对享有日常投资决策权力的自由裁量权基金经理人的行为或违约行为，他们通常不承担责任，。对其他基金经理人的行为或违约行为，受托人通常须承担责任。

二　受托人职位的本质

受托人享有养老金计划资产的法定所有权，承担严苛的法律义务以确保资产用于提供信托文件（不得与法律相冲突）所规定的福利。在养老金信托中受托人作为养老金基金资产的法定所有权人，必须仅为计划成员的利益管理信托财产，计划成员作为受益人享有根据信托文件投资这些资产所产生的利益。受托人是养老金基金的治理主体。

个人受托人根据其职业或教育背景应当承担不同程度的责任，尽管决策是集体作出的。非职业受托人应获得专业人士如投资经理人的意见，但受托人仍需要具有相当的专业技能。

养老金受托人的义务和责任来自三个不同的方面：信托文件和调整信托运作的规则、普通信托法和养老金立法。

一般来说，受托人的义务是：根据信托文件的条款，持有信托资产；进行谨慎投资；征收出资；支付福利。根据法律的规定，受托人还需要了解养老金计划文件以及与计划相关的法定、筹资和投资义务。他们需记载其管理和运作的事宜并向养老金调控者报告。基本的法律要求是受托人须在接受委托之前应当仔细了解养老金计划之信托文件和规则。尽管大多数信托文件确切地说不是引人入胜，但受托人确实应当仔细研读。受托人不理解时应当询问，不过，受托人常常会出现有些用语过时、模糊或显然错误。由于法律常常会推翻信托文件的规定，因此，受托人应当确保接受了受托人职业培训以及必要时进行法律咨询。

三　受托人的任职资格

从信托法的角度而言，个人受托人任职资格的基本要件是个人持有财产的法定能力，未成年人、破产人和精神病人不可担任受托人。一般而言，受托人一旦任命就会工作到其辞职或解聘，这样，信托文件需要进行修订。根据信托文件和规则，任命的受托人可以是个人如发起人公司的经理人、计划成员（由成员提名或第三人提名）或公司受托人。公司受托人要么作为独任受托人，要么与个人受托人或其他公司受托人一起担任受托人，但公司受托人的董事的任命一般根据其章程。如果计划由公司受托人管理的，通常其董事的变化无须修改计划的信托文件，因为其任命是根据公司的章程，且公司的董事变化了但计划的受托人没有变。

受托人的任命权一般赋予了主要雇主或现任的受托人。此任命权的行使不得与成员受托人的提名和遴选相冲突。受托人部分由雇主任命，大多数成员提名受托人是发起人雇主的雇员或现在的养老金领取者，而且运作中的养老金信托，不仅仅是为信托文件中指定的受益人提供福利以及一次性移转资产给信托来筹资，而且通常是开放性的，成员不断变动以及接受不断地流动性的出资。在 DB 计划中，委托人负有持续性的义务，（通常发起人雇主）承担预先不能够精确确定的、必须时不时重新估算的长期债务。受托人不得使用计划资产来支付对其的罚款，受托人可从计划资产中获得非故意违反信托而受到的处罚。

受托人是个人或公司，独立于雇主，为养老金计划的受益人持有资产。就个人受托人而言，年满 18 岁且有持有财产的行为能力的个人，都能成为受托人。养老金计划在法律上要求允许计划成员在遴选和任命受托人中享有话语权。雇主可以为遴选受托人提出安排并将此安排根据法定的协商程序获得成员的同意或由现任的受托人对遴选成员提名受托人作出安排。这两种情形下，安排必须获得至少三分之一以上及两位受托人（如果计划成员不足 100 人的则有一位受托人）的成员提名。重要的是，雇主可以选择是否任命大多数的计划受托人以及是否任命内部人或外部人。

从养老金法的角度来看，受托人的任职资格受到一定的限制，计划的审计人或精算人不能担任受托人，曾实施过不诚实或欺诈犯罪的人、破产人和被取消公司董事资格的人不适合担任受托人。不适合成为职业养老金计划受托人的人包括曾实施涉及不诚实或欺诈犯罪的行为、负有不可推卸的破产责任等[①]。如果任何董事属于此范围，那么，就不适合担任公司董事。担任养老金计划受托人的人因实施刑事犯罪行为而不适格，然而，不合格并不影响受托人实施的行为的效力。职业养老金调控机构对不合格受托人进行登记，便于公众查询，任命前任何新的受托人须接受核查。

受托人有责任确保养老金计划恰当地运营以及成员福利的安全。为了发挥其作用，受托人必须了解他们的法律义务和责任。法律要求受托人了解和知道与养老金及信托相关的法律、养老金计划筹资和计划资产投资。法律也要求受托人了解某些养老金计划文件包括信托文件和规则、投资原则和筹资原则的声明。受托人须遵守养老金调控机构的行为规则以及此领域的法律。受托人一旦任命，就需要进行恰当的培训并继续学习，以便其知识能够更新。新的受托人从其任职开始必须在一定期间内来满足此要件。

四　受托人的任命和解聘

受托人的身份是养老金计划成功运作的关键性的因素，受托人的任命和解聘是受托人身份取得与丧失的决定性要件。

（一）信托文件和规则的调整

谁有权任命受托人？信托文件通常赋予雇主和现任受托人以任命受托人的权力。计划的第一批受托人由信托文件指定，之后的任命通常由修改的文件规定或任命文件或信托文件规定的方式作出。在有些情形下，受托人由养老金调控机构任命且可以行使现任受托人某些或所有权力或仅充实受托人委员会。

受托人辞职或死亡就不再是受托人，也可根据信托文件所规定的情形而被解任或自动离任。受托人也可根据信托文件和信托法的规定解任其他受托人，受托人也可被解任。养老金调控机构可以禁止受托人继续任职或受托人自动丧失了资格。根据信托文件和规则以及成员提名和成员提名董

---

① *Pension Act 1995*，§ 92.

事的要件，受托人不再为雇主工作或不再是养老金计划的成员时受托人的任命不会自动终止。成员提名受托人或成员提名董事作为计划成员受托人被任命，如果他们不再是成员，那么，受托人的角色终止。如果受托人不再是计划的现任成员，且其所享有的福利移转至另一个养老金安排，受托人的角色终止。

受托人须遵循信托文件所规定的程序。信托文件通常规定受托人退休或被解任的条件。信托文件规定在受托人解任生效之前，受托人须遵循相关程序并履行受托人的职责。如果计划有财产如土地，受托人须签订正式的移转手续移转财产的所有权给替代的受托人。即使在受托人被解任之后，受托人仍须对其受托人任职期间所作出的决策承担责任。因此，受托人须确保补偿保险能继续适当覆盖至受托人解任后一段时间。

在所有制定完好的计划中，受托人的任命和解聘由信托文件和规则予以规定，信托文件和规则尤其规定这是雇主的权力。但雇主任命和解聘的性质是否是信义权力，决定了此权力的行使是否须为养老金计划受益人的最佳利益。当受托人和雇主对计划的运作方式产生争议时，这种权力的性质之确定具有重要的意义，因为雇主会通过解任现任的受托人，取而代之任命某些更愿意接受雇主提案的受托人的方式来解决争议。

雇主权力的本质在许多种情况下受到关注。任命新受托人的权力不是雇主企业真正意义上的财产权利，此权力是信义权力，应在为计划受益人利益的范围内诚信的行使，而不得由雇主用于为其自身的赢利或利益。

在英国，信托文件对受托人的任命和解聘的规定必须与《1995 年养老金法》和《职业养老金计划（成员提名受托人和董事）调控规则》保持一致。仅由雇主享有任命权是不恰当的，无论雇主多么谨慎，也不及在决策程序中有不同的声音更具有约束力，只有如此，方可确保雇主任命受托人无意或有意地受到雇主意愿和偏好的不恰当的影响。而雇员受托人可以施加另一种观点的约束，给受托人委员会引入不同的经验和观点，有助于确保作为潜在受益人的计划成员的利益和观点时刻被谨记在心，增强计划运作中的信任。

初看，这一观点似乎相当公正。然而，成员受托人在受托人委员会中可以代表计划成员的利益，完全背离了传统的信托法观念即受托人须公正地为全体计划成员的最佳利益行事。可以承认的是雇主受托人，至少部分代表了雇主作为受益人的利益，成员受托人代表了成员受益人的利益。

受托人有责任确保至少三分之一的人数是成员提名受托人（计划成员有 100 人及以上的成员，则至少有两位；如果不到 100 人则至少有一位）。此要件也有例外，特别是在未审批的计划、单一的成员计划和仅提供死亡福利的计划以及小型的自我管理型计划中。①

一些国家法律要求受托人确保安排到位且得以贯彻，规定至少三分之一的受托人或至少三分之一受托人公司的董事是成员提名的。这些成员提名的受托人和成员提名的董事必须至少是计划的现任成员和养老金领取成员以及由部分或全体成员来遴选。如果满足了一些基本的要件，受托人的提名和遴选可以采取最适合计划的灵活安排。

实现雇员提名受托人要件的方式具有灵活性，尤其是受托人可以提出自己的遴选和任命雇员提名受托人的机制（在立法中称为"恰当规则"），但须通过法定的协商程序由成员批准。② 可替代的是，他们可以贯彻一套既定的法定规则，规定雇员提名受托人的任命和解聘机制。无论是哪一种机制，某些基本特点是必须包括某些可以实施的安排，尤其是雇员提名受托人必须任职 3—6 年，仅可以由所有的其他受托人解聘，他们与其他的受托人须发挥同样的功能（尽管与其他受托人是成员提名董事的情况不同）。

雇主可能会通过提出自己的可替代任命受托人的方案选择雇员提名受托人要件。为此，雇主的提案必须按照法定的协商程序由计划成员批准。③ 雇主几乎对选择形式有无限的灵活性，尤其是在没有要求其确保三分之一受托人须为成员提名受托人的情形下，尽管显然提案应考虑使其能通过法定的协商程序而设计。

法定的协商程序不是雇主和受托人特别难以逾越的障碍。它关注一定程度的成员对提案的反对而非一定数量的成员对其积极地同意。一般而言，至少 10% 的合格成员（或少于，如果合格的成员不到 1 万人）必须

---

① *The Occupational Pension Schemes（Member - nominated Trustees and Directors）Regulations 1996*，SI 1996，regs 4 and 6.

② *The Occupational Pension Schemes（Member - nominated Trustees and Directors）Regulations 1996*，SI 1996，Sch 1.

③ *Pensions Act 1995*，§§17-19.

对提出的规则或安排提出反对意见。此种合格的成员由法律予以界定，包括积极的（在职）成员、养老金领取成员，还包括由受托人自由裁量的递延成员（那些没有工作得尚未领取养老金的成员）。

雇员提名受托人安排一经实施，原则上要实施 6 年，但可以宽展至 10 年。不过，计划受托人必须监督计划的构成，以确保成员提名受托人安排的恰当性。如果一组成员所累积的权利未经同意已经移转或将移转至或移出计划，或者参与计划的雇主的身份或所有权发生了变化，受托人考虑已到位的雇员提名受托人安排是否恰当。如果受托人认为不恰当，他们必须通知雇主，然后作出新的安排。不过，有调查研究认为，成员提名受托人安排的要件太灵活和复杂，以致难以贯彻以及成本太高，并且许多计划还没有由计划成员提名和遴选的受托人。①

（二）对利益群体的考量

当受托人主要由雇主或成员或其代表任命和提名时，养老金计划中的利益冲突问题是十分棘手的问题。显然，成员受托人通常在由受托人作出与福利相关的决策中存在个人利益，而且雇主受托人对此决策的成本也享有利益。一个人有权力在一群体（包括自己）中分配基金，他也能够将基金全部或部分用于为其自身利益。这并不依赖于信托法的任何技术规则。人们一致认为，没有人能够被要求对运用于包括自己在内的群体之基金行使自由裁量权，他不能希望将自身利益置于他人利益之上。②

在养老金领域，禁止冲突一般规则也得适用。受托人不行使赋予他的权力以至产生个人利益与对受益人义务之冲突的法律规则不得适用于信托计划的受托人，该受托人也是计划成员，以任何方式行使赋予他的权力，仅仅因为此种行使方式使作为计划成员的他们可以获利或获得了利益。③ 另外，在英国，养老金法保护雇员受托人避免因实施养老金计划的受托人之行为而遭受损害，且雇主须给雇员工作时间之外的必要时间来履行作为受托人的义务。④

---

① *A New Contract for Welfare Partnerships in Pensions 1998*（Cm4179），Ch 8，para28.

② British Coal Corporation v British Coal Staff Superannuation Shechem Trustees Ltd，［1995］1 All ER 912.

③ *Pensions Act 1995*，§ 39.

④ *Employment Rights Act 1996*，§ § 46-49；§ § 58-60.

雇主任命的受托人更为复杂,因为没有法律的规定允许他们参加到可能影响雇主利益的决策(如设定雇主的出资比例)中。表面上,任何作为公司计划受托人的董事自然面临着潜在的利益冲突,然而,此冲突可以通过在任命个人作为受托人时雇主默示地放弃了由此个人对其负有的一些义务,其中包括向雇主提供个人受托人所获得的所有信息的义务。易言之,信托之责任具有优先于对雇主之责任。然而,个人仍需避免直接参与于雇主相关的决策。

(三) 养老金调控机构的权力

在某些情形下,职业养老金调控机构有权力任命和解任受托人。职业养老金调控机构享有任命的权力,必须具备如下要件:第一,确保受托人全体具有必需的知识和经验,或恰当的行使计划的管理;第二,确保受托人人数足以能够实施恰当的管理;第三,确保计划资产的恰当使用或应用。[①]

职业养老金调控机构可以重新任命新的受托人取代不合格的受托人或解任受托人。在雇主破产时,破产管理人没有履行义务任命独立的受托人时,职业养老金调控机构也可以考虑行使此项权力。

由职业养老金调控机构任命的任何受托人的权力比计划其他受托人的权力要小一些或仅能行使其他受托人权力之外的某些权力。职业养老金调控机构可以任命职业受托人或已经与计划有联系的个人受托人,可以指示用计划之资产向受托人支付费用和开支。另外,职业养老金调控机构还可以规定恰当管理计划所必需的受托人的人数。如果他们曾违反特定的义务或已经严重或持续违反由职业养老金调控机构所落实的任何法定要件,职业养老金调控机构享有暂停和解任个人受托人或禁止他们成为特定计划受托人的权力。[②] 如果个人在职业养老金调控机构暂停或解任后仍然继续担任受托人,他们可能要承担罚款或监禁的责任。[③] 然而,信托计划受托人的个人被禁止担任计划受托人或暂停担任计划的受托人时,他还想继续实施担任受托人所为的事情是无效的,仅因为已被禁止或暂停职务。

---

① *Pensions Act 1995*, §7.
② *Pensions Act 1995*, §§4-6.
③ *Pensions Act 1995*, §7 (1).

五 受托人的自由裁量权和道德风险

养老金计划受托人时常会发现他们必须行使自由裁量权，而且他们对行使自由裁量权之结果享有直接的个人利益，因为他们作为成员有可能在牺牲其他成员之利益前提下从行使自由裁量权中获利。在此情形下，受托人是否可以参与对如何行使自由裁量权进行决策以及仍能够履行对成员的信义义务呢？一般的规则是除非有明确相反的规定，处于信义地位的人无权利用其信义地位获利，不允许置身于其利益与义务相冲突的地位。但即使他们可能会从行使自由裁量权中获利，信托文件或文件往往也会授权受托人行使自由裁量权。否则，雇员就不愿意担任受托人，也会损害成员提名受托人的利益。如果受托人须行使其享有个人利益的自由裁量权，那么，受托人须提前获得法律意见。

通常受托人行使自由裁量权不会受到限制，但为了控制受托人的道德风险，在 DB 计划中可以对受托人的自由裁量权之行使进行限制。与普通信托最大的不同是除须提升成员的最佳利益外，养老金信托中受托人还须考量计划运作中雇主的利益，因为计划是附属于雇主营业活动的，雇主直接承担产生于受托人决策的道德风险之后果，他有责任补足计划产生赤字时的差额。

第二节 受托人模式

我国养老金信托的受托模式即企业年金理事会和法人受托机构存在缺罅，须通过相关法律法规的进一步细化，以弥补之。我国应从代理成本、责任承担能力、专业技能、规模效应、监管力度、委托人和受益人的监控效力、治理结构等方面确立养老金信托受托模式之具体选择标准。

一 受托人模式的种类

（一）不同的分类标准

受托人可以由不同的标准来分类。从是否具有专业素质，可以分为"职业"受托人和"外行"受托人。大多数受托人是"外行"受托人，换句话说，受托人的职务不是他们的专业或日常的工作，外行受托人通常不用对其为计划所作出的工作支付报酬，当然也可以向其支付费用。然而，职业受托人通常称之为独立的受托人，是特别需要支付报酬的，越来越多的这样职业专家被计划所聘用，职业受托人与外行受托人以一样的方式进行工作，负有同样的义务，享有同样的权利，并承担同样的责任，但他们要索取职业佣金，一般具有更高的标准。有时，特别是独立受托人由养老金调控者所任命，那么，他们享有专属的权利。

从受托人是个人还是公司，可以分为个人受托人和公司受托人。受托人既可以是个人受托人，与作为受托人委员会的其他个人一起来运作养老金计划，或者他们担任受托人公司（被称为公司受托人）的董事。董事与个人受托人一样，对计划承担广泛的责任，他们的责任规定在受托人公司的章程中。

从受托人是雇主任命还是成员提名，可以分为雇主提名受托人和成员提名受托人。受托人既可以是雇主提名受托人，由计划发起人的雇主来任命，或者是成员提名受托人，由计划成员来遴选，其中任何一种受托人通常都是为发起人的雇主而工作，而且是计划的成员。在公司受托人的情况下，成员提名受托人，被称为成员提名董事以及雇主提名董事。有时候，他们可以从外部的成员或发起人雇主当中遴选或因特定的专业技能而被任命。

（二）个人受托人和公司受托人

从受托人机构的构成来看，受托人可以有两种基本的选择：个人受托人和公司受托人。受托人可以是信托文件和规则指定的个人，也可以是公司即公司受托人。在公司受托人的情形中，公司的董事作为受托人委员会委员可以作出与服务于委员会个人受托人一样的决策。如果受托人机构作为注册公司是公司受托人，那么，此类受托人须符合公司法的要件，其额外的义务是实现计划自己的文件和规则的要求以及立法中最重要的法定要件。有许多差异来区分受托人机构中从公司受托人中聘请的个人与聘请的董事，他们聘请和辞任的方式不同。

养老金计划中受托人既包括个人受托人和公司受托人的情况并不普遍。

二　受托人模式的选择

迄今为止，通常养老金计划的受托人是发起人雇主的高管们，他们对良好的养老金计划治理的要件一无所知。

（一）受托人模式选择的方向

从调控环境来看，过去，养老金计划受托人被期望"尽最大努力"，现在对他们的期望产生极大的不同。为了保证受托人具有专业的技能、知识和能力，英国强制性引入受托人培训要求，新的受托人须在任命后的6个月内进行培训，现任的受托人须每两年进行再培训。在将来还会制定受托人资格之强制性的要件。如果某一公司是受托人，那么，公司所有的董事必须满足受托人培训要件且对计划负责任。英国的养老金管理局已对养老金计划制定了治理规则，受托人应当采取规定的行为标准来履行其义务以满足成员和受益人最佳利益之需要。现在，养老金计划受托人的环境残酷而恶劣。在此背景下，市场努力朝着选任公司养老金计划的职业受托人方向发展。

一些规模较小的养老金计划需要独立的公司受托人服务，计划注册的管理者作为受托人均是已经设立的信誉良好的受托人人选，计划顾问可以提供相关当事人所需要的意见。近年来，养老金受托人的作用变得越来越复杂且要求越来越高，现在对受托人有更高的要求，他们的养老金知识、经验以及独立性均需要达到一定程度。受托人还必须准备投入时间和精力来履行其职责，须时时处理养老金事务和变化的情形，并准备对其不当行为承担个人责任。受托人还需定期参加强制性培训。

不仅受托人面临着困难时期管理养老金计划的挑战，而且肩负着为养老金计划受益人的最佳利益服务的责任。然而，当受托人是金融经理人或公司董事时他们要避免利益冲突是十分困难的。一方面，他们有责任为养老金计划的受益人利益行事；另一方面他们也要对公司负责任。这使受托人处于两难境地。当公司决策需要贯彻的时候，可以任命职业受托人来管理利益冲突，他们可以确保在受托人委员会中发出独立的强有力的声音。独立的职业受托人可以任命为计划的唯一受托人或与现有的受托人一道成为共同受托人。这使受托人委员会能有效地管理冲突和风险。

根据受托人原则，受托人委员会需要具有经验和专业技能的独立职业人士来有效地履行义务，他们负责养老金精算、投资和养老金计划的日常管理。他们具有多年的管理养老金计划的经验，对受托人须考虑的一系列复杂的立法、金融、投资、雇员招聘和运作事宜具有深入的认识和透彻的理解。作为职业受托人，他们能为受托人委员会提供指导性手册和提供全面的支持。他们的独立性增加了他们管理潜在的利益冲突或风险的能力，并尽可能地保持最高标准的个人和职业操守。

　　同样，针对许多企业不断增加的与养老金计划相关的经营成本的情形和更严峻的金融环境，成本效率尤其重要。他们能监督提供服务者，并能对管理养老金计划的成本进行更有效的控制。他们能根据养老金计划和受托人委员会的特定需要来调整他们的服务：担任独立的职业受托人（独任或共同受托人）；担任受托人委员会的主席；作受托人委员会的成员或主席参与管理；设立分委员会如投资委员会；发挥受托人秘书的作用；定期为受托人提供综合性的实务培训；为实际的养老金计划的管理问题提供建议，包括宣传事宜。①

　　（二）受托人模式选择标准的确立

　　谁来担任职业养老金计划受托人？养老金计划治理要件越来越高，有一种逐渐发展的趋势是受托人的时间耗费越来越长和责任越来越重，受托人的知识和技能的要求越来越多，在某些情形下职业受托人需要承担更严苛的刑罚，因此，职业受托人选择标准的确定十分重要。

　　英国的养老金调控机构建议职业受托人须参照以下标准予以界定：第一，个人是否接受支付超过作为受托人的费用或酬金；第二，是否有受托人事务管理的技能。② 新的政策文件规定了一个更有益的框架，以减少偶然碰到在此范围没有经验的受托人所产生的风险，即使他们具有长期的受托人经验。③ 新的界定关注"在担任受托人的营业过程中"的受托人，有助于厘清领薪受托人通常不被视为职业受托人范围，如果他们与计划或相关公司集团有成员关系或雇佣关系，他们也不能担任或申请担任任何非相关计划的受托人。这意味着被任命为与计划相关的受托人或受托人董事，他们是计划的成员或发起人的雇员，通常不能视为职业受托人，即使他们长期具备那样的能力，即使他们是领薪受托人，此界定也非常适合担任多

---

　　① *Chambers ireland yearbook* 2011.

　　② https：//dalriadatrustees. co. uk/archives/the－professionals－what－does－a－professional－trustee－look－like/.

　　③ http：//www. allenovery. com/publications/en－gb/Pages/What－makes－a－professional－pension－scheme－trustee. aspx.

个相关计划的没有经验的受托人。通过职业受托人的管理并将多个集团计划置于一个受托人委员会管理，有助于提升养老金治理和效率。

没有经验的受托人可以从没有经验跨越到职业受托人，如果他们在受托人领域具有专门的技能（无论领薪与否），他们均可坚持担任受托人或一个或以上不相关计划的受托人。值得注意的是某个计划的成员且是没有经验的受托人，后来为不相关计划提供受托人专业技能，他们可以跨越到职业受托人范围，并被调控机构视为能够进行受托人营业，可以任命为两种受托人，不过，这种没有经验的受托人偶然跨越这种界限的机会较少。

许多受托人委员会要审核受托人任命程序，包括要求受托人候选人陈述他们自认为有资格胜任受托人的经验。如果以这种方式代表自己或推荐自己的人与此（或相关）计划有成员关系或雇佣关系的人最好不可以被视为能够从事担任受托人的营业。

调控机构认为领薪受托人不能自动地视为职业受托人以及被认为具有计划所需要的较高标准。这可以使与计划相关的典型的提供长期服务的没有经验的成员受托人得以确定，而不关注主观的个人专业技能。职业受托人资质的厘清可以确保职业受托人遵守更高的标准，而不会降低现在和未来没有经验的受托人在职业养老金计划治理中发挥关键性的作用。

职业受托人的内涵是什么？领薪与否以及是否有特定的经验是需要考量的因素，调控机构可以以此为依据来对违反养老金立法施以处罚。对某些违反行为如未能提供报表或计划回报，处罚是强制性的，调控机构对职业受托人会施以更高标准的处罚。调控机构对某些情形是否施以处罚以及处罚额度享有自由裁量权，在自由裁量权行使的情形下，职业受托人地位是决定处罚额度的因素，但也要考量领薪和相关专业技能。领薪的或专门的无经验的受托人即使没有职业受托人的标签也可能处以较高额度的罚款。

调控机构对职业受托人的期望不同，期望他们坚持比没有经验的受托人更高的标准，对职业受托人的准入资格或要件予以明确规定。受托人委员会也应参照以职业受托人更高的标准，尤其是关于受托人的知识和理解能力。[①]

---

① The Pensions Regulator, 21st Century Trusteeship and Governance, July 2016. http://www.thepensionsregulator. gov. uk/docs/21st-century-trusteeship-governance-discussion-2016. pdf

（三）受托人的知识和理解要件

受托人须具有养老金法、信托法、职业计划筹资的原则以及计划资产的投资等方面的知识，并对这些知识有所理解。[1] 受托人还必须熟知信托文件和规则、投资原则的规定和筹资原则的规定以及其他涉及当前政策的文件。所谓熟知，是指受托人对这些文件具有相关的知识，并能有效地运用它们来履行作为受托人的义务。

受托人知识和理解的行为规则规定受托人如何遵守法律，简单地说，它是指受托人需常常用调控者制定的关于知识范围的指南作为审核清单来审核他们需要具备的知识。受托人需参加学习以弥补他们知识上的缺漏，他们需要常常更新知识和吸收新的知识。

知识范围指南是受托人必须知道和理解的一系列事情，这可以进一步扩充至大纲。

调控机构也可设立一些网上的学习节目，称为受托人工具包，为受托人提供获得他们所需知识的途径，受托人通过完成这个工具包的学习，使他们的知识得以更新。

三　公司受托人模式

在实践中，很多计划选择公司受托人。公司受托人存在不同的类型，实务中公司受托人存在一些优点和缺点。养老金立法规定公司受托人有着一些特定的内涵。

（一）公司受托人的类型

职业养老金计划的设立需要采取不可撤销信托模式而设立，这就需要由受托人来设立或运作信托项下的养老金计划。通常，由雇主公司自己作为唯一的受托人来运作较小规模的养老保险计划，这具有法律上的可能性，但这并不是最好的。最好是由独立的公司受托人机构或指定的个人作为受托人来运作养老金计划。如果由雇主公司作为唯一的受托人容易将雇主的权利、义务和受托人的权利、义务混淆在一起。除个人受托人机构外，受托人机构还分为两种：信托公司和受托人公司。而且这几种受托人机构可以混合运用如独立的信托公司与个人受托人组成受托人机构。公司

---

[1] *Pension Act 2004*, §§247-249.

受托人包括信托公司、银行受托人或较大的职业受托人。通常专业的公司设立作为受托人，可以是职业受托人公司，也可以是专门为个人信托所设立的受托人公司，通常主要是雇主（发行股票资本较少）的子公司或由被担保人所设立的公司。这样的子公司不收取费用，只有担任一个计划或仅担任一个雇主的所有计划的受托人。

（二）受托人公司

受托人公司可能是一人有限公司，由一位股东所设立，受公司法的调整。一人有限公司如果要担任相关雇主的养老金信托受托人则须取得相关政府部门（在英国，商业、创新和技能部）① 的许可。

一个受托人公司需要有章程及相关文件，其中的备忘录应当规定通常的权利如开立账户的权利，最好规定受托人的基本目标，这有助于赋予养老金计划受托人以特定的权力。

但任命非信托公司的一人受托人公司须慎重。因为如果起初仅任命了一位受托人且唯一的受托人又不能出具所有资本金的有效收据，则会产生一些问题。这些问题是否可以通过相关信托文件中明示的条款予以排除尚不明了，但显然信托文件中的明示条款是有效的。② 如果养老金计划有个人受托人，那么，由公司受托人来替代时涉及成员提名受托人和董事的事宜必须遵循养老金法的规定。因此，从个人受托人转换成公司受托人时应当与现有的成员提名受托人安排保持一致。

谁拥有受托人公司？在股份有限公司中，股东是公司的所有权人，受托人公司由全体股东所拥有。为养老金计划所设立的受托人公司，有四个基本的可能：第一，发起人雇主是受托人公司，即雇主是唯一受托人；第二，受托人公司是发起人雇主的全资子公司；第三，受托人公司部分或全部由其董事所拥有，其中一些或全部是参与计划的雇主的董事或雇员；第四，受托人公司完全独立于发起人雇主和在营业上提供专业化的受托人服务。第五，受托人公司是专业化的独立的受托人被任命履行所有的受托人义务并收取费用。在大规模的自我管理的计划中，由独立的受托人公司担任唯一的受托人是相对少见的。相反，较大型的自我管理的养老金计划可

---

① Department for Business, *Innovation and Skills* （BIS）.

② LRT Pesion Fund Trustee Co Ltd v Hatt ［1993］PLR 227.

以任命独立的受托人公司与个人受托人或内部受托人公司的受托人董事一起共同履行受托人义务。

受托人公司的法律关系有时比较复杂,如果设立一个公司作为雇主养老金计划的唯一受托人,受托人公司的某些董事也是发起人雇主的董事,按照董事作出的决策,受托人公司与发起人雇主进行了许多交易,使养老金计划造成相当大的损失。由于受托人公司没有自己的财产仅有依信托而持有的养老金资产,而且受托人公司的董事与受益人之间没有直接的信义关系,仅与受托人公司本身存在信义关系,受托人公司董事的不当行为之法律后果由受托人公司承担。在此情形下,如果受托人公司的董事违反了对受托人公司所负有的注意义务,使公司受托人因弥补计划赤字而遭受损失的,该董事对受益人要承担个人责任。相反,在个人受托人的情况下,每一位受托人均对计划受益人负有信义义务,可以直接被受益人诉请承担信托违反的责任。不过,受托人公司的董事有义务履行信托法义务,这与个人受托人的义务相似。[①]

受托人公司有时可以以有限责任公司形式设立,这种受托人公司的董事有更大的独立性以实现运作养老金计划的公司目标。

一些较小型的养老金计划一般由个人受托人所组成的受托人委员会而非公司受托人来运作。

尽管受托人通常是发起人雇主的雇员和/或计划的成员,也有独立受托人,他们既非成员也非雇员。近年来,越来越多的养老金计划任命独立受托人与运作中的成员受托人一起进行养老金计划的管理。这种独立的受托人如果具有专业资质,可以对计划进行监控,谨慎关注任何变化以确保信托文件所有的要件得以遵守。独立受托人的作用在并购、计划终止和计划产生剩余时尤其重要。在过去,计划通常聘请独立受托人来预防敌意收购要约。一般独立受托人具有如下优点:第一,独立受托人对不同的养老金计划具有广泛的知识且具有专门的经验;第二,预防养老金基金收购中不可预见和敌意的变化;第三,作为外部人对涉及基金安全性的潜在缺点进行评估或强化其安全性。

(三) 公司受托人

没有法律规定,受托人必须是个人,公司完全有可能作为受托人,许

---

① *IDS Pension Trustees and Administration 2010*, p. 8.

多养老金计划由受托人来管理和运作，而个人担任受托人公司的董事受托人。这对受托人董事十分有利，尽管也有一些缺陷。主要优点由公司对计划成员承担责任，而不是受托人董事，受托人董事仅向受托人公司履行义务。尽管董事的义务也十分严苛，但没有受托人义务那么具体，主要的缺点是公司法比信托法对董事所在公司补偿或免责人的范围有更多的限制，另外，除受托人利益冲突要件外，还要遵守公司法所规定的利益冲突要件。

（四）信托公司

许多大型的养老金计划会任命职业的独立受托人承担一些日常事务，这些事务是非专业受托人所不能有效实施的，或者在受托人会议上提供经验化的、信息完备的见解。另外，有些情形必须任命独立的受托人。

独立的受托人可以是个人或公司，他们提供专业化的受托服务。公司作为独立的公司受托人是一种专门的公司，称为"信托公司"。信托公司通常是注册公司，有最低注册资本要求。

在英国，受托人公司与信托公司的主要区别在于：第一，一人受托人公司不能开具变卖土地作为资本金的有效收据而信托公司可以；第二，如果受托人想退休，可根据法律所规定的法定退休权力而退休，如果某一受托人退休后还剩两位人或一个信托公司作为受托人，那么，该受托人方可退休，此处的"人"包含着公司。①

四 我国养老金信托受托人模式之重构

目前，我国私人养老金计划主要以企业年金为主，个人养老金计划的发展尚在试点阶段。② 2018 年第三季度，全国共有 84452 个企业建立企业年金基金，2352.26 万职工参加企业年金，积累基金 14223.17 亿元。其中，法人受托有 1374 个，理事会为 153 个。③ 我国《企业年金办法》第 5 条规定了企业年金的受托人模式是企业年金理事会和法人受托机构。个人养老金计划是否采取信托模式运作，尚没有法律法规规定。因此，我国养

---

① Jasmine Trustee Ltd v Wells & Hind，［1998］AC 20，HL.
② 《关于开展个人税收递延型商业养老保险试点的通知》（财税〔2018〕22 号）。
③ www.mohrss.gov.cn/.../201812/W020181219303053689821.pdf.

老金信托受托人模式的确立具有特殊性。

（一）企业年金受托人模式

《企业年金办法》（下称"办法"）明确规定企业年金以信托的模式运作，而且《企业年金基金管理办法》第 1 条明确规定，企业年金信托受信托法的调整，第 16 条规定了企业年金理事会由企业代表、职工代表以及聘请企业以外的专业人员等自然人组成。《企业年金基金管理办法》（下称"管理办法"）第 14 条规定受托人也可以由具有法定资格的养老金管理公司等法人受托机构担任。

1. 我国企业年金受托人模式存在的问题

对理事会与法人受托机构作为受托人孰优孰劣，不可存有偏见。在英美，养老金受托人可以由雇主担任，也可由雇主、雇员提名的受托人组成受托人委员会来担任，也可以由外部的受托人公司来担任。由雇主来担任或由受托人委员会来担任一方面可以调动雇主设立养老金基金的积极性，对小规模的养老金计划来说，可以节约成本，但不利因素是缺乏专业化的管理水平和能力，需要构建更加完善的雇主受托人的法律监督机制如英国的 Maxwell 养老金丑闻引起了英国养老金信托制度的改革，完善了受托人的监督机制。

我国企业养老金理事会受托人模式存在如下缺陷：第一，"办法"和"管理办法"均未规定企业年金理事会的人员的遴选程序和任职资格；第二，未要求受托人必须了解他们的法律义务和责任、了解和知道与养老金及信托相关的法律、养老金计划筹资和计划资产投资、了解某些养老金计划文件包括信托文件和规则、投资原则和筹资原则等事宜；第三，缺少对受托人恰当的培训、学习以及知识更新的制度和要求；第四，理事会决议规则的规定抽象模糊，缺乏可操作性；第五，理事会利益冲突平衡机制缺失，独立性机制不健全，造成受托人缺位；第六，保障企业年金恰当运营以及成员福利安全的责任制度缺失等。

我国目前企业年金的法人受托人机构主要包括专业的养老保险公司、银行养老金部和专业的银行养老金机构。与理事会模式相比，法人受托人机构具有职业管理的优势，具有专业化的风险管理能力和经验，更有利于企业年金尤其是规模较大的企业年金基金的高效运作、保值增值以及保障其安全性。但我国法人受托人模式也存在如下缺陷：第一，受托人对其他功能性信义人如投资管理人、托管人等的责任机制缺乏，相关法律法规没有规定投资管理人违反信义义务所进行的投资决策给企业年金造成损失由受托人承担责任的机制；第二，法人受托人和其他功能性信义人的遴选程序和制度缺乏具体的规范；第三，法人受托人的决议程序规则阙如。

总之，企业年金基金管理的风险和受益人利益的保障不容忽视。

2. 企业年金受托人模式之改革思路

为了加强减少企业年金基金的管理风险和保障受益人的利益，我国相关法律法规须规定企业年金受托人选择的方向和标准，作为受托人选择的指导性原则。

我国企业养老金理事会受托人模式改革思路：其一，在相关法律法规中规定企业年金理事会人员的遴选程序和任职资格；其二，对受托人设立知悉要件和能力要件，具体化这些要件以具有可操作性；其三，确立受托人恰当技能、能力和知识的培训制度；其四，明确规定具有可操作性的理事会决议规则；其五，建立理事会与各方利益主体之间的利益冲突平衡机制，健全理事会的独立性机制，确保受托人到位；其六，构建保障企业年金恰当运营以及成员福利安全的责任制度等。

我国法人受托人模式的改革措施。首先，法人受托人可以由企业外的专业养老保险公司、银行养老金部和银行所设立的独立的养老金管理公司来担任，可以将天生具有管理功能的信托公司纳入法人受托人行业中，也可由企业自己设立一个独立的法人机构来担任。其次，理顺法人受托人与其他功能性信义人之间的关系，防止受托人职位的虚化。再次，强化受托人对其他功能性信义人如投资管理人、托管人等的责任机制，相关法律法规应明确规定受托人须承担对投资管理人违反信义义务所进行的投资决策给企业年金造成损失之责任；复次，规范化法人受托人和其他功能性信义人的遴选程序和制度。最后，构建具有可执行性的法人受托人的决议程序规则。

（二）个人养老金受托人模式

我国个人养老金信托尚属空白，虽然根据《关于开展个人税收递延型商业养老保险试点的通知》（财税〔2018〕22号）之规定，我国上海市、福建省（包括厦门市）以及苏州工业园区自2018年5月1日起实施个人税收递延型商业养老保险试点，但这是个人养老金的商业保险模式不是信托模式，我国个人养老金信托须将信托安排与商业保险结合，个人养老金信托安排可采取 DC 型，由企业和员工共同出资或员工自己出资或由自雇者自己出资而设立，出资资本由受托人来管理。受托人承担管理和投资之责任或由融资的企业任命资产管理人来负责投资，投资所获得的收益用于企业养老基金之积累，受托人直接对计划项下的合格成员直接支付利益。

从权力配置的角度来看，个人养老金信托的受托人模式可采取集权型或分权型。集权型受托人模式是受托人将所有的权力包括管理、投资权集于一身；分权型受托人模式则是受托人保留一些日常管理的权力，通过行使自由裁量权将部分权力赋予其他不同的功能性信义人，譬如将投资权力赋予投资经理人，但受托人须对其他功能性信义人的行为承担责任。

从主体的角度来看，个人养老金信托的受托人模式可采取职业个人受托人、公司受托人包括保险公司、信托公司和银行等类型；企业为员工设立的个人养老金信托也可以由企业建立独立的法人受托人来运作。

第三节　受托人的权力、义务、责任和保护

一　受托人的权力

养老金计划有一套法律文件来设立计划信托和计划规则，被称为信托文件。信托文件和规则对受托人施加了许多他们必须履行的义务以及赋予了他们许多管理信托事务的权力，同时，信托文件也赋予了受托人以作出某些决策的自由裁量权。

信托文件和规则赋予受托人一些权力，其中一些是自由裁量权。受托人的权力因计划之不同而有所不同，但通常信托文件包括如下权力：接受向计划所为的出资；决定投资战略以及投资计划资产；修改计划规则；根据特别条款吸收成员；提升成员福利；处分基金剩余以及终止计划。在某些情形下，信托文件可以规定雇主必须同意受托人可以享有特定的权力或仅在雇主许可的情况下行使该权力。受托人的自由裁量权允许受托人对如下情形作出选择：谁可以享有遗属养老金；谁可以享有一次性的死亡福利；是否支付提前退休的养老金；是否接受对计划的移转。受托人在考虑

是否行使自由裁量权时，须审核信托文件和规则对权力的限制；遵循这些文件中所规定的程序；在作出合理决策前须询问、考量所有相关的信息。如果对权力的行使有任何疑问或疑虑的，可以向法律顾问咨询。受托人在考虑是否行使自由裁量权时须遵循信托文件和规则所规定的程序。除非信托文件和规则有相反的规定，受托人通常不能将权力委托给他人，包括自由裁量权，但是，将养老金法中规定的投资决策权委托给他人的可以例外。如果信托文件和规则允许受托人将权力委托给他人，那么，受托人仍然代理人的行为负有责任。然而，受托人已经对投资决策承担代理责任的，受托人的责任一般更加严格。

（一）受托人的管理权力

受托人的管理权力因计划的不同而不同，通常信托文件规定受托人的管理权力有：第一，保持经济状况记载，任命和解聘职业顾问如精算师、审计员、投资顾问、经理人、托管人和律师等；第二，对计划的资产的投资战略作出决策并投资计划资产；第三，接受出资并使其到位以及维持出资安排以使出资水平能够确保现在的资产足以满足其债务；第四，修改计划规则；第五，根据特别条款吸纳成员；第六，增加或提升成员福利；第七，处理筹资剩余；第八，终止计划。

受托人须与雇主对出资安排达成一致意见，但如果他们意见不一，他们须在取得计划精算师的意见后将出资安排到位。受托人的这些权力可以极大地影响公司的行为。在取得雇主同意的前提下，受托人享有提高福利的权力。

受托人一般不得将其权力包括自由裁量权委托给他人代理，除非信托文件和规则允许，不过，恰当草拟的文件中通常规定了委托代理的权力。受托人可以将日常的投资决策委托给职业的合格者代理，只要他们确保代理人有必要的知识和经验以及常常对其绩效进行监控。如果信托文件和规则允许将权力委托他人代理，受托人须对代理人的行为承担责任，即使权力已委托给他人。这些权力不是绝对的，他们须为受益人的利益合理的行使。在实务中，受托人的许多义务都可以委托给代理人包括日常的投资管理如选择购买什么股票，受托人通常均可交由投资经理人来实施。受托人自己通常不能核查养老金请求是否有效或自己收取出资，受托人须进行复杂的登记，但自由裁量权不可以委托给他人。在某些情形下，受托人须自己作出决策，这是受托人的本职义务。即使受托人将某些义务委托给他人，尽管受托人相信其任命的人能够实现其意图，受托人仍有义务核实他们的信誉和能力，受托人仍需监督他们。如果受托人认为他们行为不当或意见不正确，受托人也可以不同意他们的行为，受托人不可盲目地委托他人代理。受托人在管理信托时须采取谨慎和诚信的方式行事，在投资资产时须以一个合理谨慎的商人的方式投资他人的资产。

受托人可以将养老金计划实际的运作交给养老金经理人以及某些特定的功能委托给任命的顾问，而此委托代理行为不构成信托之违反。此委托代理的范围仅由信托文件和规则规定，或可以遵循相关法律的规定。

（二）受托人的自由裁量权

如果受托人的权力是自由裁量权的性质，那么，受托人必须决定如何行使此权力。

受托人在考虑是否行使自由裁量权时，须时常核实信托文件和规则中对此权力的限制，遵循这些文件中规定的程序；作出决策前询问、考虑所有的相关信息，如果对行使此权力有什么疑问或顾虑，则进行法律咨询。

1. 什么是自由裁量权

受托人在管理其养老金计划时通常需要行使其自由裁量权。不是所有的权力都是自由裁量权，但重要的是需要区别义务与自由裁量权的差异。自由裁量权的关键性的特征是受托人有权利去做，但不是必须去做。自由裁量权主要表述为受托人"可以"或"有权利"去做，而义务则是"应当"或"必须"去做。受托人决策的过程十分复杂，但有许多原则可以适用于所有的自由裁量决策，无论是何种情形。通常，受托人必须对涉及养老金计划的福利作出决策。如果养老金计划规则规定受托人"可以"作出某些事情或仅"受托人同意"可以支付福利，那么，受托人可以行使自由裁量权。自由裁量权是受托人可以选择作出决策但不是必须这样做。

2. 受托人自由裁量权的具体内容

受托人享有的自由裁量权根据计划的不同而变化，普通的自由裁量权包括决定：谁可以获取遗属养老金；谁可以获取一次性的死亡福利；是否支付养老金给提前退休或病退的人；是否接受计划的移转；是否增加福利；是否根据计划规则减少、暂停或终止福利；设置精算因子；赋予非法定移转或转向小的私人养老金；为不足 18 岁的孩子分配福利；等等。受托人享有自由裁量权的范围具体根据不同的计划而定。一些自由裁量权在受托人行使之前有一些额外的要件，如发起人雇主的同意或要求与计划精算人协商。在开始决策程序之前，受托人应当核查计划规则以便了解行使什么权力。如果受托人不明白行使什么权力，则须向法律顾问咨询。

3. 自由裁量权的行使规则

当受托人在考虑如何行使自由裁量权时，他们须根据具体的情形遵守一些基本规则：核查计划规则以确保在行动前能够理解权力的本质和范围，必要时咨询顾问，在了解所有情况之前不要草率作出决定，但一次性死亡福利的自由裁量决定须在成员死亡的两年内作出；在行使自由裁量权时考虑所有相关信息，不要根据非相关信息作出决策；在决策前进行适当的询问以确保了解所有的事实，在考虑一次性死亡福利分配时要确定所有可能的受益人并了解他们的经济状况及其他情形，不要盲目地采纳成员所提供的名单，注意所有的相关事实；为恰当的目的行事如为信托目的以及为权力赋予的目的行使自由裁量权。这通常意味着为计划成员整体的最佳利益而行事，但须考量雇主的利益，不要局限于未来自由裁量决定的后果，自由裁量权必须独立行使；在所有的情形中作出合理的决策，通常存在不止一种合理的结果，不要不公平对待某些成员，但也不必须平等对待所有的成员。

养老金受托人行使自由裁量权时必须考虑一些因素。受托人行使自由裁量权时，他们必须谨慎行事。成员的福利通常由受托人行使自由裁量权来决定，受托人可以决定谁可以接受一次性死亡福利或提前退休时福利如何支付。

在行使自由裁量权作出决策时，受托人须对相关程序进行记录。为了确保所有相关因素得以考量而作出决策，受托人必须忽略所有非相关因素，须向相关职业顾问如律师或管理人员进行咨询。在行使自由裁量权时首先要确定自由裁量权是否应当行使。如果养老金计划规则使用了诸如"受托人可以"或"受托人同意"等表述的，那么，就是自由裁量权。还应当确定谁有权行使自由裁量权，可以由受托人、雇主或他们共同行使。受托人有必要了解相关立法的适用，养老金计划规则可以规定某一立法调整其必须采取的行动。

在行使自由裁量权时，受托人确保可以获得所有的与决策相关的事实和信息。在判断某一情形时，受托人须询问并确保收到所有的回答。受托人作出合理的决策时，必须进行记录，须仔细考虑什么是特别应当记录的以及详细记录程度。

受托人须诚信地行使自由裁量权。养老金受托人必须公正地行使自己的职权，在考虑个人利益与所有成员利益时确保公平行事，与相关当事人协商，行使自由裁量权。

4. 权力平衡

雇主与受托人之间的权力平衡因每一计划而不同，且规定在信托文件中。这可能影响到哪一当事人、受托人或雇主对设立出资或投资决策以及一方须与他方协商的范围享有话语权。

调整 DB 养老金计划的信托文件和规则将不同的权力在计划的受托人和雇主之间进行分配。权力归属于受托人抑或雇主通常由基本的法律或共识来规定。但对某些权力而言，谁享有该权力以及其范围如何则存在很大的差异。许多重要的权力通常由受托人享有，他们如何行使可能对雇主产生较大的成本，他们主要可以"根据受托人自由裁量权"来行使。难以明确的是这真正意味着什么，而且有时可能导致诉讼。最后薪酬计划的受托人为了保障养老金领取者的利益，决定根据计划规则行使其自由裁量权，修改计划以赋予自己一种新的单方权力来额外增加养老金。[1] 他行使了此种新的权力，将养老金提升到高于 CPI，并根据规则自动适用。根据传统的信托法原则，受托人享有广泛的自由裁量权，但与雇主权力平衡时，受托人必须合理地行使其权力。诚然，受托人不能不当地行使其权力，但"合理性"在实践中极难证明，没有"合理性"的客观标准，法律实践中受托人行使权力的范围超过了"合理性"范围。雇主认为对其利益所行使的自由裁量权不合理或不当完全可以在法律上获得支持。

---

[1] Katie Scott, High Court rules against British Airways in pensions discretionary increase case, https://www.employeebenefits.co.uk/issues/may-online-2017/high-court-rules-against-british-airways-in-pensions-discretionary-increase-case/22nd May 2017 11:59 am.

二　受托人的义务

受托人需要忠诚行事，以负责任和合理的方式履行其功能，他们在作出决策前必须了解与决策相关事务的信息。如果受托人对信托的管理享有自由裁量权，如果不当行使就会被干预。

受托人有义务明确、精确的记载信托资产并接受受益人的检查，有义务根据计划规则维护受益人之间的衡平，有义务以公正的方式进行针对不同类型的受益人产生不同结果的投资决策，有义务确定受益人的身份并采取必要的措施确保信托财产根据信托条款进行分配。如果对受益人各自的诉求存在合理的怀疑，受托人可以向相关机构（在英国，向法院请求）请求指示，对按照此指示所为行为不承担责任。

总的说来，受托人肩负着许多十分重要的义务和责任，其中包括：公正、谨慎、认真和诚实以及为计划受益人的最佳利益行事；根据信托文件、计划规则和养老金的法律框架行事。除这些一般义务外，受托人还必须履行许多特定的义务和需要完成特定的任务，其主要任务是：第一，接收出资。雇主须及时精准地支付出资，有一些严格的规则规定受托人接受出资的程序。第二，经济状况记载和要件。恰当的福利须按时支付、年度报告须准备、获取审计报告以核实计划出资支付的详情，如果需要，须安排计划账户的审计。第三，投资。养老金基金根据计划投资原则和相关法律进行恰当的投资。第四，职业顾问。任命合适的职业顾问来经营养老金计划。由于计划十分复杂，通常需要专家的意见。第五，养老金计划记载。需要记载全面和精确的审计情况，包括过去和现在成员、与计划的交易往来以及受托人会议的书面记载。第六，向成员和其他人提供关于计划以及他们个人福利的信息。第七，报告计划回报和征税的情况。向调控机构报告法律要求的信息，计划的年度回报的完成、计划年度税赋的支付等情况。

（一）养老金信托受托人义务的内涵

1. 养老金信托受托人义务的具体内容

养老金信托受托人负有管理养老金基金之义务，受托人须履行资产分离之义务，受托人履行其义务须符合法律规定之具体标准。受托人在行使权力时除应遵守养老金法和信托法的规定外，还须受信托条款之调整，但受托人违反信托条款的责任不能通过当事人之间的协议免除。养老金信托采取集体投资基金形式具有一定的优势，但集体投资基金形式中受托人进行信托资产混合投资与其资产独立义务存在矛盾，需要寻求相应的解决对策。

受托人的义务由信托文件规定或由法律施加，受托人必须履行。受托人没有履行这些义务构成信托之违反，养老金调控者会采取罚款或其他制裁措施，受益人也可以采取措施恢复其因信托违反所遭受的损失。信托协议和规则一起通常称为信托文件。一般而言，信托文件会规定受托人豁免条款。计划规则规定成员的资格、可能获得的福利以及受托人对上述事宜的自由裁量权以及确定出资的安排。受托人有责任实现信托文件之目的。在养老金计划中，受托人的作用是履行文件所规定的义务，行使赋予他们的权力包括征收出资、谨慎投资、精确记载成员信息以及按照信托法和养老金法正确计算并支付福利。受托人须明确理解并恰当地实施这些权利和义务，受托人须总是诚实、合理的行事。受托人的义务一般称为"信义义务"，因为这些义务源自信托法，包括为受益人的最佳利益行事、谨慎和公正行事的义务以及熟悉计划的义务。受托人的权力包括接受对计划的出资、允许对信托文件部分条款的修改。受托人的自由裁量权包括病退养老金或养老金福利增加的决定。受托人有责任确保计划的良好治理和管理，至关重要的是受托人对计划受益人须忠诚并始终为其最佳利益行事。

在委任投资顾问或投资经理的情形下，公司受托人的地位和权力及在行使投资权力时其信义标准须明确、受托人行使投资权力之法律依据须明确，作为委托人的企业对信托投资的影响以及受托人投资工具之选择须明确。根据已确立的信托法规则，处于信义地位的受托人不得利用其信托地位牟利，除非明示获得授权这样做，受托人应当避免利益冲突。一般而言，职业受托人须根据与养老金计划或雇主之间的合同约定而运作，须承担法定的信义义务，使养老金的经济利益最大化。受托人须根据风险偏好和"普遍认可的道德标准"最大化取得长期的投资回报。

受托人须严格履行如下义务：忠诚行事或为计划成员和受益人的最佳利益行事；谨慎和合理注意行事；运用技能、能力和勤勉行事；保持独立、追求目标、避免利益冲突、禁止自我交易、拒绝任何影响到他们忠诚的赠与、遵守所有的可适用的法律、法规和规则包括计划文件之条款、公平公正客观地对待所有的成员和受益人、采取与计划既定的任务以及支持此任务的政策一致的行动、核查计划实现其目标的效率和效益包括评价计划服务提供者的绩效和行为，例如投资经理人、顾问和精算师的绩效；保护计划之机密；保护成员和受益人的信息；采取及时、精确和透明的方式与成员、受益人和监管机构进行沟通。

2. 养老金信托受托人义务的法律依据

各国法律除规定养老金基金受托人须遵守一般信托受托人的法定义务外，还在养老金法中对受托人的义务进行了规定。

在南非，《1956 年养老金基金法》第 7C 条、第 7D 条将受托人的义务法典化，并纳入 1996 年《养老金基金修改法》中。这些义务的其他渊源是普通法，受托人的义务通过法院的判例得以发展直到 1996 年《养老金基金法》的修订。《养老金基金法》第 7C 条规定，第一，受托人的目标是根据可适用的法律以及基金的规则，指示、控制和监督基金的运作；第二，为了遵循这个目标，委员会须根据此法的规定和养老金基金规则的规定，一方面采取合理的注意措施，确保成员的利益及时受到保护；尤其是，根据该法第 14 条所规定的企业合并和移转、分离基金时，雇主对出资的终止或减少、雇员出资的增加以及参与基金的雇主的撤回之情形；另一方面，受托人需采取恰当的认真、谨慎、诚信的方式行事，避免利益冲突，公正地对待所有的成员和受益人。根据该法第 7D 条之规定，委员会的义务还包括基金运作的恰当登记、注册和记载；委员会所通过的所有决议的详细的会议纪要；确保采取恰当的控制机制；确保适当和恰当的信息传达给基金的成员，并告知他们基金的规则所规定的他们的权利、福利和义务；采取所有合理的措施确保该法所规定的所有的出资及时支付给基金；如果委员会委员对有关事项缺乏足够的技能，则需获取专家意见，基金的规则、运作和管理得以恰当的实施。受托人的义务主要分为三类：一是"熟知义务"即受托人须具有管理基金的某些知识和受托人经验；二是以无可挑剔的方式管理基金的义务；三是谨慎、认真、诚信行事的义务。这些义务均规定在《养老金基金法》第 7C 条和第 7D 条中。

美国的 ERISA 规定了养老金计划信义人的特定行为标准（称为信义义务）以及特定的计划信义人不得从事的禁止性交易的规则。这些信义义务的违反可能导致信义人须对禁止性交易产生的损失和不可扣减的消费税承担个人责任。注意标准是判断信义人是否恰当地履行了计划信托项下的义务。信义责任规则一般适用于所有的养老金计划。

英国的《2004 年养老金法》第 247、248 条规定了受托人的"熟知义务"，《2006 年职业养老金计划调控规则》规定了此义务的某些豁免规则。《2013 年职业和个人养老金计划调控规则》规定了受托人的信息披露义务。养老金法要求受托人具有并熟悉有关养老金信托相关的法律知识以及养老金计划筹资和计划资产投资的原则，要求受托人熟悉某些计划文件包括信托文件和规则、投资原则和筹资原则的说明。某些豁免适用于成员不足 12 人的计划受托人。养老金调控者规定的行为规则所规定的受托人知悉义务规定了受托人必须做什么以便能遵守法律。受托人在被任命后 6 个月内必须具有恰当的知识和能力。受托人在养老金计划中发挥着极其重要的作用，他们有义务恰当地运作计划，包括从出资的征收到资产的投资和福利的支付。计划的成员完全指望着受托人能确保计划良好的运作以及他们的福利有保障。

英国养老金法律要求英国大多数职业养老金计划以信托的方式设立。信托可以确保养老金计划资产独立于雇主的资产。这是成员福利安全性的重要保障。受托人是个人或公司，独立于雇主，以信托的方式为计划受益人的利益而持有资产。受托人有义务确保养老金计划恰当的运作以及成员的福利得以保障。信托法规定了受托人的信义义务以及对计划如何行事的基础。受托人的许多义务源自信托法，受托人的主要义务有：根据信托文件和规则行事；为计划受益人的最佳利益行事；公正行事；谨慎、负责和诚实行事。

受托人必须在法律的框架内行事，有几种类型的法律涉及职业养老金计划，特别是普通的信托法、适用于养老金计划的特定英国法律包括议会的法案和调控规则（养老金调控局分布的行为规则）、欧洲法（通过英国立法和欧洲法院的裁决）、信托法（通过议会法和判例法多年发展起来的）。

英国养老金计划受特定立法的影响包括议会法和调控规则。法律规定了计划运作的详细要件和受托人义务。有关受托人作用和义务的最为重要的两部法律是英国的《1995 年养老金法》和《2004 年养老金法》以及根据其作出的调控规则。

信托文件和规则规定了受托人的权力和其应遵循的程序。受托人须根据信托文件和规则之规定行事。信托文件是设立和调整计划的法律文件，计划规则设定了更为详尽的条件，包括提供的福利。对这些重要的文件以及调整计划的其他文件，受托人须熟知。受托人不仅应为计划受益人的最佳利益行事，而且须公正行事，受托人须考量信托文件和规则所涉及的所有类别的受益人的利益，公正地对待他们。这是不要求受托人对所有类别的受益人统一对待，而是通过利益衡量，恰当地平衡每一类别的受益人的利益，对同一类别的成员同等对待。对个人受益人，受托人须权衡该个人受益人的利益与所有其他受益人的需要。受托人的义务是对计划所负有的义务，而不是对有关的集体或个人如雇主、工会或特定的成员集体（养老金成员）的义务，雇主的现金流问题或雇主与员工之间的对养老金福利的谈判是否独立的问题均不可影响到受托人履行其职责。利益冲突所涉及的领域十分复杂，受托人须咨询法律顾问并管理利益冲突。受托人须谨慎、负责和诚实行事，此义务涉及诸多方面。受托人须像一位谨慎的人对待自己的事务那样行事，须具有相应的技能和专门知识，此义务尤其与计划投资的选择和运作相关。

我国养老金信托的法律依据是《企业年金办法》和《企业年金基金管理办法》。《企业年金基金管理办法》第 7 条规定了受托人建立风险控制制度的义务，第 22 条规定了受托人应当履行的职责包括选择、监督、更换账户管理人、托管人、投资管理人；制定企业年金基金战略资产配置策略；根据合同对企业年金基金管理进行监督；根据合同收取企业和职工缴费，向受益人支付企业年金待遇，并在合同中约定具体的履行方式；接受委托人查询，定期向委托人提交企业年金基金管理和财务会计报告。发生重大事件时，及时向委托人和有关监管部门报告；定期向有关监管部门提交开展企业年金基金受托管理业务情况的报告；按照国家规定保存与企业年金基金管理有关的记录自合同终止之日起至少 15 年；国家规定和合同约定的其他职责。第 29 条、第 34 条和第 41 条规定了其他功能信义人如账户管理人、托管人和投资管理人的职责。

《企业年金办法》第 27 条规定受托人负有当将日常管理委托给具有企业年金管理资格的账户管理人、投资管理人和托管人的义务，由这些功能性信义人负责企业年金基金的账户管理、投资运营和托管。但未规定受托人对这些功能性信义人违反信托义务行为的法律后果承担责任。第28条规定了受托人以及其他功能性信义人的分别管理的义务。

我国上述法律法规存在如下缺罅：第一，《企业年金办法》和《企业年金基金管理办法》法律层次较低，属部门规章；第二，缺少对受托人义务的规定，尤其是受托人信义义务的规定阙如；第三，受托人的熟知义务等规定阙如；第四，对利益冲突管理的义务阙如；第五，受托人遵守计划规则的义务阙如；等等。另外，我国《信托法》的相关规定也比较抽象，没有可操作性。因此，建议制定层级较高的《养老金信托法》作为基本法以资遵循，针对养老金信托的特殊性，对养老金信托受托人的义务进行明确具体的规定。

(二) 养老金信托受托人的管理义务

养老金信托受托人须遵循一般的信托法义务，这是不可争议的。然而，可用于养老金信托的法律制度须对这些义务进行相当大的修改。关于养老金信托受托人义务的设定可以参照英国养老金立法的规定。

养老金信托受托人管理信托的具体义务包括以下内容。

1. 执行信托条款的义务

养老金信托文件是相当复杂的文件，对可支付的福利的数额和条件以及受托人与雇主之间的权力制衡均进行了详细的规定。所有的受托人须知悉信托条款，然而，养老金计划的受托人没有知悉信托条款不仅构成信托之违反，而且构成不当管理，因此，受托人的第一要务是熟知信托文件。

受托人必须了解被赋予了计划项下的什么权力，因为他们有义务考量相关情形中其权力的行使。计划修改权力是一种重要的工具以确保养老金计划实现其长远的目的，这赋予受托人的不是个人权力，不是为了每一位个人受托人的利益或为任命他的当事人的利益而行使的权力，它是一种信义权力。信义权力承载着义务。尤其是，考虑权力是否行使的义务。①

2. 良好治理的义务

受托人委员会是基金的治理者，养老金基金必须由治理者恰当地管理。基金良好治理的责任由受托人来承担，因此，受托人的义务是遵守良好治理的原则，以确保能够提供基金规则所确定的福利以及确保成员能够

---

① Packwood v British Airways Pension Scheme [1995] OPLR 369.

获得最大的福利，减少投资风险，并向成员提供基金管理的费用以及福利提供机制等相关信息，简单地说来，良好治理的原则规定受托人委员会承担基金管理包括基金资产投资的责任并对基金成员负责，委员会委员必须共同行事，避免利益冲突，遵守委员会行为规则。委员会委员必须接受入职前教育以及就风险管理、投资、养老金基金架构，接受与基金管理、税收，精算及改革建议等相关的法律和遵守问题的培训，受托人委员会必须进行年度的绩效评估，并对受托人违反义务、基金规则和基金行为规则的行为进行监督和处理。

委员会在缺乏专业技能的情况下，需要获得关于基金运作的专家意见，应当聘请专家顾问和具有恰当的职业资格的人。每一个基金对风险管理都有自己的特点，这就要求基金的投资有利于成员。在恰当的管理中，委员会应当识别和控制基金所面临的风险，恰当地评估以及采取相应的程序来减少这些风险的影响，并将有关情况向基金的成员进行恰当的汇报。

成员有权利评估基金管理和福利提供的可靠性和可信度，受托人委员会有责任将所有基金运作和投资绩效相关的信息传达给基金的成员，委员会须确保在基金的管理和运作过程当中遵守法律以及调控机构的规则，并完全恰当地、及时地处理该调控机构提出的问题。

委员会负有义务满足信息传达和披露的最低要件，恰当信息披露的要件包括提供一般信息、特定的基金信息、出资信息、福利计算公式、覆盖程度以及受托人名字等，披露福利选择的义务要求受托人向成员提供信息，成员必须对此信息进行判断并作出选择。如果成员所作出的决策，影响到他退休的条件或退休时的投资价值等，这些情况均需要明确具体的传达给成员，如果基金需要重新架构，导致福利结构的变化，对成员存在潜在的影响，那么受托人均负有义务将这些情况通知给成员。基金需设置可适用的机制帮助成员对其福利和投资作出决策和选择。成员必须获得恰当的信息，在充分获得相关详情的情况下，他们才能够判断并作出信息充分的决策。

3. 管理义务

受托人委员会有义务在登记机关对受托人进行登记，登记必须包括所有的受托人的个人信息。有义务进行变更登记以及对所有的决议记录形成会议纪要。会员的详细信息以及基金的详细信息、通讯地址、审计人、独立管理人、投资管理人、估价师等相关信息，均必须在登记机关进行登记。受托人有义务确保采用恰当的控制机制以保护基金不被窃取和欺诈。尽管保护所有的基金免受欺诈和窃取是不现实的，但受托人需要引入控制手段来威慑可能的犯罪人或标识某些可能造成潜在欺诈的行为，随时采取行动避免这种欺诈行为的发生。

受托人有重要的义务持有养老金计划资产的法定权利，他们必须谨慎的根据信托条款在法律规定的范围内投资这些资产。他们必须按照信托文件和规则规定的条款收取出资并支付福利。

受托人必须将成员的权利、福利和义务通知给他们，受托人还必须确保这些信息是充分和恰当的，以使成员了解基金规则赋予他们的权利。受托人还需遵守成员信息披露要件，受托人需采取所有合理的措施确保出资及时支付给基金，如果雇主没有恰当地出资且受托人没有采取恰当的措施保证其出资支付，由此所产生的责任，由受托人来承担。

受托人可以将投资权委托给代理人，但仍须对代理人的行为行使合理的监管。因此，尽管立法和信托文件允许或要求受托人将养老金计划的投资委托给投资经理人，但受托人对代理人的投资行为和绩效承担责任。

如果受托人须全体一致同意作出决策，那么，导致关键性的决策不能作出的可能性极大，决策由大多数人同意则可通过，除非信托文件和规则有相反之规定。因此，为了保证重要决策的通过，多数决规则可以通过信托文件和规则予以修订。

4. 确保支付履行的义务

计划规则可以规定雇员和雇主出资以及受托人有义务收取这些出资。雇员出资可以由雇主从其报酬中抵扣。雇主唯一的权力是从雇员报酬中抵扣出资并直接移转到计划，因此，雇主必须向受托人支付资金。在经济萧条时期，一些雇主使用了那笔资金用于一般的营业目的相当于盗窃。尽管在此情形下，这笔资金总是被作为应向计划履行的债务，但在实践中受托人发现很难采取措施收回这笔资金。另外，没有真正的机制强制成员向计划出资并立即支付。雇主须在抵扣那个月末之后的一定期限内将成员出资移转于计划，未遵守此要件的，可能导致罚金或刑事处罚，如果任何人明知涉及欺诈性移转要件以及必须向职业养老金调控机构和计划成员报告，除非 10 天后进行了支付，迟延支付仅仅是初次或在最后 12 个月内由雇主所为的第二次迟延。雇主未支付到期出资，构成对计划的法定债务，受托人可以强制执行。

然而，确保遵守法定要件和关于向计划支付出资的时间期限显然不足以免除受托人的义务。养老金监察机构可以决定：如果额外自愿的出资从雇员的薪酬中扣除至支付给保险公司的时间间隔超过 10 天的系统迟延就是不必要和不合理的延迟，构成引起不公正的不当管理。[1]

5. 披露义务

受托人有义务允许受益人检查计划信托文件和规则的执行情况、计划的账目和计划投资相关的文件。受益人甚至有权检查受托人管理决策的会议纪要以及有关决策的法律意见。另外，在职业养老金计划中受托人须遵守各种法定的披露义务规则，[2] 这些规则详细规定了大量需要向成员主动或经成员要求并在规定期限内应提供的信息。

金钱购买福利计划的受托人负有额外的义务，需向成员提供法定的金钱购买说明作为部分年度福利报表，例外情形有：第一，成员将在 2 年内退休；第二，计划项下成员金钱购买福利的价值达到一定数额且不用继续出资的或根据受托人的意见，可能要出资的；第三，存在就高不就低的金钱购买福利选择权时（一是固定福利，二是金钱购买福利），受托人认为不能适用的。

法定的金钱购买说明是关于计划金钱购买福利于成员退休时可能已累积的养老金数额的说明。这旨在保证金钱购买计划的成员对其金钱购买账户以其退休时可能提供的福利的额度产生现实的期待。

受托人有特定的法定义务进行信息披露，受托人的养老金顾问可以帮助其履行此义务。英国的养老金调控机构和金融服务机构鼓励雇主向其职工推销养老金计划，但受托人和雇主都没有一般的法定义务向养老金计划成员就他们的养老金权利提供意见。事实上，比较好的做法是不向成员就他们的权利提供意见。这很容易陷入困境，因为提供的意见受到金融服务机构的调控以及未经大多数董事和受托人授权。更严重的是受托人要承担提供错误意见的风险，因为受托人不可能了解所有的情况，雇员可能将涉

---

[1]　Determination G00543.

[2]　*The Occupational Pension Schemes（Disclosure of Information）Regulations 1996*，SI 1996/1655.

及其个人利益的关键性的信息向受托人保密。有时，有的意见直接与其他成员的利益相悖。受托人以牺牲一方利益为代价而作出有利于另一方利益的事情，受托人最好不要向养老金计划成员提供意见，而且提供意见最好作好记录。

受托人不得披露其行使自由裁量权的理由。受托人须恰当地记载他们的决策，如果受托人没有恰当地记载他们的决策，从而对受益人、自己或法院不承担责任，那么构成一种不当信托管理行为。这为利益冲突、隐藏不谨慎甚至贪腐行为打开方便之门。

6. 不得委托代理的义务

适用于职业养老金计划受托人的一个一般规则规定，除投资权力外，受托人不能将其权力委托给他人代理，除非信托条款特别允许他们这样做。信托计划受托人作出投资决策的自由裁量权可以由受托人或代表受托人委托给基金经理人，① 此代理必须用于某些被授权实施的投资活动，但有些投资的权力不允许被代理。② 投资权力代理可以赋予两个以上的受托人或给未经授权的基金经理人。③

投资权力的委托代理受到鼓励，受托人对恰当的任命、授权投资经理人的行为规定了法定的免责情形，④ 如果受托人采取了所有的合理措施，自己对基金经理人也满意，且基金经理人具有管理计划投资的恰当知识和经验，有能力开展工作进行投资选择。如果向未经授权的基金经理人进行委托，就不可以享有法定的免责，但如果受托人愿意，他们可以在计划规则中规定免责条款。

如果存在投资选择以及受托人将几种投资选择的决策交由基金个人成员，在金钱购买计划中对受托人委托投资权力的限制会产生潜在的问题。为此，将投资决策的权力委托给个人成员是不允许的。此问题可以通过拟定计划文件以确保没有受托人投资权力的委托代理来解决。但可通过规定成员能够表明投资偏好，受托人没有义务来实现。为此，投资权力仍属于受托人，尽管受托人在每种情形下必须考虑是否恰当地遵循了成员的指

---

① *Pensions Act 1995*，§ 34（2）.

② *Trustee Act 1925*，§ 25. Pensions Act 1995，§ 34（5）.

③ *Pensions Act 1995*，§ 34（5）.

④ *Pensions Act 1995*，§ 34（4）.

示。可以替代的是信托可规定赋予受托人选择投资工具的权力，但将个人金钱购买账户如何投资的决策权交给成员。这样，虽没有投资权力的委托，但各种投资选择的权力仅属于成员。

7. 接受强制培训、教育的义务

受托人培训十分重要，考虑到受托人的职位越来越复杂，而且其个人责任的风险也很大，有些国家立法如英国、美国规定了受托人必须具备一定的技能和进行培训，要求受托人自接受任命之日起一定期限内须具备规定的技能，而且受托人须在任期一直具备相应的技能。雇主任命和成员选举的受托人，尽管有善意，但缺乏职业受托人所具有的专业技能和经验，结果常常在基金管理中不能发挥他们应有的积极作用。在有些情形下，受托人可以将其义务委托给合适的有资格的人，通常是其日常投资决策的义务，但须对代理人的行为承担全部的责任。受托人可将大多数的这类决策委托给职业经理人，因此，他们仍需对基金的管理向成员和受益人承担责任。受托人必须设立一种监控程序来监控代理人履行义务包括将义务履行过程的错误或问题进行及时通知。另外，受托人须接受强制性教育，从而能更好地理解他们的义务性质以及更好地为基金的增值提供条件。

8. "报告" 义务

受托人须了解与基金运作有关的机密信息，以前受托人没有法定的义务将有害的信息报告或披露给权威机构。受托人被施加了"报告"义务，受托人须提供书面的有关基金事务的信息，根据其判断可能严重损害基金或其成员的经济状况的信息，只要受托人知道这个信息就产生了义务。"报告"的义务是法定的义务，超越了受托人对成员或基金所负有的忠诚或保密义务。

（1）向调控机构报告

如果发生了违反法律的事情，并且对调控机构来说可能是十分重要的，受托人以及与计划运作相关的其他人员均有法定义务将违法情况报告给调控机构。当决定作出报告时，"违反法律的报告"对需要考量的因素提供指导，另外，当与特定计划相关的事件发生时，受托人还须向调控机构报告。

（2）年度报告

大多数养老金计划受托人须在计划年末的最后 7 个月内制定年度报

告。受托人报告通常包括：投资、有关计划的法定和管理信息、精算信息、治理信息、审计账户和审计报告。

9. 主持会议并记录的义务

受托人对所有的会议进行记录，包括日期、时间和地点，受邀受托人及出席人员的名字，作出的决策，如果决策自最后会议以来被受托人采纳，该决策也需要记录。①

没有出席会议受托人达到最低人数限制的，受托人会议有效。然而，如果决策被大多数人采纳，那么，除非所有的受托人作出相反的一致决定，会议要求至少在 10 个工作日前发出通知，除非必须对紧急事务作出决策。②

10. 任命职业顾问的义务

除了某些例外，受托人须任命计划审计人、计划精算师和基金经理人。③ 金钱购买计划不必任命精算师。任命必须采取书面形式，规定任命生效的日期，职业顾问向谁报告，他们须从谁那里获得指示。顾问必须接受在一个月内接受其任命，并确认他一旦知悉存在与计划有关的利益冲突就告知受托人。顾问可以在任何时候通过书面通知方式向受托人辞职，受托人也能够解任职业顾问。审计人或精算人必须向受托人提供规定解任情形的报告，这些情形包括对成员、未来成员或计划受益人的利益有重大影响。④

法律对计划法律顾问的任命没有要求。然而，如果受托人在履行其职责时依赖没有被其任命的法律顾问、审计人、精算师或基金经理人的技能或判断，那么，受托人可能要承担罚款之责或被禁止成为受托人。⑤ 因此，受托人不能依赖雇主的律师或审计人的建议，除非他们正式任命此类人作为他们自己的顾问。

11. 设立争议解决程序的义务

受托人需要设立自己内部的争议解决程序，这样，成员就能够要求受

---

① *Pensions Act 1995*，§ 49.

② *Pensions Act 1995*，§ 32.

③ *Pensions Act 1995*，§ 47.

④ *The Occupational Pension Schemes Regulations 1997*，SI 1997/819.

⑤ *Pensions Act 1995*，§ 47（3）.

托人对影响到成员利益的决策进行审核，没有必要向养老金监察机关提出诉求或向法院提起诉讼。①

12. 投资义务

养老金计划主要是金融信托，信托资产投资是养老金计划受托人所享有的最重要的权力之一。在此领域，或许与任何其他领域不同，职业养老金计划的法律地位与其他信托有所不同。

（1）许可投资的范围

受托人允许进行的投资应符合信托文件和相关法律的规定，但相关法律的规定对职业养老金计划来说一般被认为过窄且具有局限性。职业养老金计划的长期责任性质意味着允许投资的范围之外的大规模股权投资更为恰当。因此，大多数计划不依赖于法律的规定，但如果信托文件规定了广泛的投资权力，通常几乎允许任何类型的投资。

为了反映养老金计划投资的现实，信托计划的受托人，受到计划的限制，有权像拥有计划资产的绝对所有权人那样进行任何种类的投资。② 如果相关法律未界定投资的范围，养老金计划受托人必须考量计划资产的特定处分是否真正可以视为一种投资。广泛的法定投资权力受信托文件规定的限制，通常的限制包括绝对禁止投资于发起人雇主的股票或通常具有高风险的特定类型的投资。信托文件不可能的一种禁止形式是禁止仅需雇主的同意的特定类型的许可投资。计划不可以由雇主同意对投资的任何权力明确的施加限制。③

广泛的法定投资权力需要进一步的限制，④ 计划资产投资于雇主相关的投资的数额也需要施加限制。雇主相关投资包括股票或雇主发行的其他证券、雇主占有或使用的土地或对雇主有利的土地租约、雇主用于营业目的的财产以及雇主的放贷。受托人没有遵守这些要件，需要受到民事和刑事处罚，无论投资是否是信托文件许可的，这主要是为了使计划资产独立于雇主资产以保护他们在雇主破产时免遭雇主债权人的追索。

---

① *Pensions Act 1995*，§ 50.

② *Pensions Act 1995*，§ 34（1）.

③ *Pensions Act 1995*，§ 35（4）.

④ *Pensions Act 1995*，§ 40.

（2）选择投资的考量

在信托领域，投资需要产生收益。① 受托人或基金经理人必须根据恰当的计划情形，考量投资分散的需要。② 受托人必须有"投资原则声明"，该声明须规定相关事宜的政策，包括投资的种类、不同类型投资之间的平衡、风险、预期的回报以及投资的实现。③ 这不应当成为对受托人不恰当的严苛要求，因为这些考量仅仅代表谨慎受托人在进行任何基金资产投资时应当考虑的，且旨在确保受托人从战略高度关注投资，即使受托人将日常投资决策委托给他人。

"投资原则声明"还必须规定在选择、保留和实现投资时应当考虑的社会、环境或道德考量的范围以及与投资相联系的权利（包括表决权）行使的受托人政策，④ 因为涉及养老金领域道德投资有效性的边界问题。为计划受益人的最佳利益行事的义务是指为他们的最佳经济利益，投资权力的行使必须为受益人产生最佳的回报，并判断相关投资的风险。在判断投资回报时，需要考量产生收益的前景和资本增值。⑤ 这被解释为防止养老金基金资产的任何种类的道德投资，因为受托人必须首要关注的显然是经济收益而非道德。然而，坚持这种严格的解释会使"投资原则声明"中的国家道德政策要求毫无意义。实践中，受托人完全有权享有道德投资政策，并且遵行此政策，只要他们将受益人的利益作为至高无上，投资政策与法律要求的注意和谨慎标准保持一致。这意味着受托人可以自由规避某些种类的谨慎投资，这些投资是他们认为计划成员会反对的，只要他们进行了其他同样有利的投资，而且他们有权进行成员满意的投资，只要这些投资是恰当的投资。受托人无权将受益人的利益服从于道德或社会要求，由此剥夺受益人本应当享有的投资收益或机会。⑥

在起草"投资原则声明"时，受托人必须取得和考虑他们合理相信

---

① Re Wragg [1919] 2 Ch 58.

② *Pensions Act 1995*，§ 36.

③ *Pensions Act 1995*，§ 35.

④ *The Occupational Pension Schemes（Investment，and Assignment，Forfeiture，Bankruptcy etc）Amendment Regulaions 1999*，SI 1999/1849，reg 2（4）.

⑤ Cowan v Scargill [1985] Ch 270，286-287.

⑥ *Pension Law Reform：Pension Law Review Committee Report 1993*（Cm 2342），Vol 1，para4.9.18.

具有金融事务能力和实际经验且具有养老金计划投资管理的恰当知识和经验的人的书面建议。他们必须与雇主协商，合乎逻辑的结果是在最后薪酬计划中雇主承担投资风险。不过，此义务仅仅是协商，最终由受托人决定是否满足雇主的意愿。为了确保投资决策实际上根据"投资原则声明"作出，受托人或接受投资权力委托的基金经理人根据声明中的原则行使这样的权力，只要在实践中是合理的。①

受托人在草拟投资原则声明时需听取意见。受托人无论以任何方式投资，必须听取和考量来自适当的有资格的人所提出的恰当意见，主要是关于根据分散原则和适应性原则以及"投资原则声明"的规定所进行的投资是否令人满意的意见。② 恰当的意见是被授权的人所作出的，调整投资的以及在其他情形下，是受托人合理相信具有金融事务能力和实践经验以及具有信托计划恰当的投资管理知识和经验的人所作出的意见，此意见须以书面形式确认。最后，保留投资权的受托人须时不时确定投资的情形，特别是投资的本质，通过获得恰当的意见并考虑此意见使投资令人满意。未获取此种意见，受托人须承担罚金或禁止担任受托人。③

除了立法对投资设立要件，需要设立一套代表良好的投资实践的原则，受托人作出投资决策时需要予以考虑。同时，养老金基金应公开披露其自愿遵守这些原则的具体情况。这些投资原则具体如下。第一，仅由具有作出有效决策所必要技能、信息和资源的人或组织所作出的决策，受托人选择作出投资决策，他们必须具有足够的专业技能和经过适当的培训，足以能够评估他们所采纳的关键性意见。第二，受托人应当判断是否他们个人或集体具有恰当的技能、恰当的结构和程序来有效地履行他们的职责，他们须拟定前瞻性的商业计划。第三，受托人须为基金设定全面的投资目标，该目标代表他们对是否足以承担基金债务的最佳判断，如果他们对可能来自雇主和雇员的出资有所了解的话。第四，受托人对基金经理人的指示和计划信托文件必须纳入信托持股表决权行使的原则。受托人还须确保经理人采取明确的策略，说明他们将介入公司事务的情形、他们这样做的方式以及他们如何衡量此策略的效果。第五，受托人须安排对基金绩

---

①　*Pensions Act 1995*，§ 35.

②　*Pensions Act 1995*，§ 35.

③　*Pensions Act 1995*，§ 35.

效的评估以及对履行受托人职责所进行的程序和作出的决策进行正式的评估。他们还须对委托给顾问和经理人的绩效和决策进行正式的评估。① 对这些原则的遵守是自愿的，同时受托人还须遵守法律。

受托人作出决策是否行使其权力，须公正地考量一些情形，考虑所有的相关事实，放弃不相关的事实，再作出合理的决策，并向相关的成员及时的宣告该决策，最好是记录影响作出决策的一些因素。受托人须对自己不理解的事宜以及影响到计划的技术问题采取专业化的建议。受托人不得以牺牲基金的利益为代价谋取个人利益，这并非意味着受托人不能成为计划的成员。计划的成员也可以成为受托人，其个人也可以从受托人和其他受托人所作出的决策中获利，只要此决策总的来说对成员有利或对特定类别的成员有利。

（三）养老金信托受托人的信义义务

养老金基金的本质是在当前聚集基金在将来偿付债务。受托人需要平衡年轻的成员对资本增长的需要和年长快退休的成员对收益保持的需要之间的利益冲突。受托人对基金和成员负有信义义务，信义义务是施加于那些管理或经营他人财产的人身上的法定的忠诚和注意义务，包括诚信、技能、勤勉和谨慎等内涵。

受托人对基金负有信义义务，对成员和受益人就累积的福利负有独立的义务。受托人有为全体成员或受益人的最佳利益行事的特定义务。如果投资策略关注的是短期回报，那么，年轻的成员就比养老金领取者更有利。这时，受托人既要考虑基金的最佳利益也要考量成员和受益人的最佳利益，并作出平衡。从战略的角度，受托人须确保所有成员的利益得以实现，对受托人提出信义义务的要求，有利于基金的恰当管理并向成员及受益人提供累积的福利。

1. 忠诚义务

（1）不得自利的义务

受托人负有诚信的义务，但是，诚信是没有级别的，只要违反诚信，无论大小，都意味着受托人行为是恶意或者是不诚信的。一个人的行为，要么是诚信的，要么就是不诚信的，没有中间的行为。

---

① *Myners Review*: *Institutional Investment in the UK*, The Government's Response, October 2001.

信义义务要求受托人不得利用信托资产为自己牟利。由于受托人可能是计划的成员，会从他们自身利益的角度出发作出决策，只要这样能给成员或特定的成员集团带来福利也是允许的。然而，他们不得以其他方式谋利，其本人、家庭成员或组织不得从基金购买或向基金出售资产。通常，受托人可以向计划请求合理的开支，一些计划也允许受托人获得酬劳，是否允许均由信托文件和规则作出规定。

（2）为受益人的最佳利益行事的义务

为计划受益人的最佳利益行事的要件构成了任何信托中受托人义务的重要部分。严格来说，受托人须考量的利益是指计划受益人的利益而非更广泛的社会或个人利益。受托人负有为现在和未来的信托受益人行使其权力的义务，公平对待不同类别的受益人，受托人对受益人的这种义务是至高无上的。当然，他们必须遵守法律，但受此义务制约，他们必须将受益人的利益置于优先考量的地位。信托的目的就是为受益人提供经济利益，通常，受益人的最佳利益就是他们的最佳经济利益。[1]

受托人必须全盘考量什么是计划受益人的最佳利益。通常，他们不是特定集团利益的代表，如果受托人任命的性质以及养老金法对雇员提名受托人有要求，这似乎在某种程度上具有特殊性。对雇主和雇主任命的受托人都具有诱惑力的是，须优先考量在职成员的利益，然后才是其他成员的利益。出于商事原因，公司通常会提升在职成员即现任雇员的利益，他们的利益优先于以前雇员的利益。雇主可以认为递延成员不再享有利益，但受托人则不能这样做。

受托人有义务保护受益人的利益。有些情形下，受托人须果断与雇主进行交涉。雇主有权力调整养老金计划，但需要取得受托人的同意或就计划的筹资进行相关的协商。受托人须确保雇主不影响到其决策以免其违反义务。

然而，受托人有必要平等对待所有的成员。对精算价值产生的剩余，受托人不得未经雇主的同意而使用。然而，通常雇主不能将其出资额减少到低于雇员出资额的水平，所以雇主在未经受托人同意的情况下完全可以使用剩余基金。剩余的三分之一须用于储备金，三分之一用于提升在职成

---

① Cowan v Scargill［1985］Ch 270.

员的福利包括减少他们的出资，另外的三分之一用于减少雇主的出资。根据养老金领取人的投诉，受托人因同意提升在职成员福利而不是养老金领取者的福利的，则违反了公正的义务，这样，受托人被认为是对在职成员实施了不恰当的行为。受托人有权利选择并偏爱某些受益人而不是其他受益人，监察机构没有权力决定他们的选择是否恰当。受托人须公平地考量所有的受益人的利益而不需要平等地对待他们。

（3）公平对待受益人的义务

信义义务源自信托法，要求受托人为基金及其成员的利益而持有资产，只有成员和其受益人可以从基金财产上获得利益，受托人必须确保受益人有权获得他们所应获得的福利，受托人不得对信托财产享有个人利益或者潜在的个人得利，受托人需谨记基金的成员及其受益人的宪法权利以及恰当的管理信托的义务，这些义务通常扩张至关于金钱以及基金投资的决策，这可能影响到受托人自己的养老金基金或个人与基金的金融交易。受托人在履行其职责时须公正行事，不得以受益人的利益为代价而使自己获利。因此，受托人在其管理信托事务期间不得为自己谋利，但在信托规则允许的情况下可以获得报酬，尤其是其作为成员，不得在牺牲其他受益人和成员的利益情况下为自己谋利，受托人需对基金、出资和受托人通过其职位所获得的利益承担责任。

受托人积极地参与决策去交易他们享有经济利益的公司股票，那么他们有义务披露任何潜在的利益冲突，受托人需披露他们个人的股票持有情况。如果用员工个人账户当中的资金进行操作，受托人还需要应用内部的控制程序。受托人需公正地对待所有的成员和受益人，也就是说，受托人不得歧视某一成员，而偏爱其他成员。

受托人须权衡信托文件和规则所包含的所有类型受益人集团的利益，并公平地对待他们。这并不是指以同样的方式对待所有的受益人集团，而是需要在恰当地衡量每一集团利益的基础上平衡他们之间的利益，这取决于充分考量基础上的特定情形。作为受托人的公正行事义务不得因受托人在公司中的其他角色而受影响，如果受托人是人力资源部的领导，他不能代表受托人角色中的工会成员。受托人须总是衡平个人受益人之间的利益。不公平地对待不同受益人集团是法律所不允许的，受托人还须平衡成员和雇主之间的利益。公平对待并不总是意味着平等，但总是可以作出判断的，受托人的法律顾问能够对此判断提供帮助。

　　一般而言，受托人有义务公平对待所有的受益人。一方面，此义务要求受托人公平对待每一位受益人，不对任何一个人表示偏爱。另一方面，此义务要求受托人不偏不倚地对待不同的受益人集团。① 受托人的公平义务与其禁止利益冲突义务相似，因为受托人不得对不同的受益人集团就信托基金的收益（收益受益人和终身受益人）的不同权利以及对基金本身（资本受益人和剩余受益人）有所偏爱。作为信义人，受托人必须不分厚薄地对待每一位受益人，同时，受托人也不得从信托中谋取个人利益。简单说来，受托人应根据同一受益人集团中每一位成员与所有其他成员一样享有同等权利的方式对待同一受益人集团中每一成员，受托人还必须公平对待不同的受益人集团，而不是仅仅是公平对待同一集团内的受益人。显然，如果信托中有终身受益人、收益受益人和剩余受益人，他们的利益均涉及信托基金的资本，那么，受托人很难做到对不同的受益人集团进行公平对待。在此情形下，受托人有义务不关注为终身受益人产生短期收益的信托基金的投资和分配问题，否则，会损害剩余受益人的利益，因为他们的利益主要源自信托基金的资本剩余。然而，公平对待不必指信托的每一受益人均取得自由裁量信托中同样的财产，而是他们享有平等的公平考量的权利。同样，如果一位受益人优先于其他受益人享有某一既得利益，那么，须满足某一先决条件：② 具有完全民事行为能力的人对信托基金的份额享有绝对既得的受益利益，对此他享有移转给他的权利，信托基金每一笔资产均可划分为等额份额，以致不存在分割困难的问题。这也适用于现金、银行里的金钱或未担保的债务、股票交易证券以及类似的财产的分配。然而，对于所有情形下的土地以及特殊情况下的私人公司的份额，分割就不那么简单了，即使一个人对信托基金的等额份额已占有了既得利益，也须等到土地出让之后，方可请求受托人履行义务分配给他相应的资产份额。因此，可能有些财产形式易于分割和部分移转给某一受益人而不对其他受益人造成损害。由于要求在财产价格达到最高点之前出售会给其他受益人造成损失，因此，提前分配某种形式的财产给某一受益人时可能

---

① Alastair Hudson, *Equity and Trusts*, 9th edition, Routledge 2017, p. 316.

② Stephenson v Barclays Bank Trust Co Ltd［1975］1 WLR 882, 889.

对未来受益人造成损害，应当被禁止。① 如果受托人仅有自由裁量权信托中指定受益人或使财产增值的权力，那么，顾名思义，受托人必须在恰当地行使其权力时将财产赋予某一位受益人，或许不赋予另一位受益人或赋予某一位受益人多于另一位受益人。因此，此义务履行是不平等地对待所有的受益人。如果受托人必须绝对平等地对待所有的受益人并在所有情形下赋予他们相同数额的财产，那么，这会使受托人的大多数信义权力的行使不可能。委托人通常希望受托人根据信托文件的规定为受益人的最佳利益行使赋予他们的自由裁量权，这可能会使受托人将大笔钱给这位受益人而使某一特定的受益人没有利益可得或可得较少。如果这是信托条款规定的权力，那么，受托人根据信托条款之规定所为的行为不能受到限制。此原则是指受托人必须公平地对待其权力的对象，以他们认为合理的方式行事。公平对待的含义是指没有一位受益人或受益人集团应当获得在牺牲其他受益人利益情况下获得不公正的利益。当不同的受益人集团对信托资本有竞争性的诉求时，受托人特别难于对待，如有些受益人在他们的有生之年享有收益，而其他受益人在终身受益人去世后才享有资本。如果解决不同的受益人集团竞争利益十分困难，那么，受托人必须作出公平的投资决策，以使不同的受益人集团享有不同的受益利益。受托人享有广泛的自由裁量权，他们有权考虑终身受益人的收益需求或终身受益人是委托人关照的信托的主要对象，而剩余受益人是远亲或陌生人。

当然，不允许仅考量受益人集团之间的公平性，当终身受益人是遗嘱人陷入经济困难的遗孀而剩余受益人则年轻而富有时，但人道的规则要求受托人遵行一定的技术规则以维持资本的真正价值。② 结果，此原则允许受托人在履行信托义务时根据具体的问题灵活应对，而不是要求受托人根据恰当履行的目标标准严格实行。在养老金基金中，存在着大量的对信托基金具有潜在冲突利益的受益人，此规则的适用不能过窄。因此，此原则在养老金信托基金中应当弹性化的使用。③ 所谓的公平义务只不过是法律施加于行使自由裁量权的受托人的普通义务，受托人行使权力的目的是此义务赋予的，他须恰当地考虑相关的事情而不考虑无关的事情。如果养老

① Re Marshall ［1914］1 Ch 192.

② Nestlé v National Westminster Bank plc ［2000］WTLR 795, 802.

③ Alastair Hudson, *Equity and Trusts*, 9th edition, Routledge 2017, p. 359.

金基金受托人这样做了，他们在作出显然偏向于一方利益诉求的决策时不应受到指责，此利益诉求无论是源自雇主、在职的雇员或领取养老金的人抑或其他人，此种偏向是其恰当行使自由裁量权的结果。① 因此，公平义务不必意味着所有的受益人绝对的平等对待。而且，受托人不允许在没有合理理由的情况下在牺牲其他受益人利益的前提下实施有利于某一受益人集团或特定受益人的行为。同样，如果受托人能判断他们的行为合理，他们也可以对不同的受益人采取差别对待。不言而喻，如果受托人有在受益人间进行选择的权利，那么，他们不可能承担违反信托的责任，因为受托人完全根据信托条款的规定合理地行使他们的权力来分配财产给某一受益人而非另一受益人。譬如，设立的基金不仅仅用于给雇员提供养老金，也向雇员提供贷款。受托人根据信托条款向受益人所进行的贷款就不构成信托之违反。② 所以，即使公司后来进行破产清算，受托人不必从受益人处索回贷款，尤其是贷款根据信托文件的规定属于受托人贷款权力范围内，虽对特定的受益人产生不公平的利益，也无须索回。同样，不得仅仅因为后来公司破产了而强制受托人索回贷款，除非清算人根据破产法要取回该贷款而指示受托人取回。因此，如果受托人恰当履行了信托条款所规定的受托人职责，就不会被认定违反信托。如果受托人恰当地行使了权力，那么，平等是不可能的，绝对的公平也是不切实际的。除非信托文件有相反的规定，要求不同的对待，受托人不能被强制要求公平。这与委托人在信托条款中所表达的意愿须保持一致。在委托人没有在信托文件中就信托基金的处分作出明示规定的情况下，英美国家一般会适用判例规则。

2. 注意义务

信义义务中重要的组成部分是注意义务即谨慎行事的义务，该义务是指以一位谨慎人的处理自己事务的方式来管理信托事务，这要求作出信息充分的决策、在必要时采取恰当的建议以及采取技能和专门知识评估风险。

（1）合理注意行事的义务

一般而言，对信托的管理而言，无偿的受托人必须采取普通谨慎人管

---

① Edge v Pensions Ombudsman［1998］Ch 512.

② Chirkinian v Larcom Trustees Ltd［2006］WTLR 1523.

理自己事务的注意和谨慎来对待信托事务，重要的是实施信托特别事务管理的职业受托人具有更高的注意义务要求。受托人有义务获取关于投资的意见和建议，作出明智的投资决策，必要时采纳专家的意见，从而确保成员的投资得到有效的保护。在基金发生分离的情况下，受托人有义务移转营业项目，受托人需谨慎地处理基金的分离和成员投资的潜在变化。在雇主出资终止或减少的情况下，雇主发起设立的养老金基金的规则，通常允许参加养老金计划的雇主终止基金或者是要求减少出资，当雇主选择撤回其出资时，受托人通常对此无能为力，雇主通常能够凭借其优势地位，对基金规则进行必要的修改，受托人须将此通知给基金成员。在受托人委员会作出决议修改规则之前，出资不得减少且不能溯及既往。

在增加成员出资的情况下，随着风险保险成本和管理成本的增加，基金规则可以规定增加出资，但需提前两个月通知成员。在参加养老金计划的雇主撤回出资的情况下，如果有一个以上的雇主参加，那么，将采取部分清算，这样基金的这些资产归属于与撤资的雇主有雇佣关系的成员，从而开始清算程序，对此，受托人必须熟知。如果撤资以及他们的福利移转到雇主参加的另一个基金，那么资产无须支付给成员。

受托人负有信义义务，在基金资产的管理过程中，受托人必须采取比管理自己的资产和金钱的更大的注意，并忠诚的行事，受托人有义务行使恰当的注意和谨慎来做出决策。受托人的信义义务包括恰当的注意，要求的注意标准高于合理人处理自己的事务所采取的注意。受托人谨慎义务要求受托人绝对小心的行事，受托人需熟知所有与其职位相关的法律，受托人会议必须遵守精心安排的程序，在与基金管理和运作相关的事务中确保注意标准得以实现，受托人必须使成员充分了解其福利结构、立法以及他们的权利义务变化的情况。

注意义务要求受托人了解作为受托人的角色、享有什么样的权利和义务以及如何有效行使。通常，受托人在作出决策前应当咨询职业顾问，对计划投资作出决策时须采纳职业顾问的意见。受托人对所有的计划成员负有注意义务，这是指受托人须尽最大努力服务于成员的利益，包括良好管理并确保所有诉求或信息请求尽快而有效地得以处理、谨慎投资决策的作出和计划的良好治理等。

受托人对行使投资权力也负有注意义务，他们须像普通谨慎的人那样认真地投资，他们须为他们负有道德义务的其他人的利益进行谨慎投资。受托人在行使受托人角色时必须谨慎行事并谨慎作出决策。受托人作出决策时须公平考量所有的情形、考虑所有相关事实，必要时，他们须咨询职业顾问。在作出合理决策后，他们须进行记载，记载影响决策的因素。如果影响到成员，他们须及时与他们沟通。受托人须确保其决策与计划信托文件和规则一致，符合养老金法和信托法的规定。信托文件和规则可以规定决策作出的规则，如设定会议的法定人数和决议通过的最低表决人数。如果计划规则对此没有规定，受托人可以设立自己的程序。如果信托文件和规则没有规定决策作出的规则，养老金法规定可以由受托人多数决规则作出决策，这是指全体受托人中的多数，而不是指出席会议的多数。受托人可以自己设定人数，受托人的最低人数须能使会议有效。受托人必须提前10个工作日发布作出决策的会议通知，除非是紧急决策。会议期间作出的任何决策必须记载于会议纪要内。如果是投资决策，受托人须咨询合格的投资顾问。受托人作出决策时，须遵循如下原则：第一，对影响到计划的受托人不懂的以及技术问题，受托人须进行咨询；第二，受托人须了解文件，与专家讨论后作出考虑成熟的决策，不要在没有亲自核实的情况下随意附和其他受托人；第三，能够说出决策的正当性理由，在后来可以向成员集团说明这些决策作出的原由；第四，考虑相关因素，忽略非相关因素，如果这些因素不确定，采纳职业顾问的意见；第五，在所有的合理情形下作出决策。[1]

注意义务可以适用于职业养老金计划受托人，[2] 涉及投资权力或将此权力进行委托代理时。一些国家养老金立法已对投资义务进行了规定，规定了在履行任何投资功能时须采取注意或行使技能的法律规则，违反这些规则规定的义务之责任不能通过任何文件或协议来排除或限制。如果受托人将他们的投资权力以某种方式委托他人代理，并尽到了监管的义务，他们就不对他们的代理行为承担责任。

养老金领域中，由于受托人管理着大量的成员资金，因此，注意义务的门槛相对较低。有人提议可适用于养老金计划受托人的注意义务应当法

---

[1]　Graham Moffat, *Trusts Law*：*Text and Materials*, Cambridge University Press 2005, p. 543.

[2]　*Trustee Act 2000*, § 1.

典化并加强，立法须规定受托人必须全面了解其责任范围内的问题或具有相关的知识，包括相关的培训、资格和经验要件以及相关的治理问题，包括登记和技能审核。[①] 提高注意义务的标准对成员提名受托人来说是比较困难的，因为他们通常没有运作职业养老金计划所必备的专门知识以至于需要经过训练如何担任受托人。

（2）知识或熟知义务

受托人须熟知计划是根据信托法所长期确立的原则。受托人有责任管理他们以信托方式所持有的资产以及有效实施信托文件和规则。如果他们不熟知文件、规则以及其他政策，不了解计划的构成，他们就没有正确地履行义务。

熟知计划的要件要求受托人必须熟知信托文件和规则、投资原则的内容、筹资原则的内容以及其他受托人当时所采用的记载与计划一般管理相关的政策文件。调控者须对受托人的知识和了解行为进行规范，受托人须熟知所采用的文件，对这些文件具有应用知识，在履行义务的过程中能够有效地应用它们。调控者指南中规定受托人应熟知的文件范围，为了熟知这些文件，受托人必须通读这些文件，如有不理解的地方，他们必须就相关问题咨询顾问，以便能熟知文件及其含义。

熟知义务对受托人来说是十分严苛的义务，此义务要求在制定养老金规则、基金管理和运作时应遵守法律的规定。除了基金的规则，还有许多文件都是基金受托人必须熟知的，主要有：各种法律法规包括税法、基金法、信托法、保险法、婚姻家庭法的基本原则，基金的规则，与保险人所签订的保单（基金是成员人寿保险单的持有人），会议的决议规则以及与养老金信托密切相关的所有合同包括受托人与第三人签订的合同以及在雇主发起养老金基金中各方当事人与雇主之间签订的合同。受托人有义务就有关缺乏足够技能的事项或受托人在不懂的情况下获取专家意见。因此受托人通常有义务聘请相关其不懂领域的专家，他们聘请养老金律师、精算人和其他领域的专家来协助他们就成员的福利做出决策以规避个人责任，此义务与其谨慎、注意和诚信的义务紧密相连。受托人还有严苛的选择最

---

① *Simplicity，Security and Choice：Working and Saving For Retirement—Action on Occupational Pensions* 3（Cm 5835，2003），Ch 2，para 26 and 27.

恰当的途径对基金进行投资的义务。该条强调受托人有义务确保基金的规则、运作和管理遵循所有可适用的法律。这是一种庞大的、复杂的、潜在的责任重大的义务，必须按照法定的方式来履行。这也是受托人至关重要的义务，因为受托人需要对整个基金的运作和管理承担责任，受托人负有责任确保基金规则的合法性，也就是说基金规则必须符合法律的规定和金融监管机构颁布的指令。受托人必须完全理解所有养老金的法律规定并经常审核基金规则以及受托人委员会所实施的行为是否遵循了法定的程序，他们还有责任将遵守基金规则和法定程序的事项通知受托人委员会委员以促使必要的调整和修订，必要时提起诉讼。受托人在履行义务的时候还必须知悉宪法以及其他相关法律赋予基金成员的权利，这样，如果基金成员的权利，受到了受托人不公正或不合理行为的侵害时，可以主张权利或提起诉讼。总之，"知悉义务"在很多法律当中均有规定，甚至在宪法中。受托人有义务了解与其职位相关的事情，并熟知所有的文件，最重要的是基金规则和养老金法的调控规则。信托法给受托人所应履行的责任也做了基本的规定，至关重要的是，受托人须严格按照基金规则行事，否则，他们必须对规则所规定的权力之不当行使所造成的损失承担个人责任。受托人的权利作为一个整体赋予受托人委员会，因此，受托人所作出的所有决策必须通过恰当的会议表决方可实施。受托人不容许放弃其责任，他们必须对信托基金作出的决策包括投资决策承担个人责任，即使他们聘请了投资顾问来指导。受托人有义务对投资顾问的名誉和咨询历史进行审核。"知悉义务"要求受托人须确保基金的规则运作和管理，遵循可适用法律之规定。可见，受托人义务的范围十分宽泛，这意味着受托人必须了解所有的法律要件，不仅仅是他们成为受托人而已，而且他们必须了解立法中的每一个变化以及对这些规则予以修订。在基金存续期间，受托人有义务与立法的变化、发展与时俱进，并修订基金规则以满足立法变化的需要。基金的运作可能是指基金的内部机制，例如，受托人委员会的构成；而基金的管理是指受托人所进行的日常事务的管理。受托人需要熟知所有可适用的法律包括养老金法、税法、劳动法、信托法，等等。

三　受托人的责任及受托人的保护

受托人须有效地发挥作用，须遵守法律和计划文件所规定的要件，对变化的情形和更加复杂的问题作出决策前通常须向顾问进行咨询。如果出现错误，受托人须对计划所造成的损失承担违反信托的个人责任。

（一）受托人信托违反之法律后果

受托人构成违反信托的行为范围非常广泛，包括故意不当地利用信托财产、不做为、未监督共同受托人的行为等。例如，一位受托人将所有的事务交由其共同受托人，最终需对其共同受托人的不诚实行为所产生的后果承担法律责任。受托人需共同行事，一位受托人违反信托，则所有的受托人需向受益人承担连带责任。受托人最为典型的违反信托的行为是攫取信托财产，其他的不当行为包括受托人利用其地位牟利，信托违反的法律后果通常是给信托财产造成损失，受托人需恢复信托财产所遭受的损失，但这并非是唯一的救济方式，还有赔偿损失等其他的救济方式。

受托人违反信托的行为主要有：受托人实施了未经信托文件和规则授权的行为，除非养老金调控机构同意或指示这么做；受托人没有实施信托文件和规则所规定的应当实施的行为；受托人没有履行信托法或养老金法所规定的一个以上的义务或没有采取充分的注意履行这些义务。信托的违反可以是无意的如管理不当或因疏忽而引起或因欺诈和不诚实的行为而导致。受托人须对因违反信托给计划造成的损失承担个人责任。受托人即使卸任，仍应当对担任受托人期间所作出的决策承担责任。养老金调控者可以对违反信托或违反养老金法的受托人采取制裁措施如可以命令受托人纠正违法行为，在极其特殊情况下对他们处以罚金或解任他们。受托人及其共同受托人须承担连带责任，受托人须对其他受托人违反信托的行为承担责任。为了与计划的发展保持一致，明确的交流与日常的受托人会议十分重要。受托人在接受任命前就发现有信托违反行为的，受托人须受到高度重视。受托人没有采取行为纠正此违反行为的，仍须承担责任，即使该违反是发生在受托人被任命之前。除非因受托人自身实施的欺诈行为所致，养老金计划规则可以保护受托人免于因信托违反所造成的损失承担个人责任，对此受托人可以咨询法律顾问。如果养老金调控机构对受托人违反信托行为处以罚金，那么，受托人不得用计划资产缴纳罚金也不得用计划资产为罚金保险支付保险费。受托人可以从雇主或保险公司获得违反信托的补偿。

董事通常对自己的养老金权利之外的养老金享有利益，他们许多人是公司养老金计划的受托人，这必然意味着额外的义务和额外的风险。通常，在受到任命和接受任命时此种义务和风险还不能完全理解。此类风险极大，受托人在接受信托时须充分考量，否则，会招致破产风险。尽管受托人很少会被诉承担个人责任，但其承担的压力和责任不容忽视。因此，受托人需要有一些保护制度。

（二）受托人的个人责任

信托法对受托人不当行为的处罚之规定，适用于养老金基金受托人。受托人对因其不当行为给成员造成的损失或损害，需承担个人责任，返还因此不当行为所产生的不当得利。受托人行为性质严重的，还须承担刑事责任，如果受托人有欺诈和重大过失行为的，他们需对基金所遭受的损失承担个人责任。

如果养老金计划出现了问题，受托人被认为对因信托违反所造成的损失承担个人责任。这通常发生在受托人实施了信托文件和计划规则未经授权的行为，受托人没有实施信托文件和计划规则规定原本应当为的行为；受托人没有根据信托法或养老金立法履行其义务或没有以足够谨慎的态度来履行这些义务。养老金计划规则可以规定受托人不对信托违反所造成的损失承担个人责任，除非由于他们的自己实际的欺诈所致。在某些情况下，雇主可以为受托人提供责任保险。①

（三）共同信义人之责任

美国 ERISA 概括规定了几类信义人：第一，指定的信义人：计划的雇主或雇员组织；雇主和雇员组织共同担任。指定的信义人单独或共同享有基金的控制、管理的权力。在没有计划正式任命的情况下，信义人也不能使其个人免除信义责任。第二，功能性信义人：对计划管理行使自由裁量权；对计划运作行使自由裁量权；对计划资产的管理或处分行使控制权；支付计划资产投资建议费。此类信义人仅限于上述功能之一，指一个人可成为某一功能的信义人，但不是其他功能的信义人。信义人的地位由其为计划履行的功能来决定，非根据其名称。投资顾问信义人是受劳动部最后调控规则规定的主体。这些规则扩大了投资顾问信义人的界定，投资

---

① https：//www.hwca.com/app/uploads/2015/02/Occupational_ Pension_ Schemes_ Trustees_ Responsibilities.pdf.

顾问提供某些类型的建议，如证券取得、持有、处分、交易的建议；投资此类证券的建议（包括成员是否应当接受计划的福利的分配并将此笔福利转入个人账户）；证券管理的建议；关于提供上述建议的建议而取得的佣金且须满足以下要件：知道是信义人；根据受益人的特定投资需求所达成的协议提出建议；对受益人关于证券的特定投资或管理决策的可行性提出指导性意见。投资意见人当保留向指定信义人提供投资意见而取得费用时成为信义人。他可以被指名的信义人留用以提供所有投资决策，而不仅仅是对计划资产提供建议。无论个人还是实体都可以成为信义人，因为他们对计划资产享有权力或控制权。第三，计划管理人。计划管理人通常由计划文件指定，但如果不是指定，那就是计划的发起人。从这个角度看，计划管理人在计划管理中享有自由裁量权或责任，他成为计划的信义人。计划发起人可以提名经理人或雇员委员会委员（如人力资源主任）作为计划管理员或将这些义务委托给第三方管理人。第四，计划受托人。所有的计划资产由一位以上的受托人以信托的方式持有，保险产品和托管账户除外。受托人享有管理和控制计划资产专属的权力和自由裁量权，除非计划明确规定他须遵照提名信义人（非受托人）的指示或由提名信义人任命的投资经理人。受托人若保留了专属的管理和控制计划资产的专属权力和自由裁量权的被称为自由裁量权受托人。他们会存在于 DB 计划中，和非成员指示的 DC 计划中。为此，受托人对计划资产进行所有的投资决策，包括确定基础的投资以及分配这些工具中的资产。相反，遵照提名信义人或投资经理指示的受托人称为指示受托人。为此，他有责任遵循恰当的指示（非遵循计划、信托条款、ERISA 条款的指示）。

美国 ERISA 第 404（a）条对所有的计划信义人规定了基本义务，第405 条规定了在计划不止一位信义人的情况下，另外的共同信义人的义务。违反信义义务或共同信义人之义务会产生信义义务违反的个人责任。公司雇主通常采取书面的计划文件条款与第 405 条结合起来对雇主施加潜在的共同信义责任，通过替代信义责任来预防公司雇主委托人功能的滥用。

信义人作为养老金管理机构有义务行使自己独立的判断，即使对事务的最终决定是集体作出的如受托人委员会作出的，每一位信义人均有义务履行其信义义务。尽管信义人没有互相监督之义务，但他们对其共同信义人法定义务违反之行为也不可熟视无睹。例如，某一信义人自我交易或实施了违反道德的行为但没有采取措施阻止或救济，共同信义人需要承担相应的责任。共同信义人需要承担责任的情形有：明知违反而参与或帮助掩藏共同信义人的违反行为；没有行使合理的注意使其他信义人违反义务；明知而没有采取合理的措施来补救共同信义人的违反行为。

行为人应当就第三人实施的信托违反行为对受害人承担责任。如果该受托人明知不当而参与了或隐匿该其他信义人的构成违反信义义务的行为或过错行为，那么，作为信义人，受托人须对其他信义人的信托违反行为或过错行为承担责任。如果受托人不履行信义义务，使其他信义人实施了违反义务之行为或明知其他信义人违反义务，那么，须承担责任，除非其在此情形下尽了合理的努力来补救该违反行为。

美国 ERISA 要求每一个计划必须至少有一位信义人（受托人），他有权全面负责控制计划的运作和日常管理。养老金计划可以有受托人之外的多种信义人，分别作为功能性信义人来负责计划及资产的全部经营和管理。[①] 为了减轻信义人对计划的全面运作和日常管理的无限责任，计划文件可以正式规定计划信义人将无限信义责任分配或委托给其他信义人的程序。[②] 如果信义人完全采用了这种正式的分配和指定程序，那么，信义人不能对分配的或指定信义人的功能规避信义责任。而且信义人对分配的或指定信义人的功能的潜在责任从无限严格责任到以过错为基础的共同信义人责任。

（四）受托人的保护

由于受托人需要承担严苛的个人责任，因此，需要建立相应的保护制度，给予他们一定的保护。

1. 受托人保护的形式

从保护的形式来看，有三种类型：补偿、保险和免责条款。

（1）一般形式的保护

所谓补偿是指在信托文件或附件中规定养老金计划、雇主或某一其他

---

① See H. R. Rep. No. 93 – 1280, at 297（1974）（Conf. Rep.），reprinted in 3 Legis. Hist. at 4564.

② See 29 C. F. R. § 2509. 75–8, FR–13 & FR–14（2005）.

当事人即第三方当事人应确保受托人在规定的情形不用自己承担个人责任。就其全部的意图和目的来看，受托人保险是另一种形式的补偿。免责，顾名思义，是指受托人完全免除责任。法定的免责对受托人的意义是如果受托人被诉违反信托应承担个人责任，但其诚实和合理地行事，那么，应当允许其抗辩并免除其个人责任。问题是这一规定不是自动适用，而是特定的法院通过其自由裁量权的行使裁决适用并生效。另外，在养老金计划规则中应当明确规定受托人豁免条款。然而，此条款不得规定受托人可以不诚信或疏忽大意地行事，受托人不得因此类条款之不当误导而摆脱责任。免责条款不能阻止养老金调控者行使对受托人因违反特定的法定条款而施以罚款的权力。然而，养老金调控者施加罚款的情形十分少见，且仅在受托人没有采取合理的措施确保特定的法定义务履行的情况下适用。

对受托人的投资行为不得适用免责条款。但如果受托人将其投资权力委托给基金经理人，那么，他们对该基金经理人的懈怠行为不承担责任，如果受托人采取了合理的措施确保基金经理人有管理计划投资的恰当知识和经验以及注重恰当的分散投资。

没有法律规定要求雇主将设立养老金计划的资产来补偿或免除个人受托人在履行其职务过程中所产生的后果承担责任。但养老金计划信托文件可以规定各种保护方式①：诚信行事一般免责；对诚信行为产生的债务用计划资产进行扩展性补偿如对恰当行为之债务的默示补偿范围②；雇主所进行的补偿，也是对诚信行为产生债务的补偿。雇主所进行的补偿没有用计划资产所进行的补偿那样常见。受托人在诉请资产补偿或责任保险后是否可申请雇主的补偿是个复杂的问题。③ 有时这些补偿多限于个人充当职业受托人的情形，但是否适用于作为雇主的雇员受托人并直接或间接获得酬劳的个人受托人也是一个难题。补偿的不仅仅是债务包括损害，也就是说，雇主须补偿作为受托人或公司受托人的董事所遭受的损害；受托人的自动解聘属于不公平解聘范围，而且通常不符合对持续服务的合格期限的不公平解聘请求的要件以及在担任雇员受托人行使带薪休假的权利或接受

---

① David Pollard, *The Law of Pension Trusts*, Oxford University Press 2013, §14.

② *The Trustee Act 2000*, §31.

③ David Pollard, *The Law of Pension Trusts*, Oxford University Press 2013, §14.121.

培训期间被解聘的。雇员受托人实现养老金目的权利所遭受的损害同样受到保护。这些保护仅适用于对担任相关养老金计划受托人的雇员，而不适用于雇员担任其他雇佣相关信托的受托人如雇员分享计划的受托人（受公司法调整的）。①

受托人恰当地履行了其义务或行使了其权利却遭到解聘或不当对待是违背法律的，受托人可以通过法院主张权利。为雇主工作的受托人的保护制度如下：

第一，保护适用的主体。受保护的主体是现任雇员受托人包括公司受托人董事，但不限于成员提名受托人或董事。此种保护不适用于前任雇员作为受托人的情形如领取养老金的人担任受托人的情形，即使他们之前受雇于雇主。此保护不受雇主连续服务最低标准的限制。这类保护仅对受托人或受托人董事适用，也就是说，受保护的雇员必须是受托人或公司受托人的董事，不包括准受托人即作为受托人的候选人或涉及养老金计划的其他人如养老金管理人或受托人的秘书。担任或作为受托人或受托人董事的雇员可以称为"事实"受托人或信义受托人或事实董事，即使没有以受托人的名义任命或运作，他们以明示受托人同样的方式对待。② 但不能适用于因明知而接受信托财产仅承担推定受托人责任的个人雇员。

第二，保护适用的养老金计划。并非保护所有的养老金计划的受托人或公司受托人的董事均受到保护，受保护的养老金计划是根据相关法律所设立的职业养老金计划。

（2）受托人责任保险

与一般保护相比，养老金信托受托人责任保险能更好地保护受托人。虽然受托人享有补偿且有免责条款，为什么在被诉请的情况下还需要责任保险的保障呢？补偿由计划或发起人雇主公司提供，许多受托人可以根据信托文件和规则免除其责任。然而，遗憾的是这样的条款会受到法定的限制。免责或来自基金的补偿不适用于投资相关的信托违反，也禁止计划补偿受托人的民事处罚和刑事处罚。雇主的补偿在其破产时已毫无价值，此时受托人仍得管理计划。

---

①　*The Companies Act 2006*，§ 252（2）（c）.

②　Paul Davies，*Accessory Liability*，Hart Publishing，2015，p. 90.

信托文件中的免责条款受到一些限制，且免责和补偿规定仅在受托人、受益人和雇主之间进行债务移转。养老金受托人的责任保险通常对受托人、养老金计划和发起人雇主提供保护。保险所提供的外部保护，优先于补偿和免责条款。当下，受托人面对养老金计划成员提起的有效诉请时通常不想"藏"在免责条款后。

受托人责任保险以请求权为基础，是保险期间针对被保险人提出请求时而适用，只要被保险人被提起了诉请。受托人退休后这种责任保险仍然适用，因为退休后任职更易被诉。退休的受托人和养老金管理人得以恰当的保护也是很重要的。

对受托人提起诉请包括计算福利的公式不正确、信托文件解释不当、透支福利、计划规则适用不当、提前退休和病退纠纷、矫正程序、会计不正规、日常管理不当、受托人错误陈述、移转价值、计划文件与实践管理出现偏差、福利资产移转和支付迟延以及养老金保护基金建立等，针对这些诉请受托人可以享受责任保险。

受托人对违反信托的责任须向计划受益人及计划债权人承担责任。受托人须进行专业咨询，否则，构成信托之违反。如果计划终止后，受益人下落不明、存在其他偶然性债务且没有资产，那么，受托人承担责任的风险就大大增加。受托人或受托人董事存在潜在的风险需要支付养老金法违反之民事处罚。在这些情形下，保险在保护受托人和养老金计划资产方面逐渐发挥重要的作用，它提供外部的保护，且先于补偿和免责条款适用。这种责任保险是一种经济又有效的保护成员福利、个人受托人和发起人雇主、养老金管理人和内部事务管理人不受诉请所扰的方式。如果作出采用保险的决策，那么，重要的是保单须特别规定满足养老金管理中受托人和其他个人的需要。当受托人是发起人雇主的董事对公司和股东承担义务时存在潜在的利益冲突，就更需要这种保险制度来保障。受托人对计划受益人的义务是首要且严苛的，受托人的责任保险尤为重要。

受托人退休后其个人责任并不会停止，且极易发生。退休受托人在计划不再被保时需要保障其受保险覆盖，这需要落实责任保险所涉及的范围。责任保险保障的范围有：过错和过失；损害、裁决、和解；法定的民事处罚和刑事处罚；监察员奖励；抗辩费用；全部分开的投保；个人陈述；不当日常管理；公共关系费用；引渡程序或保释担保费用；起诉费用；雇主补偿；诉讼费用；免责损失；退休保障；调控机构调查费用；调解和仲裁；法院申请费用；第三人提供者的追及费用；应急费用等。

责任保险包括向法院所为申请的所有费用以及计划通常会承担的所有相关当事人的法律费用，且不属于"抗辩费用"的范围。在计划管理过程中受托人产生错误是常会发生的，特别是在投资方面。计划规则不能免除受托人在履行投资义务中的责任。受托人的对冲、互换等投资策略越来越复杂，这些造成对受托人的诉讼会越来越多。另外，DB计划转为DC计划，意味着降低了新的计划的福利，导致成员和工会对更多问题处理结果的严格审查。DB计划转为DC计划中受托人所面临不同的法律风险和暴露，并对陈述的精确性和市场评估承担最后的责任，尤其是对投资工具的选择和监控承担责任。这些因素增加了受托人被起诉的风险。

责任保险可以保护受托人免遭计划进行中信托违反所产生的责任损失或抗辩费用以及涵盖所有计划资产被分配完毕后失踪受益人或被疏忽的受益人出现时提出的请求。

总之，通过受托人的责任保险，受托人可以获得对履行义务中所产生的债务进行保护，同时，也可以为成员提供保障，他们的利益被恰当地保护，即使在基金时常出现赤字的情况下他们的利益能够得以恰当的维护。

2. 受托人保护的限制

补偿和免责条款实质上可以产生不同的效果。补偿（或保险）是承担补偿义务的人需为一定的支出，如果补偿义务人不能偿付所必需的支出，补偿失去了其意义。如果承担补偿义务的人不愿意支出，受托人遭遇麻烦，需要诉讼来获得偿付。

而免责条款则不同，它无须受托人采取诉讼行为。受益人对受托人所为的诉讼不可能胜诉，因为受托人根据这些条款免除了责任。不过，免责规定不可能涵盖所有的行为或所有的情形，而且他们仅能保护受托人免受成员或雇主的诉讼，如果投资经理人的起诉，免责条款就不起作用了。

对计划成员来说，他们更愿意采取补偿而不是免责条款的方式，因为免责条款使受托人对其过错免于承担责任。

受托人补偿保险可以有效地增加对受托人的保护，如果他们不能取得补偿保护的话。保险人应补偿受托人因受益人对其胜诉所承担的义务。受托人须谨记的是保险覆盖的事项通常会受保险人控制，保险人有可能根据补偿保险单对受托人几乎不支付任何保险金。

至关重要的规则是预防比救济更重要。受托人须恰当地管理计划，设立免责条款，尽量不要被诉。

第四节　受托人会议的程序

受托人会议程序规则的设立目的是确保受托人委员会有序及有效的运作，受托人决议作出采取多数决规则，同时保护少数人的权利，防止多数受托人滥用其权利。

一　受托人会议程序设立的要义

受托人会议是对计划运作之常规监管的十分重要的部分。受托人要确保有充足的时间讨论重要的战略问题以及计划需要立法解决的特定问题。召开有效的受托人会议对计划的良好治理不可或缺，它能确保及时作出决策、提升计划的效率并有助于更好地保护成员的利益。

由于受托人肩负着严苛的信义义务，因此，受托人委员会会议成为有效决策的不可或缺的平台。一般而言，受托人委员会一年召开一次会议，受托人需要根据他们恰当的决议规则确保在规定的时间作出有效的决策。逐渐的，受托人委员会每年都要分析其会议所作出决议的有效性来评估他们如何来实现其目标的。有的会议由于缺乏恰当的规则而无法作出有效的决议。受托人委员会须厘清他们会议的主要目的、建立目标以及拟定实现此目标的计划。受托人会议不是花费时间在战略决策上而是在监管上。这也是受托人将有效的计划付诸实现的重要方式之一。

受托人委员会会议召开前需做好充分的准备，需要受托人的恰当的参与并提出异议，会议方可作出有效的决议。自信的主持可使会议有序进行并确保程序按议程进行。为了避免会议成为聊天室，需要突出重点，有所为而有所不为。主持人须按照会前制定的议程引导讨论，避免时间浪费，要确保顾问的报告符合议程所确立的事项。受托人须事先对这些报告提出观点和问题以避免会议时间浪费在审核报告上。受托人会议地点的选择也会影响决策的有效作出，它是方便受托人住宿及时出席会议的重要保障。

二　受托人会议的程序规则

召开受托人会议的依据源自多方面，包括立法、养老金调控者制定的行为规则、信托文件、计划规则和章程（如果有独立公司受托人）之规定，养老金调控者对会议和决策的指南也是受托人会议召开需要考虑的依据。受托人会议的程序规则具体如下。

1. 主持人。会议须确保有主持人，DC 计划的受托人委员会有法定的义务任命主持人。作成员提名受托人程序的一部分，根据信托文件、受托人公司章程等任命主持人并通知计划的成员。

2. 通知。受托人会议一般要求提前 10 个工作日发出通知。通知须指明日期、时间和地点。

3. 法定人数。受托人会议作出决议时，出席会议的受托人必须符合法定的全体受托人的一定比例，决议方可有效，受托人如中途离开导致不足法定人数的，决议无效。受托人的决议行为是其协商义务的一部分。

在审核计划的规则或独任公司受托人的章程时，如果会议符合法定人数，则决议有效；如果受托人会议中途离开，则需审核决议是否还符合法定人数。

受托人须遵守规则出席会议，除因病或其他正当事由未能出席外，经常不出席者构成信义义务之违反。

4. 利益冲突。受托人负有信义义务，必须诚实、公平和公正地对待计划的所有受益人，个人受托人的利益、知识等因素可能会影响到其实施与信义义务相冲突的行为。掌握某种信息且兼具两种以下身份的受托人有义务在会议上披露相关信息：影响受托人声誉、高效决策作出或产生不满或消极情绪的信息。受托人须于会议前或会议中披露潜在的利益冲突，并加以恰当的管理。公司受托人还须确保公司法要件的遵守。涉及利益冲突的个人须在涉己有关事宜讨论时进行回避，不参与讨论和投票或虽参与讨论、投票，须在会议纪要中记录利益冲突。有利益冲突的受托人需要证明其没有参与决策程序，因而对受托人决策的结果不承担责任。

5. 记载。立法规定了各种各样的事宜须在会议纪要中予以记载。

6. 识别关键性的风险和问题。就 DC 计划而言，养老金调控者希望受托人委员会常常研究关键性的风险和问题，包括年度报表中所报告的一些问题以及在何种程度上计划与行为规则所规定的标准是否相符。

7. 程序。受托人须遵守约定的程序组织召开会议。正式会议需有恰当的议程来处理所有重要的事务，恰当地记载决策。此种程序允许受托人证明他们行为的合理性。一年须召开几次受托人会议取决于计划的本质。小型计划的受托人须一年一到两次即可。计划须有自己常规的年度日程，根据讨论并发布年度报告、成员福利报表、讨论审计报告、接受投资经理人的报告以及讨论行使自由裁量权的问题的需要来确定。影响计划的关键性问题的讨论包括计划风险、投资管理、计划成本和费用、与成员沟通和受托人培训。

8. 议题。会议召开之前至少两个星期，须编撰会议议程并发送给委员会。可根据营业计划来确定战略性问题的议题。会议要有成效和效率，受托人须准备讨论议程上的每一话题。尤其重要的是受托人须了解必须作出的决策以及作出决策的程序。受托人对其决策承担责任并确保在行为前能够获得所有相关信息。每一次会议均需有会议纪要，特别要记载作出的决策、决策作出的依据。一般而言，大多数委员会会议的议题主要有：缺席情况、利益冲突、之前会议纪要的批准与签字、之前会议产生的行为、投资绩效和策略、计划的风险（新的和现有的）、自由裁量事务的管理和诉求、成员参与及沟通、分委员会决策、受托人及顾问费用（如预算监督）、之前会议所作出的决策、受托人培训、经营计划、应通知的事件和任何其他事务。

受托人主委即会议主持人须在会议期间鼓励公开讨论，防止某一种观点左右整个讨论过程。主委须让讨论切入议题，留有足够的时间充分的讨论。受托人委员会必须任命投资经理支持投资策略的贯彻并在委员会会议上讨论。需要有 3 名投资经理人提供服务，受托人之一不能对投资经理人的任命作出决策，尽管掌握了所有的相关信息。

受托人主委须事先了解其他受托人对快速决策的需要，如果受托人继续迟延作出决策且大多数受托人同意迟延，主委可以裁决如果不延迟受托人的表决，那么，决策已经作出。如果需要延迟受托人的表决，主委须提醒他们履行义务，因为拖延决策与不作出不良决策的效果是一样的。在受托人委员会内部须构建良好的文化氛围，从开始就定好基调以减少受托人委员会拖拉事情的发生。

受托人会议的议程主要关注反应激烈、短期的事务。委员会不设固定的期间，每次紧急会议主要处理紧急的事务。但商讨养老金计划的经营计划，关注长期战略事务以及计划特定的运作事务，则受托人须提前至少两个星期草拟会议议程。如果受托人之一主导着会议，阻止其他受托人发表意见，其个人行为会妨碍了决策的作出。主委应实施评价程序来评估委员会的绩效。受托人应被激励发挥其技能，并被指示不要控制会议。如果受托人行为不改进，须采取措施从委员会中解任此受托人。

如果只有唯一的一位公司受托人，会议召开的方式由受托人公司的章程来决定。特别是章程规定的：通知要件、法定人数、决策作出程序。计划规则和章程相互交织可能十分复杂，受托人需要咨询法律意见。根据法律规定，受托人会议纪要必须包括如下信息：日期、时间和会议地点；受邀受托人的姓名；出席会议的受托人的姓名（包括允许电话方式出席的受托人）以及没有出席的受托人的姓名；职业顾问或其他出席会议人员的姓名；会议作出的决策；自上次会议以来受托人是否有作出的决策，如果有，此决策的时间、日期和地点以及参与决策的受托人的姓名。另外，会议纪要须明确记载讨论的问题，明确的记录所作出的决策，不得是"他说/她说"之风格的会议纪要，记载并更新自由裁量权的行使。

受托人委员会主委对养老金治理应具有相当的知识和经验，善于对讨论的议题进行归纳和总结，须留足时间给受托人提问。所有的受托人须事先充分阅读和消化所有的会议文件和资料，包括大的投资报告。受托人须全部参与讨论，并发表意见。

三　受托人会议的决议规则

公司受托人决议的规则和程序的精心设计，并使之精致完美，才可能最大化地实现公平。相反，没有最优的规则和程序，决议成员发生分歧就互不相让，各执己见，统一的决议很难达成。即使能够形成可行的决议结果，效率也会相当低下。可见，多数决摒弃了无效率的意见一致，是一种相对较优的表决方式。①

----

①　陈雪萍：《程序正义视阈下公司决议规则优化之路径》，《法商研究》2019 年第 1 期。

(一) 决议规则之程序保障

受托人决议是意思形成的结果，这决定了决议须通过程序正义理论而非法律行为理论予以保障。受托人决议程序的正义是受托人决议正义性和拘束力的重要保障。受托人决议是多数人决定的合法结果，因受各种利益冲突的影响且成为某些或某一受托人控制权滥用而获取控制利益的手段，多数决规则在发挥其功能的同时也会产生异化。为了矫正异化，我国立法须对控制权人要求以信义义务。受托人的决议程序应以程序正义为价值目标，加强受托人决议表决程序中程序性权利的保障，明确多数决规则的范围和例外，健全表决机制，利用推定信托救济信义义务违反之行为，从而优化受托人决议程序规则。[①]

从受托人决议的性质来看，受托人决议是意思形成的结果，其结果的正义需要正义的程序制度予以保障。内容的瑕疵往往因程序的瑕疵所致，是议事瑕疵与表决瑕疵的结果。决议程序合法正义是表决意思真实的核心要件，受托人决议的正义性和拘束力源自正义的决议程序。各国立法从程序合法性、内容合法性和决议程序规则之遵循三个方面对决议的法律后果分别予以规定。从逻辑上来看，受托人多数决规则的要旨是公平正义，其在衡平多方受益人利益与养老金计划相关人利益的前提下对私人利益给予理性的保障，但多数决规则在发挥其功能的同时，也会受各种利益冲突的影响以及成为控制权人滥用其控制地位获取控制利益的手段。为了矫正多数决规则的此种异化，有必要确立以保障全体受益人的最佳利益之目的的方便适用的表决程序，以此作为受托人决议规则和程序合理性的判断标准，使其成为正当利益的保护机制。[②]

(二) 受托人多数决规则之设计

受托人对信托事务有义务进行相互协商，即使有效的决策通过多数或法定人数的受托人通过，每一位受托人均有权参与到决策的程序。

除非计划的信托文件和规则有相反的规定，受托人可以采取多数决规则作出决策。[③] 该法第 32 条第 2 款对受托人出席会议的人数作了规定，

---

① 陈雪萍：《程序正义视阈下公司决议规则优化之路径》，《法商研究》2019 年第 1 期。

② 陈雪萍：《程序正义视阈下公司决议规则优化之路径》，《法商研究》2019 年第 1 期。

③ *Pension Act 1995*，S32.

在作出决策时不得少于他们决定中规定的人数。在实务中，信托文件和规则或公司受托人场合章程可能规定了受托人作出有效决策的必要的人数。

1. 确立正义的决议程序

在某种程度上，多数决规则受到鼓励和允许。公司受托人的决议程序包括议事程序和表决程序。在受托人民主的议事程序中，每一位受托人均享有"平等的声音"。公平与多数决规则之间的连接点是"一人一票"，而"一人一票"代表着每一位受托人之间具有平等的话语权，但不能确保他们绝对享有平等话语权，他们的声音只不过是具有同等的影响力。首先每一位受托人须有获得平等参与议事程序的权利，其次才是行使此权利并施加自己的影响力，提出符合正义和公平要求的决策。公平的决策取决于参与决策成员的良好意愿，取决于根据何种正义程序而使这些良好意愿成为了公平、合法的决策。

要作出一项正义、合法的决议，良好的议事程序可以借鉴1876年的《罗伯特议事规则》，该规则为会议的规则问题提供了可遵循的原则：多数作出决定，但应当听取少数人的意见并且保持未出席成员的利益。[①] 为了保护全体受益人的最佳利益，其中个人权利就必须有所约束，如果没有这种有限的约束，维持多数优势的可能性就会大大降低。在决议的议事程序中同时要贯彻辩论原则，它能使决议具有理性且富有价值。[②]

2. 健全表决机制

表决程序可以引入各种各样的表决机制。主要有：第一，书面表决。计划的信托文件和规则、章程和以前纪要规定有些决议作出须受托人亲自出席，也可以规定受托人无须实际聚集在一起来召开有效的会议的，可以采取书面决议的方式。第二，表决代理权征集。受托人对涉及计划筹资、运作、养老金分配、剩余归属等重要的事项的表决，受托人须现场表决，但因特殊情况不能亲临会议表决，或未获得充分的信息对相关问题不能作出明智的表决，也未选任合适的代理人为其行使表决权，该受托人以外的人与受托人签署记载必要事项的授权委托书，由其行使委托授权范围内的表决权。表决权代理征集制度具有如下功能：一是保障受托人会议召开所

---

① 李志刚：《公司股东大会决议问题研究——团体法的视角》，中国法制出版社2012年版，第122页。

② 陈雪萍：《程序正义视阈下公司决议规则优化之路径》，《法商研究》2019年第1期。

具备的法定人数或受托人委员会提出的方案得以顺利通过；二是形成集体力量，以便在受托人会议上保障各方受益人之间的利益平衡。因此，表决权代理征集制度可以保护强势受益人的利益，发挥集体行动的优势，但也极易为少数人所操控，存在一定的道德风险。鉴于表决权代理征集制度在表决权机制中的优势，我国养老金立法可积极引入之，并采取特别立法对表决权代理征集行为进行严格规范。[①]

3. 救济信义义务违反之行为

多数决规则关乎某种程度上的强制，因此，有时少数受托人（无论是成员受托人抑或雇主受托人）必须接受多数决规则对他们产生的不利结果。多数决规则推定多数受托人和少数受托人虽对实现目标的观点有所不同但其目标却是共同的。然而，当多数受托人仅为自身利益而没有为全体受益人的利益而行事的，这种推定的有效性就可能会受到质疑。多数受托人不仅须证明其行为之诚信而且须证明从全体受益人和利益相关者的角度其行为具有内在的公平性。因此，多数受托人行使其权利时对少数受托人和全体受益人负有信义义务，他们须对少数受托人和全体受益人承担违反信义义务的责任，这种责任具体为对其施加推定信托。[②]

---

① 陈雪萍：《程序正义视阈下公司决议规则优化之路径》，《法商研究》2019 年第 1 期。
② 陈雪萍：《程序正义视阈下公司决议规则优化之路径》，《法商研究》2019 年第 1 期。

第六章　养老金信托之治理：
恰当管理的需要

第一节　养老金信托治理框架

养老金信托治理一直是养老金基金管理中至关重要的事情。随着养老金行业的发展及调控、市场环境的不断变化，监管机构最为关注的是如何确保养老金基金恰当地管理和运作。

一　养老金信托治理框架的确立依据

良好的养老金信托治理在设立治理机构与利益相关者之间的信任关系以及提升基金绩效等方面发挥着至关重要的作用。养老金信托治理目标是减少潜在的代理问题以及影响养老金基金安全和兑付的基金利益相关者与治理机构之间的利益冲突。

养老金信托中，受托人对养老金基金资产享有法定的所有权，必须仅为计划成员的利益管理信托资产；计划成员作为受益人根据信托文件从这些资产的投资中获得利益。受托人可以是公司受托人。在美国，养老金信托的治理者可以是计划发起人、受托人和第三人。美国的 ERISA 要求公司养老金计划拥有一人以上的"指定"信义人，他们有权控制和管理养老金计划包括投资。一般而言，发起人雇主和受托人总是指定信义人，但受托人可能不用承担主要的信义责任。而且资产管理人、金融顾问和其他个人与实体对基金资产行使一定的自由裁量权，他们被称为"功能性信义人"，对养老金基金承担一定的法律责任。

养老金治理机构是指被赋予了管理养老金基金权力并最终有责任确保

养老金安排的条款得以遵守，保护计划成员和受益人的最佳利益的组织。① 养老金信托的受托人类型对治理机构的治理框架安排产生重要的影响。如果养老金信托采取个人受托人，那么，这些个人受托人就是基金的治理机构；如果养老金信托的受托人是公司受托人或独立法律实体，那么，就会有内部的治理机构，通常是董事会或管理委员会。

在大多数法域，公司的治理规则一般用于公司治理之目的，服务于一定的法律结构，也可以适用于养老金信托之治理机构。通常各国有必要通过立法设立额外或不同的要件以处理与养老金基金相关的特定事务。公司治理与养老金信托治理的概念存在根本性的差异。养老金信托治理主要关注是不同利益相关者的利益包括计划成员和受益人甚至还包括雇主，在有些情况下，他们的利益与股东或治理机构的股东或其他所有权人的利益完全不同，甚至在有些情况下背道而驰。尤其是受托人是公司受托人的情况下，这种差异相当的大。

在养老金信托中，治理是指治理机构（个人或公司）据以对养老金基金管理和运作作出决策的框架。因此，此框架需要确立所设立的依据。对此，《OECD 养老金基金治理指南》② 已作出了明确规定，"养老金基金治理的调控须以养老金基金设立服务于退休收入保障的最重要目标为导向"，值得我国养老金信托治理框架建立之借鉴。

二　养老金信托治理框架的具体内涵

养老金信托治理框架的具体内涵包括两个层面：一是治理结构；二是治理机制。③

（一）治理结构

治理结构是确保能够恰当的区分经营和监管责任以及负有责任的人员的责任落实和适应性。此结构包括治理机构、功能性信义人、责任划分、

① OECD Guidelines for Pension Fund Governance. https：//www. oecd. org/daf/fin/... pensions/oecdguidelinesforpensionfundgovernance. htm.

② OECD Guidelines for Pension Fund Governance. https：//www. oecd. org/daf/fin/... pensions/oecdguidelinesforpensionfundgovernance. htm.

③ See OECD Guidelines for Pension Fund Governance. https：//www. oecd. org/daf/fin/...pensions/oecdguidelinesforpensionfundgovernance. htm.

责任落实以及适应性等方面。

1. 治理机构

每一养老金信托均有被赋予了管理养老金基金和最终有责任确保计划条款得以遵守以及计划成员和受益人最佳利益得以保护的治理机构。其责任与养老金信托的最重要目标是一致的，好确保退休收入的兑现。治理机构不能够完全免除其将某些功能委托给外部服务提供者的责任，其需要保留监控和监督这些外部服务提供者的责任。

治理机构须具有一定的法律根据并有分离的功能，有决策程序包括内控机制、风险管理、遵守功能和内部监督结构，有必要的技能和资质，具有恰当的向利益相关者（主要是计划成员和受益人，还包括雇主、监督委员会、监督人、调控人及政府等）承担责任的方式。

2. 功能性信义人

功能性信义人是接受治理机构所实施的某些特定功能委托的人，他们分别履行着各自的专业功能，并承担养老金基金上的信义义务。主要有：咨询专家、审计师、精算师、托管人。

为了作出信息充分的决策并履行职责，治理机构需根据需要向咨询专家获取专家意见或聘请专家履行某些功能。

根据安排的需要，治理机构需聘请独立于养老金实体、治理机构、计划发起人的审计师来进行定期审计。根据一般的监控框架，审计师在履职过程中须就有关其了解的关于养老金基金不良的财务状况、管理状况和会计状况及时地向治理机构报告，如果治理机构未采取恰当的救济行为，则向有关权威机构报告。

所有的 DB 计划中，治理机构需聘请精算师。精算师在履职过程中发现基金不能或不可能满足恰当的法定要件以及根据一般监管框架，应向治理机构报告，如果治理机构未采取恰当的救济行动，则应立马向监管机构报告。

养老金基金资产的托管需由养老金实体即管理养老金基金的金融机构或独立的托管人来实施。治理机构聘请独立的托管人来持有、管理养老金基金并确保安全，为此养老金基金资产在法律上与托管人的资产相分离。托管人不能免除其将所有的或部分资产委托给第三人所产生的安全性问题所应承担的责任。

3. 责任划分

在养老金信托治理中，需要明确划分和分配经营和监督之责任。在一定程度上，养老金实体的设立是为了计划成员的利益而拥有养老金基金，该实体的法律形式、内部治理结构以及其主要目标均应明确规定在养老金实体法律、法规、合同或信托文件或与这些相关的文件中。如果养老金基金设立了由金融机构管理的独立账户，计划发起人和成员之间的养老金计划以及他们与金融机构之间的合同应明确规定金融机构管理养老金基金的责任。

4. 责任落实

治理机构应当对养老金计划成员和受益人以及有关权威机构承担责任。治理机构也可以向计划发起人承担与福利提供者相匹配的责任。为了保障治理机构的责任落实，它需要对其行为承担法律责任。

5. 适应性

治理机构应满足最低的适应性标准，以便确保其在养老金基金管理中具备最高程度的正直和职业操守。

（二）治理机制

养老金信托需具备恰当的控制、沟通和激励机制，以促进作出良好的决策，决策得以恰当、及时地执行，透明以及具有常规评审和评估机制。主要包括：内控机制、报告机制、披露机制和救济机制。

1. 内控机制

为了确保所有负有经营和监督之责任的人及实体能根据养老金实体所制定的法律、法规、合同或信托文件或与之相关的文件之规定行事以及遵守相关的法律，恰当的内控机制不可或缺。这种内控机制包括所有的基本组织和管理程序；根据计划的规模和复杂性，这些内控机制包括绩效评估、赔偿机制、信息制度和程序以及风险管理程序。

2. 报告机制

养老金基金管理中所涉及的所有人及实体之间的报告机制需要设立，以便确保相关和精确的信息得以有效和及时的传送。

3. 披露机制

治理机构应当明确、精确、及时地向所有有关的当事人（计划成员和受益人、监管机构等）披露相关信息。

4. 救济机制

养老金计划成员和受益人应当能够获得法定的救济机制，至少是调控或监管机构或法院所提供的快速救济。

第二节　养老金信托治理之路径

养老金基金以信托的方式运作，涉及长期的任务和受益人、成员、受托人、管理人、顾问、纳税人以及投资目标公司、社会、国家及几代人之间的利益关系，这些关系形成的网络要求在全球的经济和环境体系中相互信赖、共享价值、共担责任。养老金信托治理须消灭信义人实施短期羊群效应行为的动机，鼓励发展长期关系以促进经济的可持续性的增长。养老金信托治理要解决受托人的代理成本问题，确立受托人在利益冲突中的地位，严防受托人利用信托财产从事投机冒险的投资，构建"养老金风控链"；参照 OECD 企业年金治理准则，严格风险内控，采取措施确保运营和监督两项责任的实现；建立受托人资质审核制度，实现养老金信托之专业化管理和运营；强化信托财产之独立性和资产分离，以隔离债务风险，建立受益人对受托人的监控机制。

一　降低代理成本

许多公司向雇员承诺固定福利（DB）养老金，自 1970 年以来，人们的寿命大幅延长，用于计算养老金义务的现在价值的利率下降，导致公司养老金债务大为增加。另外，股票价格贬值大大降低了许多养老金计划资产的价值，结果，许多 DB 公司养老金计划出现大量赤字。在英国，DB 养老金计划以信托的方式设立，受托人负有使信托资产保值增值和管理信托的责任。确切地说，受托人须决定如何投资养老金计划资产，须将发起人公司的养老金计划付诸实现。这些权力与养老金计划的规模和赤字结合意味着养老金计划受托人的行为不仅对养老金计划成员而且对发起人的价值和行为均具有重要的意义。

各国的法律均规定计划的受托人可以是雇员或成员代表、独立的个人和发起人公司的董事。显然，对后者而言，作为受托人可能导致计划执行人与受托人角色之间的利益冲突。这种潜在的利益冲突已被调控机构所认识。受托人对计划负有义务而不是对任何有关联的集团或个人如雇主、工会或特定的成员集团以及作为成员的养老金领取者负有义务。涉及其他利益时受托人会面临抉择困境,譬如是否将计划基金剩余支付给雇主。将正在运作中基金剩余支付给发起人的决策、要求雇主向出资赤字的计划额外出资的决策均可能出现内部受托人的利益冲突,因为这些受托人也是发起人的执行董事。作为养老金计划受托人的公司内部人的存在允许发起人对养老金基金比其对独立的受托人施加更多的控制权。作为养老金计划受托人的发起人公司的执行董事的存在影响到养老金计划资产投资的方式以及向基金出资的额度。如果允许内部受托人支持公司股东而非养老金计划的成员,那么,内部人的存在是代理问题的渊源。

为了降低受托人的代理成本,调控者应建立法律标准,强化治理:第一,充分认识过度的羊群效应投资行为对基金成员或受益人产生的风险,设立谨慎投资标准,采取灵活的谨慎投资策略,只要这些策略与基金的任务、投资观、风险承受度相一致且能服务于成员或受益人的利益。第二,强化公正义务、平衡长期与短期义务。强调养老金债务的长期性和跨代性、认识系统性风险的影响。第三,协调服务提供者与基金成员或受益人之间的利益,赋予组合投资管理人和顾问较高的报酬,与其提供服务使基金所产生的可持续性的价值相匹配,但委员会须报告报酬分配情况,接受审计人员的审查。第四,关注系统和额外金融风险对成员或受益人的短期或长期福利的影响,明确风险产生于不恰当的养老金基金管理,鼓励采用前瞻性、综合性及跨学科的方式识别、评估和管理风险,行使与跨代公平原则一致的投资者权利。第五,设立恰当的监督机构,设立提升养老金治理行为的标准。建立符合目的的调控委员会,明确调控委员会成员遴选资质以及受托人的技能和能力标准,并向成员或受益人报告,由委员会独立的审计人员进行符合目的性审查;设立受益人向委员会提出诉请解任不合格受托人的程序,解决重大的利益冲突或信义义务违反的问题;为了防止资产转移及不公正的治理,应设立独立的与计划发起人没有任何牵连关系的委员会主席;政策制定者、调控者和受托人有必要定期评价计划的设计、相关的调控、税赋和法律要件,判断计划结构是否能最好的服务于成员和受益人的利益;委员会的年度报告应关注投资观和任务,需报告如何进行风险管理，投资行为是否满足基金债务以及是否提升成员或受益人的长期福利；提升运作效率；委员会就进行周期性的评估并报告最佳行为的效率以及计划改进情况；加强利益冲突政策的外部审计，包括委员会、委员、投资经理人以及顾问的遵守情况；提供费用管理的年度报告，保障费用开支的透明度；管理投资者权利和代理表决权，提高可持续公司运作效率，向成员或受益人、外部审计人员报告社会责任投资情况。第六，加强信义人的培训，提高其专业化技能。

为了有效减少代理成本，信义人须履行恰当的独立的法定义务控制不同成员和受益人集团之间以及各种利益相关者之间的利益冲突，不要过分关注短期投资回报，不要采取短期标准对组合投资经理人的短期结果进行评估，不要忽视风险对长期价值减损的影响。信义人须严格履行信义义务，做好养老金基金的管理以满足几代人的养老金债务需要。尽管养老金计划法律上与其发起人相区别，但计划和他们的受益人可以以几种方式从责任投资中获得利益。责任投资可以提高投资绩效，可以履行信义义务以及帮助管理调控风险，可以更好地匹配外部经理人和第三方顾问，可以帮助赤字管理，可以提升发起人可信度和留住雇员。

受托人代理成本的降低离不开受托人信义义务的监控。养老金基金的法律机制要求受托人信义义务标准与复杂的投资工具相适应，否则，会助长盲目的投资行为，自然人投资者更容易实施羊群效应行为。谨慎专家的信义标准阻碍信义人采取同行没有使用的投资策略，养老金基金通常无意使用其他养老金基金没有使用的谨慎策略，因为担心违反了事实的"旅鼠"标准而产生债务暴露。由于法律对什么是谨慎投资什么是非谨慎投资的标准不够清晰明了，受托人为保险起见采取当时流行的谨慎投资策略进行投资，为此，Keith Johnson 和 Frank Jan de Graaf 将此种谨慎标准描述成"旅鼠"标准。[①] 此种标准严重妨碍了投资策略的创新，结果导致养老金基金投资完全关注短期效应，忽视系统风险，最终使投资者保护落空。"投资者、资产管理人以及公司经理人集体沉迷于短期投资导致不愿意看到的结果是毁坏长期价值、降低了市场效率、减少投资回报并妨碍了公司

① James P. Hawley, Shyam J. Kamath, Andrew T. Williams, *Corporate Governance Failures: The Role of Institutional Investors in the Global Financial Crisis*, Univeristy of Pennsylvania Press, 2011, p. 270.

治理的强化。"①

二　控制风险

英美养老金基金法以信托法为依据制定，受托人与公司董事相比须遵循更高的行为标准。受托人须遵守的法定标准是："普通行为人在日常工作中允许的许多行为方式对受信义关系约束的人来说是禁止的。受托人所要遵循的道德规范比市场道德规范更为严格。不仅诚实，而且极为敏感的具体的信用均是行为的标准。"② 为成员和受益人利益的信义人被课以大量的责任，设立法定标准和治理结构以控制信义人是养老金信托顺利运作的关键因素。良好的治理与丰厚的回报相联系，良好治理的养老金基金比不良治理的基金在业绩上增色不少。③ 良好治理的关键性因素有：遴选具有相关技能和知识的受托人委员会成员；发展受托人委员会自我提升的文化；明确了解受托人委员会的使命和投资理念；建立足够规模的成本效益资产管理；设立有竞争性的委员补偿机制以获得内部专家；避免冲突的政策或第三方议程；明确委托代理的受托人委员会管理责任和委员职责。养老金基金运作的法律架构与调控原则必须在既定的重要的决策范围内。不能激励产生最好治理行为的法律规则会产生不良的后果且损害养老金基金在市场有效分配资本的能力。为了保障资本在全球金融市场上有效流动、维护养老金基金的完整、培养可靠的社会网络，共同的指导性原则是设立有利于全体受益人利益的信义责任高标准。高效率的受托人会考虑每一养老金计划的不同类型的受益人并采取谨慎的平衡措施承担长期高额回报相匹配的风险，此回报能足以提高即将成为未来受益人的在职成员之真正福利，同时避免损害现有的养老金领取者支付安全的风险。

为了有效地控制风险，受托人须具有专业的技能和知识，他们的行为须符合法定的标准。受托人须采取更加平衡的投资方式，在充分考量长期

---

① Keith L. Johnson and Frank Jan de Graaf, *Modernizing Pension Fund Legal Standards for the 21st Century*, *Network for Sustainable Financial Markets 2009*, Consultation Paper No. 2.

② Meinhard v Salmon, 164 N. E. 545（N. Y. 1928）.

③ Ambachtsheer, Keith and Bauer, Rob, Ten Strategies for Pension Funds to Better Serve Their Beneficiaries, *Rotman International Journal of Pension Management*, 2013, Vol. 6, No. 2. Available at https：//ssrn. com/abstract=2330358orhttp：//dx. doi. org/10. 2139/ssrn. 2330358.

风险和未来福利的前提下，全面关注风险与投资策略。受托人须采取典型的金融手段，考量所有相关的风险和价值因素，包括环境、社会和公司治理问题。[①] 信义人有义务和责任进行恰当的投资并确定适当的投资风险暴露，信义人对此义务的履行对成员的未来福利产生决定性的影响，养老金基金治理的重要性毋庸赘述。

大多数英国养老金计划有一套设立信托的法律文件和计划规则，称为"信托文件"。遗憾的是，信托文件一般不向公众提供。通常，信托文件赋予了雇主或现在的受托人以任命受托人的权力。一般而言，年满 18 周岁具有完全民事行为能力的人可以成为受托人。另外，在英国，自 1997 年 4 月以来，养老金计划法律上必须允许计划的成员在选择和任命受托人时有话语权。因此，雇主可以选择：（1）提出遴选受托人的安排以及将这些安排提交成员通过法定协商程序批准或（2）由现任受托人对遴选成员提名受托人作出安排。无论哪一种方式，此安排必须允许至少三分之一是成员提名受托人（如果计划不足 100 位成员的，受托人之一是成员提名受托人）。因此，重要的是，雇主可以选择是否任命计划的大多数受托人以及是否任命内部或外部的受托人。受托人权力因计划的不同而有所不同，但通常，信托文件包括如下权力：（1）做好财务记录、任命及聘任恰当的职业顾问（精算师、审计员、投资顾问和经理人、托管人和律师）；（2）决定计划资产的投资策略；（3）制定出资规划以使计划的出资额度以及现有资产足以偿付债务。受托人须与雇主就出资规则达成一致，但如果他们不能达成一致，他们须在听取计划精算师的建议后将规划制定到位。除了行使上述权力，显然，受托人的行为可能对公司行为产生重大影响。在决定出资规划时，英国养老金计划的受托人须遵守"最低筹资要件"规则。如果精算估价表明计划存在缺口（债务大于资产），那么，受托人在 10 年内必须修改出资规划以减少缺口。此期间称为"规划期间"，而且如果精算估价表明计划筹资低于90%，那么计划被认为存在严重缺口，雇主在规划期末消除缺口，且雇主必须在评估签字日三年内消除此严重缺口。因此，在这些规则中，受托人必须将出资规划制定到位以在

---

① Breaking the Short-Term Cycle, the CFA Centre for financial Market Integrity and Business Roundtable Institute for Corporate Ethics (July 2006).

规定期间内消除这些缺口。然而，不像在美国，最低筹资要件没有明确的筹资规则与出资的养老金计划缺口相关联。因此，受托人在草拟出资规划时具有一定的灵活性。而且，如果需要更多的时间确保计划根据最低筹资要件完全筹资，受托人或雇主或两者可以向职业养老金调控机构（OPRA）申请宽展期。须注意的是对大多数计划而言，受托人不允许将超过5%的计划资产进行与雇主相关的投资，包括雇主营业的股票以及取得营业中的财产，如公司运营使用的场所。因此，在英国，公司DB养老金计划资产投资于发起人股权是严格受到法律限制的。

为了有效控制风险，受托人须采取恰当的投资策略。采取DB养老金计划的公司可以选择看跌期权，如果资产（公司和DB资产）少于养老金基金债务，则公司可以选择将这些资产支付给DB受益人。因为看跌期权的价值随着基础资产的风险而增加，内部受托人可以有动机提升资产的风险，此风险超过了对养老金计划成员的最佳利益，如投资养老金计划资产于股票。代理成本也反映在向养老金计划的出资中。如果养老金计划债务与长期债务相同，那么，养老金计划成员是公司的债权人。支持公司股东而不是支持养老金计划成员的内部受托人可能的减少公司向计划的出资的动机。

三　建立养老金信托运作机制

养老金计划采取信托的方式运作是十分普遍的趋势。信托的内在机制有利于强化养老金基金的公司治理。雇主出资于分离、独立的信托基金。在共同出资的计划中，雇员的出资直接从其薪酬中扣除并移转到独立的信托基金。信托的架构有利于保障治理结构中各方利益相关者的利益，立法也强化了这种保障机制。

（一）筹资要件的确立

由于破产事件时有发生，人们对养老金计划筹资不足产生担忧，如果基金由独立的信托账户来管理，那么，雇员对养老金承诺的兑现就会更加放心。由于投资回报属于信托基金的利益，可以用于增加福利或兑换必要的出资，雇主也认为是双赢。

英国《2004年养老金法》中养老金调控者替代了职业养老金调控机构。英国的养老金调控者被视为比职业养老金调控机构更积极主动的委员会，并且设立养老金保护基金，自 2006 年 4 月开始运作。另外，2005 年 12 月 30 日，最低筹资要件被"法定的筹资要件"所替代，这个要件比"最低筹资要件"更严格。这些变化有利于 DB 养老金计划内部人治理相关问题的解决。简单比较英国和美国的制度，此要件适用于美国公司发起的许多 DB 养老金计划的范围。

在《1995 年养老金法》颁布以前，法律对养老金计划的最低筹资标准没有要求，这意味着在最后薪酬计划中，雇主可以向雇员承诺在其退休时可以获得某种福利，但雇主没有义务确保养老金计划有足够的资产来兑现此承诺。此问题就发生在麦克斯韦尔集团养老金计划一案中，此集团从计划资产中抽取资金来维持公司的运作，导致计划资产不足以支付到期计划成员的福利。

筹资在金钱购买计划中不是问题，因为成员所获得的福利取决于基金中资金的数额而不是承诺的数额。

1. 最低筹资要件

养老金计划的筹资目的是无论发起人公司发生了什么，计划成员所累积的权利将不得侵害。因此，法定最低偿付能力要件的引入是对计划成员所累积的养老金权利的必要保障。这促使养老金法对最低筹资要件进行了规定，并施加了与计划筹资相关的诸多法定义务。

最低筹资要件以及相关要件的结果是将最后薪酬计划中的权力制衡偏向于受托人。最低筹资要件十分明确，最基本的是要求最后薪酬计划的资产足以偿付债务，受托人必须确保出资的额度能够保障债务的履行。然而，在实践中，最低筹资要件业已证明相当复杂，且缺乏足够的灵活性以满足个人计划的需要。

2. 最低筹资额的估算

计划资产和债务必须由计划精算师来计算。债务值与资产值的差额来确定计划的筹资额度。根据一般条款，这以计划审计账户的图表来表示。然而，如果计划精算师有理由相信此表并不能反映资产的市场价值，他可以在其认为必要的情况进行调整。

对债务的估算，计划精算人推定所有的计划在职成员离职并有权基于他们提供的到估算期的服务以及他们现在的可领取养老金的支付享有递延养老金。计划债务值推定等同于要求于恰当描述的投资中的投资额，从而足以偿付这些债务，且参照此种投资收益进行估算。"恰当描述"的投资在养老金债务场合是指金边证券，在非领取养老金成员场合是指股权，在退休前10年中推定债务从股权和金边债券的混合投资中得以偿付。受托人可能会采取金边债券匹配政策来偿付对领取养老金的成员、养老金信用成员（对计划成员发布离婚命令时获取计划福利的成员）或递延成员的债务，并在投资原则报告中规定他们的政策是用金边证券的投资向这些成员偿付所有的债务，其结果是潜在地增加了计划债务值。受托人必须考虑是否架构计划投资以与最低筹资额推定相匹配（投资回报有可能产生相反的结果）。

最低筹资额的估算一般每三年一次。然而，如果受托人（与计划精算师协商）中间发生的事情对计划资产或债务产生重大影响，导致计划不能满足最低筹资额要件，那么，必须6个月内进行估算。这意味着受托人必须确保他们了解可能影响计划筹资地位的事情。每一次最低筹资额的估算必须包含计划精算师的报告、规定计划的筹资额度以及计划终止时可能要偿付的债务的百分比。

3. 出资

作为最低筹资额要件程序的一部分，受托人必须准备且时常修订出资安排，要求出资能确保计划根据最低筹资额要件进行了完整的筹资或如果最后的最低筹资额估算表明计划没有足额筹资，将计划提升到100%筹资。出资安排必须明确计划的雇主和在职成员向计划支付的出资比例以及出资的日期。①

出资安排须于每一最低筹资额估算进行后12周内准备。受托人有8周时间与雇主进行协商。如果他们不能在此期间达成一致意见，那么，受托人必须自己确定必要的出资比例，根据他们的意见，确保计划符合最低筹资额要件。这意味着即使计划文件规定雇主出资由雇主确定，受托人有权确定至少必要的额度以满足最低筹资额要件。

安排必须表明5年的出资期限。然而，如果估算表明最低筹资额要件不能满足，可以宽展至10年，而且必须表明必要的出资可以将计划提升到最低筹资额要求的额度。在某些情形下，可以向职业养老金调控机构申请延长出资安排的期限，包括例外的一般经济或金融情形导致计划资产大

---

① *Pension Act 1995*，§58.

量的贬值。

安排须由计划的精算师证明，他须说明根据其意见表明的出资额度足以确保计划根据最低筹资额要件进行了完整的筹资或在安排期限内将会进行完整的筹资。如果精算师不认为出资额能够满足最低筹资额要件，他必须如实说明。精算师必须根据年度重新证明，除非计划在最后的精算估算时已进行了完整的筹资。

如果雇主没有根据出资安排支付恰当的出资，此数额被视为对计划的债务。如果出资未按期支付，受托人须在规定的期限内向职业养老金调控机构和成员报告。另外，受托人没有遵守要件会遭受处罚。因此，受托人须确保他们对出资的征收进行监控。

4. 缺口（不足）

如果最低筹资额的估算表明根据最低筹资额需要年计划筹资处于90%到100%之间，那么，可以有10年的期限来达到100%筹资。如果出现严重的缺口，且根据最低筹资额要件，计划低于90%，那么，计划必须在3年内达到90%的额度且在10年内达到100%的额度。

严重的筹资不足可以通过出资或雇主向计划一次性支付来解决。可以选择的是，雇主可以与受托人在最低筹资额的估算后12周内达成其他安排，以保证将计划资产提升到至少债务的90%，如果在10年内雇主破产或计划开始终止。这些安排包括为受托人签发信用证、向受托人存款账户存入恰当数额的金钱或以雇主资产向受托人提供担保，如果此资产没有设定其他担保的话。这些可替代的方式旨在规避解决筹资严重不足这一严格的要求。

如果受托人在两个连续的评估期内没有满足最低筹资要件，他们有3个月的时间准备报告来解释为什么在第二个评估期没有满足最低筹资要件。在1个月内，报告要提供给成员、未来的成员和他们的配偶以及认可的工会。在未能说明严重筹资不足的情况下，受托人须告知职业养老金调控机构和计划成员。①

5. 最低筹资要件的缺罅

根据最低筹资要件，投资价值的估算不精确；而且即使受托人匹配了

① *Pension Act 1995*，§60.

最低筹资要件的框架，也不可保证他们以最低筹资要件为基础根据对股权回报、金边证券、股息增长等的精算获得 100% 的筹资。因此，随着时间的推移，实务中根据最低筹资要件所为的估算产生缺罅。

从成员的角度而言，最低筹资要件所提供的保护难以达到预期。当计划终止时，即使根据最低筹资要件进行了 100% 筹资，也可能没有足够的基金来购买年金以保障成员的福利，因为购买的费用可能超过计划债务的最低筹资要件的估算价值。

计划筹资须具有灵活性，方可使投资策略与计划成员的范围相匹配，受托人须拟定筹资原则报表，其中含有计划精算师制定的计划筹资策略。受托人至少每三年必须取得完整的精算估价，根据此估算，他们必须将出资安排到位，规定雇主和雇员向计划支付的数额。

6. 其他估算计划资产的方式

根据最低筹资要件，计划资产的估算也可能产生过多的剩余。在英国，如果计划根据规定标准以 105% 以上的比例筹资的，法律规定需要对溢额筹资征税，或者在 5 年内受托人可申请减少筹资到可接受的程度。由于估算要件是保守的，因此，计划一般很难产生剩余。不过，一旦剩余产生，选择将其减少到可接受的比率，主要方式有增加福利、雇主或雇员出资暂停期、剩余返还等。在规定的期限内没有减少法定剩余的，减资申请会被撤销。

在实务中，运作中计划的剩余返还给雇主的情况是少见的，因为法律对返还设定了严苛的条件。如果产生剩余，无论计划规则如何规定，由受托人行使返还的权利，但必须满足如下条件：① 第一，受托人须以为成员利益行使权力的方式行使该权力。这以受托人来说有点困难，因为对将剩余用于提升成员福利或给成员出资暂停期等事宜，受托人需要取得雇主的同意，或与雇主进行协商。第二，如果信托文件赋予雇主权力的，雇主必须要求或同意受托人来行使。第三，限定的价格指数增长必须适用于计划所有可支付的养老金。第四，行使此权力须通知计划的成员，成员在认为必要时有权向受托人提出交涉（尽管受托人并不代表他们）。第五，受托人须将剩余应支付的税额扣除再支付给雇主。

---

① *Pension Act 1995*，§ 37.

在所有情形下，受托人须以公平和衡平的方式行事，受托人所有做的是使受托人产生合理的期待。在产生剩余时，受托人有义务恰当地考虑是否增加福利以及增加什么福利。在判断公平和衡平，受托人需要重点考虑剩余源自其出资的当事人的诉求。受托人需要考虑剩余产生的情形，但并不必然考虑对此采取特定的行为。他们不受提升福利或减少出资或两者兼而有之的法律规则的限制，也无须考虑剩余产生的情形使其无须考量或禁止考量采取何种行为。他们须谨记计划的主要目的是为计划发起人的雇主之雇员提供退休福利和其他福利。他们须考量他们行为的结果对雇主出资经济责任的影响。他们必须注意对雇主不要造成负担以至影响雇主营业活动的连续性和恰当发展或该营业活动中成员的劳动关系。计划的主要目的不是使雇主置身事外。雇主也必须通过与可比较计划的福利相比或在总的养老金市场中考虑计划福利的额度。他们应当反问自己计划对成员是否具有吸引力，成员是否愿意继续进行未来筹资所必需的出资、是否成员认为福利与其出资相比具有高的性价比、是否成员认为高出资高福利更具有吸引力、是否成员更愿意低出资低福利？计划的目的不是将出资和福利固定在某一标准，从而影响雇员参与的积极性甚至引起他们的反感。他们必须反问自己是否成员所享有的养老金福利与其生活水平同等增长，成员对其服务以及出资所获得的退休金的期待不被通货膨胀所挫败。[1]

最低筹资要件不适用于金钱购买计划，因为此计划没有承诺福利，无需最低筹资标准来保障福利。但受托人必须确保有完备的、持续的和不时修订的支付安排，说明雇主和计划的在职成员应向计划支付出资的比例，且规定出资到期日。[2] 这一要求也同样适用于最后薪酬计划的出资安排，如果出资没有按照支付安排支付，也会产生同样的法律后果。[3] 另外，雇主到期没有支付出资也要受到罚款处罚。[4]

（二）高杠杆出资之控制

养老金计划受托人作出的重要决策是对养老金计划资产的投资决策。显然，受托人不只是对一个投资作出策略，而是对全部策略作出决定。理

---

[1]　Edge v Pensions Ombudsman［2000］Ch 602，626.

[2]　*Pension Act 1995*，§87.

[3]　*The Occupational Pensions Schemes Regulations 1996*，SI 1996/1715，rega 17–21.

[4]　*Pensions Act 1995*，§88（3）.

论上，高杠杆公司的股权人希望承担更多风险的项目，因为这样可以将财富从债权人移转至股东手中。如果将投资于股权的养老金资产份额作为风险衡量的手段，那么，代表发起人公司股东的内部受托人希望将更高比例的养老金计划资产投资于股权。公司内部人作为养老金计划的受托人比独立受托人倾向于将更多份额的养老金计划资产投资于股权，尤其是在发起人高杠杆的情形下。这种风险移转的主张是有效的，公司必须从养老金剩余方面获得福利。因为在英国，养老金计划资产不完全集中于发起人公司，人们认为公司可以不从养老金剩余中获利，但结论是不正确的。如果养老金剩余发生，公司可以减少向养老金计划的出资。事实上，计划产生剩余的发起人通常会使用"出资暂停期"，在此期间出资设定为零。受托人须将出资规划制定到位，计划的现有资产能够足以偿付计划的债务。

内部人的存在可能影响到向养老金计划的出资，养老金计划赤字与长期债务相同，筹资不足的养老金计划的成员是发起人的债权人。代表发起人股东的内部受托人有动机减少向债权人的支付以及对养老金计划进行不足额筹资，尤其发起人是高杠杆的情形。

（三）税收优惠治理手段

英国的养老金计划资产以信托的方式持有，独立于公司其他资产且享受税收豁免。

公司的金融资产回报需要征税，因此，将金融政策与养老金投资政策相融合的公司可以享受税收套利。公司通过增加杠杆和利用资产投资于债券的养老金计划的收益向养老金计划出资来减少税金账单。杠杆的增加提供了债务税优效应，但因为收益投资于债券，公司的金融风险是不变的，而且养老金基金的资产回报是不征税的。如果公司获得了利润增长且需要缴税，那么公司可以利用这种方式进行税收套利。内部人的存在便利了公司金融政策和养老金投资政策的协调。所以，如果公司是可赢利的且大部分受托人是内部人，养老金投资应倾向于债券而远离股权。作为公司内部人的养老金计划受托人将大部分养老金计划资产投资于债务，特别是发起人需要支付税收之时。税收套利对何时向养老金计划出资提供某些预测，因为出资对发起人来说是成本高昂的，公司得支付税金时，公司会选择进行这样的出资。在发起人公司面临很高的税赋时，作为公司内部人的养老金计划受托人会向养老金计划出资更多。

（四）信息持续性提供之机制

养老金调控机构采取基于风险的方法进行调控。对风险的评估根据受托人提供的有关养老金计划的最新信息以及影响到计划的重大事件的报告。法律要求受托人必须在一定期间和特定情形向养老金调控机构提供信息。受托人必须提供养老金计划注册以及全部通常的计划回报的信息。受托人还必须提供特定计划或雇主相关的事件以及某些违反法律情形的信息。养老金调控机构保留了对养老金计划的登记，拥有关于计划和雇主的信息。受托人必须向养老金调控者提供法律要求的注册信息如可以联系每一位受托人的地址以及告知有关变更的信息。如果计划首次注册，受托人必须在计划设立的三个月内提供所有的信息，并在合理的期限内向调控机构告知变更的信息。一些注册信息可用于养老金追踪服务，有助于成员追踪其已失去联系的养老金计划。养老金调控机构通常有义务根据登记将计划回报返还给所有的计划。DB 以及大的 DC 计划每年获得回报而较小的 DC 计划可以采取每三年一个回报周期。返还回报须提供注册所需信息；评估每一计划风险的信息。计划回报的返还可以在线上完成。应当告知的事件旨在提供警告机制。如果计划有资格获得"养老金保护基金"的覆盖的，受托人须提醒养老金调控机构雇主有可能破产或计划筹资产生的问题。这有助于在养老金保护基金补偿之前及时地应对有关情形。应当告知的事情是与计划相关或与雇主相关的，具有 DB 要素的计划受托人必须向养老金调控机构报告特定计划相关的事件。计划发起人的雇主必须告知特定的雇主相关的事件。计划相关事件是对计划精算人或审计人员在 12 个月内的计划的岗位两个以上的变化。雇主相关的事件是雇主所作出的停止在英国营业的决定。调控规则列举了应当通知事件的全部名单，如果事件发生时某些条件得以满足时某些需要通知的事件不必报告。报告须采取书面形式，一旦知悉此事件尽快付诸合理的行动。报告可能的违法行为，受托人必须向养老金调控机构报告某些违法行为。此义务通常称为"揭露"义务。此义务由受托人、雇主、职业顾问和其他人履行，当他们合理地相信相关计划管理的法定义务没有履行或正在违反且对养老金调控机构有实质性的重大意义时，他们须向养老金调控机构报告。

比较英美两国的调控机制，不难发现英美两国的 DB 养老金计划向雇员提供了与雇员退休时或雇员与公司终止劳动关系（如果此事发生在退

休年龄之前）时薪酬相关的福利。而且，发起人须为养老金计划资产承
担责任。养老金计划资产首先投资于股权，其次是债券。在发起人破产
时，养老金福利的担保尤其重要。在美国，发起人破产，养老金福利担保
公司（PBGC）——政府发起设立的机构，在一定范围内保护工人和退休
人员的福利。在英国，养老金保护基金相当于美国的养老金福利担保公司
（PBGC），发挥着相同的作用，关于这样的机构只不过两国仅在用语上有
所不同而已。尽管法律上养老金被视为递延工资，但在英国破产案件中不
能被请求返还的。英国与美国公司发起的 DB 养老金计划最为重要的不同
是英国受托人在计划信托中发挥着关键性的作用。而在美国，养老金信托
完全是公司的资产，发起公司的董事通常对养老金计划资产应当如何投资
有权作出决策。相反，在英国，受托人管理养老金计划，他们享有重要的
权力，同时理论上负有重大的义务为计划的受托人的最佳利益行使赋予的
权力。实践中，许多受托人也是发起公司的董事，所以，他们的独立事实
上是折中的。尽管英美两国之间的差异，但人们可以将美国的情形视为对
英国经验的限缩。在限缩的情形下，作为发起人执行董事的养老金计划受
托人比例为 1∶1，在公司中不存在变化。在英国，发起人董事作为受托
人的比例在公司中发生变化。当养老金计划的受托人是公司的内部人时就
可能涉及代理问题。

四　保障受益人权利

养老金保障的主要目标是养老金基金独立于雇主的营业活动，管理者
的主要义务是保障成员的权利和利益。迄今为止，养老金基金的管理产生
利益冲突是大有可能的。即使养老金信托的顾问也要受到监督以保证他们
能够确实保障养老金信托资产之安全。

（一）强化信息披露义务

为了加强对受托人的监控，受益人享有请求信义人履行信息披露的义
务。计划的雇主、精算人和审计人员负有向养老金调控局报告与计划管理
相关义务履行中的不正常现象。[1] 在英国，为了强化成员控制，养老金立
法规定了法定的披露义务。《1995 年养老金法》强调了披露的一般原则并

---

[1]　*Pension Act 2004*，§ 70.

制定了调控法规即《1996年职业养老金计划调控法规》，赋予了职业养老金计划调控局（后改为"养老金调控局"）以罚款权，如果受托人不遵守此法规。向成员披露的信息包括计划详情、年度个人福利报表、受托人年度报告、审计账户和任何精算价值报告。另外，职业养老金计划调控局本身也有权力披露在调查计划活动中关于计划的信息。披露的最初意图是法规应当"足以使养老金顾问专家能够形成一个完整的计划画面和财务状况"。① 仅存在可获取的相关信息尚不足以保障成员的利益。即使在《1995年养老金法》法定干预前也存在需要正确平衡综合信息和可理解的信息。成员和他们的顾问可以获得很多信息，但难以解释且不能形成一个完整的画面。尤其是，如果成员发现他们想质疑受托人的决定，就需要了解为什么作出此决定，那么他们得克服该决定设置的障碍。受益人有权了解所有的信托文件，除了那些披露受托人自由裁量权行使原因的文件，如果没有证据证明不恰当的动机或不相关的影响因素。

（二）建立纠纷解决机制

相关的信息披露仅仅是迈向恰当控制的第一步，成员如果感觉保护不充分，他们可以进一步选择其他方式如内外部争议解决机制等。

1. 替代纠纷的解决机制

（1）纠纷的内部解决机制。建立养老金信托受托人的纠纷内部解决机制。如果产生争议，所有类型的成员及其他们的家属以及计划的受托人和经理可以申请解决纠纷，如果申请一经提出，必须任命审理纠纷的人员。关于计划成员的纠纷解决，大多数计划的受托人必须对涉及计划的诉求有一个正式到位的安排，这称为"纠纷内部解决"程序，受托人须告诉计划成员有该程序。"纠纷内部解决"程序解决受托人与成员（包括养老金领取成员和递延成员）、准成员、成员死亡后有权享有福利的鳏寡孤独或其他人、上述人员中某一个人以及上述人员中一些个人之间的纠纷。法律对受托人所采用的"纠纷内部解决"程序没有规定。

（2）纠纷的外部解决机制。第一，建立职业养老金顾问服务部。职业养老金顾问服务部是一个独立的慈善顾问和协调服务机构，通过自愿者

---

① Graham Moffat, Gerry Bean & John Dewar, *Trusts Law Text and Materials*, 4th Edition, Cambridge University Press 2005, p. 678.

顾问网络来负责调查和解决养老金计划成员提出的诉求。如果成员对其调查和解决的结果不满意，可以将诉求提交监察机构。第二，建立养老金监察机构。监察机构可以仅解决法定管辖范围内的纠纷。然而，管辖范围包括计划不当管理的诉争，来自实际的或潜在的受益人对受托人/经理人或相关雇主、来自受托人相互之间或对雇主的诉争。另外，监察机构可以审理产生于计划受托人和另一个计划受托人之间或同一计划受托人之间的诉争。由监察机构所作出的裁决可以起诉到法院。在英国，养老金监察机构为成员提供比法院更便捷和更经济的纠纷解决平台。

2. 诉讼救济制度

尽管设立了可替代的救济方式，成员之间、与受托人或雇主之间的大多数争议可以提交至法院作出最终裁决。在一定范围内，这仅对监察机构裁决提起诉讼来反映。这有助于阻止信托的违反，但救济成本较高。受托人可以决定最符合计划要件的程序，法律不仅规定了受托人必须对争议事项作出决策并在合理期限内将决策与请求者沟通。任何受益人均可以在任何时候向养老金监管部门提出诉求。

（三）构建当事人监督机制

第一，建立受托人委员会，发挥其监督职能。对受托人委员会必须如何构成，各国立法规定不一，但均规定成员享有遴选受托人委员的权利。基金规则即信托文件须规定与委员会相关的事宜，如委员会的组成、成员受托人的遴选程序、委员的任命和任期、会议程序、委员的表决权、会议的法定人数、僵局的打破以及委员会的权力。一旦受托人委员会形成，他们须以某种方式履行义务。

第二，受益人监控的加强。信托法对养老金受益人的利益提供了恰当的保护，但谁有资格提起违反信义义务的请求不是一个简单的问题。在养老金信托中，由于成员及受益人享有养老金信托财产的控制权，因此，只有成员及受益人有动力强制受托人履行信义义务，有诉权主张受托人承担违反信义义务的责任。通常，养老金计划的成员或受益人有资格获得特定计划项下福利的人包括遗属及配偶享有主张受托人违反信义义务的诉权。加拿大联邦法赋予监督者有权提起成员、前成员或任何其他享有福利的人可以提起的诉请。加拿大有些省允许省级监督者对雇员、养老金计划的管理者提起不当管理的诉讼。在美国，根据 ERISA 法，计划的受益人或成员、劳动部秘书处或某一信义人对其他信义人根据义务违反之规定提起民事诉讼。这些均可以为我国构建受益人监控提供有益的借鉴。

受益人可以通过对受托人的诉讼来对其进行监控。养老金信托本质上可以认定为私益信托，个人受益人显然是恰当的诉讼主体，可以提起诉讼强制受托人履行信义义务。[①]

（四）设立养老金调控机构

设立养老金调控机构，由法律规定其调控目标，该机构根据养老金法制定行为规则，引入一个全新的公共调控机制，除了与信托调控机制一并存在，养老金调控机构来对养老金受托人的行为进行调控。养老金调控机构享有很多权力，也被施加了信息披露的责任。它还确保内部纠纷解决程序的设立，其重要的任务是监督受托人，有权阻止某人成为受托人或暂停和解任受托人。[②] 易言之，养老金调控机构负有特定的责任来监控信托义务的履行。

第三节　社会责任投资

养老金信托信义义务存在与社会责任投资的矛盾。养老金信托中投资决策者的信义义务与其社会责任投资存在矛盾与冲突，强调环保或其他慈善之社会责任投资是投资决策者的谨慎投资义务的内容之一。社会责任投资背景下的信义义务具体内涵，这是一个值得深入探讨的话题。

一　社会责任投资的价值

（一）提高投资绩效

受托人同意接受一套责任投资理论，可以获得长期的更好的风险调控回报。在许多公司养老金计划中，较低的流动性，较高的风险调控回报，市场压力增加时养老金福利减少的可能性，资产分配的强化等因素均可提高投资绩效。环境、社会和治理（ESG）问题对投资分析而言并不是什么

[①] Regulation of Employee Benefit Plans: Activate the Law of Trusts, *Stanford Law Review*, Vol. 8, No. 4 (Jul, 1956). https://www.jstor.org/stable/1226544.

[②] *Pension Act 1995*, §7.

新鲜事，且几十年来一直是养老金计划和投资经理考量的事。多年来，公司披露调控框架也要求 ESG 类型信息披露，如投资委员会如何架构及构成、工作政策和实践等。

ESG 分析可以向投资者事先发布公司治理失败的警报，促进价值毁损行为的识别，投资者可以选择有良好管理和可持续的商业模式的公司进行投资。投资者长期参与公司治理并利用股东权利可以获得增强的风险调整回报。披露化学物质排放的公司比不披露的公司享有更有利的贷款条件，而排放程度高的公司对其贷款要付出更高的利息成本。总之，环境、社会和治理对投资有重大影响。在金融服务方面，治理问题包括调控和法律风险监控、雇员报酬和利益冲突管理等比环境或社会因素对证券价值更可能产生实质性的影响。有些特殊行业如采矿会受到对健康和安全的跟踪记载、劳动力标准和环境管理的影响。

（二）履行信义义务及管理调控风险

将环境、社会和治理问题与公司养老金计划结合，投资决策须独立于公司发起人作出。公司养老金计划对受益人负有信义义务。信义义务要求管理他人财产的人须为受益人的利益行事，而非为自身利益或公司发起人的利益。除此之外，一些公司养老金计划狭义的解释受益人所负有的信义义务，主张他们在投资过程中无须考虑环境、社会和治理问题，信义义务不是责任投资的障碍。如果实质上忽视环境、社会和治理问题，那么，他们构成对信义义务的违反。因为环境、社会和治理问题通常对有效的风险和回报分析至关重要，有助于正确地解释财务报表以及恰当地判断未来的投资绩效。信义义务的要求逐渐随着对责任投资调控的强化而增强。

（三）外部经理人和第三人顾问的职责

公司养老金计划通常资源有限，几乎没有职业的职员和没有直接的投资专家。不具有必需的专业投资技能，大多数计划将一部分或全部资产管理的权力交给第三方经理行使。这样，许多计划不具有足够的规模、资格或专业能力来影响（1）投资中与环境、社会和治理相关的策略范围以及措施；（2）这些产品与公司计划管理和设计的适应性；（3）实践中，经理人考量环境、社会和治理问题的范围。

公司计划信托受托人不能深刻了解大多数相关或挑战性问题，需要向经理人及其他顾问咨询环境、社会和治理相关绩效。这使公司计划严重依赖其投资顾问的建议。这些顾问为计划和其职员提供了至关重要的建议，有助于战略资产分配、相关的投资战略的范围以及计划整体的绩效目标的实现。他们还向计划投资经理人提供评估以为其作出选择提供参考。大多数投资顾问有专家负责投资。许多顾问已将确立的责任投资实践与他们的核心的顾问服务综合在一起。一些公司计划将环境、社会和治理融入投资政策或投资原则、扩大对受托人或调控机构成员解决环境、社会和治理问题的信义人培训，并将环境、社会和治理问题增加到投资经理人的遴选、任命和监控中。

公司的养老金计划与公众公司董事会的审核或调控框架不同，对他们的治理机构不倾向于采取平等监控。这些计划将环境、社会和治理作为创新实践，并应当确保他们与新出现的治理实践保持一致，尽可能地有效管理他们的受益基金。

（四）赤字管理

在考虑环境、社会和治理问题时，不能忽视养老金基金赤字问题，（DB）公司养老金计划赤字普遍存在。将（DB）计划转换成（DC）计划是全球养老金风险移转的规定中的总趋势，在筹资状况允许的情况下，对DB计划进行去风险化的安排。

减少计划赤字规模和风险移转是计划调控机构及顾问的主要职责。严重的筹资不足的养老金债务可能对公司发起人的财务产生消极的市场影响，填补巨额赤字在许多种情形下需要发起人移转重要价值，很可能要求其放弃未来的股息或采取更大的金融杠杆。这种价值移转的规模和赤字计划的"概念"本质可使发起人不愿意，如果不是不能，填补这种赤字，这是随时间变化而变化的。结果，计划受托人需要花相当多的时间来审核筹资额以及赤字管理问题，这意味着对责任投资问题的关注可能被忽视。

通过扩大和深化投资政策和程序，责任投资考量可能是一整套措施中的一部分，这对赤字管理发挥着积极的作用。环境、社会和治理问题与投资过程和决策作出相结合可以提高直接分摊的成本，采取更全面的方式，受托人能更好地理解投资风险、更好地进行资产分配以及作出经理人遴选决策。

（五）增加发起人可信度和留住雇员

养老金及投资利益须与成员的需要与价值相关联。公司计划从DB到

DC 的转换为受托人创设了新的机会以满足变化的雇员期待与需要。DC
养老金以收入替代的方式给受托人带来的不确定性极小。因为 DC 养老金
将投资绩效之债务从发起人或计划有效地移转到成员。受益人必须更多地
作出自己的投资决策。随着责任的这种移转，受益人不仅对代表他们利益
的投资享有控制权，在许多情形下逐渐知道是否对这些决策承担责任。

根据公司的目的，公司养老金计划变成了更广泛的员工福利计划中的
一部分。雇员更加了解到他们的消费和投资决策以及对环境、社会和治理
问题产生越来越有大的潜在影响。许多人想为公司工作，将可持续性纳入
公司价值中去。为此，公司养老金计划必须进行恰当的投资选择，强化他
们的发起人可持续性营业的声誉以及有助于招募和保留雇员。

为了满足这种日益增涨的需要，计划提供"绿色""道德""社会责
任投资"标签的基金作为可替代投资选择的计划在数量上较过去几年大
幅度增加。然而，因大多数雇员选择违约期权，计划的发起人在违约 DC
计划中对责任投资进行考量。

从这点来看，违约 DC 养老金期权是一种突破，此策略部分用于强化
对环境、社会和治理问题的认识。养老金计划为（DC）计划的股权违
约期权提供基金，期望能为成员提供更好的风险调控。如果成功，基金也
可能替代 DB 计划的股权分配。DB 转移到 DC 养老金为公司发起人和计划
创设了协调与雇员之间关系的计划，这能提供恰当的、低成本的责任投资
选择，可强化公司向雇员和利益相关者提供可持续性的福利。

二　社会责任投资背景下受托人信义义务的具体内涵

养老金信托的受托人负有为他人利益而投资的义务，须承担为受益人
的最佳利益谨慎而忠诚行事的义务，除了特定的强制性的道德投资，他们
委托的投资中间人必须选择为受益人的利益最大化经济回报的投资。违反
谨慎投资标准的信义人有责任赔偿因信义义务违反所造成的损失。[①] 社会
责任投资一般在投资过程中需要考虑社会、环境和道德投资的结果，包括
积极和消极的。社会责任投资可以通过几种方式来实现，基本上，道德投
资者会采用积极和消极的筛选方式。消极的筛选排除涉及有问题行为的公

---

① 　L. Ho, *Attributing Losses to a Breach of Fiduciary Duty*, Trust L. Int'l 1998, p. 12.

司，如核动力等，而积极的筛选选择开展良好业务的企业如再生能源供应，通过这种非直接的社会责任投资形式兑现承诺的经济利益或避免对投资者产生金融风险。社会责任投资只是资本市场中很小的一部分，信义人的首要义务是对受益人忠诚即仅为或为受益人的最佳利益行事。为此，作为信义人的养老金受托人禁止从事利益冲突的交易，以损害养老金计划成员的利益。在投资组合管理中，信义人须行使恰当的谨慎行事、勤勉和技能的义务。这些标准共同组成两个并列的关键性的义务即忠诚义务和谨慎义务，后者又称为"谨慎人规则"或"谨慎投资者规则"。

（一）谨慎投资者规则之于社会责任投资的意义

谨慎投资者规则对社会责任投资而言具有十分重要的意义。该规则的调控有时对组合投资资产的类型和规模施加了量的限制。[①] 谨慎投资者规则强调的是信义人的行为而非投资决策的结果，此规则推定投资是通过注意和谨慎的方式选择的，那么没有禁止就是允许的。因此，信义人是否谨慎不是根据过去的金融绩效来判断，而是根据决策程序的合理性来判断。尤其信义人或受托人还要履行合格义务即必须具有恰当的投资技能以及在履行职责过程中行使恰当的注意。这样，需要信义人寻求专家意见和将各种活动委托给具有必要技能的人。谨慎投资者规则的另一个标准是分散原则，信义人应当避免投机和不当风险投资，分散的组合投资可以降低投资风险。

（二）信义人投资标准之演进

信义人投资标准是不断演化的，在每一法域均有所调整。在同一法域的不同的经济领域标准也会有所不同。谨慎投资人规则强调风险规避和资本维持，而不是资产增值，禁止投资决策代理。以前，信义人被希望评估每一次投资的风险和回报而不是评估组合投资的整体绩效。在美国 King v Talbot[②] 一案中，谨慎投资人规则被保守的解释为禁止"投机"投资本身，强调信义人维持信托资本的义务。投资的适应性得严格根据具体每一

---

① Organisation for Economic Cooperation and Development（OECD），*Survey of Investment Regulations of Pension Funds*（Paris：OECD，2001）；Richardson，Benjamin J.，Do the Fiduciary Duties of Pension Funds Hinder Socially Responsible Investment?，*Banking and Finance Law Review*，22.2（2007）.

② King v Talbot，40 NY 76［1869］.

个案的情形来评估。也就是说，不允许用整个组合投资中的另一个投资来抵销特定的风险。谨慎投资人标准的传统规定有效地排除了所有的产生不寻常风险的社会责任投资，因为每一次投资都需要根据其自身的情况进行评估和判断。传统谨慎投资者规定与现代投资基金的绩效最大化背道而驰，因为现代投资周期性强制分散投资以分散风险。因此，现代组合投资理论（MPT）重新界定了谨慎投资者规则。① 现代组合投资理论（MPT）不是单独的评估投资，而是根据他们对绩效目标的贡献以及整个投资组合的风险预测来判断。② 在 Nestle v National Westminster Bank③ 一案中，法院认为，现代受托人在他们的投资权力范围内行事，有权根据现代组合理论的标准来判断，该标准强调整个组合的风险程度而不是与独立的每笔投资相关的风险来判断。④ 可见，强调整个的组合投资而非单个的投资部分，使分散投资成为现代组合理论的核心。该理论认为组合可以以较低的整个风险而不是仅仅一部分的风险提供更高的回报率，将不相关或负相关（如市场价格呈前后不一致趋势）的投资结合在一起。因此，一个单独的道德投资于新型的环境技术行业单独来看可能风险很大，但结合其他投资来看，对信义人来说是谨慎投资。无论是美国的 ERISA 法还是《信托法重述》中的谨慎投资人规则都有相同的投资义务的转型。谨慎投资人规则要求信义人：不独立评估投资，而是参考他们对整个投资组合的贡献；不是仅追求单独资产回报的"最大化"，而是实施整体的对基金来说是理性和恰当的投资策略；进行分散的投资组合；根据投资选择来判断投资的谨慎而非事后来认定。⑤ 在美国，ERISA 规定对资产管理采取整个

---

① P. G. Haskell, The Prudent Person Rule For Trustee Investment and Modern Portfolio Theory, *North Carolina Law Review*, Volume 69, Nomber 1 (1990).

② F. J. Fabozi, F. Gupta&H. M. Markowitz, The Legacy of Modern Portfolio Theory, *Journal of Investing*, Volume 11, Number 3 (2002).

③ Nestle v National Westminster Bank plc［1992］EWCA Civ 12.

④ Nestle v National Westminster Bank［1996］, 10 T. L. I. 111 at 115 (per Hoffman J.).

⑤ American Law Institute (ALI), *Restatement* (*Third*) *of the Law Trusts*: *Prudent Investor Rule* (Washington DC: ALI, 1990) 8 (section 227). See further, E. C. Halbach, "Trust Investment Law in the Third Restatement" (1992) *Iowa L. Rev.* 1151; R. J. Aalberts & P. S. Poon, "The New Prudent Investor Rule and the Modern Portfolio Theory: A New Direction for Fiduciaries" 34 *Am. Bus. L. J.*, 39 (1996).

组合投资的方式，美国劳动部特别阐明法定标准为"特定投资决策的谨慎不应当不考虑相关投资或投资行为过程在整个投资组合中作用来判断"①。

针对职业养老金计划，1993 年《澳大利亚超级年金业（监管）法》明确允许养老金基金受托人根据现代投资实践进行投资。该法规定养老金受托人必须制定并实施的投资策略须考量基金的整个情况，包括但不限于如下情形：基金投资的组成部分作为整个投资，包括投资分散的范围或涉及因不恰当的分散所产生风险暴露的基金。② 养老金基金受托人的法定要件要求对投资选择采取整个组合投资方式有效地彻底改变了谨慎投资人规则。

（三）社会责任投资以提升受益人的最佳利益为前提

信义人对受益人负有忠诚义务，是一种永久性和最基本的义务，其基本目的是提升受益人的最佳利益。传统上，此义务被解释为要求信义人专门为受益人的利益而非自身或某个第三人的利益行事。在美国，"不可分割的忠诚"义务被界定为要求受托人"仅为受益人的利益管理信托"。在加拿大法中，此义务被描述为"为成员的最佳利益诚实、忠诚的行事"。受托人须忠诚对待的"受益人利益"是信托文件中所规定的受益利益。法律制定了一些预防性的规则来确保信义人忠诚行事，如要求避免利益冲突、不委托他们代理责任即"亲自履行规则"以及公平对待受益人即"公平规则"。近年来，在有些法域，发生了演化，允许信义人考虑受益人的附属利益如考量作为雇员的地位或第三人的地位，但他们必须服从受益人的利益。忠诚义务可解释为要求受托人证明决策仅受受益人的经济利益而驱动。这特别适用于信托目的是给受益人提供经济利益的情形如养老金计划提供未来的退休收入。因此，即使受托人谨慎小心地实施了投资策略，符合谨慎投资人标准，这也没有履行忠诚义务，如果这一切不是为了受益人的利益的话。但"利益"不必限于经济利益。如果受益人对特定形式的投资是道德上的，这可以解释为为了他们的利益，如果信托避免此种投资，可能即使以牺牲较低经济回报为代价。慈善信托中受益人利益就

---

① *29 US Code of Federal Regulations*, s. 2550. 404a-1 (b).
② *Australia's Superannuation Industry (Supervision) Act 1993*, § 52 (2) (f) (ii).

是道德利益而非严格意义上的经济利益。在所有的法域，信义人对违反忠诚义务和谨慎义务的投资承担责任。"非谨慎"包括疏忽大意的投资选择、没有履行谨慎人的注意和技能的义务。刑事处罚可以适用于更严重和恶劣的信义义务违反行为。在某种义务违反之情形下所实施的投资，受托人须承担损害赔偿的责任，损害须根据股票或资产价值的损失加上本可以增值的收益来计算。反之，信义人没有选择恰当的投资而导致义务的违反，或许因不恰当的道德选择，可能需要证明如果进行这样的投资，信托投资组合可能会赢利更多。经济回报可能被追踪，所以，较容易证明不同的投资选择，会产生不同的投资绩效。但很难证明投资是不谨慎的，因为信义人原本就需要具有必要的知识以预测某种潜在的对未来的投资业绩产生不利影响的因素，也就是说，很难有效评估信义人预测未来的能力。衡量因社会责任投资政策之违反仅给受益人造成道德上的损害而没有经济上的损失等问题亟待研究。

基金管理的代理和投资的分散是养老金基金规模的产物，规模本身并不必然促进对受托人投资政策的信托法修改。受托人的相关义务包括：第一，为现在和将来的受益人的最佳利益行使权力，公平地保持不同阶层受益人之间的利益平衡；第二，根据提供经济福利的信托之规定，受托人首要任务是为现在和将来的受益人提供最大的经济福利。[①]

"大规模的养老金基金强调需要分散投资，而不是减少投资范围，对许多由计划成员出资的大部分基金的投资尤其需要受托人为受益人的最佳利益行使权力。而在私人信托中，大多数而非全部受益人是委托人实施赠与的受赠人，而在养老金信托中许多尽管不是全部受益人是作为计划成员向基金出资的人，所以到退休时他们要领取养老金。至关重要的是受益人的利益是第一位的，他们获得的福利的一部分是他们支付的。有观点认为，因为受托人支持已离开企业的养老金领取者的投资政策，所以，他们的福利会有减少的风险，这是不合理的。"[②] 即使信托的目标仅仅是提供经济福利，在大多数情况下，受托人可以采取道德投资政策，其背后的法

[①] Graham Moffat, Gerry Bean & John Dewar, *Trusts Law Text and Materials*, 4th Edition, Cambridge University Press 2005, pp. 287-288.

[②] Graham Moffat, Gerry Bean & John Dewar, *Trusts Law Text and Materials*, 4th Edition, Cambridge University Press 2005, p. 290.

理是十分广泛的可供投资的范围使受托人常常有道德考量的空间，在不损害受益人经济利益的前提下，受托人积极地选择某些投资或消极地避开其他投资。信托法原则并不与此相冲突，因为普通的谨慎人在此情况下肯定没有受到限制，而受益人也无须支付经济价值。与社会或道德投资相冲突的许多投资根据传统的投资标准也是不可以的。①

（四）社会责任投资标准的内涵

信义人社会责任投资标准的内涵究竟是什么？第一，调节非经济利益。谨慎投资和忠诚义务限缩了社会责任投资的范围，在养老金信托之外，受托人进行道德投资的信义标准的内涵并非指信义责任禁止或暗中阻止社会责任投资。而是投资者的信义责任与社会责任投资的概念和方式具有充分的灵活性允许在某些情形下的社会责任投资。信义责任一般不允许牺牲经济回报，但在信义的框架内仍然保留社会责任投资的巨大空间。信义人的首要责任是促进受益人的最佳利益，在现代金融环境中，这通常意味着优化经济回报，因为经济回报是一种便利的衡量标尺。有国家立法规定，信义义务不仅是为了受益人的"最佳"利益而且是仅为受益人的利益。② 在养老金计划领域，《欧盟职业养老金指令》在其投资规则中规定，资产投资须为成员和受益人的最佳利益。③ 美国 ERISA 执行的劳动部建议，法定的信义标准不排除附属利益如社会责任基金所产生的利益。④ 无论是为受益人最佳利益或仅为其利益忠诚行事均取决于如何界定受益人的利益。如果信托的设立目的是经济利益，则受益人的利益通常属于经济性的，但"利益"不能纯粹以经济性来衡量。如果信托的设立是为了促进与更广阔的社会相联系的某种道德、社会或慈善目标，那么，信义人应当根据那些利益行事。如果信托设立是为了提供经济利益，受托人在没有牺牲经济回报的前提下考量了非经济目标，那么，受托人行为不可以被认定

---

① Graham Moffat, Gerry Bean & John Dewar, *Trusts Law Text and Materials*, 4th Edition, Cambridge University Press 2005, p. 663.

② *Australia's Superannuation Industry (Supervision) Act 1993*, §62.

③ Directive 2003/41/EC of the European Parliament and of the Council of 3 June 2003 on the activities and supervision of institutions for occupational retirement provision, O. J. L. 235/10, Article 18.

④ B. Goodman, *The Environmental Fiduciary: The Case for Incorporating Environmental Factors into Investment Management Policies*, Oakland: The Rose Foundation, 2004, p. 33.

为不谨慎。① 不过，非经济目标是附属于投资目标的。在相同情形下，如果证明社会责任投资基金符合或超过了非社会责任投资基金的经济回报，那么社会和环境责任公司可主张实施了谨慎投资选择，显然不能仅按照经济标准来判断。② 通常，社会和环境对经济回报产生实质性的影响，采取积极的环境策略的公司会获得有力的经济回报。③ 尽管提升公司环境业绩与经济回报成正比，但有时两者也不相容。④ 如果对环境损害的环境或社会处罚缺失或不力，以牺牲环境而谋求经济发展会增加公司利益。在这种情形下，利用这些缺陷而不是克服这些缺陷，金融市场会回报公司以经济利益。由于营业可以在政府或社会制裁缺失的情况下利用系统缺陷而获得利益，资本市场却不断地放大公司充分利用的动力。相反，公司禁止利用这种因素，又会丧失竞争力。主张忽视环境和社会考量的信义投资者也可能会违反信义义务。随着环境问题日趋严重，几乎没有投资者会对此影响无动于衷。近年来，一些投资顾问建议养老金受托人负有信义义务特别关注气候变化的金融风险。投资投资者通过增加资产范围强化信义责任以尊重更广泛的投资的社会和环境影响。投资为了利润而忽视环境污染，对投资者有利害关系的其他经济层面产生风险和成本，实际上做了一个零和游戏。一些敏感的生态或社会问题引发对信义人的特别责任，因为政府调控、消费者施加或其他社会制裁的存在或可能产生，对信义人投资的经济绩效产生潜在的影响。投资人负有信义责任将气候变化之威胁加以考量，但没有经济效益也是不可取的。如果投资命令要求信义人进行道德投资而他没有这样做，那么，如何衡量损失呢？ 如果此种行为没有对受益人造成任何经济损失，那么，是否构成信义义务违反呢？ 从经济利益的角度，受益人可以对受托人没有贯彻社会责任投资政策之行为，主张信义义务违反之责任吗？ 当然，在上述情形下，受益人均可主张信托义务违反之责任，

---

① Bishop of Oxford v Church Commissioners for England, [1992] 1W. L. R. 1241 (U. K.).

② S. Labatt & R. R. White, *Environmental Finance: A Guide to Environmental Risk Assessment and Financial Products*, New Jersey: John Wiley and Sons, 2002, pp. 151-155.

③ S. A. Waddock & S. M. Graves, The Corporate Social Performance Financial Performance Link, *Strategic Management Journal*, Volume18, Number 4 (1997).

④ R. Sullivan & C. MacKenzie, *Responsible Investment*, Sheffield: Greenleaf Publishing 2005, p. 20.

但该责任的性质，有观点主张设立一种新的侵权救济，该救济不仅关注经济损害问题，而且关注对个人正直的不满，表现在故意忽视其道德观念和偏好。①

（五）社会责任投资下的信义义务

社会责任投资涉及社会和环境的考量以及对受益人信义义务的范围。为了最大化回报或至少与整个市场的运作相匹配，基金经理人通常需要根据现代组合理论的规则进行分散化的组合投资。尽管现代投资分散化的标准不再要求对每一个投资进行狭隘的评估，他们仍可能阻碍社会责任投资。环境和社会投资选择会妨碍真正的分散投资，因为通过排除特定公司或经济领域以限缩投资组合。分散组合可以产生对特定投资的小规模持有，以便缩小社会责任的积极行为方式的范围。信义人有义务监控其投资并通过表决权信托保护这些投资。由于市场是在信息不对称的条件下运作的，机构投资者实力强大以至于对金融市场产生中立的影响即现代组合投资理论在金融调控者和基金经理人中保留着良好的声誉。在有些情形下，分散义务实际上可以加强环境投资选择，信义人可以选择考虑社会、道德和环境因素，提供非经济利益，他们应当与受益人进行协商。在养老金领域，社会责任投资选择的发展而不是单独的投资政策有助于调节成员间的不同偏好。如果信义人将道德偏好考虑到投资政策，他们应当确保是其受益人的偏好而非自己的偏好。因此，信义人须确定受益人的观点，告知他们有关社会责任投资政策实施的情况。社会或道德价值的提升是非经济利益。经过与受益人协商，恰当地告知并经其同意，他们不能使受托人承担违反信托的责任。受益人同意是受托人履行忠诚义务的结果，是忠诚规则对最大化受益人最佳利益的体现。灵活的消极选择可能会与信义义务发生冲突，因为他们专属于某个领域与其他社会责任投资策略不相匹配。最佳的方式是允许根据现代组合理论保留分散的组合投资，而且公司参与社会责任投资，是投资者努力影响公司管理而非被动投资，对信义责任的履行大有裨益。事实上，投资经理人面对不当的公司治理而不作为可能构成信托标准之违反。如果股东积极主义是为了受益人的最佳经济利益，那么，

---

① Richardson, Benjamin J., Do the Fiduciary Duties of Pension Funds Hinder Socially Responsible Investment?, *Banking and Finance Law Review*, 22.2 (2007).

养老金基金受托人及他们的基金经理人也有法定义务追求社会责任投资策略。① 相反，在实施社会责任投资方式中所产生的额外管理费用可以产生额外的基金管理费用，结果可能导致基金受益人回报的减少。因此，需要警惕社会责任投资的成本包括公司运作的成本必须与潜在的增长回报保持平衡。社会责任投资的信义义务内涵是根据可适用的信托文件调控受托人义务和投资决策。这也是忠诚义务的要求，如果信托文件明确要求受托人根据特定如道德标准进行投资，那么，他必须遵循这些标准。总之，社会责任投资政策可能与信义责任相融合。但是，受托人不能牺牲经济回报，除非信托文件将非经济目标设定为至上的。因此，社会责任投资与信义投资标准不可分离，而且许多社会责任投资的方式如股东积极主义实际上是履行信义责任。信义人须注意重大的环境风险，这可能影响经济效益。与传统的基金管理目标以最大化经济回报相比社会责任投资具有主观性，因此，明确对社会责任投资调控或信托文件的指南有所助益。职业养老金基金是由雇主和雇员设立，于基金成员退休时支付福利。由于此基金控制着巨大的资本资源，养老金基金对社会责任投资具有极大的潜在的影响力。养老金基金持有广泛的股票和其他资产组合，对整个经济的长期可持续性具有内在的作用。除了获得较好的退休收入，养老金基金成员希望有一个干净、安全和有保障的生活环境。由于养老金基金成员的普遍存在，成员的利益与成员生活的社会利益相一致。养老金基金的普遍性和规模会产生巨大的市场效应，如果一个公司破坏了环境，其他公司就会遭受损失，基金组合中的公司也会获得零收益。同样，如果环境成本外部化给了纳税人如治理污染，纳税人也可能是基金的成员，养老金基金会特别关注其被投资的公司的社会和环境效应。职业养老金基金以信托的方式设立，尤其是，作为委托人的雇主将养老金基金和其收益赋予一个以上的养老金受托人由其为雇员受益人的利益而持有。受托人享有基金资产的法定所有权，因此对这些资产的投资和管理享有权利。养老金基金和受托人立法一般并没有规定信义人必须投资的类型。而且养老金基金的受托人享有充分的权利投资于信托文件、信义义务和政府调控所限定的投资类型。② 养老金计

---

① P. Myners, *Institutional Investment in the United Kingdom: A Review*, London: HM Treasury, 2001, chapter 5, p. 115, para. 5.

② *Pensions Act 1995* (UK), c. 26, §34 (1).

划可以是信托也可以是合同。事实上，如果没有证据证明有设立信托的意图，那么，合同法和可以适用的公共规则可以适用。养老金计划就成了雇主和雇员之间的合同，成为雇佣合同有价值的组成部分。① 因此，根据合同而设立的养老金权利独立于信托所设立的权利。养老金计划成员可以通过合同获得关于养老金计划投资政策的特定权利。Maxton 和 Farrar 认为，养老金信托可否采用社会责任投资需考虑合同规定。② Ali 和 Yano 则主张，投资者无权指示信义人对基金投资策略的设计和贯彻。③ 因为已确立的信托法原则规定信义不能束缚投资权力的行使，因而采取决定未来投资权力行使的安排或采取不灵活的投资政策。④ 雇佣合同中关于雇员养老金权利的规定包括集体协商协议中的规定，作为委托人的雇主必须将其纳入调整信义人的养老金信托条款。DB 计划和 DC 计划具有不同的经济风险内涵。DB 计划的雇主或发起人承担基本的风险，而 DC 计划将风险移转给了雇员。但雇员因此获得了更多的养老金计划投资的选择权利包括社会责任投资选择权。⑤ 雇主保障了退休福利，他们可能会排除社会责任投资，此选择实质上风险低于投资回报。如果成员被赋予了投资选择权，他们就会有风险厌恶心态，因此会选择债券而不是股票，而且在债券市场没有社会责任投资的空间。⑥ 尽管受托人由雇主或发起人任命，并对信托资产享有控制权，但受托人通过会将某些投资决策委托给职业基金经理人。⑦ 投资管理协议主要调整受托人和基金经理人之间的关系。立法主要规定基金经理人必须履行与受托人一样的谨慎投资义务。⑧ 而且，基金经理人通常负有合同义务向受托人提供服务或意见，使受托人能履行其信义义务。因此，

① A. N. Kaplan, *Pension Law*, Irwin Law, 2006, p. 13.

② J. H. Farrar & J. K. Maxton, Social Investment and Pension Scheme Trusts, *Law Quarterly Review*, 1986, Volume 10.

③ P. Ali & K. Yano, *Eco-Finance*, The Hague: Kluwer, 2004, p. 140.

④ Re Gibson's Settlement Trusts [1981] Ch. 179.

⑤ R. A. G. Monks & N. Minow, *Power and Accountability*, Harper Collins 1991, p. 223.

⑥ P. Palmer, et al., *Socially Responsible Investment: A Guide for Pension Schemes and Charities*, London: Haven Publications, 2005, p. 126.

⑦ K. P. Ambachtsheer & D. Ezra, *Pension Fund Excellence: Creating Value for Stockholders*, New Jersey: John Wiley and Sons, 1998, pp. 67-71.

⑧ *UK's Pensions Act 1995*, §36.

基金经理人必须遵循受托人的信义义务。[①] 基金经理人负有合同义务实施恰当和技能和注意。[②] 养老金基金投资于资本市场，尤其是股票、债券和不动产。养老金受托人通常会拒绝道德投资，因为他们认为违反了信托法中普遍适用的信义义务。[③]

第四节　养老金信托信息披露制度的健全

一　受益人信息披露权之本质

信托法基本的原则是受益人必须能够执行信托并使受托人对信托管理行为承担责任。

（一）受益人信息披露权的物权性

从受益人权利的本质来看，受托人享有法定所有权，受益人享有受益所有权，是一种物权性的权利，这些文件和信息均属于信托和受益人。因此，受益人有权要求受托人向其披露所有信托文件和信息，这是受益人审查所有信托文件的物权性的权利，此权利受到侵害，他们还享有提起诉讼的权利。

信托文件是包含有关信托构造信息的文件，是"作为受托人的受托人"取得的文件，其中涉及受益人的有关信息，"如果原告有权说自己是受益人，而且文件属于作为执行者的受托人，受益人根据其物权性的权利有权取得其想审查的记载着他们决策所需要信息的文件。受益人有权查看所有的信托文件，因为它们是信托文件，而他又是受益人。从这点来看，这些文件是他的。无论诉讼与否，他都有权取得它们。这与披露没有任何关系，披露权是一种查看他人文件的权利。物权性权利是取得属于自己文

---

① Stratos Inc., *Corporate Disclosure and Capital Markets*, Ottawa: National Round Table on the Environment and the Economy, 2004, p. 85.

② R. H. Koppes & M. L. Reilly, An Ounce of Prevention: Meeting the Fiduciary Duty to Monitor an Index Fund Through Relationship Investing, *Iowa Journal Corporation Law*, Volume 20 (1995).

③ D. Hayton, English Fiduciary Standards and Trust Law, *Vanderbilt Journal Transnational Law*, Volume 32 (1999).

件的权利"①。信托文件应当向受益人披露，受益人也可以要求受托人披露与信托管理相关的文件，信托文件不应当向受益人隐瞒。但这个权利也会影响到受托人履行其义务以及侵害到委托人的保密权。

受益人的信息披露权包含两个层面：一个是实体的信息披露权；另一个是信息披露请求权，是诉讼程序一部分。受益人享有查看特定文件的权利，如果受托人拒绝，受益人可以向法院起诉，法院须公平对待此问题，无论特定文件是否是受托人必须向特定受益人披露的。受托人负有将信托事务保密的一般义务，受益人信息披露权的行使不得使受托人违背此义务。受益人信息权的范围包括要求受托人提供账簿以便受益人能判断受托人行为是否恰当以及保护受益人的利益。

自由裁量权信托的潜在受益人有权要求受托人披露有关信托资产的信息，养老金信托也是一种自由裁量权信托，受托人有权自由裁量决定是否披露信托文件。

（二）受益人信息披露权的掣肘

受益人的信息权虽是物权性的权利，但权利的行使仍会受到一定的限制。为了能强制执行信托，受益人必须获得关于信托资产的充分信息。因此，受托人须向受益人提供某些信息，通常包括一份信托文件、信托变化的文件、任命的文件和信托账簿。在有些场合，受益人须从受托人处获得进一步的信息或文件，如受托人的通信或受托人如何管理信托的其他证据。受益人是否有权获得这样的文件或信息取决于受托人，受托人有自由裁量权决定是否披露所要求的信息。

养老金以信托的方式设立，这自动地赋予了受益人要求受托人提供某些信息的权利，这是信托受益人受益所有权所派生出来的权利。受托人负有一般的义务进行恰当的记载以备受益人查询。同样，属于信托的文件通常构成属于受益人的财产，在受益人的要求下受托人须将持有的信托文件向受益人进行披露，但揭示受托人决策理由的文件不得披露。这与受益人基于其物权性的权利所产生的信息权似有冲突，而且信托关系中委托人任命的受托人尽可能对信托事务进行保密，受益人要查阅文件和信息是极其麻烦的。因此，实践中会产生两个问题：一是如何识别称为与信托有联系

---

① O'rourke v Darbishire ［1920］AC 581，［1920］All ER 1.

的文件；二是受益人查看这些文件的权利与受托人的行使自由裁量权相关的保密义务的权利发生冲突如何处理。

关于识别文件是否与养老金信托相关，我建议采取一个合理的人来理解某些文件是否属于与信托相关的判断标准来识别，同时考量这些文件是否对可靠决策的作出、计划的运作和发展至关重要。

二　受益人信息披露制度之内涵

权威性的观点认为受益人享有物权性的权利，有权查看信托文件，因此，有权请求受托人披露信托的有关文件和信息。

（一）受益人享有信息披露的范围

披露有益于信托的恰当管理，受托人必须考虑每一类受益人请求获得信托信息的情形，而不是文件可否归类成信托文件。尽管英美法院已对此权利的性质作出了权威性的裁定，但这意味着当向法院提出请求时当事人实际上得预测法院会决定什么可以披露。当面对受益人信息披露的请求时，受托人应当考虑请求的目的和受益人的利益。受托人须考虑受益人利益的本质、受益人请求的信息、请求信息的理由及信息是否是商业敏感信息。受托人可以拒绝披露的理由是具有拒绝的法定事由如信息中包含特殊的法律建议、文件是机密的如与某一位受益人有关但与其他受益人无关、受益人仅理论上可能从信托中获得利益如可能的利益太遥遥无期、要求的信息具有不利于信托的目的、对信托的有效性产生质疑如不是为了全体受益人的利益及披露不切实际或成本太高等。另外，在拒绝披露之前，受托人应当考虑是否能够提供所要求的文件一部分或信息或要求关于披露信息的使用情况。直接拒绝披露不总是唯一的选择。受托人应当慎重考虑对信息披露的要求，如果法院发现受托人的拒绝没有充分的理由，他有可能被命令承担一定的费用即对其进行较重的经济处罚。

受托人须遵循一定的披露原则：告知受益人信托的存在；受益人请求时提供信托文件和信息。受益人应当知道自己的地位，无论是对信托财产享有固定利益的受益人，还是未来利益或未定利益的受益人抑或自由裁量受益人均应了解自己的地位。由于现在的信托违反会损害信托基金未来的价值，因此，那些潜在的受益人应当有权利进行干预以保护其利益。同样，自由裁量信托之受益人也应当了解和知道其地位以便能向受托人提出分配要求如养老金信托受益人。总之，受托人须向受益人履行告知信托存在的义务，否则，受益人可请求法院发布信托信息披露的命令。如果法院可能命令受托人向受益人履行披露义务时，他们在披露前应审慎考虑。一旦受益人了解信托的存在，他们可向受托人提供要求查看的文件名单：所有的信托文件、公司章程文件、信托和公司账簿、银行和投资组合报表、所有的受托人会议纪要以及委托人的意愿书。在 Schmidt v Rosewood ①—案前，英国的枢密院认为受益人可以根据其信托财产受益所有权人的地位审查某些信托文件。在此案中，枢密院认为受益人有权请求披露信托文件，但法院有自由裁量权决定他们可以查看什么文件，这是法院对信托管理所行使的监督权，但并非指受益人所有的披露请求均由法院决定。实践中，受托人对信息披露请求也享有自由裁量权。受托人不能拒绝受益人查看信托账簿或信托文件的请求，否则，没有道理的，因为受托人对受益人负有义务，法院会支持受益人的请求。如果当事人请求的信息至多是理论上的利益或具有商业敏感性或申请人想利用此信息来对付信托如信托的有效性，那么，在此情形下受托人可以通过修改信息或限制谁有权获得此信息来限制信息披露权。受益人的信息披露权应受到受托人保密义务的限制。

　　面对受益人的信息披露请求，受托人披露的信息范围主要涉及受托人是否恰当管理信托或是否有信托违反之行为的信息。对此，受托人披露的信息范围大致如下：信托文件和补充文件、信托账簿和投资报表、受托人会议纪要以及信托基金筹资的法律建议。委托人的意愿书一般不属于披露范围，但除非受托人认为关乎信托的整体利益这样的紧迫原因。委托人的意愿书主要是为了支持受托人行使自由裁量权，受托人不必披露其审慎决策的程序或行使自由裁量权的理由，因此，意愿书属机密信息的范围。② 受益人请求公司文件和金融信息的，如果公司仅是一个被动的受托人用以持有信托资产的工具，那么，受益人获取信息的方式与受托人直接持有这些资产的方式相同，但如果公司是一个商业实体，那么，受益人想获取的一切信息尤其是商业敏感信息必须说明理由。受益人须支付其信息

---

① Schmidt v Rosewood [2003] 2 AC 709.

② Breakspear v Ackland [2009] Ch. 32.

请求权行使使受托人产生的费用。

受托人没有就其职责履行与受益人进行协商的义务，但为了作出信息完备的决策以及恰当、积极地履行其自由裁量权，受托人可以决定主动披露有关信托、信托财产、交易或其他受益人的机密信息。这些披露的作出须符合恰当的目的、具有最佳意图但受托人须注意履行其保密义务以保护其为信托所持有的保密信息。

一个基本的法理是受托人必须向受益人履行义务，受益人有权获取信息以强制执行信托。披露被视为受托人向受益人所负有的辅助的说明义务，受益人需要有充分的信息方可有效地监控受托人。关键要考虑的是受益人所要求披露的信息是否对有效监督受托人是必需的。如果文件或信息是机密的，那么，受托人可以拒绝披露、修改后披露或采取措施限制披露文件的使用。委托人可在信托文件中明确限制披露，设定信息控制机制，规定信息的记载、审计、信息获取的权利主体及资格以及信息披露义务违反之责任。如果信息控制机制违反了信托有效成立不可或缺的核心要件，那么，该机制无效。一般而言，对受益人获取信息的权利之禁止是无效的，这与受托人不可减损的核心义务是一致的。信托条款可以限制受益人的披露权，一般可以限制受益人有权获得信息的种类，还可以限制、限缩或排除要求披露的某些受益人的权利。[①]

（二）向受益人信息披露的法院监督

自由裁量权信托中受托人享有自由裁量权，受托人无须对其作出的决策说明理由，即使他们决策的理由会受到法院的严格审查。在 Schmidt v Rosewood [②]一案中，受益人有权享有信托信息的范围得以明确，法院认为信息权是基于受托人的信义义务使受益人获得信息，而不是根据其对文件和信息所享有的所有权，文件是否是信托文件或受益人是否对此文件享有利益并不是问题。信息权产生于法院所固有的监督权，如果必要，针对受托人代表受益人执行信托进行干预。在此案中，法院命令将文件进行披露。"受托人对信托的执行享有自由裁量权，该自由裁量权的行使完全非因间接的动因，而是因为诚实的意图和对标的的公平考量。法院的监管义

---

① https：//www.jerseylaw.je/publications/jglr/Pages/JLR1406-Graham.aspx.

② Schmidt v Rosewood［2003］2 AC 709.

务仅限于慎重考虑决策时诚实、正直和公平，不涉及决策作出的具体细节，特定情形除外。然而，如果受托人陈述理由合适，此理由并不能说明其决策的正当性，法院可以认定他们行为有错和不当，就要纠正其决策；但如果受托人没有详细说明理由，仅仅是简单陈述，在许多情形下他们这样行事是十分谨慎和明智的，他们协商、讨论然后作出决策，法院无法说他们没有履行义务，或审查他们作出决策的具体细节。"① 如果受托人有义务披露他们作出决策的信息和审慎程序，结果是他们被迫披露理由，所要披露的与此相关的文件根本就不是信托文件，这与受益人的信托文件获取权不符。② 原则上文件不应当披露。因为第一不利于全体受益人的利益；第二损害了受托人与受益人之间的关系。只要受托人善意地行使了其权力，法院就不应当对其质疑。他们行事的理由是非实质性。也就是说，说明受托人决策或行事理由的文件不是信托文件，信托文件应当具有如下特征：受托人担任受托人职务而持有的包括受益人有权知道的信托信息、受益人对文件享有物权性的权利，因此有权查看这些文件。③ 显然，信托文件并非涉及受托人手中与信托事务有关的所有事情。另外，自由裁量权受托人享有不说明作出审慎决策理由的特权。但如果受托人因是否善意行事而被诉，受益人要求披露文件，如果相关文件在受托人手中并与诉讼的相关问题有关，无论他们是否为信托文件均需披露。④

三 我国养老金信托信息披露制度之提升

养老金信托中计划成员和受益人需获得充分的信息披露，完善的养老金信息披露制度有利于吸引更多的雇员加入雇主发起人所设立的计划。为了确立计划参加人和监管机构对受托人和投资管理人的共同监督，防止受托人及投资管理人实施违规行为，英国的养老金立法要求职业养老金计划受托人披露各种文件和信息。虽然我国《企业年金管理办法》对信息披露有所规定，但过于抽象，不利于养老金信托运行的透明度和可信度。我国有必要借鉴国外经验，从有资格获取信息的人、主要范围、信息披露的

---

① Re Beloved Wikles' Charity［1851］3 Mac. & G. 440 P. 448.

② Alec Samuels, Disclosure of Trust Documents, *The Modern Law Review*, Vol. 28（1965）.

③ Salmon L. J.［1964］3 All E. R. 855.

④ Salmon L. J.［1964］3 All E. R. 855.

方式、披露监督以及受托人的自由裁量权等方面健全我国养老金信托信息披露制度。

(一) 有资格获取信息的人

有权获得养老金计划信息的人主要有成员、未来的成员、他们的配偶包括离异的配偶或同居伴侣以及其他受益人,还包括代表成员、未来的成员或代表他们的利益进行集体协商的独立工会组织。信息请求权由上述人员或组织提出,但请求披露的信息必须与成员的权利相关。独立的工会组织可以请求信息披露,但仅限于与其承认的雇员集体协商目的有关的权利信息。

所谓的成员包括在职的成员、税延成员和养老金领取者。未来的成员包括有资格加入的人、在现任劳动关系中服务年限达到一定期限后有资格加入的人、自动许可加入的人,除非他们选择不成为成员和雇主允许加入的人。其他受益人是指成员外的有权取得养老金福利的人如丧偶之夫妻、尚在的同居伴侣以及其他需要赡养、抚养之人。税延成员是指受托人不知道现行住址或通讯方式的成员。

受托人不负披露义务的对象主要有:雇主未告知受托人的成员或未来成员、雇主未告知受托人为成员和未来成员之利益实现集体协商目的的独立工会组织以及所有的成员均为受托人。

(二) 信息披露的主要内容及方式

养老金计划的成员和受益人以及潜在的计划成员均享有法定的权利广泛获取有关养老金计划的基本信息并有权要求相关披露,一般恰当的信息包括他们的获取权、期望的出资以及福利累积率、行权计划、其他权利和义务、投资政策、计划管理和治理的签约责任当事人的姓名及联系方式、诉请程序等。①

受托人须披露:第一,计划的设立信息。这些信息包括设立计划的信托文件或其他文件的内容,计划的规则及内容,修改、补充或撤销上述文件的任何文件内容,所有雇主姓名和地址以及上述文件所依据的法律及出处。受托人须向计划成员以及相关受益人披露计划文件、年度报告、年度

---

① Oecd guidelines for the protection of rights of members and beneficiaries in occupational pension plans.

财务和精算报告，即使不自动披露，也应将其准备好以供成员及受益人查阅。第二，计划的基本信息。受托人须披露计划个人权利相关的信息，包括计划的设计和合格、受保护的权利、成员累积权利的性质、计划的变更及依据、权利受影响的报告、有资格成为成员的人的范围、成员和雇主出资的计算、成员可得福利的基本情况、提前退休人员的有关信息、服务年限不足的成员信息以及其他信息。如果必要的雇主和成员的出资尚未到位，成员及受益人也应被及时告知。第三，向个人提供的信息。受托人须以书面形式向个人提供退休养老金的信息包括数额、定期支付的条件以及数额变更的规定、成员或受益人去世时权利、期权以及行使的程序。个人应当获得他们被赋予累积可得分配的福利的规则之恰当信息，尤其是这些资产移转可能产生的福利与养老金计划相关的一定福利或权利损失。对此，受托人须提供书面的个人的福利报表。第四，受托人还须提供遗属福利报表。每个人的福利报表也应及时提供给每一位成员及相关的受益人。福利报表的信息及提供的频率取决于计划的类型。提供的相关信息能使计划成员了解现在的福利累积或账目损益状况。对具有个人账户的养老金计划来说，信息应当包括出资的日期和价值、投资绩效以及赢利或亏损情况。对成员定向账户而言，在相关报告期间，成员账户中所发生的所有交易记录均需提供。此信息及其他相似个人数据必须维护并以完全保密的方式提供。第六，移转接续价值披露。

　　向成员和受益人定向披露的材料须采取书面形式且易于理解。披露材料提供的恰当方式需要予以考虑以保障其可行性如邮寄、在工作地点提交以及通过邮件或网络的方式。对成员和受益人产生重大影响的养老金计划的修改或修订，他们的权利和福利须及时且以易于理解的方式向他们披露。成员及受益人的权利和福利状况的变化须恰当地披露且容易被他们理解，否则，赋予他们的权利和福利均不具有任何价值。因此，易于理解的养老金计划充分信息的及时提供对计划成员和受益人来说具有十分重要意义。而且权利、规则和义务的任何重大变更同样应当向其披露。

　　有些信息必须在个人加入养老金计划之前向其提供以及请求提供。这些必要披露的信息有：关于计划治理机构的信息、承担的福利性质的解释（包括风险、是否福利具有通货膨胀指标）、关于提前离开计划后果的信息、关于计划追求的投资政策的信息。另外，一些常规披露的信息有：投资绩效的信息、个人累积福利的价值或账户损益产。在设立披露规则时，调控者应当考虑计划成员对某些信息的需要，同时应考虑这些信息对一般的计划成员是否充分或易于理解，还需考虑提供某些信息的成本。同样，基于特定养老金项目的本质，调控者应考虑是否对以前的已不再积极累积计划福利的雇员和受益人适用不同的规则，在许多情形下，难于与合同进行区分。

　　成员充分理解上述信息，有利于他们理解这些类型养老金计划、他们所承担的投资风险以及管理投资的责任范围或遴选计划的资产管理人的。投资者和雇主应考虑如何提升成员理解和了解这些信息并帮助他们恰当地做出与投资相关的决策。受托人对披露材料、宣传教育成员负有责任，特别是在成员定向计划中一些组织在向计划成员进行教育并告知其权利和责任时发挥积极的作用，这些组织包括政府机关、学校、工会以及雇主和其他计划发起人、计划受托人、金融机构和其他计划服务提供者，具体的组织取决于养老金项目的本质。

　　（三）信息披露的监督

　　恰当的披露除了对成员和受益人实体和程序权利的保障，还可以通过成员对计划管理的某些方式的监督来促进养老金计划治理的效率。在成员定向 DC 计划中，还需要另外类型的披露和次数，要求成员选择和监督他们自己的投资，因此对他们施加了另外的责任和风险。如果成员有指示其个人账户提交的权利，那么，受托人须披露每一计划成员可能对充分了解的投资决策有关的恰当信息。尤其计划成员需要了解所采用的金融工具的确切性质，包括投资绩效和风险的数据。

　　受益人直接向受托人行使信息披露权受阻时，可以通过法院请求受托人履行信息披露义务，法院有权监督受托人履行此义务。

　　（四）受托人自由裁量权的行使

　　关于信托法的事务，如果受托人被赋予了自由裁量权，那么，受托人不必对其自由裁量权的行为说明理由。这一原则无须修改即可在养老金信托领域里运用，除非有证据证明自由裁量权的行使是不恰当的，否则，受托人没有义务提供相关文件证明其行使自由裁量权的方式是否得当。但面对受益人质疑的有关自由裁量权是否善意行使、信托是否恰当管理以及义务是否违反等问题时，受托人不得以无须提供自由裁量权行使之理由而拒绝履行信息披露义务。

第七章 养老金信托的事前预防机制和事后救济机制：受托人监控机制

第一节 养老金信托的事前预防机制

信义义务监控机制是一种有效的养老金信托的事前预防机制。从信义规范的起源来看，信义义务根植于罗马法时代①，现代信托是作为消除封建制对土地移转的限制并从源于罗马法的民法法系而移植于英国普通法的②，其基本理念是信托所持有的基础资产以分离的权利归属于受益人和受托人，由受托人为指定的受益人的利益而管理③，受托人最初享有为数不多的权力或管理责任，通常是无偿的。受托人的地位后来发生了根本性的变化。受托人权力越来越大，需要严格的信义义务机制来监控。

一 厘清养老金信托信义义务之内涵

养老金信托受托人为受益人的利益获得了信托资产的管理、处分权。受制于趋利性，受托人有为不当行为之风险。通过研究英美信托信义义务对受托人权力之控制，完善我国受托人权力之控制机制，对受托人施以严格的忠实、谨慎义务以进行事前的预防。借鉴美国 ERISA 中受托人信义义务规制机制，探讨忠诚义务为"仅为受益人的利益"抑或"为受益人

---

① Avini, Avisheh, The Origins of the Modern English Trust Revisited, *Tul. L. Rev*, Vol. 70 (1996) 1139.

② MaurizioLupoi, The Civil Law Trust, *Vanderbilt Journal of. Transnational Law*, Vol. 32 (1999) 975.

③ Langbein, John H. , "*The Secret Life of the Trust: The Trust as an Instrument of Commerce*" (1997). http: //digitalcommons. law. yale. edu/fss_ papers.

的最佳利益"，分析信义义务机制的功能是管理"利益冲突"还是避免"利益冲突"，确定受托人信义义务的具体内涵和判断标准，并在立法中明确规定。信义关系的判断因素，需从对他人财产享有管理权、存在信用关系、受益人的权利易受损害等方面来考量，从而确立资产管理人和投资顾问之法律地位以及承担信义义务之相对人。

（一）忠诚义务

1. 受托人的忠诚义务

养老金受托人负有至关重要的"仅为受益人的利益管理信托的义务"且"禁止从事涉及自我交易的或涉及或产生受托人与个人利益之间的利益冲突的交易"①。这一规则，不仅仅是形式上特别严苛，还适用于 DB 计划和 DC 计划。这关注利益的程序和利益的偏向使忠诚义务成为一个非常严格的标准。"如果受托人选择公正和信息充分的程序，他们可能适当地决定选择同样的做法这一事实并不能解释他们如何开始采取这种行动的。"② 当注意义务与忠诚义务产生冲突时，何种义务相对优先适用呢？英国法院一般将以代表信义人必须遵守的最起码的行为标准的忠诚义务来解决此冲突。③ 如果忠诚义务至上，那么，信义人需分配更多时间和资源来贯彻忠诚原则。

2. 服务提供者的忠诚义务

随着金融市场的复杂化以及顾问服务供应链的复合性增长及其影响，破坏了忠诚义务对受益人所提供的保护。在美国，政府问责局报告称养老金顾问利益冲突与较低的投资回报相伴而生。④ 对此，美国劳动部回应时根据 ERISA 法提出新的调控规则，将信义人界定为某种咨询师、顾问和评估师，他们"是对计划决策产生重大影响的信义人并对计划投资产生

---

① *Restatement of Trusts*, Third, 1992, § 78 and Comment（b）.

② McNeil v Bennett［2001］, 213.

③ Arthur R. Laby, Resolving Conflicts of Duty in Fiduciary Relationships, *American University Law Review*, Volume 54, Issue 1（2004）.

④ Charles A. Jeszeck, *Private Pensions: Conflicts of Interest Can Affect Defined Benefit and Defined Contribution Plans: Congressional Testimony*, DIANE Publishing, 2009.

相当大的影响"。① 在养老金领域，投资方面的利益冲突产生极其恶劣影响（US Department of Labor 2010）。将义务委托给合格的专家，许多法域的受托人可以将责任风险移转给代理人。这反倒不当刺激受托人将责任委托给他人而代理人则尽量通过仅提供建议而不作出最后决策的方式来规避责任。② 结果产生一种不良的循环体系，没有人承担责任，代理人为自身利益践踏养老金受益人的利益。然而，忠诚义务分配给调控的信义人的最终责任是监督供应链管理中利益冲突，这已在大多数商事层面成为规范。忠诚义务的贯彻是对信义人调控的挑战。良好的治理可以提升回报。③ 然而，许多养老金基金并没有治理能力在实践中取得更好的成功或区分长期任务和短期事务。Ambachtsheer 指出，认识未来养老金基金关键性的"成功动力"是：均衡利益（消除冲突）、良好治理（必要的技能和责任能力）、明智的投资观（关注长期财富创造和有效的风险管理）、权利平衡机制（有足够的内在能力和竞争能力）以及有竞争力的福利待遇（吸引优秀员工）。④ 良好的治理实践与养老金基金的成功关系密切，包括具有相关技能和知识的调控委员会成员的遴选等诸多治理因素。治理信义人有义务确保程序到位以识别和管理其服务提供链中的利益冲突。最初对信义人的调控是信义义务的调控，但调控不能替代提升冲突管理的程序和合同变更。管理冲突的有效方式是对整个服务供应链施加信义责任，尽管ERISA 规定信义责任与对计划资产行使自由裁量权的人有关⑤，受托人倾向于将代理作为一种挡箭牌而不是作为一把利剑。即使在资产管理人和咨询师不被视为信义人的法域，他们在合同中要求通过利用遴选程序和合同要求将受益人的利益置于首位。服务提供者负有法定的义务从受益人的角度来看待利益冲突并关注如何避免冲突而不是监控冲突。服务提供者利益

---

①　Amin Rajan, *DB & DC Plans: Strengthening Their Delivery*, Create - Research, 2008, p. 13. www. create-research. co. uk.

②　James P. Hawley, Keith L. Johnson and Edward J. Waitzer, Reclaiming Fiduciary Duty Balance, *Rotman International Journal of Pension Managment*, volume 4, issue2（2011）.

③　Keith Ambachtsheer, Ronald Capelle and Hubert Lum, Pension Fund Governance Today: Strength, Weakness, and Opportunities for Improvement, *Financial Analysts Journal*, 2006.

④　Kees Koedijk and Alfred Slager, *Investment Beliefs: A Positive Approach to InstitutionalInvesting*, Palgrave Macmillan 2011, Foreword by Keith Ambachtsheer, p. X.

⑤　ERISA S. 3（38）.

须与养老金基金成员的利益平衡，合同的强行性规定可以更好地分配公正义务以更好地促进服务提供者实现目标，以平衡的方式服务于各种受益人集团的短期和长期利益。

（二）注意义务

借鉴美国 ERISA 以及英国《受托人法》关于信义义务标准的规定，明确谨慎义务的判断标准和强制受托规则，明确忠诚义务的具体内涵和标准。

1. 美国养老金信义人的注意标准的演进

早在 14 世纪，信义人诞生，由第三方当事人对基金进行管理和托管，一些规则已经确立。受托人通常不被看好，因为他们主要处于一人为他人的利益而保存财富的地位，他们的决策往往事后得以考虑。由于受托人地位不明，怠于履行职责，受托人涉讼事情不断。受托人最初运作的目标是根据谨慎人规则保存财富，这可以界定为受托人有义务像一般谨慎人处理自己财产那样履行注意和技能的义务。但根据"谨慎人规则"受托人涉讼案件相当多，因为个人处分自己的财产可能会投机且对收益增长更感兴趣。在养老金信托中受托人不仅在于收益增长的业务，也应避免投机。因强调保存财富，英美许多判例和立法设立了"法定名单"。每一项资产而非整个组合单独审查是否符合此"名单"，所有关注的不是整个组合而是将每一资产割裂来决定其正当性。谨慎投资人规则诞生于 1992 年，允许受托人利用复杂的投资产品变化，新的投资技巧、理论和技术进行投资。基本上此规则赋予受托人以更有效管理风险和回报以及更多的分散风险的能力。现代组合理论的运用允许受托人关注整体的风险和回报而不是以资产到资产为根据进行审核。这使信义人在考量单个信托的资产和状况之后提升增值率。受托人享有极大的灵活性，许多客户就像投资证券来投资信托的。甚至一些客户通过文件要求受托人长期的简单持有一种投资。长期投资具有许多未知因素，从逻辑上来说，20 年的期限是完全不恰当的。关于投资，受托人必须根据整个组合的评价来作出决策；促进风险分散（这是风险管理最基本的）；对与目的、分配要件和其他信托情形相匹配的风险程度进行分析并作出决策；像其他谨慎投资者那样将其没有经验的事务委托他人代理。关于受益人，受托人必须总是遵循文件之规定，按文件指示在考量个人的发展或分配的负面效果基础上来考虑福利。许多人采用的表述旨在促进教育和培养良好公民，要求受托人考量受益人的发展。

2. 注意义务之内涵

（1）判例法中的注意义务

早在 19 世纪，英国判例法规定受托人有义务像谨慎商人那样为代表他负有道德义务的人的利益行事。受托人必须像普通商人那样谨慎行事，① 此原则后来被修改，② 允许受托人冒一定程度的风险但必须禁止从事构成"道德"风险的事情。根据一般信托原则，受托人应当像普通谨慎商人对待自己事务那样对待信托事务，为此，受托人不承担责任或义务。显然，这是受托人很难遵守的标准，尤其是受托人不是专业的受托人。普通谨慎人标准要求受托人必须采取与普通谨慎人一样的标准为他人的利益或为其负有道德义务的人行事。③ 此义务包括以同样谨慎的态度对受托人不理解的事宜进行咨询的义务如进行投资、听取建议。尽管听取投资建议的受托人不一定非接受或按此建议行事，但仅因为他由衷的不同意他也无权拒绝，除非他像普通谨慎人那样行事了。④ 此处所采取的标准是受托人主要关注信托基金的保护和维护，同时也要使其保值增值。⑤ 相反，Millett L. J. 法官在 Armitage v Nurse 一案中建议受托人并不负有以技能和谨慎行事的一般义务。关键是受托人是否可以根据信托文件条款排除因疏忽大意所引起的信托违反之责任。Millett L. J. 认为，"我不同意进一步认为受托人的核心义务包括技能、注意、谨慎和勤勉的义务。"因谨慎义务已构成判例法对受托人义务的一部分很久了，就像上文所提及的一样，因此，Millett L. J. 令人有所诧异。Millett L. J. 的意思是拒绝受托人不能排除他们责任的观点因为如果存在一个有效的信托，那么，所有受托人必须承担某种观念上最低程度的义务。大法官这样做的目的是确保受托人不能在信托文件中排除他们的责任，如果这种条款没有被认定为无效。涉及受托人豁免的条款的详细规则在下面再讨论。像 Millett L. J. 这样的法官不希望急于让受托人承担普通义务，这样让商人对信托不具有吸引

---

① Learoyd v Whiteley（1887）12App Cas 727.

② Bartlett v Barclays Bank（1980）Ch 515.

③ Cowan v Scargill［1985］Ch270.

④ Cowan v Scargill［1985］Ch270，289.

⑤ Nestle v National Westminster Bank plc［1993］1WLR 1260.

力，因为涉及的义务太严苛。《2000 年受托人法》现在包括技能和注意的一般义务。在信托财产投资时，受托人须注意行事的原则须充分考量，因为信托财产的投资是信托管理中至关重要的事情。由于司法界对受托人义务观念的转变，《2000 年受托人法》的通过改变了受托人的普通义务：从"谨慎"到"合理"。

（2）有限的法定注意义务

判例法原则部分被《2000 年受托人法》第 1 条所替代，该条规定受托人行使注意和技能的义务在一些情形下也须是合理的，受托人须具有或使自己具有专门的知识或经验，如果受托人在营业或行业中担任受托人，他所具有的特殊知识或经验是此营业或行业所应合理具备的。因此，《2000 年受托人法》所关注的是受托人必须具有与其所具备的知识或经验相当的主观注意标准，这标准是主观的，是对受托人自己的知识和经验的反映，所必需的注意标准是对具备该知识或经验的人来说是合理的。如果受托人表明自己具有其不具备的知识或经验，那么，受托人被认为应遵守与其标榜的知识或经验恰当的注意标准。① 同样，如果受托人是不适当的职业受托人，那么，他不被认为能力水平低，而是应当认定为能够满足这样职业相当的能力水平。立法并未要求受托人为受益人的最佳利益行事，与之相反判例法对受托人施加了这样的积极义务。② 而且法定的注意义务仅适用于六类权力③：投资、土地收购、代理的使用、被指定的人和托管人、责任综合、保险和处分可回复的利益。

（3）《2000 年受托人法》对判例法谨慎标准的影响

《2000 年受托人法》的主要影响是将受托人的普通义务从谨慎行为要件转变为合理行为要件。这种变化甚小但意义重大。如果受托人必须谨慎行事，那么，受托人必须十分小心。当面临期权选择时，受托人必须尽到注意而不是冒合理的风险去赢利或使受益人受益。相反，受托人合理行事的要件意味着受托人不必小心翼翼，而是在面临抉择时可以采取接受程度的风险，如果其行为在合理的范围内。《2000 年受托人法》强制要求受托人投资信托财产时确保其行为的适当性，遵守现代组合投资标准并遵循恰

---

① *Trustee Act 2000*，§1（1）（a）.

② Cowan v Scargill［1985］Ch270.

③ *Trustee Act 2000*，§1.

当的专业建议。无论如何，《2000 年受托人法》仅反映关于信托投资的判例法原则的变化，其他原则未受该法的影响。因此，合理行事的要求而不是注意涉及更大风险，但它们是可知的风险且须与特定的情形相适应。这样，投资养老金基金涉及巨大数额资产必须要求采取合理的投资风险为全体养老金获取者谋求更多利益，而合理的投资于储蓄的受托人则需要尽可能地保障储蓄没有风险。合理的标准要求某些受托人谨慎行事，如果特定情况要求这样做的话，但同时该标准也解放了其他受托人，使他们更加积极地为受益人的利益行事而无须纠缠于高的义务标准。难于知道《2000 年受托人法》是如何影响到判例法原则的。《2000 年受托人法》规定其原则可以被信托文件所排除，因此，在实践中受托人通常会限制自己的责任以确保委托人规定受托人能尽可能自由行事。《2000 年受托人法》旨在使受托人投资信托财产时从"谨慎"的束缚中解放出来。在 Armitage v Nurse ①一案中，上诉法院所采用的方式是限制受托人谨慎义务的存在，与之前的权限相反，这反映了受托人本质上的潜在的变化：从需要受托人注意到需要受托人能够判断他们的行为是合理的。在这一发展中可能失去的是需要承认受托人信义义务的特殊性，这不应当通过免除受托人许多不可减损的核心义务来淡化，如以恰当的注意和技能行事的义务。

（4）特定情形下"合理"注意的可能含义

调整必须由受托人行使的注意是否合格的形容词是"合理"。此形容词的内涵确保了受托人义务发展的潜在的范围。与之相对应，"合理"一词自 19 世纪以来在判例法中一直都在使用。② 注意比其他关注更为重要。《2000 年受托人法》的内在目的是使受托人从其进行谨慎投资活动的首要目标中解放出来，但不包括其他目标。如果受托人必须谨慎行事，那么，这意味着受托人必须避免产生极大程度风险的投资。如果受托人必须"合理"行事，那么，允许受托人进行具有一定程度风险的投资，这相对于相关的特定信托是恰当的。因此，谨慎限制了受托人的选择。毕竟，所有的投资均涉及风险。③ 如果受托人必须谨慎行事，那么，许多普通的投资可以超出受托人权力的范围。相比而言，合理的投资者，尤其是采取广

---

① Armitage v Nurse［1997］EWCA Civ 1279.

② Leoyard v Whiteley［1887］12 App Cas 727.

③ Royal Brunel Airlines v Tan［1995］2 AC 378.

泛的组合投资的受托人则会冒一些风险为受益人赚取合理范围内的利润。《2000 年受托人法》第 1 条和第 1 款精确地概述了受托人的注意义务标准即受托人须"采取在特定情形下合理的注意和技能",因此,不仅受托人必须"合理的"行事,而且确切地说受托人须实施如下三种行为:第一,行使技能和注意;第二,合理地行使此技能和注意;第三,以与特定情形相契合的恰当的方式来行使此技能和注意。受托人必须行使技能和注意要求受托人行事时具有一定的技能,而且必须注意行事,这保留了古老的判例法中注意要件的谨慎要求。然而,更具意义的是所采取的注意标准非总是要求绝对谨慎即要求受托人小心行事,但采取的注意程度在特定情形下是合理的。如果要求受托人绝对谨慎,那么,当受托人实施任何冒险行为时受托人须对所造成的损失承担信托违反的责任。然而,如果受托人允许合理行事,受托人实施的风险行为在特定环境下是合理的,那么,受托人可以免除信托违反之责任。譬如,一位富人设立信托的主要目的是投资一大笔钱以尽可能地谋取利润,受托人将资金用于复杂的有风险的投资就是合理的,因为委托人希望产生最高的利润;如果信托的受益人是年老的无其他收入来源的鳏寡老人,此信托的受托人投资仅限于几千英镑,受托人须倍加小心不损失信托基金,因此,在此情形下,如果采取有风险的投资则属于不合理。

从"谨慎"到"合理"的转变是希望受托人为信托谋求更多的利润,因为《2000 年受托人法》赋予了受托人更多的一般性投资权力,但提供投资意见作为部分营业的受托人受英国金融服务局调控。随着许多普通市民参与金融市场活动的逐渐增加(无论是直接通过购买公众有限责任公司的股票还是间接参与单位信托或职业养老金基金),受托人在行使其投资权力时,建议其投资态度上应转型标准。这种转型是从传统对权力行使的注意至与其管理的信托本质保持一致的风险投资的转变。因此,与投资于商业市场单位信托或养老金基金的职业基金经理人相比,家族信托的非职业受托人投资要求更高的注意和较低程度的投资风险。注意义务的本质与受托人行为时的环境联系起来具有核心的意义。

与投资权力有关的最为重要的受托人形式是职业受托人,他们之所以成为受托人主要是因为他们是专业人士。实践中恰好这样的受托人一般不受《2000 年受托人法》的调整,因为只要信托文件规定了他们的权利、义务以及他们的费用精确的计算方式，他们一般会同意担任受托人。当考虑适合职业受托人的注意标准时，需要根据标准的市场实践和市场调控标准恰当地确定其义务标准。对此类职业受托人的义务恰当、客观的规制是金融服务局的《经营行为手册》的调控的规定。① 此手册叙述了组织机构与他们的雇员行为的方式以及金融服务局的处罚方式，因此，此种手册构成了职业受托人和受益人期望受托人合理行为的判断原则和规范。

参照非职业受托人，极其困难的问题就会产生。在职业受托人和非职业受托人的结合处存在原则的两点冲突：一是委托人和受益人所表达的意愿与他们对特定受托人依赖的合理性的冲突；二是受托人的保护与受托人没能了解其所承担的责任或其没有认为自己有足够的技能来承担责任之间的矛盾。因此，是否参照需要赔偿受益人因受托人的行为或过失而造成的损失来衡量合理性，或者参照仅让个人受托人自愿承担责任的正义性及充分认识个人受托人和职业受托人承担责任的差异性来衡量合理性。在衡量受托人的义务时，一种思维模式是注意和谨慎优先于平衡风险与回报之间需要的现代方式，不过，现在开始将"现代组合投资理论"优先于更为谨慎的理念。②

二 确立信义义务的监控目标

(一) 厘清信义义务的动力本质

信托义务以相对稳定的一套法律原则为基础，此套原则已延续几个世纪。然而，信义原则的诠释具有相当的驱动力。信义义务的规范是适应金融市场、经济变化和资产管理变化需要的。为了有效控制影响养老金计划"承诺"安全性的系统和长期风险，信义原则和实践需要调整以促进可持续性支付的养老金的建立。

由养老金信义人管理的资产所形成的资本大量的聚集，对经济产生巨大的影响。有些欧洲国家如荷兰、瑞士和冰岛等全部养老金基金资产超过了国家的 GDP（OECD 2010）。在金融工具、产品和服务中的创设中的创

---

① FSA, Conduct of Business Sourcebook. https：//www. handbook. fca. org. uk/handbook/COBS. pdf.

② Alstair Hudson, *Equity and Trusts*, fourth edition, Cavendish Publishing, 2005, p. 329.

新产生了极其复杂的投资市场。几乎投资管理的每一个方面均需要具有专门知识的专家。这造就了一个庞大的养老金受托人所依赖的服务提供新产业。由于系统和额外的金融风险暴露增加，对众多的养老金计划成员的退休安全构成威胁。投资者对短期投资回报的追求限制了其长期投资策略的运用。现代组合投资理论成为谨慎投资和风险管理实践的主要方式被普遍采用，这改变了调整信义人的法律框架。不过随着经济和行为金融的发展，投资理论也在进行调整。现代组合理论假设投资风险包括4种类型即市场、信用、流动和经营风险。金融工具的剧增导致风险被低估和错估，主要因为市场的复杂以及各种风险类型的相互交织。尽管风险的后果十分明显，但风险的不确定性被忽视。现代组合理论认为，投资者是理性的；信息不对称；如果市场没有效率，那么，市场就会利用套利来恢复效率；回报具有统计的随机性。

采用相同的投资策略和风险管理技巧的大机构投资者渐居主导地位产生了更加相关的回报。由此产生的羊群和级联效应反映了现代组合理论的缺陷。现代组合理论假设投资者是风险厌恶的；根据预期的效用作出决策；有线性和一致性的偏好；是价格的接受者，不能独立地影响证券的价格。现代组合理论认为，组合的全部风险取决于组合中每一资产的风险，该资产中组合的比例以及不同组合资产的相互关系。在18世纪初"南海泡沫"破灭后，英国限制了受托人的投资范围，通过法定的列举限制受托人允许投资的范围。受托人投资须遵守客观的行为标准，关注对受托人行为施加注意和忠诚义务而不是规定许可的投资范围。然而，这种方式的灵活性产生了局限性。在 King v Talbot[①] 一案中，法院就裁决受托人投资公司股票就是不谨慎的，将投资限制于投资政府债券和抵押支持证券的范围。1889年纽约立法限制信托投资于政府债券和抵押支持证券，除非信托委托人有相反的规定。20世纪70年代，股票投资被广泛认为是信托信义人的不谨慎行为。变化的市场环境表明这种限制性的手段不切实际。20世纪中期，受托人投资的法定"谨慎人规则"开始颠覆法定范围的限制，受托人有效对冲通货膨胀的需要导致许多法定范围之外的证券引入以便于风险分散。美国1974年颁布的《雇员退休收入保障法》（ERISA）调整

---

① King v Talbot, 40 N. Y. 76, 85（1869）.

美国私人养老金基金，表明法律规定在全部的信义义务范围内从限制受托人权力向赋予受托人广泛的管理自由裁量权的转变。该法也废止了先前禁止投资责任代理的规则，以回应管理金融资产的日渐的复杂性以及受托人依靠职业经理人的代理来履行他们义务的需要。这种演变后来反映在《信托法重述》（第3版）（1992，§171）的修订中。谨慎人规则的一些变化现在已被有着成熟资本市场的大多数普通法和民法法系国家所采纳。在民法法系国家，此规则一般受合同法的影响。谨慎人标准的变化之一体现在1992年《信托法重述》和1994年《统一谨慎投资人法》以及英国1995年《英国养老金法》的修订中。这些变化反映了一个共识：根据现代组合理论，谨慎应当根据总的组合为基础进行衡量，而不应谨慎考虑每一特定的投资。现代组合理论也提高了养老金管理中谨慎的标准，因为管理养老金基金资产需要很高程度的远超过普通人所具有的专业技能。《统一谨慎投资人法》的颁布，有利于了《信托法重述》（第3版）所提出的谨慎信托投资标准的贯彻。谨慎投资的概念有5个主要的变化：关注整个的组合而不是单一的投资；界定了信义人对风险与回报之间平衡的重点关注；无条件解除了所有投资类型的限制；规定分散投资作为整体的谨慎投资；扭转投资和管理功能的非代理规则。谨慎投资的概念还确定了"谨慎职业"标准，厘清更高标准注意的应用，受托人是具有更高程度技能的专家或职业人员如投资职业人。

（二）明确演进后信义义务的内涵

信义义务是一种预防机制，预防信托关系中或者信托实施过程中受托人违反义务行为，对受托人的行为进行规制，但在某种层面上它是间接地在保护受托人，从信义义务当中的忠诚义务标准的演进来看，这个义务标准实际上是保护受托人，另外，谨慎义务也是在保护受托人。如果受托人在标准框架之内运作是受到保护的，它既是一个预防机制，同时也是对受托人的一个保护机制，同时它也是对受益人的一种保护机制，受托人义务违反后受益人还有另外一个救济机制。

信义义务的演进表明信义法不是一个固定的概念，也不受某单一的投资理论的束缚。而且，它是一套灵活的原则，在一定时期有不同的解释。对20世纪90年代初期的信义义务的解释扬弃的同时，《信托法重述》（第3版）规定，"信托投资法应当反映并包含现在的知识和概念。它应当避免重复限制规则未来认知与发展的错误"。① 信义义务是一个程序主导的标准，它指导而不是规定投资决策。然而，投资职业人在相当长时间囿于现代组合理论所形成的法律环境，这促使信义义务强制规定投资决策的一种单一方式的观点的形成。没有广泛接受的规定的替代方式，对信义义务的法定标准的动态理解仍然存在着一种强烈的反对意识。

当今的养老金信义义务也具有演进后的内涵。尽管信义义务的精确表述因法域的不同而有所不同，但主要概念是相当一致的。一般地，信义人需要履行的义务如下。第一，忠诚义务。仅为养老金成员及受益人的利益、为提供福利的专属目的、公正的考量各种成员和受益人集团的不同的利益；第二，谨慎义务即注意标准。采取相同信义人实施的注意、技能和谨慎包括投资的分散、仅花费恰当和合理的费用、根据调控法和文件等行事的义务。② 所有的义务必须根据特定情形即养老金承诺的本质及其兑现来履行。

（三）养老金信义人注意义务标准的演进

注意标准也称为谨慎义务，促进养老金信义人与机构投资一样尊重实践规律。然而，随着养老金资产的不断增长，愈来愈多的投资者关注短期投资。羊群效应可以像经济造波机一样运作，养老金基金投资者带着同样的短期偏好进行投资且围绕市场相互追跟时，可能集体制造市场波动，破坏可持续的财富创造。过分地依赖同侪比对就会转向利用相对的绩效指标而不是根据风险调整来衡量绩效，增加了信义人与普通实践结果的不一致。法院可以根据相同组合或已了解的指标来比较信义人的绩效以评估谨慎和判断损失。这通常会使信义人忽视对计划成员利益的关注，有可能会扭曲有效的市场。

"谨慎"一词来自拉丁语的"预见"一词，意思是指"以注意或表现出注意的方式行事并为未来考虑。"③ Peter Drucker 在《无形革命》一文中提出养老金基金将面临双重挑战和机遇，成为主要的所有权人，随着老龄化和长寿等因素成为关键性的社会、经济和政治问题。在 1996 年版的

---

① *Restatement of Trusts*, 3rd edition, 1992, §227, Introduction.

② James Hawley. Keith Johnson. and Ed Waitzer, Reclaiming Fiduciary Duty Balance, *Rotman International Journalof Pension Management*, Volume 4, Issue 2, Fal12011.

③ Merrian-Webster, *Dictionary* (2011), s. v. "prudent".

序言中，Drucker 提出，从短期考虑的变化到关注绩效界定及其结果作为"最大化企业财富产生的能力"①，他还确定了机构投资者的作用及更为普通的管理之责。

从注意义务的演进来看，注意义务的标准经历了"谨慎人规则""谨慎商人规则""谨慎投资人规则""谨慎专家规则"的发展过程。英国《2000 年受托人法》将"谨慎"发展成为"合理"，将每一笔交易的风险禁止演进为允许单笔交易出现合理的风险，要求受托人具有知识、经验和技能，尤其是美国《统一谨慎投资人法》强调受托人履行合理注意义务需通过正当程序来保障，采取现代组合投资理论标准，考量全部组合投资的绩效及风险回报的平衡，进行分散投资，从技能、适应性包括投资类型、特定投资、获取恰当建议及投资原则声明等方面判断是否遵循了"谨慎"义务的标准。美国的 ERISA 甚至将其上升到"谨慎专家规则"。

（四）公正义务与利益冲突的平衡

为了实现养老金计划的目的，受托人须行使其权力并有义务不发生利益冲突。英美设立了严格的标准确保此权力的行使和义务的履行。受托人义务之一是不得置身于其义务与自身的私人利益之冲突地位。受托人不得允许外部利益影响到其决策，受托人在利益冲突中行事就足以构成信托之违反。对受托人董事而言，避免利益冲突十分困难。如果董事既是计划的受托人又是计划的成员，那么，对有关事宜存在多方面的竞争利益如公司经济状况出现危机时雇主出资比例的调整问题。

利益冲突问题的解决部分依靠法律的规定，另外，英美判例法设定了严格的利益冲突规则的有限例外。这些方式对董事所面临的利益冲突问题都不可能完全的解决，受托人董事仍需要采取极大的注意。

养老金计划的成员（大多数成员）也是受托人，在理论上，通常会产生作为成员的个人利益与作为受托人的义务相冲突。因此，英美政府给予这样的受托人以法律上的保护。但实际上这样保护的意义也不大，也仅适用于作为成员的成员利益。对雇主负有董事义务的受托人不受保护。受托人必须行使其权力以实现养老金计划之目的，那些为了自身利益而违背计划利益行事的人会招致麻烦。如果养老金计划规则规定受托人必须包含

---

① Peter Drucker, *The Unseen Revolution*, Elsevier Ltd., 1976, p. 218.

履行董事职责的人且利益冲突不大的，受托人的责任则较轻。当然，有些情形下受托人的利益与义务会发生严重冲突。当公司经济状况不佳，受托人如何设置雇主出资比例，这时公司的利益与养老金计划的利益严重冲突，作为董事的受托人，须对两种当事人承担义务。受托人如果发现自己处于利益冲突之中，那么，对是否需要不实施决策程序或者卸任其中一个职位，他们应当进行法律咨询。

有时冲突较轻如决定提升所有成员的福利包括自己的，有时冲突较大，不轻不重的情况很多。受托人判断是否能安全行事，有一个拇指规则：如果受托人发现自己作出决策会产生冲突，那么，就放弃作出决策。① 关于受托人利益冲突的问题，一般养老金计划规则会要求受托人与董事一样履行其职责。受托人的决策必然在某种程度上被认为以牺牲一部分人的利益而有利于另一部分人的利益。结果唯一合理的解决方案是允许计划根据养老金规则设立，并于规则中规定受托人机构须公平和恰当地考虑所有的利益，对受托人决策提出质疑的人须承担决策作出不恰当性的证明责任。如果计划规则规定了受托人机关的组成，那么，这可以证明不同义务之间的冲突并不严重。②

关于利益冲突的问题涉及机密信息。受托人在考虑受托人营业以及作出决策时有义务采用他们可以任意支配的所有信息，并且将相关事宜与其同事受托人共享。如果一件事情既相关又机密，受托人须说服公司允许其将此信息仅告诉给同事受托人，如果这样不适宜，最好是立即咨询法律意见。

"投资选择，就像其他生活选择一样，回复到较短的波段"，导致非理性的投资决策，尤其是关于通常产生最高私人及社会回报的较长期限的项目。③ 公正义务作为忠诚义务的一部分要求信义人平衡短期和长期的考量。他们必须识别并公正的考量不同受益人群体的冲突利益，包括现在和未来退休人员的冲突利益。尽管公正不是强制不妥协的平等，但却可适用于所有受托人的义务。它要求"管理信托的行为不受受托人个人喜好的

---

① https：//www.out-law.com/page-11157.

② Edge v Pensions Ombudsman ［1999］ EWCA Civ 2013.

③ https：//voxeu.org/article/sustainable-growth-requires-long-term-focus.

影响……也不允许受托人忽略某些受益人的利益仅作为监督或疏忽的结果。"①

至关重要的是，公正义务施加的是程序义务，不仅实际的结果必须反映对不同受益人利益的恰当关注，而且"管理程序"本身包括与受益人之间的交流也必须是公正的。②

对许多计划成员而言，养老金管理结果对其不公正，尤其从代际角度而言。尽管这些结果不能表示谨慎义务下的法律问题，普通管理方式和不良结果可能被普遍认为有联系，从后见之明来看，至少，广泛坚持投资实践关注产生短期结果（牺牲长期收入和资本增长）"结果损坏长期价值，降低市场效率、减少投资回报并妨碍加强公司治理的努力"是不足为怪的。③ 公正义务有能力实现长期价值的创造和风险的减轻。显然，问题不是短期观有错而是投资与风险调控回报之间须尽力保持平衡，包括有关的机会成本。信义人必须确保其决策程序能平衡近期需要与未来财富创造之间的资本分配之间的平衡，考量成员代际之间的风险的潜在移转。代际财富最大化要求积极地考量超出狭义的金融标准之外的诸多因素。

三　确立恰当的养老金信义标准

最初的信托是基于一种信任，随着信托发展到商事领域和金融领域以后，现在的商事信托中有多少有信任的成分在里面是值得怀疑的，实际上信任已经没有了。现在信托发展到商事领域以后实际上更多地可以将信托的一部分理解成信用，就是市场上要建立这样一个信用，委托人基于受托人的信用才会将财产交移转给受托人。也就是说受托人要建立自己的信用机制，委托人才会把财产委托给受托人，所以现在意义上的信托已不再以信任为基础，而是以信用为基础，那么信用为基础派生出来的信义义务的一个层面就是忠诚义务。信托最初是发挥一种管理功能的设计，信托管理

---

① *Restatement of Trusts*, Third edition, 1992, §79, Comment （b）.

② Mark L. Ascher, Austin Wakeman Scott & William Franklin Fratcher, *Scott and Ascheron Trusts*, 5th ed, Aspen Law& Business, 2006, §17.15.

③ Elisa Minou Zarbafi, *Responsible Investment and the Claim of Corporate Change*：*A Sensemaking*, Springer Fachmedien Wiesbaden GmbH, 2011, p.118.

是一种广义的概念，包括托管、管理、投资和分配等一系列内容。根据信用和管理就派生出来了我们所说的对受托人的预防机制，就是信义义务机制。

与公司董事的法定义务相比，养老金信义人高于源于不同法律依据的信义人的行为标准。如果受托人的行为不谨慎，他对受益人需要承担责任。养老金信义人对实际的自然人受益人而非对法律实体受益人负有忠诚义务。这与公司法中信义人负有为"公司"的最佳利益行事的义务有所不同。养老金信义人无须把自己局限于募集资本，因此，几乎没有以市场为基础的制衡来约束他们的行为。受益人不享有资本市场的流动性或解任受托人的能力，而且受托人的治理责任不同于公司董事。私企的本质是愿意冒险，相反，养老金基金资产投资的信义标准往往关注通过减少风险和谨慎投资行为来维护信托财产。因此，养老金信托的信义标准有别于普通信托。

（一）忠诚义务的标准

一般而言，受托人对信托的受益人负有信义义务和其他义务，受益人对受托人具有强制执行信托的权力。根据信托法的原理，委托人一旦设立信托，将财产移转给受托人以后，即不再对信托财产享有任何权利，除非他们保留某些权利；受托人则为了受益人的利益拥有并管理信托财产，受益人则享有受益所有权，由此受益人有权追及信托财产并主张其受益利益。不过，养老金信托的基金出资人被视为目的信托的受益人，可以强制执行信托，享有委托人所不能享有的利益，因此，养老金信托的雇主对其出资基于目的信托的受益人身份而享有利益而不是委托人的身份享有信托之利益。

养老金信托的受托人对受益人负有忠诚义务，受托人必须仅为养老金受益人的利益管理信托，不得将信托利益与其自身利益相冲突。

养老金信托的一级受益人是雇主和计划的成员即过去、现在和未来的雇员。成员有配偶和亲属是二级受益人，通常在成员去世后直接享有利益，受到有关成员行为的约束。这样，不同类型的受益人之间如雇主受益人与雇员受益人之间或一级受益人与二级受益人之间会存在不同的利益诉求，会产生利益冲突。

一般而言，受托人须忠诚地为受益人的最佳利益服务。但由于养老金信托受益人之间的利益诉求不同，需要受托人公平对待不同类型的受益人，因此，受托人行使权力和履行义务时不仅须考虑每一位受益人的最佳利益，而且须同时考虑全体受益人的最佳利益。

（二）谨慎义务的标准

受托人须采取一位谨慎的人对待自己具有同样性质和同样目标的营业活动那样以同样小心、技能、谨慎和勤勉的方式履行其义务，这就是注意义务，这一起源于信托法的义务同样适用于养老金信托。

信托事务的管理过程中，受托人负有注意义务。注意义务最初是一般普通谨慎人的标准，受托人须按照一般普通谨慎人的注意标准来履行信托事务。因为这个标准太低了，所以发展成为一般普通的谨慎商人对待自己的事务那样对待信托事务，后来发展到了谨慎投资人规则，该规则通过分散投资规则得以具体化。分散投资规则要求养老金基金的投资组合进行相适应的投资分散，它要求恰当的资产类型的分散和每一资产类型的分散，以避免没有担保的投资集中和组合投资中伴随的风险聚集。分散投资规则没有特定数量的限制，事实上，数量限制调控只是一种明确的数量形式，不是一个一般性的原则。尤其养老金信托是一种很特殊的商事信托，特别强调受托人要有专业的知识、技能，要有自己运作养老金的知识、技能等，所以美国的 ERISA 特别强调受托人须采取谨慎专家人这样的标准来履行注意义务。

英美将分散投资规则与现代组合投资理论相结合，采取整个组合标准，通过分散投资以减少大笔损失的风险，除非不这样做是不谨慎的。美国 ERISA 已将此规则纳入养老金资产管理中，美国的劳动部特别明确指出，"特定投资的谨慎应当根据所提议的投资或其投资过程在全部组合投资中的作用来判断"。[1]

其他许多国家如澳大利亚、加拿大、爱尔兰、意大利、日本和荷兰等均采取了此规则。这些国家的成功经验，尤其是非英美法系国家的成功经验，对我国引入此规则提供了有益的参照。

---

[1] *29 US Code of Federal Regulations*（C. F. R.），Section 2550. 404a-1（b），first published in 1979.

四　强化信义义务的监控

(一)　利益冲突的克服

信义人须对利益冲突的管理向基金成员报告。如果与利益冲突相关的风险的不透明，那么，利益冲突的识别和管理的透明尤其重要。此类报告不仅包括服务提供者的利益冲突而且还包括平衡不同受益人集团的不同利益的努力。

信义人须对冲突进行监控和执行所确立的义务标准的。合同须强制规定报告义务以及服务提供者可能产生冲突领域里的持续性监控。有些情形下，当采取短期策略的管理人对涉及长期系统风险暴露的事宜进行代理投票时或管理人对涉及有着商事关系的公司的高管福利事宜行使代理投票时，服务提供者存在相竞争的利益，使其对公正义务的遵守复杂化。

养老金基金管理中表现出的系统风险问题要求采取预防性的原则即在选择投资方式时首先关注不损害并公正考量对其负有信义义务的受益人的利益。事实上，信托基金受益人的"首要诉求是信义人不得实施损害……'不损害'是对每一位信义人的明确要求"。[①] 对受益人利益的忠诚要求对风险暴露的恰当程度以及回应受益人对风险暴露的各种观点进行考量，包括努力告知这些观点。忽视受益人或其他重要利益相关集团的观点可能对支持养老金承诺的可持续性产生长期的分歧。对利益相关者期待利益的关注和管理对可持续性和投资管理决策来说同等重要。这些考量以及需要建立治理能力反映受托人须直接通过顾问和提供信息的方式关注受益人的未来和现在的利益，作为代理人受托人还须关注由此而演变的通用规范。[②] 这要求贯彻识别和考量与管理实践相关的外部性的程序。运用忠诚义务强制程序应公正地与成员的利益保持一致，也具有解决通常出现的利益冲突的含义，即信义人不想分享利益却要搭乘他人努力的便车。信义人不可仅忽视某一受益人集团的利益，因为大多数其他信义人也会这样做，而且都不愿意自己花费成本与他人分享利益。同样，信义责任要求在

---

① Arthur R. Laby, Resolving Conflicts of Duty in Fiduciary Relationships, *American University Law Review*, 2004, Volume 54, Issue 1, 149.

② Tessa Hebb, James P. Hawley, Andreas G. F. Hoepner, Agnes L. Neher, David Wood, *The Routledge Handbook of Responsible Investment*, Routledge 2016, p. 641.

考虑养老金成员和受益人的利益情况下，受托人须衡量并报告养老金信托基本目的得以实现的情况，这是规定确保实现养老金承诺和实际绩效的独立机制。

（二）谨慎义务的程序保障

谨慎人规则关注的是受托人或信义人如何对养老金信托履行其义务，包括其投资决策如何作出。也就是说，信义义务履行的判断不是对他们的投资决策是否成功的逆向判断，而是根据他们在作出决策时是否遵循了合理的程序。信义义务是否履行关键在于投资是如何选择的，而不是在于某一投资成功与否。① 谨慎的认定主要在于根据信托基金持有、投资和使用之目的而制定、贯彻、监管投资策略的过程。谨慎由风险管理的过程而非由不谨慎的特定风险之界定来证明。如果没有严格的程序，谨慎是无法用传统的标准来衡量的。②

信义人须进行谨慎的风险管理。为了养老金承诺能够可持续性的兑付，未来的价值创造和风险管理取决于一定范围内的互相联系的社会、环境和经济因素。当下对信义义务的诠释证明与这些风险的综合考量和积极管理不相适应。信义人须将可持续性因素融入投资管理程序中。

信义人在履行谨慎义务时，还应当协调与社会责任投资义务之间的关系，不得通过不同资产类型的分散来规避与气候变化相关的风险，相反，他们必须努力在风险源之间进行分散。然而，法律的不确定性导致在投资供应链中将长期风险和机会整合至投资程序中是受托人应关注的问题。联合国责任投资原则签署国（UNPRI）开始承认将环境、社会和治理（ESG）问题融入其政策和实践与基本的忠诚和公正的信义义务存在着密切的联系。没有关注到短期交易者的环境、社会和治理问题对承担公正以及为受益人的利益管理资产义务的长期投资者来说是实质性的问题，他们需要提供几代人的可持续性的养老金福利。"全民所有权人"对投资策略和所有权实践的关注包括产生网络福利的集体行为将环境、社会和治理的

---

① Donovan v Cunningham, 716 F. 2d 1455 (5th Cir. 1983).

② Longstreth, B., *Modern Investment Management Theory and the Prudent Man Rule*, Oxford University Press 1986, p. 7.

考量纳入其中。① 养老金基金与其他重要的长期投资一起占据独一无二的地位，从满足经济、社会需求的投资机会中而不是仅仅从投资于现存的资产获利。因此，信义人需要从前瞻性、风险管理和价值创造的角度克服仅根据实践以及可持续投资来分配资本的倾向。显然，调控者必须激励长期的信义人以及其服务提供者有效地将环境、社会和治理标准融合到他们的投资决策中，作为有效风险管理和调控规则的一部分。激励应当通过强制性规定恰当的信义能力、治理以及报告旨在提供可持续性的退休收入保障的实践来进行。信义人需要重新发现和遵循基本的信义规范以及将其应用于演化的全球投资环境中。

英国、欧洲、加拿大、澳大利亚等国已制定或正考虑制定机构投资者的管理行为规范。南非已率先通过调控规则引入几项原则应用于投资机构基金资产。这包括强制性规定投资者在投资于某一资产前后，须考量对可持续性长期投资绩效产生实质性影响的因素，包括环境、社会和治理因素。这些调控规则通过内涵、公正方式架构了谨慎义务，并恰当地考量这些问题。

展望未来，养老金管理实践应确立公正的价值目标并保障成员和受益人的利益，在可持续性和公正的基础上为成员和受益人提供恰当的养老金福利。但这也是当今的信义人所面临的挑战。计划的发起人、成员、受益人、信义人以及顾问可以从主要的绩效中获利，这些绩效指标有助于指导养老金管理实践，以满足基本的信义目标。信义义务的内涵在不断的演变中，信义义务的遵守可以促进承诺的养老金福利得以可持续性的兑现。

第二节　养老金信托的事后救济机制

一　"还原理论"之规范价值

当受托人违反义务给受益人造成损害时，可以根据美国学者主张的"还原理论"之法理学基础，赋予受益人以恰当信托救济，以弥补受益人

---

① Roger Urwin, Pension Funds as Universal Owners: Opportunity Beckons and Leadership Calls, *Rotman International Journal of Pension Management*, 2011, Volume 4, No. 1.

的损失。

（一）　还原理论之内涵

所谓"还原理论"的信托法上的常用原则[1]，它是指为了救济信义义务之违反，将信托的受益人置于义务未违反之前本应具有的地位，也可以称为"还原原则"。[2]此原则最初由美国 Langbein 教授诠释[3]，被美国劳动部提倡很多年。美国 Medill 教授深刻、全面地阐述了其理论。[4]"还原原则"是传统的信托法原则，适用于信义义务违反使信托财产遭受损害或受益人受到侵害之时，金钱复归信托财产或个人受益人。[5]

"还原原则"包含两种类型的"救济"，一是还原给信托，这在 ERISA 第 502（a）（2）条中反映；二是还原给受侵害的受益人，这在 ERISA 第 502（a）（3）条中反映。

还原救济是一种衡平救济，既适用于信义人义务违反给信托财产造成损失之情形，也适用于信义义务违反时向个人受益人提供的救济措施的情形。在 Amschwand v Spherion Corp.，No. 07-841（Dec. 21，2007），2007 WL 4618420 一案中，因计划受托人违反信义义务没有提供披露相关信息、没有提供有关文件并履行告知义务，而且进行了肯定的不恰当的陈述，由此原告丧失了计划中规定的人寿保险福利。Langbein 教授将还原救济认定为"典型的衡平法上的救济"。[6]

还原救济是针对信义义务违反的金钱救济，它使受益人回复至受托人

---

[1]　John H. Langbein，What ERISA Means By "Equitable"：The Supreme Court's Trail of Error in Russell，Mertens，and Great-West，*COLUM. L. REV.*，Vol. 103，1317（2003）.

[2]　Susan Harthill，A Square Peg in a Round Hole：Whether Traditional Trust Law "Make-Whole" Relief is Available Under ERISA Section 502（a）（3），*Oklahoma Law Review* 2008，Volume 61，No. 4.

[3]　John H. Langbein，What ERISA Means By "Equitable"：The Supreme Court's Trail of Error in Russell，Mertens，and Great-West，*COLUM. L. REV.* Vol. 103，1317（2003）.

[4]　Colleen E. Medill，Resolving the Judicial Paradox of "Equitable" Relief Under ERISA Section 502（a）（3），Vol. 39，*J. MARSHALL L. REV.* 827 passim（2006）.

[5]　Susan Harthill，A Square Peg in a Round Hole：Whether Traditional Trust Law "Make-Whole" Relief is Available Under ERISA Section 502（a）（3），*Oklahoma Law Review*，Volume 61，No. 4（2008）.

[6]　John H. Langbein，What ERISA Means By "Equitable"：The Supreme Court's Trail of Error in Russell，Mertens，and Great-West，*COLUM. L. REV.*，Vol. 103，1317（2003）.

没有实施违反信托的行为之本应当享有的地位或状态。① 金钱救济可适用于 ERISA 第 502（a）（3）条规定之情形，信托法的基本观念是赋予受益人以救济，从而保护他们的利益。② 美国的劳动部也支持将金钱救济适用于 ERISA 第 502（a）（3）条规定之情形。还原损害赔偿的原则一直被劳动部所提倡并被法官多年适用。③

虽然《信托法重述》（第二版）没有明确表述还原救济作为对受托人违反信托之救济方式，但它反复强调，"如果受托人违反信托，受益人可以诉请强制受托人救济信托之违反"。④ 1974 年 ERISA 制定时尚在实施的《信托法重述》（第二版）（1959 年版）第 205 条规定，在下情形下，违反信托的受托人可被请求承担金钱救济责任：信托之违反所导致的信托资产价值的任何损失或减损、赢利；如果未违反信托信托资产可能会产生的任何收益增长。1992 年修改后的《信托法重述》（第三版）第 205 条规定，违反信托的受托人应将信托之违反产生的利润归于信托；因信托之违反所遭受的损失以及收益须悉数恢复到信托被恰当管理的状态。这实际上是对"还原救济"的明确表述。总之，受益人对信义务违反的受托人的救济一是让受托人承担修正这种违反之责任，一是让受托人返还违反义务所获得的收益，二是要求受托人回复至义务违反前信托资产和收益分配的价值状态。⑤ 因违反所遭受损失的数额必须回复至信托恰当管理时受益人原本应有有价值状态。

如果信托之违反造成了损失包括因不当管理所造成的收入、资本得利或增值无法得以实现，受益人有权诉请回复，也可以要求受托人对违反之后果所造成的损失额进行全额赔偿。⑥

---

① Susan Harthill, A Square Peg in a Round Hole: Whether Traditional Trust Law "Make - Whole" Relief is Available Under ERISA Section 502（a）（3）, *Oklahoma Law Review*, Volume 61, No. 4（2008）.

② Mass. Mut. Life Ins. Co. v. Russell, 473 U. S. 134, 154, No. 10（1985）.

③ Susan Harthill, A Square Peg in a Round Hole: Whether Traditional Trust Law "Make - Whole" Relief is Available Under ERISA Section 502（a）（3）, *Oklahoma Law Review*, Volume 61, No. 4（2008）.

④ *Restatement of Trusts*,（2nd edition）1959, § 205.

⑤ *Restatement of Trusts*,（3rd edition）1992, § 205,（Prudent Investor Rule）.

⑥ *Restatement of Trusts*,（3rd edition）1992, § 95.

还原救济的主要的法律依据还是美国《2000 年统一信托法典》。该法大量地借鉴了《信托法重述》（第二版）和 Bogert 以及 Scott 的观点，该法第 1001（b）（3）条，规定应强制受托人通过支付金钱以修正信托之违反；第 1002 条进一步规定违反义务的受托人须向受到损害的受益人承担回复信托财产的价值和收益至义务没有违反之原本的数额。①

无论是《信托法重述》抑或《2000 年统一信托法典》均以 Bogert 等知名教授的理论思想为依据。②

Bogert 认为，关于受托人违反投资义务的责任，受托人应承担金钱损害赔偿作为救济，投资违反的救济一般旨在使受损害的当事人得到完全还原，即使其还原到受托人没有违反或履行义务的情形。因此，Bogert 完全认可和支持还原救济是传统信托法救济的观点。受益人寻求还原救济须证明受托人行为或过失对信托财产的本金或收益造成减损，但不限于此类情形。广义上的受托人不当管理给信托财产所造成的损失可以是对信托财产上受益人利益所造成的损失。

受托人需要还原的利益主要有：因信托违反使信托资产之价值所遭受的损失或贬损；因信托违反受托人所谋取的利益；如果信托未违反，信托资产原本可以增值的部分。允许还原因信托违反使信托资产之价值所遭受的损失或贬损旨在将受益人置于信托违反之前的地位；允许还原因信托违反受托人所谋取的利益旨在防止受托人利益其不当行为获利；允许还原信托资产原本可以增值的部分旨在将受益人置于如果没有发生违反时受益人原本享有的地位。

计划管理人的义务是服务于成员和受益人的利益，特别是向其提供计划授权的福利。但受托人主要的法定义务涉及恰当管理、运作、基金资产投资、维持恰当的记录、特定信息的披露以及利益冲突的避免。因受托人违反信义义务而向计划成员和受益人提供的还原救济，除金钱救济外，还

---

① *The Uniform Trust Code of 2000*, § 1002. See John H. Langbein, What ERISA Means By "Equitable": The Supreme Court's Trail of Error in Russell, Mertens, and Great-West, *COLUM. L. REV.*, Vol. 103, 1317 (2003).

② Susan Harthill, A Square Peg in a Round Hole: Whether Traditional Trust Law "Make-Whole" Relief is Available Under ERISA Section 502 (a) (3), *Oklahoma Law Review*, Volume 61, No. 4 (2008).

包括强制性禁令救济、计划资产追及以及推定信托的救济。[①]

（二） 养老金信托中还原理论之适用

一般而言，ERISA 项下的信义人对 ERISA 计划的资产的管理行使自由裁量权，这是一个功能性的概念，不是一个正式的定义。ERISA 明确规定计划信义人须仅为成员和受益人的利益对计划履行义务。违反 ERISA 对他们所施加的职责、义务或责任的计划信义人须承担弥补计划所遭受的所有损失以及返还因违反所获得的不当利得。随着机构发起的 ERISA 计划的剧增，ERISA 信义义务的规定越来越重要。几乎对计划行使自由裁量权的人均可被认定为信义人。然而，劳动部作为由美国国会授权执行 ERISA 调控的机构宣布股票经纪人不必为 ERISA 项下信义责任目的而满足投资顾问的界定，雇员、董事或保险人在某些情形下也没有责任。对 ERISA 计划行使自由裁量权或控制权是符合 ERISA 目的的信义人。一般认为对 ERISA 信义人施加的义务源于普通信托法的信义义务，因此，可通过谨慎人标准来衡量。而且，即使非信义人也可以对 ERISA 规定的养老金信托之违反承担责任。ERISA 信义人是否对计划成员或受益人因其不当行为或未及时地处理养老金诉求承担合同外的赔偿或处罚性赔偿责任，是一个尚不明了的问题。ERISA，29 U. S. C. section 1132，et seq.，123 的民事执行规定允许计划成员或受益人对违反 ERISA 信义责任规定的信义人提起诉讼。

信托受托人违反信义义务，受益人可以诉请强制受托人履行或禁止其违反义务。受益人可以要求受托人返还其不当利用信托财产所获得的利益，另外，受托人将信托财产投资于其他财产的，受托人可以追及该投资的收益以回复该财产，受益人还可以诉请违反信托的受托人解任。关于养老金信托受托人违反信义义务的，ERISA 第 409（a）条对违反义务的信义人施加了责任：回复因违反所产生计划损失；信义人返还因义务违反所取得的利益；采取其他恰当的救济包括解任信义人等。

ERISA 第 502（a）（3）条引入还原救济理论，规定了传统的"衡平"救济如禁令救济以及返还及回复的金钱救济。不过，还原救济必须是恰当的。ERISA 第 502（a）（1）（B）条直接向受侵害的受益人提供了

---

① 　ERISA，§ 502.

救济。ERISA 第 409（a）条让信义人仅承担义务违反所产生损失的责任。如果损失非因义务违反而产生，则受托人不承担金钱责任。受益人作为原告须证明义务违反与计划所遭受的损失存在因果关系。也就是说，ERISA 仅让违反信义义务的受托人在因违反给计划造成的损失范围内承担责任。证明信义义务违反与相关损失之间的因果关系是受益人诉请还原救济的必要条件。损失存在但非因相关违反所致，受益人不得行使诉权。①

损失的衡量是一种技术问题，通过计划在有疑问的投资上的实际赢利与如果资产用于其他计划目的原本可获得的利益进行比较来确定。也可通过比较不谨慎投资的损失与投资回报的其他衡量方式包括现行的利率或不谨慎投资原始的预期回报。② 在 Reich v Valley National Bank of Arizona，17 EBC1257（S. D. N. Y. 1993）一案中，法院认为作为以加杠杆的员工持股方式非谨慎购买股票的结果，可回复的损失与其融资的员工持股计划所为的全部支出。在 The Donovan v Bierwirth ③一案中，法院认为在衡量因信义义务违反所造成的损失方面存在的模糊性需要解决，由违反义务的信义人承担举证责任。另外，对义务违反不当得利返还的数额应当解决。④

在美国，法院有宽泛的自由裁量权赋予受益人以预判的利益，而且受益人通常会获得预判的利益。⑤ 是否赋予 ERISA 原告以预判的利益是一个公正问题，完全取决于法院的自由裁量权，需要通过衡平的方式来解决。⑥ 在 Donovan v Tricario，5 EBC 2057（S. D. Fla. 1984）一案中，法院就拒绝给予 ERISA 原告以预决的利益。类似的情形还有 Leigh v Engle 一案⑦。

信义义务违反所获得的不当得利的返还须通过法院命令来进行，⑧ 但

---

① Brandt v Grounds，687 F. 2d 895，898（7th Cir. 1982）.

② See Katsaros v Cody，744F. 2d 20，281（2d Cir.），cert. denied，469 U. S. 1072（1984）.

③ The Donovan v Bierwirth754，F. 2d 1049，1056（2d Cir. 1985）.

④ Leigh v Engle，727 F. 2d 113，138-39（7th Cir. 1984）.

⑤ Diduck v Kaszycki & Sons Contractors Inc.，974 F. 2d 270，286（2d Cir. 1992）.

⑥ Katsaros v Cody，744 F. 2d270，281（2d Cir.），cert. denied，469 U. S. 1072（1984）.

⑦ Leigh v Engle，669 F. Supp. 1390，1405-6（N. D. Ⅲ. 1987），aff'd，858 F. 2d 361（7th Cir. 1988），cert. denied，489 U. S. 1078（1989）.

⑧ Lowen v Tower Asset Management，829 F. 2d 1209，1221（2d Cir. 1987）；Leigh v Engle，727 F. 2d 113，122，137（7th Cir. 1984）.

有被驳回的案例，法院认定虽利用了计划资产但没有产生利益，因此没有必要返还。① 在 Amalgamated Clothing & Textile Workers Union v Murdock，861 F. 2d 1406（9th Cir. 1988）一案中，法院认为，为了前计划成员和受益人的利益，对信义义务违反被诉请返还的不当得利施加推定信托，即使计划终止且获得了全部的累积的固定福利的分配。

对信义义务违反的行为可以实施初步和永久的禁令。② 在 Schwartz v Interfaith Medical Center，715 F. Supp. 1190（E. D. N. Y. 1989）一案规定，初步禁止须遵循 ERISA 而作出。永久禁令须对投资公司即担任 ERISA 计划信义人或服务提供者的负责人作出。③ 即使计划没有遭受任何损失，但禁令救济也是恰当的。④ 在严重违反信托的情形下，信义人应当被罢免，应当任命新的受托人，这需要根据实际情形来确定⑤。ERISA 对信义人施加了很高标准的信义义务，严重违反法定义务的不当行为足以作为发布永久禁令的依据。解聘是一种恰当的救济，法院也有权采取较轻的救济方式，如任命计划投资管理人或经理人。

撤销不合法交易也是一种信义义务违反的恰当救济方式。如果交易是不合法的禁止性交易，此交易就不能得以执行。1997 年美国国会对 ERISA § 206（d）（4）条进行了例外规定，允许计划在下列情形下冲抵福利：成员实施了与计划相关的犯罪；违反 ERISA 信义规定的行为导致了民事判决、同意令或命令；对由劳动部或养老金福利担保公司提起的信义义务违反的诉讼成员达成和解协议。

ERISA 吸收了一些传统的信托法救济如还原救济，信托法的原则在此法中得以贯彻，但尚未解决的至关重要的问题是引入传统信托法的救济范围。国会没有明确列举受托人和其他信义人的所有的权利和义务，而是援

---

① Brink v Da Lesio, 496 F. Supp. 1350, 1385（D. Md. 1980），aff'd in part and rev'd in part, 667 F. 2d 420（4th Cir. 1981）；Donovan v Tricario, 5 EBC2057, 2065-6（S. D. Fla. 1986）.

② Marshall v Teamsters Local 282 Pension Trust Fund, 458 F. Supp. 986, 987, 992（E. D. N. Y. 1978）；Marshall v Glass/Metal Ass'n & Glaziers &Glassworkers Pension Plan, 507 F. Supp. 378, 385（D. Haw. 1980）；Donovan v Bierwirth, 754 F. 2d 1049, 1055-6（2d Cir. 1985）.

③ Beck v Levering, 947 F. 2d 639（2d Cir. 1991），cert. denied, 112 S. Ct. 1937（1992）.

④ Brock v Robbins, 830 F. 2d 640, 646-47（7th Cir. 1987）；Fink v National Sav. & Trust Co., 772 F. 2d 951, 962（D. C. Cir. 1985）.

⑤ See Birdsell v UPS of America, 94 F. 3d 1130（8th Cir. 1996）.

引普通信托法来界定他们权力和责任的一般范围。① ERISA 所授权的"衡平救济"包括某些传统的信托法救济如撤销和推定信托。如果信义人违反义务行为可得以证明，那么，推定信托救济就会被施加。② 有许多案例涉及信义人违反义务承担还原救济的连带责任的情形，因此，原告可起诉部分信义人而无须对他们全部提起诉讼。③ 在违反信义义务诉讼中，未被诉的受托人不是不可或缺的当事人，因为许多受托人会被认定为承担连带责任。在 Donovanv. Tricario，5 EBC 2057（S. D. Fla. 1984）一案中，法院认定一位被告受托人承担返还所有损失之责任，这些损失是与其他被告人和解之前没有返还的损失。

在一些情况下，如果雇员在执行职务行为过程或期间所实施的违反义务的行为，雇主即使不是信义人，也需对其雇员违反义务的行为承担责任。如果代理人盗用计划资产，那么，本人也需根据雇主责任制原则承担责任。在 Stuart Park Assoc. Limited Partnership v Ameritech Pension Trust，846 F. Supp. 701（N. D. Ⅲ. 1994）一案中确立了雇员在其履行职务期间或过程中的行为归责于其雇主的原则，该原则甚至适用于 ERISA 规定的情形。在 Stanton v Shearson Lehman/American Express，Inc.，631 F. Supp. 100，104（N. D. Ga. 1986）一案中，法院认为 ERISA 广泛的保护目的需要设立这样的责任机制。雇主责任制原则是一种严格责任原则，该原则适用于 ERISA 领域中代理人在履行职务期间或过程中实施了违反信义义务的行为。尽管美国判例法引入雇主责任制的普通法原则，但对此原则增加了额外的要件如雇主只有在"明知而积极参与"雇员违反信义义务的情况下方才承担责任。④ 易言之，通过雇主责任制理论对非信义人的雇主施加责任。

ERISA 禁止信义人实施违反公共政策的行为，如通过协议或文件免除

① See Central States，Southeast & SouthwestAreas Pension Fund v Central Transport，Inc.，472 U. S. 559，570（1986）.

② Waller v Blue Cross，32 F. 3d 1337（9th Cir. 1994）.

③ Struble v New Jersey Brewery Employees' Welfare Trust Fund，732 F. 2d 325，332（3d Cir. 1984）.

④ American Federationof Unions v Equitable Life Assur Soc.，841 F. 2d 658，665（5th Cir. 1988）.

信义人责任或义务的行为。美国国会为 ERISA 信义人设立了最低注意标准，旨在由法律强制规定信义人的义务，而不得由协议或文件予以变更。免除 ERISA 信义人的信义责任的合同在法律上是无效的，而且使处于信义地位的人不承担信义人的责任的计划解释是无效的，投资经理人合同中也是不可出现免责性条款的。

二　推定信托之救济①

（一）　推定信托具有不当行为之恢复性救济功能

推定信托广泛用于修正信义义务违反之不当行为的各种情形。作为不当行为之恢复性救济措施的推定信托将行为人实施不当行为、受害人遭受损失以及行为人的得利联系起来考量，对不当行为之修正通过弥补损失和返还不当行为的得利以恢复产生的失衡状态，这要求消除对他人权利侵害所产生的得利和损失。② 推定信托是法律运作的结果，于信义人实施不当行为时对其施加。推定信托是"在正义与良心需要的时候，法律所施加的……它是一种衡平救济，法院可以以此使受害人获得救济"。③ 由于修正就是"矫正"或"实现"④，而且涉及恢复原状的救济⑤及"修复不当行为的行为"。⑥

1. 推定信托之恢复性救济

推定信托旨在由责任人修正不当行为，最终恢复被不当行为所破坏的平衡。

恢复性救济具备两个要素：不当性和责任。⑦ 不当行为人负有返还或

---

① 参见陈雪萍《推定信托的修正正义与修正正义的推定信托制度之借鉴》，《上海财经大学学报》（哲学社会科学版）2018 年第 4 期。

② Epstein, Nuisance Law: Corrective Justice and Its Utilitarian Constraints, *Journal of Legal Studies*, Vol. 8, 1979.

③ See George Panagopoulos, *Restitution in Private International Law*, Bloomsbury Publishing 2000, p. 53.

④ Joel Feinberg, *Doing and Deserving*, Princeton University Press 1970, p. 74.

⑤ Joel Feinberg, *Doing and Deserving*, Princeton University Press 1970, p. 76.

⑥ Bryan A. Gerner, *Black's Law Dictionary*, (7th edition), West Group 1999.

⑦ Jules L. Coleman, *Risks and Wrongs*, Cambridge University Press 1992, p. 329.

救济之义务。① 一个人对他人实施不当行为的事实影响到他们之间的权利和责任制度。行为人应对其不当行为承担恢复性救济之责任，一则行为人应弥补其给受侵害人所造成的损失，二则行为人应当返还不当攫取的财产给受侵害的人。

公平和正义的一般概念与传统的不当行为的概念相关，它一直是修正不当行为的某些基本规则或原则的有机组成部分。衡平与施加推定信托情形的法律后果相联系。推定信托的功能就是反映和实施促进衡平的原则。② "衡平产生推定信托并强制返还因实际欺诈、滥用他人信任或通过其他不当手段所获得的利益，而此得利是衡平和良心所不允许的。"③

推定信托作为一种一般性的修正手段以实现正义，作为一种矫正特定的不当行为之方式，在欺诈或不当行为或不衡平行为所生的非正义时适用。推定信托可以有效地防止违背良心而获得不当之利益，以及由此所产生的不衡平、不公平或不平等的结果，以达到与正义的要求相一致的结果。④ "推定信托作为衡平救济的恰当形式在一个人违背良心为自身利益而获得利益时被施加，这些利益之获得往往违反了对他人所负有的合同或法定或衡平义务。"⑤ 为此，对违反忠诚义务或违反良心之不当行为所获得利益之法律救济就是施加推定信托，以修正不当行为。易言之，如果相关行为构成了法律上的不当行为，那么，推定信托就会产生。如果一方当事人非正当地获取了财产，那么，推定信托可以作为一种受侵害人寻求救济的措施，以及作为强制行为人返还财产于受侵害人的手段，使受侵害人获得救济。

作为一种救济手段，推定信托常用于修正信义义务违反之不当行为，用于恢复不当行为所产生的不当得利，为此，推定信托逐渐被视为不当得

① Jules L. Coleman, *Risks and Wrongs*, Cambridge University Press 1992, pp. 314-315.

② G. E. Dal Pont, D. R. C. Chalmers & J. K. Maxton, *Equity and Trusts*, LBC Information Services 1997, p. 961.

③ *Restatement of Restitution* (1st), §160 (1937).

④ See A. J. Oakley, *Constructive Trusts*, Sweet & Maxwell 1997, p. 59.

⑤ See A. J. Oakley, *Trends in Contemporary Trust Law*, Clarendon Press 1996, p. 154, 231, 326.

利之救济方式，不当得利原则也被认为是"处于推定信托"的核心。①

　　推定信托可以用于信义人违背良心攫取财产利益的情形。② 在养老金信托中信义人违反忠诚义务，攫取了不当得利，则推定该得利为推定信托之财产，归属于养老金信托基金，由信义人而持有。

　　2. 推定信托之适用需要考虑的因素

　　适用推定信托需考虑因素是正义。因为正义使人们去做值得去做的事情。实现正义的方式是修正。修正是修正行为人与受侵害人间的不当行为的主要和有效的方式，具体表现为救济与恢复。救济的目的是恢复本应属于他的东西，就是一系列表示法律后果的词语中的一个。③ 恢复也是如此，救济与恢复两者经常交织在一起。救济可以分为使物或人恢复到原来状态的救济和将物返还给人的救济。获得救济的人应当是遭受了损失或其损失需要弥补，救济也是引起一人返还物于他人的法律后果。行为人负有返还的义务。当然，作为一种修正的救济应当是修正正义所追求的。

　　信义人违反忠诚义务构成不当行为，一旦信义人因此实际上取得利益，此种非正义行为值得修正，唯一的方式就是救济，此处的救济是对抗不当行为的要求。推定信托是一种实施救济的义务④，它能够适用于救济义务产生之时。对不当行为的救济涉及推定信托的规则，这些规则的适用构成了修正。因为忠诚义务的违反使不当获利的当事人成为推定受托人，作为信义人违反忠诚义务之后果，推定信托被施加，这涉及信义人所谓的不当行为之后果。在赫西诉帕默〔Hussey v Palmer（1972）1 W. L. R. 1286〕一案中，推定信托一种对不当行为救济的方式，被用于实现各方当事人之正义。在某些情形下，为实现各方当事人之正义的推定信托只能对实施了不当行为的当事人适用，因为推定信托是"一种衡平救济方式，对利用不当行为获取财产之人施加"⑤。

---

　　① Ciara J Toole, Fiduciary Lawandthe Constructive Trust: Perfecting the Fiduciary Undertaking, *Alberta Law Review*, Vol. 49, No. 3, AT666（2012）.

　　② See Richard Clements, Ademola Abass, *Equity & Trusts: Text, Cases, and Materials*, Oxford University Press 2015, p. 455.

　　③ Peter Birks, *An Introduction to the Law of Restitution*, Clarendon Press 1985, p. 9.

　　④ Tamar Frankel, *Fiduciary Law*, Oxford University Press2010, p. 303.

　　⑤ Bryan A. Gerner, *Black's Law Dictionary*（7th edition）, West Group 1999.

施加推定信托的根据是信义人"正直"的缺失，信义人在未征得公司同意的情形下，为自身利益利用公司机会获得利益，有义务成为推定受托人并对其所获得的利益承担责任。在此情形下，推定信托是一种使信义人因其违反利益冲突义务不当之获利承担责任的手段。[1]

在信义人为自身利益违反了信义义务情形下，衡平旨在避免牺牲受益人的利益。如果信义人因欺诈、不当行为或不衡平的行为违反忠诚义务，推定信托就会被施加以阻止其欺诈、不当行为或不衡平的行为，因为这是正义和良心的需要。"推定信托是一种衡平良心的表达方式。"[2] 在某些情况下，推定信托实际上是信义义务违反的结果。推定信托适用所应遵循的两个相互交织的原则：信义人不得利用其信义地位谋利；信义人不得将自身利益凌驾于忠诚义务之上。[3] 这两个原则"尽管交织，但是不同"。[4] "信义人不得利用其地位或源于该地位的信息或机会为自己或第三人牟取利益；或不得在其服务范围内追求个人利益或与第三人合谋利益，除非取得受益人的同意或法律的授权。"[5] "如果一旦信义义务囿于这两方面，那么，对信义义务违反之恰当的救济就是施加获利的说明或推定信托或衡平赔偿义务……"[6]。总之，在违反利益冲突规则之得利或利用其信义地位或利用源于其地位的信息或机会之得利的情形，信义人必须向其负有义务之人承担责任。对上述的任何得利，信义人都须以推定受托人的身份而持有。

修正正义通过修正不当行为即弥补损失和返还得利以实现公平和平等。推定信托的功用之一就是达到返还的结果。[7] 在信义义务违反的场

---

①　M. Cope, *Constructive Trusts*, The Law Book Company Limited 1992, p. 13.

②　See Richard Clements, Ademola Abass, *Equity & Trusts: Text, Cases, and Materials*, Oxford University Press 2015, p. 455.

③　Sarah Worthington, *Sealy and Worthington's Text, Cases, and Materials in Company Law*, Oxford University Press 2016, p. 387.

④　David Berkeley Parker, A. J. Oakley, Anthony R. Mellows, *Parker and Mellows: the Modern Law of Trusts*, Sweet & Maxwell, 1998, p. 286.

⑤　McKendrick Evan, *Commercial Aspects of Trusts and Fiduciary Obligations*, Clarendon Press 1992, pp. 7-9.

⑥　A. J. Oakley, *Trends in Contemporary Trust Law*, Clarendon Press 1996, p. 159.

⑦　Jaffey, *The Nature and Scope of Restitution*, Portland Oregon 2000, p. 349.

合，推定信托的目的就是返还行为人不当获得的利益。如果信义人滥用由其掌控的财产，那么，受益人有权要求施加推定信托。在违反信义义务的情形下，行为人必须返还因实施不当行为所获得的利益，这是源于信托法的十分严苛的救济方式。

（二）推定信托之救济：违反信义义务并攫取财产

救济之权利广泛用于称为"财产"的利益。① 一个人攫取他人财产必然使受侵害的人获得救济之权利。此权利的承认不取决于攫取的侵权性，而是来源于权利人之利益的属性。一般而言，救济产生于财产利益在未经权利人同意而被攫取之情形。因此，救济之启动须具备两个前提条件：利益之财产属性和攫取之内涵。

信义人负有为他人之利益而行事之信义义务。信义义务一般包含两个要素：注意义务和忠诚义务。忠诚义务是信义人重要的义务，受信人有权要求信义人完全忠诚。忠诚义务的核心包含几个方面：信义人必须诚信行事；不得利用其地位谋利；不得置身于义务和利益相冲突的地位。② 避免利益冲突是忠诚义务的要素之一。养老金信托信义人被推定为推定信托之受托人须以违反信义义务为前提。

财产是指"现有的或可能存在的，为自然人或法人带来利益，主要与人及其财产权相关联的权利"③。"权利是受法律保护的利益。"④ 根据法律，在他人对某人应为或禁止为某种行为时，该人就享有了一种权利。⑤

攫取是指对财产的处分违反了法律对财产的管理或处分的规

---

① Daniel Friedmann, Restitution of Benefits Obtained Through the Appropriation of Propery or the Commission of a Wrong, *Columbia Law Review*, Vol. 80, No. 3 (Apr, 1980).

② Bristol and West Building Society v Mothew (1998) Ch1. at 18. Alastair Hudson, *Principles of Equity and Trusts*, Routledge 2016, p. 47.

③ ［法］弗朗索瓦·泰雷、菲利普·森勒尔：《法国财产法》，罗结珍译，中国法制出版社 2008 年版，第 52 页。

④ Rudolph Von Ihering, *The Struggle for Law*, translated by John J. Lalor, The Law Book Exchange Ltd. 1997, p. xix.

⑤ 参见［英］奥斯汀《法理学范围之限定》（影印本），中国政法大学出版社 2003 年版，第 21—32 页。

定，① 是行为人"为了获取或行使对他人财产的非法占有，旨在剥夺所有权人的财产或利益"的行为。② 判断攫取行为的要件有：第一，信义人因其地位持有他人财产；第二，攫取涉及对财产所有权人产生实质上损害的风险；第三，攫取的财产价值可以识别；第四，行为人主观上有故意。③

（三）推定信托具有矫正不平衡之效应

平衡处于修正正义之核心，修正正义之终极目标就是恢复被不当行为打破的平衡。无论是弥补损失还是返还不当行为之获利都是修正正义对不当行为之法律救济。因此，对不当行为救济的合理性可以在修正正义中得以发现。

1. 弥补损失

"对他人因其不当行为遭受损失负有责任之人有义务弥补损失。"④ 首先，针对不当行为以及基于此行为所产生的不当损失，请求人可以基于此行为和损失主张不当损失之赔偿；第二，弥补不当损失之义务源于不当行为。"行为人被施加了赔偿受侵害人的义务⋯⋯"⑤。

为了恢复至最初的平衡状态，行为人应向受害人返还其所得来弥补损失，以消除受侵害人的损失。如果行为人的利益直接来自其不当行为，那么，行为人必须尽可能地弥补受侵害人的实际损失，以恢复原状。这种结果通过不同的手段来实现，而且这些手段具有一个共同的特点就是由行为人根据受侵害人之损失将财产移转于受侵害人。在救济后，行为人处于先前不当行为与后来的救济情形之不同地位。⑥

根据亚里士多德的观点，不当行为是不合法的，应当受到法律的制裁。如果没有一种措施能够实际上对其进行制裁，那么，就可能产生非正义。对养老金信托信义人之不当行为人所采取的制裁措施之一是让其履行相应的救济义务。

---

① *Texas Penal Code* § 32. 45（a）（2）（B）.

② Bryan A. Gerner, *Black's Law Dictionary*, 9th edition, West Group 2009, p. 117.

③ *Texas Penal Code* § D6. 3.

④ Jules Coleman, *The Practice of Principle: In Defence of a Pragmatist Approach to Legal Theory*, Oxford University Press 2001, p. 15.

⑤ Jules Coleman, *Risks and Wrongs*, Cambridge University Press 1992, p. 371.

⑥ Francesco Giglio, *The Foundations of Restitution for Wrong*, Hart Publishing 2007, p34.

2. 不当行为得利之返还

"没有人可以从其不当行为中获利"① "信义人不得利用其地位谋利,该规则之实质就是受托人不得将自己利益与义务置于相冲突的地位。"② 违反此规则,可由修正正义来予以救济。修正正义不仅旨在弥补受害人的损失,而且旨在强制行为人返还其所得。"修正正义将不当行为以及消除不当行为的资源之移转作为一种简单的纽带,由此,行为人和受害人之间的相互关系也得以界定。"③

(1) 不当行为得利返还之请求权基础

如果行为人因其不当行为而获利,该获利是不当行为之结果,那么,就是不当行为之获利。行为人对获取不当行为之利益需要承担修正正义的责任。如果信义人违反信义义务而获利,利益之获得产生了不当行为,他对此负有返还之责任,即使他已忠诚行事。在信义环境中,只有修正正义奠定了此种救济请求权之基础。"信任和信赖制度被视为一种重要的规则,它严格防止背离此规则的可能。"④ 非赢利义务(忠诚义务之要素之一)就是减少信义人不当获得个人利益之机会,戒绝信义人滥用他人对自己之信任。

英国法中有句格言:"无人允许从其自己的不当行为中获利。"⑤ 正义受到资源从一方当事人直接移转至另一方当事人之影响,因此,修正正义也要求获利多的当事人返还给获利少的当事人以恢复因不当行为所破坏的平衡。实际上,有时不当行为人之获利不取决于受害人的损失,尽管有时其获利直接与受害人的经济损失相当。

修正正义不仅涉及不当损失之弥补而且涉及不当行为之获利,它是从行为人那里取走获利以修正其实施不当行为之后果,即使受害人没有遭受任何经济上的损失。若可以证明行为人已获得了利益而且该利益非因不当

---

① Francesco Giglio, *The Foundations of Restitution for Wrong*, Hart Publishing 2007, p203.

② See David G. Owen, *Philosophical Foundations of Tort Law*, Clarendon Press 1997, p. 44.

③ Weinrib, *The Idea of Private Law*, Harvard University Press 1995, p. 56. 参见 [加拿大] 欧内斯特·温里布《私法的理念》,徐爱国译,北京大学出版 2007 年版,第 59 页。

④ Francesco Giglio, *The Foundations of Restitution for Wrong*, Hart Publishing 2007, pp. 105-107.

⑤ S. E. Honeyball, When a Man May Profit from his Own Wrong, *The Cambridge Law Journal*, p. 218 (1983).

行为原本就不能获得的，则他必须承担救济义务。

（2）不当行为救济与不当得利救济之本质差异

在不当行为救济的头衔下，返还通常是处罚不当行为、维护现实权利的救济方式而且能够在救济法之外得以实施，[①]它是使非正义状态恢复原状的有效工具。

救济是一种修正不当行为之获利的法律方式，它包含了让一个人返还给他人因其金钱价值上的损失或其他损失而获得的利益，[②]而此获利有点像不当得利，但它们完全不同。不当行为救济与不当得利救济的不同之处在于不当得利不要求实施不当行为作为救济之前提而不当行为之救济是行为人不当行为之法律后果。

救济用于返还因不当行为之不当获利之情形。不当行为之救济通常指金钱之偿付，其计算影响到行为人因不当行为而所获得的利益。根据语义，"救济"一词是罗马人用于指"放弃"和"返还"之意。[③]行为人所获得的不当利益应当移转给因该行为而遭受损失之人。不当行为人应当被剥夺其不当获得的利益，他应当返还其所得。从此方面而言，不当行为之救济确实与修正正义相关。总之，修正正义是不当行为之法律后果，从而引发了对修正不当行为之获利的救济。然而，这是一种以不当行为之获利为前提的全然不同的救济。如果行为人故意针对受害人实施不当行为而使自己获利，他就更有责任对此获利予以救济。[④]

总之，无论是损失之弥补还是得利之返还都能恢复为养老金信托信义人之不当行为所破坏的公正和平衡。

（四）养老金信托中推定信托制度之借鉴

1. 推定信托制度适用之优势

（1）推定信托制度之本质

推定信托创设了一种财产权，像其他的信托一样，推定信托要求推定

---

① MP Gergen, What Renders Enrichment Unjust?, *Texas Law Review*, Vol. 79, p. 1935 (2001).

② Peter Birks, *Introduction to the Law of Restitution*, Clarendon Press 1985, p. 13.

③ Peter Birks, Equity in the Modern Law: an Exercise in Txonomy, *University of Western Australia Law Review*, 1996.

④ See Peter Birks, *Introduction to the Law of Restitution*, Clarendon Press 1985, pp. 326-333.

受托人为他人的利益持有信托之标的。① 如果某一财产成为推定信托的标的，该推定信托就使受托人负有了财产性责任和对人责任。如果受益人对推定信托之财产享有绝对的权利，他或他们不仅对推定信托财产享有了财产性权利，而且推定受托人须就其不当行为对受益人承担个人责任。如果推定信托之财产位于推定受托人手中可以识别，受益人则可以行使财产性权利或对人请求权。受益人可以选择行使何种权利，如果选择前者，受益人可以要求受托人向其移转财产以及自推定信托施加后所产生的孳息。如果受益人对推定信托之财产不享有绝对的权利，其有权享有相应的受益利益。如果受益人选择推定受托人承担对人责任，那么，他或他们可主张推定受托人违反信义义务的赔偿责任。他或他们有权请求恢复自推定信托产生时起其于财产上的利益，推定受托人须支付于前述财产上所获得的受益以履行其推定信托的责任。

如果推定受托人破产，受益人可以选择这两种救济方式。如果推定信托之财产没有产生孳息或价值没有发生变化，且一直在推定受托人手中，那么受益人可以行使这两种救济方式。相反，如果推定信托之财产产生了孳息或价值提升了，且财产还位于受托人手中，那么受益人可以选择财产性救济方式，请求受托人返还相应的孳息或增值的利益。当位于受托人手中的财产价值减损时，受益人可以选择要求推定受托人承担对人责任，即要求推定受托人返还当财产置于受托人手中时财产的价值。如果推定受托人破产了，受益人对两种救济方式的选择具有重要意义，如果选择财产性救济方式，可以使受益人享有优先于推定受托人之普通债权人的权利，选择对人救济则相反，受益人与其普通债权人地位平等，没有任何优先的权利。

施加推定信托的另一个优势是当财产被移转于第三人手中且可以识别时，受益人可以基于其财产性权利行使追及权以返还该财产。当然，受益人具有选择权，可以选择追及也可以请求推定受托人承担赔偿责任。在推定受托人破产的情况下，受益人的财产性权利可以使其享有优先于推定受托人之普通债权人的地位，同时，当财产移转于第三人手中时可以享有物

---

① Leonard I. Rotman, *Deconstructing the Constructive Trust*, *Alta LRev.* Vol. 37, No. 1, 133 (1999) at 164.

上的追及权，追及第三人手中，当然，此权利的行使须财产尚存在且可辨识。否则，受益人仅可通过对人救济方式来主张权利。

推定信托制度旨在恢复被不当行为所损害的正义，不当得利的返还仅仅是恢复性救济所产生的结果而已。不当得利是以牺牲他方当事人的利益为代价而取得的财产。连接不当得利与信义义务违反之纽带是善良和忠诚，而善良和忠诚是推定信托设立之基础。善良和忠诚作为一种道德标准要求信义人不得利用其地位为自己谋利，否则，其获得的利益构成不当得利。而且不当得利作为推定信托之诉因可以确保不当获得的利益最终能够得以返还。不当得利的诉因要求返还得利，仅有不当得利原则不能说明为何要适用推定信托。在信义关系中，诉请信义义务违反并不要求受益人证明提起救济性诉讼需要遭受相应的损失，信义人的"不当得利"最好理解为仅由不当行为产生，作为信托义务违反的结果以受益人以概念上或规范上的损失为基础。从这个意义上，信义人的得利本身因不当行为或不当性所产生，作为信义义务违反认为具有可诉性，无须证明受益人遭受了损失。根据不当行为获利的更为广泛的标准，推定信托恰当地充当了"返还"目的作为财产获利的救济方式。施加推定信托是良心的需要，适用于各种不当行为获利或不当获利的所有情形。在这点上，推定信托的主要诉因是实现威慑目的以作为不当行为获利的救济措施或不当得利的返还目的。推定信托适用于信义义务违反时，实施财产获利救济的基础是"善良之心"。善良之心以推定信托支持获利救济，事实上，信义人没有金钱获利，财产性的推定信托是救济信义义务违反中获利的救济。

（2）推定信托制度较之于不当得利制度之优势

推定信托在本质上的救济性具有了广泛的功能：救济不当行为和不当得利以遵循公平之原则，因此，推定信托被作为防止不当得利的救济措施。[1] 不当得利是指处于信义关系中的信义人所获得的正义要求属于他人的财产或利益。不当得利制度是为了防止一个人违背其应遵守的良心道德去获得金钱或利益，[2] 因为"财产价值上的移动，在形式上一般地确定为正当，但在形式上认为不正当时，本于公平的理念而调节此项矛盾，构成

---

[1]　George E. Palmer, *The Law of Restitution* §1. 3 & Supp. 2008.

[2]　Andrew Burrows, *Cases and Materials on the Law of Restitution*, Oxford University Press Inc. 1997, at p. 11.

不利的本旨，其基础在于公平，同社会良心正义相吻合"[1]。推定信托"依公平正义之原则，推定之信托。借以将利用不正当手段谋取他人财产之行为推及为受托人，且不得以反证推翻其推定。至于大陆法制中有不当得利制度可以排除此种行为"[2]。可见，不当得利与推定信托均以公平正义之衡平理念为考量，两者虽存在不可分割的联系，但是两者绝不是可以互相代替的制度。

第一，在英美等国，推定信托制度和不当得利制度之目的和功能有所差异。不当得利制度旨在探求受益的非正当性根据。推定信托制度之目的就是防止信义人从财产的不当占有中获取不当得利以及提供不当得利返还之救济。另外，不当得利是引起"返还"这一法律后果的法律事实，它可以促使一方当事人返还以他方利益为代价所获得的利益。因此，不当得利制度的功能在于去除获利者无法律上原因而自受损人获得的利益。而推定信托是使不当得利这一法律事实产生"返还"法律后果的重要手段之一，是不当得利救济得以实现的保障。

第二，推定信托和不当得利构成要件不同。根据加拿大法，不当得利的构成要件有：一方受益；致他方受到损害；无法律上的原因。而根据英美法，其构成要件为：一方受有利益；致他方受损；一方保有该利益具有"不正当"性。[3] 不当得利之构成要件是需要严格适用的，一项获利不符合不当得利制度的构成要件就不能以不当得利来寻求救济。与不当得利制度不同，推定信托制度没有强制性的要件规定，以忠诚义务违反作为主要的衡量标准，具有很大的灵活性。因此，只要存在因忠诚义务违反而获利的情形就可以成立推定信托，董事篡夺公司机会而获不当得利就属此种情形。

第三，推定信托制度和不当得利制度中权利人权利保护的程度不同。基于不当得利制度，权利人仅能就不当得利之资产提出返还请求权，在不当得利人破产等丧失清偿能力的情况下，权利主体不享有优先于不当得利人之普通债权人的权利，只能同其普通债权人处于平等受偿的地位。而在

---

① 郑玉波：《民法债编总论》，台北三民书局 1987 年版，第 107 页。

② 《论信托行为》，《司法研究年报》第 18 辑第 12 篇，台湾"司法院"印行，第 56 页。转引自杨佳佳《简论拟制信托和不当得利制度》，《法制与社会》2008 年第 8 期。

③ Francis Rose (ed.)，*Restition and Conflict of Laws*，Marenex Press 1995，p. 67.

不当得利人转让标的后，权利主体也不能向第三人行使追及权。而推定信托则遵循信托的基本原理，信托一旦成立，信托财产即具有独立性，独立于受托人的固有财产。受托人不能随意地处分信托财产，更不能将其用于清偿自身的债务，特别是在受托人破产等丧失清偿能力的情况下，受托人的其他债权人也不能追索到该信托财产。信托财产的独立性又赋予了受益人对信托财产之追及权。在受托人违反信托本旨处分信托财产时，受益人可以追及信托财产至任何人手中，除非该第三人是支付了对价的且不知情的善意购买人。另外，在信托关系存续期间，不论信托财产的形态和价值发生如何变化，均为信托财产，受益人均可对这些财产主张权利。

推定信托制度最大的功能就是对违背良心而实施不正当行为的人施加推定信托，以防止不应当受益的人获得利益。虽然不当得利和推定信托都是基于当事人的良知而运作，但不当得利制度不能给当事人提供像推定信托制度那样完整的保护。由于在当事人权利受到侵害时不当得利制度不能给当事人提供完全救济如不当得利者在不正当地取得物以后将其处分或转让，他就不再占有该财产，而不当得利制度又不能赋予权利人以财产性权利即追及权，在这种情形下，原物的返还是不可能的。因此，英美以及加拿大等国设计以不当得利为核心的推定信托制度作为不当得利之救济。在上述情形中，依据推定信托，权利人通过行使其对不当之物即信托财产的追及权，可以请求第三人返还原物，除第三人为善意的受让人外。

推定信托制度的目的是维护衡平，预防不当得利。在攫取公司机会场合，对董事篡夺公司机会所产生的不当得利之救济适用推定信托，以不当行为与不当获利的存在为前提。[①]推定信托制度在不当行为之救济上的作用是不当得利制度所无法替代的。因为不当得利是特定责任施加的原因之一，其救济性具有有限性：仅能请求返还无合法根据所获得的利益。推定信托是对财产权利的认定，推定信托下的受益权具有物权甚或超物权性质，[②]这主要体现在不当行为之得利即使转变为其他财产形态，依推定信托之规则，受益人可以通过追及程序追及可识别的替代财产。推定信托产生的责任对推定受托人财产影响极大，推定受托人因攫取公司机会所获得

---

① Chase Manhattan Bank v Israel-British Bank，［1979］3 All E. R. 1025 at 1037（Ch.）.

② 方嘉麟：《信托法之理论与实务》，中国政法大学出版社 2004 年版，第 348 页。

的财产不能归属于其个人财产，而是推定的信托财产；如果受托人破产，推定的受益人即公司优先于受托人的一般债权人享有此财产。另外，如果公司信义人的不当行为使公司遭受了损失，那么，根据推定信托规则，公司作为受益人可以要求公司信义人即推定受托人承担个人责任，可以要求从受托人那里获得公平合理的赔偿。显然，我国公司法第148条所规定的"归入权"之救济上的作用没有"推定信托"之救济那样完备。

2. 我国立法规定之缺罅

信义人对其违反忠诚义务所获得的利润、利益或收益应当承担责任，这也是推定信托所施加的责任。[①] 从这点来看，如果信义人通过不当行为之实施获得了不当之得利，他就成了推定受托人，其义务之违反可以通过使其承担责任来修正。信义人作为推定受托人负有返还因不当行为而得利的责任，不当行为应当通过返还的方式予以救济。一旦确定了责任，接下来就是恰当的救济方式之确定。在公司机会场合中，信义义务的存在意味着义务所要求的忠诚包括在公司的权利当中，因为信义人用利益不当地代替了义务。返还得利的要求体现为公司要求信义人履行忠诚义务的权利。

不当行为救济中，推定信托可以强制不当行为人返还其不当之得利，是一种预防性的措施。[②] 与不当得利制度不同，推定信托制度不以受害人的损失为前提。即使在没有遭受任何相应的实际损失情况下，公司也有权请求返还得利。同样，即使公司实际上或法律上不能获得的利益，信义人也必须返还。[③] 返还的数额为信义人从不当行为中的实际得利，也就是行为人获得的纯利润。即使公司没有遭受任何经济损失，从公司资产上所产生的价值也应当返还。因此，推定信托适用于信义人对公司实施不当行为所产生的得利之救济，这源自信义人信义义务之违反以及在特定情形下当事人之间的利益衡平。[④] 显然，推定信托是作为不当行为救济中得利之返还工具，信义人所承担的责任就是基于对其不当行为之救济。根据公司机会准则，公司无论获利与否无关紧要，关键是信义义务之违反决定了信义

---

① Meagher, R. P., Gummow, W. M. C., Lehane, J. R. F., *Equity: Doctrines and Remedies*, 3rd ed., Butterworths, 1992, p. 615.

② Alastair Hudson, *Principles of Equity and Trusts*, Routledge, 2016, p. 502.

③ Loring and Rounds, *A Trustee's Handbook*, 2017, p. 463 .

④ Graham Virgo, *Principles of the Law of Restitution*, Oxford University Press, 2015, p. 570.

人之责任承担。

推定信托之适用本身就可以使推定信托受托人承担两种形式的责任即财产性（物权性）责任和对人责任。其中，任何一种形式的责任都是信义义务及其违反所产生的结果。① 推定信托必须赋予受益人对推定信托标的享有财产性权利，还须使推定信托之受托人向受益人就其行为承担对人责任。显然，推定信托的受益人一直被认为享有信托财产之利益的权利，他确实有权享有信托财产上的利益。如果受益人被认为对形成推定信托标的的财产享有绝对利益，那么，他有权要求移转信托财产于他，包括自推定信托产生时起该财产所产生的收益或其他孳息。② 推定信托作为信托之一种，也生信托之法律效果，信托财产之"同一性"使该财产之交易所得仍为信托财产。

如果受益人选择要求受托人承担对人责任，那么，他可以请求推定信托之受托人承担其违反义务的赔偿责任，他可以请求获得与推定信托标的价值相当的赔偿，该价值从推定信托产生时起算并加上利息。如果作为推定信托之标的的财产仍在推定受托人手中且可以识别，那么，受益人可以选择行使其对推定信托标的之财产性权利或要求推定受托人承担对人责任。在少数情况下，受益人可以同时行使这两种形式的救济。如果作为推定信托之标的的财产不在推定受托人手中，但在第三人手中且能识别，那么，在此情形下，受益人可以追及第三人的手中请求返还财产。有时，即使推定信托被施加，受益人也无法请求第三人返还财产，要么因为财产具有可消耗性已被挥霍或已消灭，要么因为第三人能够主张抗辩事由对抗受益人的财产性权利。在此情形下，受益人对推定信托之标的不再享有财产性权利，受益人的唯一救济方式是要求推定受托人承担对人责任。

信义人必须提升和保护受托人之利益，为受益人之利益持有所有的利益。信义人不仅是受益人利益的保险者，也是诚实的托管人和谨慎的管理人。③ 信

① See M. Cope, *Constructive Trusts*, The Law Book Company Limited 1992, p. 55.

② See Re Macadam（1946）Ch. 73. Graham Moffat, Gerry Bean, Rebecca Probert, *Trusts Law: Text and Materials*, Cambridge University Press 2009, p. 448.

③ Tamar Frankel, Fiduciary Law, *California Law Review*, Volume 71, Issue 3（1983）.

义人接管资产，进行投资、控制，发挥所有权人的功能。[1] 在养老金信托中，雇主通过合同约定成为养老金计划的成员，结果成为基金的共同受益人，他们可能兼具几种职能于一身，暗中收获巨大利益，却将不当管理的风险移转或转嫁给其他受益人。[2] 信义人不能未作全面披露并获知情同意的情况下改变对受益人的保护，而且由信义人承担证明背离忠诚规则合理性的证明责任，禁止自我交易和利益冲突。对受益人的不同的救济旨在促进信义人履行义务，禁令、特定履行、说明资产损失、推定信托等均是对信义人施加压力，促使其避免义务之违反，从而忠诚的服务即不谋求未经授权的利益、不为利益冲突之事情。这样给信义人造成巨大的压力，以改变其违反义务的动机。

在养老金信托信义人违反信义义务，利用信义地位攫取未授权的利益，采用推定信托则会产生不同的法律效果：一方面，受侵害人可以将侵害人所攫取未经授权的利益行使"归入权"；另一方面，当侵害人所得的利益辗转于第三人手中时，可以通过物权法上的救济行使"追及权"。例如，一位有过错的信义人利用其地位或信托基金资产为其配偶购得某一资产，将推定信托适用于该资产，如果该资产增值了，或产生了孳息或利益，在该信义人尚有偿付能力的前提下，适用推定信托进行救济具有很大的优势：不仅可以请求返还原资产，还可请求给付增值的部分、孳息或利益；在资产移转于第三人之手时，权利人享有追及权，可以追及第三人手中的财产或其替代物。总之，推定信托具有修正不当行为的恢复性救济功能。根据推定信托规则，推定信托可以作为物权救济的手段，同时也包含债权救济的内容，至于采用何种救济手段，则由当事人根据有利于己之情形择其之。[3] 在信义人违反信义义务的情形下，推定信托作为一种救济手段，可以弥补不当得利规则适用的不足。它对权利的保护，有优先于一般债权的特点。

①　Robert Charles Clark, The Four Stages of Capitalism: Reflections on InvestmentManagement Treatises, *HARV. L. REV.*, Vol. 94, 561, 565-66 (1981).

②　See Joshua Getzler, Fiduciary Investment in the Shadow of Financial Crisis: Was Lord Eldon Right?, *J. EQUITY*, Vol. 3, 219, 221-23 (2009).

③　参见陈雪萍《推定信托的修正正义与修正正义的推定信托制度之借鉴》，《上海财经大学学报》（哲学社会科学版）2018 年第 4 期。

推定信托滥觞于英美信托法，广泛应用于信义义务违反之场合。关于推定信托制度之本质，Leonard I. Rotman 指出，像其他信托一样，推定信托创设了一种财产权，它要求推定受托人为他人利益持有信托之标的。许多英美学者均将推定信托与信义义务违反的救济联系起来，Daniel Fried-mann，Donovan W. M. Waters，Tamar Frankel，Peter Birks，A. J. Oakley 等学者主张对违反信义义务的不当行为采取推定信托的救济方式。在违反信义义务攫取他人财产的场合，侵害人往往会获得不当得利，Peter Birks 认为，对此不当行为的救济就产生一人返还物于他人的法律后果。Jules Coleman 在《修正正义和不当得利》一文中还专门强调行为人负有返还的义务，作为一种修正的救济当属修正正义所追求的。George E. Palmer 指出，推定信托是防止不当得利的救济措施。Ciara J. Toole 提出，不当得利原则"处于推定信托"的核心，但推定信托制度优于不当得利制度，主要因为推定信托制度具有物权性的救济功能。

台湾学者方嘉麟认为，推定信托制度在不当行为之救济上的作用是不当得利制度所无法替代的。因为不当得利是特定责任施加的原因之一，其救济性具有有限性：仅能请求返还无合法根据所获得的利益。推定信托是对财产权利的认定，推定信托下的受益权具有物权甚或超物权性质。大陆学者对推定信托制度的研究几近阙如，仅有邢建东博士对"推定信托作为另一类的物权性救济"作了探讨并指出，推定信托作为一个规则，可以在理论上将我国目前有关法律规则有机地串联起来，起着承上启下的作用，在法律理论上弥补其中产生的真空或空隙。① 总的来说，推定信托的物权性救济功能在我国理论界和实务界尚未引起足够的关注。

3. 我国立法对推定信托制度借鉴之可能性

推定信托制度是英美法为达到当事人之间财产分配衡平效果所创设的一种制度安排，也是财产权受到侵害时相当重要之救济管道。推定信托制度在我国信托立法中阙如，其引入须克服其与我国相关法律概念之冲突。

（1）推定信托与物权法定原则之扞格

我国采取物权法定原则，物权以法定者为限。根据物权法定原则，物

---

① 邢建东：《衡平法的推定信托研究——另一类的物权性救济》，法律出版社 2007 年版，第 14 页。

权的类型和内容由民法或其他法律明确规定，不得任意创设。推定信托所赋予受益人的物权，在我国物权法和信托法中均未加以规定。为此，推定信托对受益人物权的赋予似有违物权法定原则。从现象上来看，推定信托与物权法定原则存在抵触。

责任是不当行为人与不当行为救济（修正）之间的必然纽带，责任用于修正不当行为。推定信托一直被用于指责任；其适用所产生的救济结果已被人们认识和了解。① 推定信托是为了矫正不当财产关系的一种司法救济手段，是对不当行为的救济措施，也是弥补应用不当得利制度无法解决时的救济性制度，其适用的最终效力不仅是赢利的返还，而是对整个养老金基金适用推定信托。推定信托的施加，是在确认和追认一个既存的财产权，而不是创设相应的权利，此与物权法定原则所奉行"物权种类和内容由法律规定，不得任意创设"意旨并不冲突，换言之，推定信托与物权法定原则并不矛盾。

（2）推定信托与一物一权主义之扞格

一物一权是我国民法之核心。它是指一个物上只能有一位所有权人。作为民法法系国家，我国民法也沿袭了罗马法传统。在传统罗马法中，受益所有权人被赋予了相应的法律地位，在没有采用市民法规定的形式移转财产的场合，他们仅享有对人权或道德请求权。在此情形下，可以根据财产权的性质，在法定的一到二年期满后取得所有权。然而，该准所有权人极易丧失占有权于第三人或者遭受法定所有权人的对抗。在后来的共和国时期，随着大规模的商事交易的发展，所有权的常规取得方式渐趋过时，为了保护取得所有权者的先期利益，执政官赋予了准所有权人诉讼权以对抗第三方占有人以及法定所有权人。罗马人称其法律地位为善意拥有（"in bones esse"和"rem in bonis habere"），现在称为裁判官所有权。② 盖尤斯（Gaius）直接称为双重支配权（dominium duplex），因为所

---

① Donovan W. M. Waters, Q. C. , *The Nature of the Remedial Constructive Trust*, in Peter Birks, *The Frontiers of Liability*, volume 2, Oxford University Press 1994, p. 173.

② Kaser, "In bonis esse"（1961）78 Sav. Z/Rom 173, p. 184. See also, Ankum & Pool, "Rem in bonis meis esse andrem in bonis meam esse：Traces of the Development of Roman Double Owner-ship", in：Birks（ed. ）, *New Perspectives in the Roman Law of Property*（Oxford, 1989）who distin-guish between three categories of in bonisexpressions.

有权被分割为法定所有权和裁判所有权。① 在罗马信托中，受托人受诚信义务的拘束，须履行与委托人之间协议约定的义务，在一定目的实现后返还财产于移转人，否则，会被提起信托诉讼。根据罗马法，受益人仅能诉标的物之继承所有权人，但执政官赋予其对信托标的之财产享有占有权，从而使受益人能从任何占有人手中请求返还财产除善意的受让人外。在继承人破产情况下，受益人有优先于信义人之普通债权人的权利。② 这就是传统罗马法中法定所有权与受益所有权的分离，旨在保护受益人的利益，又称为"双重所有权"。这主要缘于当时法域中的两种法律制度。然而，在如今，不存在两种法律制度的法域中，也可以见证其发展，但取决于立法者的作用。

在德国的现代民法中，有一种制度 Treuhand，是为管理之目的，通过协议方式，移转所有权之设计。在此法律关系中，受托人被赋予了法定所有权，有别于标的之受益权。在 1899 年，帝国法院将 Treuhand 视为，某人受委托为他人利益或客观目的而处分物或权利之制度。其中，信托之物或权利均构成信托之财产。于是，根据 Treuhand 之合同，首先，在受托人破产时，委托人享有对抗受托人之债权人的权利，阻止受托人之债权人追索信托之标的财产。另外，委托人本人有权从受托人破产财团中取回标的财产。其次，委托人之债权人有权取得信托合同项下之财产，但是，受托人仍然被视为信托财产之唯一所有权人。可见，Treuhand 有内外两种不同的效果。从外部来看，仅有一个所有权人，而从内部来看，受托人受合同之约束。③ 然而，委托人之所以能获得上述之救济是因为其享有的、对信托财产之受益权地位以及出于对其所有权之期待权的保护。

总之，在罗马法和现代民法中，受益所有人的权利已经被强化。一物一权与所有权的分离、推定信托并没有任何抵触。

总之，推定信托作为信托之一种，具有物权性救济与债权救济之特质。在现有理论尚存争议的情况下，我国可通过立法技术引入推定信托制

---

① Edward Poste, *Gai Institutiones or Institutes of Roman Law by Gaius*, Oxford：Clarendon Press, 1904, p. 147.

② David Johnston, *The Roman Law of Trusts*, Oxford University Press, 1988, p. 30.

③ B. Akkermans, *The Principle of Numerus Clausus in European Property Law*, Intersentia in the Ius Commune Europaeum Series, No. 75, 2008, pp. 184-186.

度，并在此基础上，赋予不当行为受侵害的人以恰当的救济方式，使其能获得物权法上的充分保护。本质上来看，推定信托制度所赋予的物权性救济与物权权能之两分法即实际利用权和价值取得权①具有高度一致性。推定信托制度之借鉴，一则可以丰富我国信托法理论，推动我国信托立法之完善；二则构建新型的权利保护机制，促进商事法律制度之革新与发展。

推定信托作为救济性措施是对信义义务违反之应对。在养老金信托信义人违反信义义务之场合，推定信托适用于对不当行为之救济，它能确保公平和正义。② 修正正义的推定信托对养老金信托信义人所造成的不当行为施加了修正义务，在此情形下，推定信托制度为实现修正正义的目标，提供了有效的救济机制。

三　受益人权利之保护机制

（一）受益人权利的正当程序保障

由于养老金成员既可能是信托的委托人和受益人，甚至可能是受托人，这就很可能产生普通信托外的利益冲突，因此，需采取普通信托外的救济方式。

养老金信托受益人享有广泛的权利，包括受益人享有参与计划的权利、受到平等对待的权利以及根据养老金计划获得福利的权利；享有增长福利和受领福利的权利等诸多实体权利。受益人享有权利获得正当程序保障的权利，同时受益人还享有诉权以及其他程序性权利等救济性权利，以便对受托人违反信义义务的行为实施有效的监控。

成员及受益人有权获得正当程序保障并根据此程序主张或诉请他们养老金计划的权益、权利和利益，这一诉请程序必须是便宜和透明的。此程序是个人请求权人易于理解的，仅存在合理的费用或没有费用。此程序包括独立的行政或司法程序，在起初权利或利益诉求被养老金计划管理者、信义人或雇主拒绝时可以启动。在成员或受益人的诉求被认定为有效的前提下，此程序须提供恰当的救济措施以弥补他们所遭受的权利或利益损

---

① 孙宪忠：《中国物权法总论》，法律出版社 2003 年版，第 39—40 页。

② Donovan W. M. Waters, Q. C., *The Nature of the Remedial Constructive Trust*, in Peter Birks, *The Frontiers of Liability*, volume 2, Oxford University Press, 1994, p. 176.

失。成员和受益人的基本权利是获得公正、透明程序保障的权利，据此程序对养老金计划提出主张。个人可以以合理的成本有权提出参与计划、积累福利并以规定的比率支付给他们以及以规则或养老金计划文件或合同规定的方式获得福利分配的诉求。

受益人权利受到侵害有诸多诉请程序来予以救济，包括设立内部纠纷解决程序、仲裁程序等，这些程序只有在能够提供有效、恰当救济时方具有价值和意义。

（二）受益人的诉讼救济

美国 ERISA 第 2 （b）条规定，通过必要的披露、向成员和受益人报告经济状况和其他相关信息、设立受益人的行为标准、职责和义务、规定恰当的救济、制裁和诉讼制度以保护计划成员的利益以及其受益人的利益。[①] 总之，为了确保 ERISA 规定的遵守，ERISA 赋予成员和受益人以民事诉讼的方式对信义人义务违反予以救济。养老金信托中计划成员和受益人可以提起的诉讼强制受托人履行义务或禁止其违反义务，可以起诉强制受托人承担违反信托的责任以及回复受托人不当利用信托财产所获得的利益。受托人将信托资产移转到其他财产的，成员和受益人可以诉请追踪该资产并回复该财产；成员和受益人可诉请解任违反信托的受托人。

美国的 ERISA 第 502 （a）条规定，计划成员及受益人可以提起诉讼救济自己的权利，且明确规定了许多信托违反的救济方式。ERISA 第 502 （a）（1）（B）条授权计划成员和受益人提起诉讼恢复到期福利。[②] 该法第 409 条赋予成员和受益人诉请信义人承担违反信义义务责任的权利，以弥补计划因此违反行为所遭受的损失以及将利用计划资产所获得的利益返还给计划。[③] 养老金法赋予成员和受益人的诉讼救济方式与信托法所提供的完全相同，他们均可诉请受托人对信托承担信托损失和不当利得之责任。ERISA 第 502 （a）（2）赋予成员和受益人代表计划提起诉讼以直接恢复信义人违反 ERISA 所施加的义务所获得的利益。[④] 这有效地赋予了成员和受益人以派生诉讼的权利。ERISA 第 502 （a）（3）（A）条赋予成员

---

① ERISA §2 （b），29 U.S.C. §1001 （b）.

② ERISA, § 502, 29 U.S.C. §1132 （a）（1）（B）.

③ ERISA, § 409 （a），29 U.S.C. §1109 （a）.

④ ERISA, § 502 （a）（2）.

和受益人诉请信义人禁止实施违反 ERISA 第 1 条或计划条款的行为。根据 ERISA 第 502（a）（3）（B）条之规定，成员和受益人可诉请恰当的救济以强制执行 ERISA 第 1 条或计划条款的规定以及救济违反此规定或条款的行为。① 成员和受益人还可诉请追踪计划资产，该救济适用于计划福利。总之，计划成员和受益人被赋予了获得通过法院对信义义务违反行为的救济。

除此之外，计划成员和受益人还可对如下事宜提起诉讼：第一，不合法的计划条款。计划条款可能在诸多方面违反 ERISA 之规定如退休金保留和累积的权利，在此情形下，受侵害的成员可以提起诉讼以避免计划不合法条款所造成的不利后果的产生。尽管不合法的计划条款可能构成信义义务的违反，但对计划造成损失或信义人产生得利的可能性不大，它只可能减少或消灭了计划成员的合同权利。ERISA 第 502（a）（3）条赋予了受侵害的成员提起诉讼以避免不合法条款产生的不利后果，他们可以诉请法院根据第 502（a）（3）（A）条禁止不合法计划条款的执行；根据第 502（a）（3）（B）条之规定修改计划，从而使条款符合 ERISA 的实质要件。第二，错误陈述或陈述不当。计划成员和受益人可以诉请信义人赔偿因其错误陈述或陈述不当所造成的损失。如资格要件的错误陈述或不当陈述、获得的养老金数额远低于被告知的数额、没有被告知选择权导致没有行使选择权而影响到福利等。② 原告须证明错误陈述与损害后果之间存在因果关系，由于原告每人都须证明因果关系的存在，因此，不能提起集团诉讼。③ 第三，报复和干预。ERISA 禁止因成员或受益人行使 ERISA 计划项下的权利而对他们进行报复。④ 如因雇员诉请福利支付或质疑福利遭拒绝支付，雇主将其解雇。任何人不得干预 ERISA 项下的福利之取得。

---

① ERISA, § (a)（3）（B），29 U.S.C. § 1132（a）（3）（A）.

② Bicknell v Lockheed Martin Group Benefits Plan, 410 Fed. Appx. 570, 50 EBC 2028（3d Cir. 2011）.

③ Carr v Int'l Game Tech. , 3：09 - CV - 00584 - ECR, 2012 WL 909437（D. Nev. Mar. 16, 2012）.

④ ERISA, 29 U.S.C. § 1140.

第八章 养老金信托调控监管制度及养老金信托立法：有效运作的保障

为贯彻落实党的十九大精神，我国开展个人税收递延型商业养老保险试点工作，但私人养老金信托制度基本阙如，尤其由于市场的不完善和失灵、信息不对称、潜在的道德风险、消费者目光短浅、竞争和效率等因素，养老金信托需要前瞻性的构建调控和监管制度，同时需要通过制定较高层级的立法来保障其有效运作。

第一节 养老金信托调控监管的基本要素

一 养老金信托调控与监管之明确

养老金基金信托调控是指设立规则保障养老金信托财产之安全，设定标准确保养老金基金经理人履行最高的道德标准，谨慎监督养老金基金经理人的行为以确保他们遵守规则，当他们不遵守规则时课以处罚，由调控机构代表个人员工进行干预以确保养老金基金的安全。调控与监管有着重要的区别，调控主要关注：第一，调整养老金基金结构和运作的规则和规章的法律基础和制度；第二，设立制度和赋予各方当事人权力以发挥功能或保护其利益。而监管则关注：第一，监督和保障规则的遵守；第二，建立信息搜集和监控制度用于考察和分析。之所以要进行调控，是因为大多数员工对养老金储蓄的风险不了解，养老金基金的管理需要更严格规则予以规制，员工因担心失去工作不敢大胆地保护其权利，退休储蓄的税优政策更需要严格的规则予以保障，养老金信托比其他金融产品的调控更加复杂，不可或缺。

二　养老金信托调控目标及监管原则之确立

为了实施有效的调控和监管，恰当地建立全面的、具有动力的和灵活的私人养老金信托调控框架，保障养老金计划成员和受益人的利益以及养老金基金的有效运作。

（一）养老金信托调控目标的明确

为了建立养老金信托法律监控机制，我国可以借鉴国外立法，引入养老金信托法律监控机制，设立一些行为规则，使受托人受制于更为具体的行为标准和受益人诉讼外的监控；受托人的义务规制和受益人的权利不同于普通信托，明确企业、受托人和他们的职业顾问的法定义务和信义义务，建立受益人监控机制，从而确保成员和他们的代表能有效监督基金的管理和资产状况。

养老金调控和监管的重要因素是调整养老金计划设计和养老金基金管理、养老金监管的法律框架和规则和这些规则实施的机构，而且养老金基金治理与一国的调控框架具有密不可分的联系。

政府设立养老金监管机构有助于确保调控的有效实施。有的国家的监管机构与调控者一起或作为调控者还负有责任草拟一些或所有的养老金规章，有的国家的监管机构是独立于调控者（通常是政府部门）的运作机构，通常是一个综合性的机构负责对各种类型的金融服务尤其是保险进行监管。金融服务的监管通常会分为两类：谨慎监管和市场行为监管，两种监管机构协同监管。有的国家，尤其是美国，税务机关也具有调控和监管责任。在欧盟，《职业养老金制度指令》（*the Directive on Institutions for Occupational Retirement Provision*，*IORP*）规定了深层的调控，设立了最低标准：计划资产与发起人雇主或提供其他服务的公司发生法律上的分离；注册计划的最低条件包括适当性和恰当性；年度报告和提供账簿；向成员和受益人进行信息披露；监管机构的权利和义务包括向他们提供信息；计划债务的精算和筹资；投资规则和投资政策原则陈述；自由任命管理人和托管人的权力。在本质上，养老金基金的调控和监管在一定程度上取决于治理机构的信义作用。立法和监管应关注计划的筹资、严格的许可制度、详细的管理、治理、审查规则，这些规则涉及风险的考量、信义义务的履行、积极的竞争和有效的披露。调控者和监管者应确保计划有效治理，提高风险管理水平，通过谨慎投资人规则约束管理人和信义人减少投资风险，密切监控偿付能力和投资风险，避免雇主的违约风险。调控者和监管者应加强对 DC 计划的投资风险和经营风险的管理和监控，这些风险对成员产生直接影响，加强对信息披露的精确性、质量、可获取性和相似性的监管（影响到成员对计划的选择）。

（二）养老金信托监管原则的构建

我国的养老金立法和养老金信托立法等相关法律应确立监管的原则：加强统一监管；建立以风险为导向的监管；加强与养老金计划成员的沟通；强化养老金计划治理。

1. 确立统一监管模式

我国目前采取混业经营管理、分别监管的方式，这种经营监管模式最大的缺陷是多头监管而又无人监管，基金、证券、保险和信托均可以参与养老金金融，采取信托模式，但又不按信托监管来执行。因此，有必要借鉴养老金监管国际组织的相关经验，确立统一监管模式，克服监管权力分散无人监管的局面。建议将养老金监管与其他金融服务业监管进行相对统一，避免监管套利。统一监管有利于将养老金信托产品作为金融产品而非社会福利产品，一方面可以调动社会资本投资于养老领域，另一方面对养老金信托产品进行金融监管，避免养老金金融产品监管的落空。

2. 建立以风险为导向的监管

风险为导向的监管要求运作计划的管理人具备适格性的要件如受托人的知识和经验和技能等要求，计划治理必须符合正当程序的要求，要有健全的内控机制，有效管理成员代表和利益相关者之间的利益冲突。监管者需运用定量和定性分析方式来评估风险并采取相应的监管策略。根据每一养老信托产品的风险评估结果明确不同的监管范围和监管力度。监管者须加强选择的透明度，使成员和信义人能够理解所涉及的相关风险，主动采取措施防患于未然。

3. 加强与养老金计划成员的沟通

DC 计划特别需要计划成员对养老金合同等诸多信息有充分的了解，以便能作出恰当的选择。DB 计划的风险主要来自当资产不足以提供充足的福利时计划发起人所实施的违约行为；而 DC 计划则不同，其最大的风险是计划成员不了解其决定的后果或其面临的风险。如果因出资不足、投资损失或高费用退休收入少于其预期，他们会抱怨沟通不充分或只是感觉受骗。DC 计划的担保规定在一定程度上缓解了风险，但这仍不能防范其他风险。为此，监管者须加强与计划成员之间的沟通，须与政府其他部门协调完善调控制度。由于大多数计划成员没有相关的金融知识，加上提供信息不充分，需要改善一些措施促进对有些选择的理解：加强原则性为导向的信息披露调控，计划具体内容的沟通交由养老金管理人决定采取何种最有效和最佳的沟通方式；提高信息披露的透明度。

4. 强化养老金计划治理

监管目标的最终实现离不开计划的治理水平。如果计划运作良好，很多问题均无须监管者的监管。风险为导向的监管需要辅之以计划治理中蕴含的有效风险管理。但信义人通常缺乏足够的知识或技能，未能有效地履行风险管理之职责或对风险管理不够重视。我国立法须确立信义人能力和风险管理标准，设立信义人准入要件。我国有必要设立养老金行业协会，为信义人设置培训项目以提升其有效管理基金的能力，建立自我调控的行为规范包括独立的信义人业绩评估机制。另外，立法还需关注作为对冲风险的手段的衍生金融产品的风险管理，虽然它们能给养老金计划提供相当有效的潜在的减少或分散风险的措施，但它们也可能产生新的风险。

尽管各国的养老金监管环境和监管模式不同，但监管的原则是共同的，养老金监管者所面临的挑战是共同的。因此，国外的养老金监管经验具有可借鉴的基础，但我国养老金信托调控和监管制度的构建仍需考虑我国私人层面的养老金信托制度尚处于萌芽状态，需要针对我国当下养老金信托调控和监管的现实问题和面临的挑战，将养老金信托监管原则细化为具体的制度，以便于遵守和实施。

第二节　养老金信托调控的基本框架

我国养老金信托可以借鉴英美等国，确立调控框架：确立最低或非准入要件；设立"谨慎专家"投资标准；建立信息披露制度；加强对其他金融服务和专门行业的调控；建立救济或矫正制度。除了遵循一般的信托法要件，雇主和受托人须关注保护计划成员及其家属利益以及确保职业养老金计划福利与其他雇佣福利一致的方式予以对待的各种立法规定。确保这些要件遵守的责任因具体情形而有所不同，有些责任是施加给计划受托人的，有些是关乎雇主和计划成员的雇佣关系的。

养老金信托模式可能会因受托人专业技能、潜在的利益冲突和需要进一步的受托人支持等因素而需要通过采取措施加强对养老金计划的调控框架和治理结构的构建。我国应建立养老金信托之调控框架，明确调控主体的资格、调控者的权力和责任范围。

养老金信托的调控应以如下方面为切入点：建立基金结构界定和组织的规则；确立基金运作的要件；设立监管、处罚和救济诉讼的机构。

一　建立养老金信托调控监管机构的统一协调机构

不同国家的法律都规定由不同的调控监管机构，对养老金基金进行调控和监管。美国的劳动部是 ERISA 规定的监管机构，负责调控私人层面的养老金，同时私人层面的养老金福利由养老金福利担保公司提供保险，养老金出资和养老金基金的税务问题由税务机构决定。德国的私人养老金调控取决于计划的类型，但实行统一监管模式，由德国联邦金融监管局负责监管，相关的调控规则由职业养老金法来调整。在英国，有各种各样的机构来调控职业养老金计划并影响着计划运作的方式。为了养老金基金的良好运作，英国规定养老金基金必须设立管理委员会，通常称为"受托人委员会"，一定比例的委员由基金成员来遴选。如果成员没有行使任命委员会成员的权利，那么，默认由雇主任命所有的委员。

有些国家的养老金监管由分散监管机构如加拿大、瑞士等，由一个协调的监管机构进行协调。有的国家设立了独立的担保机构如美国养老金福利担保公司（PBGC）、德国的养老金保护基金（PSV）、瑞士的互助保险基金。这些机构计算保险费，管理诉求但不实施养老金基金监管。智利对养老金采取独立的监管机构，设立独立的机构专门负责养老金监管。智利设立了高效的专业化监管机构，并非适合所有的国家，有的国家就觉得这类监管机构效率低下，为每一个金融部门设立独立的监管机构成本太高，还不如提升和使用现有的监管结构。小的监管机构易受到调控干预，它们的独立性和调控权力会受到监管对象的影响或政府干预。养老金福利的提供要求其他金融领域的有效和可靠监管如证券和保险。忽视现有的监管机构，仅关注设立新的养老金监管机构风险很大。有些国家将养老金监管并入其他金融领域的监管机构。

在我国私人层面的养老金制度尚不完善，个人养老金制度尚属空白，目前仅建立了企业年金制度，却需要进一步地发展与完善。根据中华人民共和国人力资源和社会保障部、中华人民共和国财政部制定的《企业年金办法》之规定，企业年金由人力资源社会保障行政部门负责监管。随着我国人口老龄化的进程加剧，个人养老金制度会产生和发展，相关的监管机构和监管模式的建立是必然的趋势。我国私人层面的养老金的监管需与其他金融领域的有效和可靠监管保持一致，另外，仍应考量养老金监管的特殊性，由人力资源和社会保障部来具体监管，但应与大的金融环境监管相互协调，对养老金基金投资、运作的监管由一个统一的监管机构来协调，既做到监管独立又保障大金融监管的协调一致性。

二 确立养老金信托基金运作的调控监管规则

养老金基金运作的具体调控规则取决于不同有养老金计划类型。许多国家私人层面的养老金采取 DB 计划和 DC 计划，我国没有个人养老金制度，现行企业年金制度采用完全积累的出资确定型模式（即 DC 计划），个人养老金制度也将获得突破性的发展，无论其采取 DB 抑或 DC 计划，也均涉及类型化的调控监管问题。

养老金基金运作涉及恰当的筹资标准问题、剩余的所有权归属等诸问题。

DC 养老金计划中，计划受益人退休前，计划以共同基金的方式运作，资产的投资管理旨在实现与既定的风险水平相匹配的可能最高回报。有的国家对运作过程的监管由养老金和保险调控机构联合实施如智利。[①] DB 计划中，计划的发起人通常是雇主，承诺向受益人提供其退休时确定数额的福利，调控者就须确保计划筹资的充足性以满足现在和未来福利义务。因此，确立恰当的筹资规则对保障成员的员工养老金权利相当的重要，同时也会影响养老金基金采取何种投资策略。

我国个人养老金制度的建立和发展，采取 DB 计划的，必然涉及筹资

---

① M Queisser, Regulation and supervision of pension funds: Principles and practices, *International Social Security Review*, Vol. 51, Issue 2 (1998).

规则的问题。这需要确立最低筹资要件，以保障养老金福利承诺的兑现。DC 计划虽然不涉及承诺任何福利，但计划发起人对承诺的违约风险不必担保，但需防范 DC 计划不当管理或信义义务违反。

养老金计划中养老金权利的移转接续问题是调控的难题。当员工从一个企业调动到另一个企业，其养老金权利的移转会产生一些问题。我国的企业年金中个人出资子账户中金额及投资收益的移转一般不会产生争议，但企业出资子账户中的金额及投资收益，虽可以由企业和员工共同约定自开始就归职工个人，也可以随着职工在本企业工作年限的增加，逐步将其归属于职工，实务中因职工调动、辞职、辞退等多种原因企业出资部分则几乎不能移转至新的用工单位。因为根据《企业年金办法》之规定，企业年金方案虽由企业和职工协商制定，其中关于企业出资部分的权属问题多由企业与职工约定，但因企业与职工地位的不平等性以及信息不对称等诸多因素，该约定着实对职工不利，企业和职工之的纠纷时有发生。根据《企业年金办法》以及《企业年金基金管理办法》之规定，企业年金基金以信托方式运作，根据信托之法理，基金之本金及收益属信托之财产，法律上当属于信托关系之受益人，不可由企业与职工约定，无论因何原因企业与职工终止劳动关系，均应归属于受益人，因此，当职工离开企业时，企业年金个人账户中个人出资和企业出资部分均应一并移转到职工新的工作企业。这点我国可以借鉴瑞士的经验，法律可强制规定当雇员与雇主终止劳动关系时，个人账户里的全部金额均可移转或支取。[①]

对于私人层面的养老金，因投资收益超过债务所产生的剩余，仍应当根据信托之法理，尤其按照归复信托之原理，归复于原出资人，包括企业与职工（如果由企业和职工共同出资的）。

三　保障养老金信托基金安全及受益人的利益

调控者应通过设定基金经理人的设立与运作规则，为管理人确立一定的职业标准，设立管理人必须具备管理养老金基金的最低资本要件，这一方面有利于保护职工；另一方面有利于限制养老金基金管理行业的不当竞

---

① M Queisser, Regulation and supervision of pension funds: Principles and practices, *International Social Security Review*, Vol. 51, Issue 2（1998）.

争，从而限制市场的准入。

为了保障养老金基金的安全，可以采取信托财产两权分离的观念，由法律强制规定养老金基金资产必须与计划发起人的资产以及管理基金的公司之资产进行分离，这也是许多国家所通用的方法。当下，在我国现有的法律框架中，引入信托财产双重所有权制度，似有理论上的矛盾。但如前文所述，我国的民法理论沿袭民法法系传统，双重所有权的理念和衡平法的理念存在于罗马法中，信托财产双重所有权理念的继受不存在法系障碍。不过，信托财产双重所有权应作为信托独特本质的体现不能归于一般物权，当然信托财产关系更不能归入债权关系。[①] 根据信托财产所有权制度的特殊建构，将信托资产独立的概念引入我国现有的法律体系。资产的分离，通常需要通过外部的托管方式来实现。这在我国的《企业年金办法》和《企业年金基金管理办法》中已有规定。

为了保障养老金基金安全和受益人利益，我国立法应确立养老金信托受托人的具体信息披露标准。养老金信托受托人须向监管机构提交年度报告和账簿，在养老金成员要求下必须向其提供损益报表且至少每三年提供一次。当雇员调动工作时，养老金信托受托人必须向雇员提供详细的移转金额的报表。向雇员提供信息并培训他们如何使用这些信息十分关键，这有助于他们对投资决策作出更多的选择。养老金基金受托人（管理人）须将所有交易向监管机构报告，在 DC 计划中，管理透明和信息披露对养老金计划成员尤其重要。尽管成员可能对有关信息不甚理解，但监管机构应当要求披露各种信息或文件及其依据以便实施有效的监管。显然，养老金监管机构唯有能够保持其独立性和公正性，方可有效地实施监管。另外，监管机构还需具有相关知识和经验的合格的专家。

四　采取恰当的养老金信托调控监管方式

对养老金信托基金的投资和管理有两种调控监管方式即谨慎人监管和限量监管。

谨慎人规则要求养老金信托基金仅为受益人的利益进行投资，受托人

---

① 陈雪萍：《信托财产双重所有权的观念与继受》，《中南民族大学学报》（人文与社会科学版）。

及其他功能性信义人须采取注意、技能、谨慎和勤勉的方式进行投资和管理，在同类型和同目的的营业中以谨慎人通常所具有的能力和知识行事。[①] 监管机构不得对养老金基金经理人先作出的投资决策进行限制。相反，筹资标准和其他指标受到监管机构的监控。通常，养老金基金受托人须确立投资策略以对投资经理人作出更加明晰的指示。在我国香港，养老金基金须向调控机构提交投资政策目标的报表。[②] 基金经理人遵循此目标须受到监管者的监控。美国、英国、爱尔兰、荷兰、澳大利亚以及加拿大对养老金基金老均采取谨慎监管的方式。此规则大多用于调控 DB 计划而投资风险（目标替代率不能达到）由计划的发起人即雇主承担。.

资产限制方式即限量方式要求养老金监管人分布投资规则列举哪些是可用于养老金基金投资的工具，而且对资产份额设立量的限制即基金可以投资的每一种工具以及限制每一位个人发行人。对投资采取量的限制旨在通过分散投资方式保护养老金基金资产。一些国家养老金基金不仅有最高投资限制还有最低投资限制。基本上要求养老金基金投资资产于上市交易的证券即官方交易场所所进行的交易，养老金基金允许投资的工具具有很高的评价并被普遍接受。养老金基金不得直接抵押，但可以投资抵押支撑证券之资产。

OECD 各国政府一致通过，确立了职业养老金调控的 7 条核心原则，以实现此目标。这些原则值得我国养老金调控予以借鉴。另外，2003 年 6 月，第一部《欧洲养老金指令》颁布。该指令对职业养老金计划的运作和监管提供了框架。该指令根据英国已采取的方式确立了关于投资权力的谨慎人规则，它还放宽了在某些国家可适用的定量投资的限制。我国应并重采取两种监管方式，一方面对受托人等信义人采取谨慎人规则对其进行信义义务监控；另一方面限量监管方式，对养老金基金投资的资产类型和比例进行限制。

五　设立养老金信托监管的具体规程

为了确保雇员退休金的安全和充足，有必要对养老金信托实施有效的调控、强化的治理和严格的监管。《2003 年欧洲养老金指令》规定计划须由国家调控机构进行监管和调控如职业养老金调控机构，这些调控机构须注

---

① OECD, *Institutional Investors in the New Financial Landscape*, OECD 1998, p. 394.

② M. Queisser, Regulation and supervision of pension funds: Principles and practices, *International Social Security Review* 1998, Vol. 51, Issue 2.

册且符合诸多最低要求如由良好信誉的人来运作和恰当的设立了计划规则。调控者能够实施检查和干预，以助于保护成员的权利。该指令规定了重要的披露要件，基本上与英国的立法一致，尤其是英国《1996 年职业养老金计划（信息披露）规则》［*The Occupational Pension Schemes（Disclosure of Information）Regulations 1996*］中规定的一致，也规定了调控者的披露要件，调控者也有权力要求计划提供某些信息。

该指令规定某些计划如最后薪酬计划必须每年评估其累积的债务。如果计划向成员和合格的机构提供了包含计划债务变化和所涉风险变化的报告的，也可以三年评估一次。指令确立了如何估算的框架。计划必须拥有足够和恰当的资产来偿付累积的债务。如果计划筹资不足，它必须制订恢复计划并确立恢复计划草拟的规则。

指令规定了许多可选择的内容，成员国可以选择是否采纳。特别是，该指令规定养老金计划的适用范围不超过 100 个成员国。

该指令对英国最具影响力的规定是关于筹资的规定，有一致的意见关注关于确保有足够资产偿付债务的规定，应当解决最低筹资要件所面临的问题以及用计划特殊的偿付能力标准来替代最低筹资要件。

调控机构必须确保养老金基金治理的恰当结构和机制得以建立并能有效运作。对养老金基金治理的监管，调控机构须采取不同的监管方式和手段。根据世界银行发布的报告，有 6 种养老金基金监管的基本要素：许可、监控、沟通、分析、干预和矫正。[①]

许可旨在通过程序要件和标准限制和控制养老金基金市场的准入。这些要件和标准通常可适用于治理机构且可以扩展至其他养老金基金服务提供者。不同的养老金制度许可要件有所不同。许可证签发了的，仅可签发一次或定期续展。

监控要求调控机构收集信息以使其能够跟踪治理机关的业绩和行为。监控通常需要提供常规的信息和定期的报告给调控机构。监控也须主动发挥作用，调控机构收集特定或补充信息定期对治理机关进行现场检查。

沟通是指调控机构通过提供常规的行业报告、通知其优先权和例规策

---

① Richard P. Hinz and Anca Mataoanu, Pension Supervision: Understanding International Practice and CountryContext, 2005. http://www.worldbank.org/sp.

略或公布例规行为等方式与治理机关和服务提供者进行沟通。他们也可以通过现场检查或与治理机关和服务提供者进行常规会谈的方式进行交互式沟通。

分析可以作为监控和沟通程序的一部分。调控机构可以分析评估他们所获取的来自治理机关和服务提供者的信息决定是否采取行动。他们可以对基金的金融状况进行定量分析，评估整个行业的养老金基金标准。

干预取决于调控机构的权限范围，一些国家的调控机构有权通过对治理机关和服务提供者不遵守规则实施制裁的方式进行干预。调控机构可以通过少量的指导性程序如协商、通知和磋商进行干预，因为他们几乎无权单方实施处罚或他们在某些情形下诉诸这些方式更为有效。

矫正基本上有三种类型：惩罚、救济和补偿。惩罚措施旨在对与计划成员和受益人的利益相悖的行为之责任主体实施处罚。救济措施可以仅要求责任主体恢复至之前的状态或停止某种实际行为。在某些情形下，可以进行经济处罚。补偿措施旨在补偿因治理机关或服务提供者违反义务的直接和间接后果所受损害的当事人。

这些监管要素均可结合我国的实际予以变通移植。

第三节　养老金信托立法之构想

养老金法的发展与引入与养老金改革立法是不谋而合的，英国、美国、澳大利亚、加拿大等许多国家均制定了养老金法。养老金立法的宗旨是保障养老金计划项下雇员的权利，养老金法提升了养老金领域的雇员地位：资格和受领权、雇主出资、出资中利益的计算、移转接续、信息披露以及配偶权利等。各国养老金改革立法是为了在复杂的领域加强调控，扩展计划成员的权利，改变雇主和雇员在养老金事务方面的权力平衡机制，强化养老金基金治理作用，完善受托人信义义务监控机制，明确养老金计划终止和雇主破产时养老金基金的权属，提升养老金基金日常管理和投资运作水平，最终充分保障养老金基金受益人的权益。

一　国外养老金立法之规定

养老金信托须在法律规定的框架内运作，许多国家养老金信托之设立须遵守一系列法律之规定。养老金信托既然为信托自当受一般信托法调整，虽与普通信托相比有其特殊性，但其本质未变，因此，信托法是调整养老金信托的主要法律之一。除遵循信托法的规定外，英国特别强调要求养老金计划根据《2004 年养老金法》以信托的方式设立。英国的职业养老金计划须以不可撤销信托的方式设立，① 由受托人或经理人接受所有的筹资支付。这种养老金计划信托须以书面形式强制规定计划受益人的福利，领取计划累积福利的条件等内容。为了取得税赋优惠，英国的相关税法也要求养老金计划以信托的方式设立。② 除信托法和养老金法外，调整养老金信托的还有养老金调控机构的规则。另外，欧洲法以及欧洲法院的裁决也对英国养老金信托具有规范作用。信托法为养老金信托提供了基础，信托法是养老金信托受托人如何行为的依据，受托人须按照信托法规定的信义原则行事，受托人的权力、义务和责任等均受信托法调整。养老金信托还受特定法律的调整，如养老金法、议会的一系列法律以及调控规则。以前，英国的养老金受托人的义务主要由信托法调整，后来通过养老金法将其义务法典化，调整养老金基金管理方式的原则在养老金法中得以确立。这些法律规定了具体的养老金信托运作的要件以及受托人的义务。两部涉及受托人作用和义务的养老金立法是《1995 年养老金法》和《2004 年养老金法》，其他的调控规则根据它们而制定。《1995 年养老金法》强制信托调整计划的运作以及提升成员福利的安全保障。《2004 年养老金法》在前法的基础上旨在进一步提升成员福利的安全性和计划管理的标准，强化计划筹资要件。这两部法律均赋予了受托人额外的权利和义务。英国的养老金调控机构针对《2004 年养老金法》的某些要件颁布了一些行为规范，对实务中相关要件的遵守提供实践指导并制定了相关标准。行为规范不是法律，仅作为行为人实施相关行为的指导。

除受信托法调整外，美国的私人养老金主要由《1974 年雇员退休收入保障法》来调整，其第 1、2、3 和 4 条修改了《劳动法》和《内国税法》，并对两者进行了协调。增加了 DB 养老金计划终止时的福利担保项目。这些联邦养老金法优先于大多数养老金州法的适用，并由美国国会不断地修改。

---

① Pension 2004, §252.

② David Pollard, *The Law of Pension Trusts*, Oxford University Press, 2013, §2.

税法对养老金的规定由内国税务服务机构管理和解释，劳动法养老金的规定则由美国劳动部实施和解释。美国的《雇员退休收入保障法》（ERISA）旨在预防养老金基金的不当管理，为养老金提供详细的调控规则如信息披露、权利赋予、筹资要件和计划终止等。ERISA 要求雇主向劳动部及其雇员提供雇员可获得福利的详细情况，ERISA 还要求养老金计划向雇员遗属提供福利。该法禁止养老金计划的筹资不足，为管理养老金基金的信义人规定了信义义务，设立了养老金福利担保公司（PBGC）为 DB 计划提供保险，但雇主必须支付保险费方可使其计划受 PBGC 担保。

在加拿大，养老金信托除按信托法的规定设立外，其受《1985 年养老金福利标准法》（*Pension Benefits Standards Act*, 1985）的调整。加拿大各省也有自己单独的养老金法，如安大略省的《1990 年养老金福利法》、英属哥伦比亚省的《1996 年养老金福利标准法》、亚伯达省的《2000 年雇员养老金计划法》等 14 个省均制定了相关法律调整养老金基金信托。

德国制定了一系列的法律调整养老金基金，主要有：《1974 年职业退休养老金强化法》规定了职业养老金提供规则，《1992 年保险监管法》调整养老金基金和保险公司，《2001 年退休储蓄法》引入个人养老金储蓄安排，《2001 年老年财产法》强制年金化，《2001 年养老金认证法》明确规定了里斯特产品的认定标准，《2004 年退休收入法》调整养老金税收及修改一些税务相关问题，《2007 年退休年龄法》调整退休年龄，《2009 年养老金权利平等改革法》调整配偶双方在婚姻期间和婚姻关系终止时有关养老金权利分配及补偿问题。另外，还有《2013 年养老金完善法》、《2014 年法定养老保险改进法》、《2018 年职业养老金强化法》和《2018 年职业养老金改善法》等法律。

澳大利亚的养老金信托首先受信托法的普通原则调整，除非被养老金立法所替代。① 调整养老金信托的其他法律有：《1993 年超级年金业（监管）法》确立了超级年金基金、支付制度、投资及税免资格要件的

---

① Cowan v Scargill［1985］Ch 270'［1985］2 All ER 750 at Ch 290. In Cowan v Scargill, Sir Robert Megarry V-C said：… I can see no reason for holding that different principles apply to pension fund trusts from those which apply to other trusts. Of course, there are many provisions in pension schemes which are not to be found in private trusts, and to these the general law of trusts will be subordinated. But subject to that, I think that the trusts of pension funds are subject to the same rules as other trusts.

广泛调控框架，《1992 年超级年金担保（管理）法》确立了超级年金担保强制性雇主出资框架，超级年金担保制度；《1997 年退休储蓄账户法》确立了退休储蓄账户设置及管理问题，《1997 年所得税估算法》确立了许多税务规则与超级年金出资、投资和福利相关的税率；《1998 年澳大利亚谨慎调控机构法》确立了澳大利亚谨慎调控机构的功能和权力；《2001 年公司法》规定了关于受托人提供金融服务的澳大利亚金融服务牌照要件，一定范围的强制性信息披露要件以及纠纷解决方式，《2001 年澳大利亚证券与投资委员会法》规定了金融消费者保护法，《1993 年超级年金（纠纷解决）法》设立了超级年金纠纷解决庭以裁判成员之纠纷；《2006 年未来基金法》制定了未来基金设立的目标、投资策略和委员会结构。

在爱尔兰，《1990 年养老金法》规定了注册养老金计划的义务以确保出资的征收和福利的支付。更为重要的是《2005 年职业养老金计划（投资）调控规则》规定，所有的计划除小型计划（少于 100 位成员）必须准备"投资政策原则陈述"（SIPP），旨在描述受托人投资政策并评述投资目标、投资风险测算方式、风险管理程序和根据养老金债务的性质和周期的战略资产分配，他们还必须确保满足筹资标准。因此，当养老金基金价值下降时，受托人需要明确说明一定时期的投资政策。《2007 年养老金委员会指南》规定了受托人的投资义务，受托人可将实际的投资行为委托给职业投资经理人，但受托人有责任监控经理人的行为及资产投资的绩效；如果没有委托给投资经理人，计划受托人必须向养老金委员会证明他们拥有恰当的资质和经验评估和咨询投资选择并对计划资源作出投资决策。经委员会同意，受托人可选择具有这样资质和经验的顾问。为了确保计划筹资要件得以满足，养老金委员会在其指南中规定受托人深入了解"精算筹资证书"准备和筹资投案（如果计划不能满足筹资标准）的规定以及需要与精算师或计划顾问详细讨论的事宜等十分重要。指南提醒受托人，如果他们疏忽大意或不诚信行事或不遵守信托规则，则可能招致受益人的起诉。计划成员或潜在的受益人部分因为受托人的作为或不行为遭受了经济损失的，可以向法院或养老金监管机构寻求救济。不过，目前尚未出现计划成员提起的关于受托人因计划投资行为违反信托的诉讼，主要原因之一潜在的诉讼受益人的证明责任太高了。

二　养老金立法之建议

从国外调整养老金信托的法律法规来看，除适用一般的信托法外，还需制定一系列调整养老金信托设立、运作、治理、税收政策、调控监管和纠纷解决等具有内在协调性的一整套法律法规。

（一）养老金立法之宗旨

综观各国立法，有效的养老金立法必须具有全面性，但最终宗旨是保护养老金基金受益人的利益。

养老金立法的宗旨可以具体包括：

第一，确保雇主向其每一位雇员提供养老金福利；

第二，确保每一位雇员均可获得退休时的退休福利和补充福利；

第三，确保养老金基金的安全性和保值增值，建立安全、可靠和谨慎管理和治理机制以便能够向成员和受益人提供退休和死亡福利；

第四，确保退休人员不因无效率和复杂的养老金支付程序而遭受未知的损害；

第五，确立一套统一的养老金基金管理和退休福利支付的规则、规章和标准；

第六，加强私人养老储蓄以保障老龄人退休生活稳定，减少老年贫困，提升老年人品质生活，从而促进国家经济和社会发展。

养老金信托的有效运作和良好治理需要通过一系列主要原则来实现即福利的可持续性、安全性和保障性原则、透明性原则、责任原则、衡平原则、灵活性原则、包容性原则、统一性原则和可行性原则来实现。

（二）养老金立法的目标及原则

信托具有多功能性和多目的性，具有其他制度所不可替代的作用，养老金计划以信托方式设立可以使信托资产受到相关信托法的保护，如在英国，养老金计划资产受到《1925年受托人法》的保护，而且根据信托法理，养老金信托资产与发起人雇主的资产发生法律上的分离，其破产隔离功能得以发挥，有利于保障信托资产的安全。另外，养老金信托可享受税优政策。总之，养老金基金以信托方式运作，可以保障养老金基金的安全性和保值增值，同时确保养老金基金有效的风险管理和良好治理，利用信托的内在机理，以信义原则和受益人原则对养老金基金信义人实施有效监控，以"还原理论"、推定信托制度和受益人诉讼救济制度保障养老金计划受益人的利益得以实现。

我国私人层面的养老金立法仅有一两部部门规章，如《企业年金办法》和《企业年金基金管理办法》，没有像英国、美国、加拿大等国的养老金基本法。随着我国个人养老金制度的建立和发展，私人养老金的法律规制不可或缺，需要制定一部基本的《养老金法》对企业年金和个人养老金进行规范。对国外的养老金信托运作方式，我国在企业年金中有所借鉴，但由于我国信托立法相当粗漏且存在诸多调整困境，其在养老金领域缺罅更为突出。由于我国信托理论与民法理论的抵触问题，信托的内在机理无法在我国信托法中得以体现，以所有权理论为基础的财产独立性原则无法得以有效的贯彻。再则，由于养老金信托与普通信托相比有着自身的特质，普通信托法的有些原则和制度也不可适用。因此，我国有必要走立法创新之路，制定《养老金信托法》作为养老金信托的调控法，专门调整养老金信托的设立、运作、管理、治理以及在此过程中所产生的不同于普通信托的问题，通过立法技术解决理论冲突，使信托法有效的服务于养老金信托的运作、管理和治理，从而保障养老金计划受益人的利益。当然，养老金信托的一般性问题仍适用普通的信托法。

我国养老金信托法需建立和维护恰当的立法、调控和监督框架，以调整养老金信托之运作，促进养老金信托的良好治理和恰当管理。养老金信托法须明确如下内容：企业与私人养老计划须采取信托模式；明确信托法原则和规则在养老金信托中之变通适用；养老金信托之调控者有权监督和贯彻相关标准；受托人须向调控者提交年度报告；建立因欺诈或挪用所致损失的赔偿机制；如果受益人超过 50 人以上的，受益人有权任命部分受托人；信托账户独立设立；明确受托人委任权和独立管理权；设立独立于政府、企业以及当事人的调控机构；明确节余养老金的归属与分配制度等。

养老金信托法应对调控者应遵循的原则作出明确具体的规定。第一，确立调控者目标。法律应明确调控者目标。第二，独立。养老金监管机构应当保持监管中的独立地位。第三，恰当资源。养老金监管机构需要有恰当的经济、人力和其他资源。第四，恰当的权力。养老金监管机构应被赋予必要的调查和执行权力以履行其功能、实现其目标。第五，风险为导向。养老金监管机构须努力减少养老金制度存在的最大风险。第六，比例和一致。养老金监管机构须确保调查和执行要件与减少的风险成正比以及行动的一致性。第七，协商与合作。养老金监管机构应与其监管的组织协商，与其他监管机构合作。第八，保密。养老金监管机构应恰当地处理保密信息。第九，透明。养老金监管机构应以透明的方式进行监管。第十，治理。养老金监管机构必须遵守其治理行为规则并承担相应责任。

三　"养老金信托法"之构造

我国养老金信托立法须借鉴国外立法，引入养老金信托法律监控机制，设立一些行为规则，使受托人受制于更为具体的行为标准和受益人诉讼外的监控；受托人的义务规制和受益人的权利不同于普通信托，明确企业、受托人和他们的职业顾问的法定义务和信义义务，建立受益人监控机制，从而确保成员和他们的代表能有效监督基金的管理和资产状况。

(一) "养老金信托法" 关注的主要问题

我国的"养老金信托法"需要利用私人养老金信托之优势，运用信托之机理和原则，优化养老金治理结构，保障养老金基金安全，促进其保值增值，以全体受益人的最佳利益为宗旨，明确资产剩余的归属，加强风险管理，解决利益冲突问题。

养老金计划的成员是信托的受益人，信托持有养老金计划之资产。"养老金信托法"是受托人或信义人管理信托的行为规则，是受益人利益保障的法律依据，是养老金基金管理、运作和治理的规则。

信托在法律上将养老金计划的资产与其他资金相独立。养老金资产的分离有利于保护其不与受托人、发起人雇主或与该资产托管和管理的金融机构的资产相混淆。通过这种方式，更加明确的要求受托人和资产管理的其他当事人将养老金资产与其自有资产以及他们负责管理的其他资产区分和分离。尤为重要的是资产的法定分离可以保护他们不受发起人雇主、受托人和养老金计划管理的金融机构之债权人的追索。这种养老金信托之架构可以保障养老金资产的安全性。

养老金信托的内在机理要求受托人履行严苛的信义义务，忠诚地为全体受益人的最佳利益管理养老金资产，履行谨慎投资者义务，进行分散的组合投资，受托人须遵守信义规则以减少一方当事人对另一方当事人之间潜在的利益分歧。① 从上文分析可以看出，信义义务的范围因关系的不同而有所不同。如与公司董事处分公司的交易相比，受托人对信托财产处分具有更为严格的限制。信义义务是一种事前预防机制，信义义务标准是受托人的行为标准。信托从过去信任为基础建立的信托关系，发展到以"信用"为基础的商事信托关系。除信用外，养老金信托中很重要的内容是广义的管理，包括托管、管理、投资和分配等。信用及管理依赖于信义义务来实现和保障。信义义务由忠诚义务和注意义务构成，忠诚义务经历了为"受益人的利益"→"仅为受益人的利益"→"为受益人的最佳利益"→"为全体受益人的最佳利益"的发展历程，而谨慎义务的标准经历了"谨慎人规则"→"谨慎商人规则"→"谨慎投资人规则"→"谨慎专家规则"发展过程。起初，"为受益人的利益"标准要求极低，英国受托人法以及判例法将其提升至"仅为受益人的利益"，这要求受托人不得实施任何为自己和第三人利益的行为，这极大地挫伤了受托人管理的积极性。为此，忠诚义务要求为受益人的最佳利益实施信托行为，在某些特殊类型信托如养老金信托中由于受托人利益冲突的复杂性，受托人需公平对待每一位受益人。英美信托立法及判例法将"谨慎"发展成为"合理"，允许单笔交易出现合理的风险，要求受托人具有知识、经验和技能，尤其养老金信托中受托人必须是具有专门知识、经验和技能的专家，受托人履行合理注意义务需通过正当程序来保障，从而判断是否遵循了"谨慎"义务的标准，采取现代组合投资理论标准，考量全部组合投资的绩效及风险回报的平衡，进行分散投资。信义人须严格履行信义义务，做好养老金基金的管理以满足几代人的养老金债务需要。尽管养老金计划法律上与其发起人相区别，但计划和他们的受益人可以以几种方式从责任投资中获得利益。责任投资可以提高投资绩效，可以履行信义义务以及帮助管理调控风险，可以更好地匹配外部经理人和第三方顾问，可以帮助赤字管理，可以提升发起人可信度和留住雇员。

当然，在有些情形下，绝对禁止冲突交易使得信托丧失了很多有利的

① DeMott, D., Beyond Metaphor: An Analysis of Fiduciary Obligation, *Duke Law Journal*, Vol. 37, 879-924 (1988).

交易机会从而给受益人造成了损失。[1] 在信托领域中绝不能一概禁止所有的利益冲突，因为许多证据表明，在受托人与受益人利益冲突的交易中，受托人为受益人带来了最佳的利益。因此，信托法设立了若干免责规定与例外规定[2]。法律应当将冲突交易无效性的推定由绝对改为可撤销的，用"调查"来取代"不进一步调查"，允许受托人以为受益人的最佳利益谨慎从事冲突交易作为被诉违反忠实义务的抗辩理由。[3]

　　良好的养老金信托治理通过一系列规则为受托人设定了大量的行为标准，一旦受托人违反，就要承担法律责任，并通过恰当的行政措施和司法手段得以有效实施。受托人没有履行信义义务须对计划承担个人责任，恢复给计划造成的损失或返还其不当利用计划资产所获得的利润。受托人如果违反忠诚义务，可以采取"还原理论"的救济方式，以恢复信托或财产之原状，如果受托人不能回复实际的信托财产，他必须赔偿信托财产的价值及孳息。同样，在自我交易情况，赔偿数额应为信托财产之价值除去受托人支付的价金加上利息。如果受托人实施未经授权之投资给信托财产造成损失的，受托人还全部信托财产价值，并补偿在合理投资情况下可能产生的收益。受托人违反忠诚义务而取得的利益，应推定成立其为受益人的利益而持有的信托，受益人对其所获得的利益可以追及其替代物。如果受托人违反谨慎义务，使信托财产遭受损失的，受托人应就损失承担个人赔偿责任；如果受托人由于其疏忽或未能做到谨慎投资给信托造成了损失，他必须以其个人财产对信托加以赔偿。[4] 如果投资损失是因受托人缺乏谨慎所造成，受托人应作出"合理"赔偿，即赔偿数额足以还原在合理投资情况下的信托基金价值即可。在上述情形下，如果受托人为两人或两人以上，他们应承担连带责任。如果受托人违反信托是经成年受益人同意或在其参与下而为，受托人则不承担责任，但受益人必须完全了解受托

---

[1]　John H. Langbein, Questioning the Trust Law Duty of Loyalty: Sole Interest or Best Interest? 114 *YALE L. J.*, Vol. 114, 938 (2005).

[2]　John H. Langbein, Questioning the Trust Law Duty of Loyalty: Sole Interest or Best Interest? 114 *YALE L. J.*, Vol. 114, 938 (2005).

[3]　John H. Langbein, Questioning the Trust Law Duty of Loyalty: Sole Interest or Best Interest? 114 *YALE L. J.*, Vol. 114, 938 (2005).

[4]　Target Holding Ltd v Redferns [1996].

人的整个情况。受托人在执行信托过程中不当处分信托财产的，受益人可以基于其为信托财产的实质所有权人而追回该财产，除非受让人为善意第三人。受益人还可以追及信托财产的替代物。受托人在执行信托过程中所接受的贿赂应认定其为受益人的利益而设立推定信托。因为根据信义义务之规定，受托人不得将自己的利益与其信义义务相冲突，他不应该通过其受托人地位为自己攫取任何利益。受托人违反信义义务购买了信托财产的，受益人可以在合理期间内撤销该行为。在其他情形下，受托人要承担为受益人就某项财产成立推定信托的责任或就其所获得的利润加以报账的责任。如果损失是因共同信义人的不诚实或过错直接造成的，受托人也要赔偿信托所遭受之损失。受托人和功能性信义人故意违反义务的还须承担刑事责任以及计划成员可以提起民事诉讼。

养老金信托治理要求加强风险管理，利用场外交易衍生产品作为风险防范的工具，但场外交易金融衍生品不能消灭基础风险。在运用场外交易衍生产品进行金融避险或投机时，金融监管部门应加强对其风险的法律管理和调控。对养老金基金资金不足的风险可通过担保化解，衍生产品对冲只是暂时的缓解风险而不是控制风险完全有效的手段，管理风险的投资组合也是100%有风险的，虽然风险不可估量但可以管理。①

"养老金信托法"须规定解决各方利益主体之间的利益冲突，同时，有效地提升养老金基金管理的绩效，使其保值增值。与传统信托受托人相比，养老金信托受托人面临着更激烈的利益冲突，这些冲突产生于雇主和成员以及不同类型的成员之间，涉及投资政策包括自我投资、精算剩余的受益权利等问题。根据信托法，受托人须谨慎、认真、忠诚地行事，尤其须独立地仅为全体成员的利益行事。信义人须为受信人的最佳利益服务、禁止利益冲突，遵守法律规定的信义标准，包括最佳利益标准和适应性标准。避免计划与"利害当事人"之间的交易、自我交易和其他利益冲突，信义人不得为自身利益或为自己考量处分计划资产，信义人在涉及计划的交易中不得代表相对方，在涉及计划资产相关的交易中不得为自身利益考量从任何与计划进行交易的当事人处获取对价，受托人须披露真正或潜在

---

① https://www.researchgate.net/publication/290579193_Using_news_as_a_State_Variable_in_Assessment_of_Financial_Market_Risk.

的利益冲突。为了有效减少代理成本，信义人须履行恰当的独立的法定义务控制不同成员和受益人集团之间以及各种利益相关者之间的利益冲突，不过分关注短期投资回报，不采取短期标准对组合投资经理人的短期结果进行评估，不忽视风险对长期价值减损的影响。

归复信托之法理可以有效地解决雇员移转接续过程中的养老金归属和养老金运作过程和结束时的剩余资产的归属问题。成员因各种原因终止劳动关系，可以将其养老金资产移转到另一个养老金计划中。在移转中，成员直接将资产从一个合格的退休计划移转到另一个合格的计划，无须对资产进行控制。移转是同类型的合格退休计划之间的移转，也可是同类型或不同类型计划的转存，甚至可以提取并转存到另一个合格计划中。资产移转和转存均免税。当成员离职或选择退出养老金计划或停止出资，他们累积的福利仍然应归属于他们。通常他们可以选择移转到另一个养老金计划。也就是说，无论雇主还是雇员出资，养老金账户里的资金均归属于成员。这完全遵循信托财产归属于受益人之法理。

我国目前尚无个人养老金信托，只有由雇主和雇员出资的企业年金，根据《企业年金办法》（下称"办法"）（劳社部令第 36 号）之规定，一般情况下离职，年金只能转移到新单位，或在原单位封存，不能领取。该"办法"第 21 条规定，企业缴费及其投资收益因企业年金暂时未分配至职工企业年金个人账户的且企业缴费及其投资收益于职工企业年金个人账户中未归属于职工个人的，计入企业年金企业账户。企业年金企业账户中的企业缴费及其投资收益应当按照企业年金方案确定的比例和办法计入职工企业年金个人账户。该"办法"第 19 条规定企业缴费及其投资收益可以由企业与职工约定自始归属或逐步归属。且第 20 条第 3 款规定非因职工过错或因企业违反法律规定企业与职工双方解除劳动合同的，个人账户中企业缴费及其投资收益完全归属于职工个人。这些规定对成员的保护十分不利：如果约定逐步归属，有的企业可能会找借口在企业缴费及投资收益归属于职工前解除劳动合同。搜索相关案例，涉及职工诉请企业年金个人账户转移纠纷也不少。譬如，刘明诉上海新晃空调设备股份有限公司劳动合同纠纷案①中法院以"根据实行的企业年金计划，原告尚未符合可以

---

① 北大法宝 PKULAW. CN［法宝引证码］：CLI. C. 54235862。

领取该企业年金的条件，且初等并非该账户管理人"而不支持原告的诉讼请求明显有失妥当：第一，原告符合"办法"第 20 条第 3 款的规定，个人账户中企业缴费及其投资收益应完全归属于原告个人；第二，原告虽未满足领取养老金的条件，也非账户管理人，但不能否定其享有的企业年金的福利。在汪胜安诉上海焦化有限公司劳动合同纠纷案①中法院以原告非因实行原因解除劳动合同关系，而否定原告对其个人账户中的公司缴费及投资收益的权属，显然有违信托财产归属之法理，且侵害企业年金成员之权利。类似的案例还有许多，因此，当受益人离开养老金计划时养老金出资根据归复信托原理以及对价理论归属于成员受益人，并于立法中予以明确规定，以保障成员受益人的合法权益。公司向受益人所负的义务是信义义务，养老金成员享有取得信托基金剩余利益上的权利。由于受益人的出资，成员获得了养老金基金包括剩余利益上的财产性权利。养老金信托受益人因其出资而享有优先于其他受益人的权利。在基金终止时，成立有利于受益人的归复信托而不是根据计划规则对基金进行分配。有学者提出，可以借鉴美国 IRA 账户的管理经验，当员工因个人原因在企业间或企业与机关单位间流动时，新就职单位尚未建立企业年金或职业年金计划时，可以将其于第二支柱个人账户内出资所积累资金转移到第三支柱个人账户中，作为补充养老账户的归集账户，通过第三支柱个人账户进行适合自身风险偏好或需求的养老产品投资，提高资金的运作效率和收益率，助力于劳动力资源的合理流动和配置。②

（二）"养老金信托法"之具体设计

1. 强制信托要件。立法应规定养老金基金的强制信托要件，要求信托为计划受益人的专属福利而设立。受托人须确保设立养老金计划信托的文件之实时更新，其采取的决策须符合信托规则和现行立法框架。该法须规定受托人应当熟知养老金计划文件，特别是信托文件和规则即"决定性的文件和规则"以及补充性的文件和修改的文件。

2. 解决利益冲突的具体原则和方式。立法应反映养老金信托的特质。

① 北大法宝 PKULAW. CN［法宝引证码］：CLI. C. 43064090。
② 中国保险资产管理业协会编：《2017—2018IAMAC 年度系列研究课题集》（下册），上海财经大学出版社 2018 年版，第 992 页。

一般而言，信托法的原则和规则适用于养老金信托，但我国信托法中存在的缺罅可以在"养老金信托法"中予以补正。在养老金信托中当事人之间的关系较之于普通信托而言十分复杂：受益人即可以是雇员或委托人的前雇员或上述这些雇员、前雇员的家属或遗属。而且养老金信托的受益人因工作和向基金出资而获得他们养老金权利的人，[①] 受益人具有流动性。受托人是雇主提名受托人，多数为成员提名受托人。这些复杂关系很易产生普通信托所不具有的利益冲突。受托人须为受益人的最佳利益作出决策，但该决策可能涉及受托人的个人利益，或者受托人对另外的受益人负有信义义务，这样就产生利益冲突，这通常会出现在发起人雇主的高级经理人同时又是公司养老金计划的受托人时，因为受托人作为公司高级经理人对公司负有信义义务，作为受托人对计划受益人也负有信义义务。譬如，作为公司高级经理人的受托人了解公司的机密信息（公司的经营状况），作为受托人他们须为受益人的最佳利益行事，必须将此信息披露给受托人委员会。然而，如果披露，他们又违反了对公司的信义义务。因此，"养老金信托法"应确立解决利益冲突的具体原则和方式：识别、监控和管理；冲突管理的方式是特殊的，须反映冲突的本质或规模；须规定当冲突对受托人的行为或决策产生潜在的损害时，受托人应获取独立专家的意见并恰当地判断所管理的冲突的性质以及对其决策的危害，从而采取恰当的解决冲突的措施；须规定受托人应确保顾问冲突的识别和恰当管理以免影响到意见的独立性；须规定冲突没有恰当的管理时，应采取必要的行动来更换受托人或独立的受托人。"养老金信托法"可规定解决利益冲突的具体方式：第一，在信托文件、规则和公司章程中明确规定允许利益冲突存在的情形。如章程中可以规定高级经理人向计划受托人委员会披露机密信息并不当然构成信义义务的违反。第二，采取折中的方式，让高级经理人作为观察员而非受托人参加受托人会议并提供参考意见，受托人没有义务提供公司的机密信息，避免对公司造成损害，但能提供恰当的建议和有价值的意见。第三，签订保密协议。正式的保密协议有助于公司确保机密信息不会泄露，同时设定一个受托人向受托人委员会提供相关信息却不违反对公司的信义义务的程序。然而，这并不意味着受托人不会违反义

---

① *The 1993 Report of the Pension Law Review Committee.*

务，他们仍需要采取相应的措施避免利益冲突。第四，利益登记。计划可以为每一位受托人登记实际或潜在的利益冲突，受托人在接受任命时须公布相关利益。这种程序有利于受托人以恰当的方式公布相关冲突的利益。第五，独立的受托人委员会主席。独立的受托人委员会主席可以确保识别、监管和管理利益冲突的制度得以正确的设立。第六，解决利益冲突的策略。如果冲突可以识别，那么，重要的是采取什么策略来管理冲突。策略是需要设定一个积极管理冲突的标准以及确定管理冲突的措施。受托人需考量是否冲突会影响到他们的决策以及是否他们可以通过采取措施来保护其决策，从而确保利益冲突对受益人不会产生不利影响。如果受托人断定冲突可能影响受益人利益，那么，他们要积极地管理冲突，并记载其采取的措施。所有的受托人须了解并遵守此策略。第七，法律咨询。利益冲突往往产生于法律规定模糊时，如果利益冲突对受托人的行为会产生严重的不利影响，那么，受托人在作出决策时必须对相关问题进行法律咨询。

3. 受托人委员会的架构、构成和运作。私人领域的养老金计划以信托方式设立，受托人为个人受托人或公司受托人、公司受托人或两者的混合、独立受托人或公司独立受托人。从受托人机构的构成来看，受托人可以有两种基本的选择：个人受托人和公司受托人。受托人可以是信托文件和规则指定的个人，也可以是公司即公司受托人。受托人委员会须确保由计划成员提名受托人和雇员提名受托人组成，并采取恰当的提名程序。"养老金信托法"可以规定，受托人委员会由成员提名受托人、雇主提名受托人以及独立个人受托人或公司受托人组成，并规定组成比例。对小型的职业养老金计划，立法可以规定由个人受托人而非公司受托人来组成受托人委员会。公司受托人之董事作为受托人委员会委员，可以作出与个人受托人所组成的委员会一样的决策。如果受托人委员会由公司受托人组成，那么，作为注册公司，它还要受公司法的调控。"养老金信托法"应明确规定职业受托人的准入资格或要件并对其执业设立更高的标准，受托人委员会应参照职业受托人更高的标准尤其是关于受托人的知识和理解要件来架构，以便受托人委员会作出复杂的决策；受托人委员会负有审核受托人任命程序的职责。

为了保障成员的利益，成员提名受托人须占委员会委员的三分之一或以上且此类受托人的总数不少于 2 人，如果计划成员不足 100 人的总数不少于 1 人。但成员进入受托人委员会并不意味着工会的进入，也不代表劳资双方的平等性。事实上，提名为受托人的成员仅是受托人而已，仅由成员"提名的"，非为他们的代表，与其他受托人一样承担有同样的信义义务。尽管成员受托人在受托人委员会中可以代表计划成员的利益，完全背离了传统的信托法观念即受托人须公正地为全体计划成员的最佳利益行事，但实践中雇主受托人至少部分代表了雇主作为受益人的利益，成员受托人代表了成员受托人的利益。

受托人委员会是基金的治理者，实现养老金计划目标的责任最终由受托人委员会承担。养老金信托必须由治理者恰当地管理，以确保能够提供信托规则所确定的福利以及确保成员能够获得最大的福利，减少投资风险。"养老金信托法"须规定良好治理的原则，规定受托人委员会承担管理包括资产投资的责任，委员会委员必须共同行事，避免利益冲突，遵守委员会行为规则；委员会须妥善地处理雇主与受托人之间的关系及权力平衡，必要时矫正他们之间的关系；委员会需要采取有效的治理标准，进行有效的风险和利益冲突管理，DB 受托人委员会须对养老金基金的投资决策承担全部的责任以及承担计划筹资的责任；委员会须证明其在关键领域中的运作能力并产生效益，须证明他们恰当地管理了资产、将资产与雇主的资产进行分离以及对计划进行很好的管理，须证明自己具有必要的技能和专门知识方可作出决策或监督委托代理人的决策；应赋予受托人委员会有权将他们投资决策权力交由他人代理。立法应规定：受托人委员会须处理利益冲突问题，有效地管理冲突和风险；委员会必须进行年度的绩效评估，对受托人违反义务、基金规则和基金行为规则的行为进行监督和处理；委员会在缺乏专业技能的情况下，需要获得关于基金运作的专家意见，他应当聘请专家顾问及具有恰当的职业资格的人；在恰当的管理中，委员会应当识别和控制风险，并恰当的评估以及采取相应的措施减少这些风险所产生的影响；委员会须确保在基金的管理和运作过程当中遵守法律以及调控机构的规则；委员会负有信息披露义务，使成员能够判断并作出信息充分的决策；成员提名受托人作为计划受托人委员会①的一部分享有

---

① 受托人委员会由全体受托人组成，提供全方位的公司受托人服务，负责职业养老金计划的各方面经营如日常管理、投资和治理，向雇主和成员提供计划良好管理的经验。

完整的表决权,应当与其他受托人一样能够担当受托人的责任,在计划运作出现不正常情形下,发出警告。

4. 养老金受托人的行为规则、权利义务、责任机制和保护制度。我国受托人立法尚未跟上信托的经济和社会的变化,受托人法基本阙如,受托人的义务和责任机制缺失。首先,该法须规定受托人的行为规则:第一,受托人应根据信托文件和计划规则在法律调整的范围内行事;第二,受托人须谨慎、小心、忠诚和以极大诚信的行事;第三,受托人须为受益人的最佳利益行事并衡平不同类型的受益人之间的利益;第四,受托人须对他们不理解的技术性问题和其他问题咨询相关专家顾问;第五,受托人须对基金进行投资。其次,应确立受托人职位的原则、受托人的主要义务、受托人对投资和出资的主要责任、受托人权力、受托人委托权、受托人的自由裁量权、受托人的病退、死亡福利的分配等。再次,须规定受托人违反义务的情形及责任。最后,应规定受托人的保护措施以及补偿原则,建立受托人责任保险制度。

5. 完备的信息披露制度。"阳光是最好的消毒剂",披露制度能够有效地威慑信义人权力的滥用,受益人也需要获得充分的信息披露。"养老金信托法"应规定强制性的完整的信息披露制度,向监管机构进行年度报告、向受益人披露其作出决定所必要的信息、向所有的利害关系人披露计划的运作信息,包括投资等信息,还应规定报告制度如注册登记报表以及向有权检查所有计划和对没有遵守法律规定实施制裁的监管机构定期报告运作情况。虽然我国《企业年金管理办法》对信息披露有所规定,但过于抽象,不利于养老金信托运行的透明度和可信度。我国有必要借鉴国外经验,在"养老金信托法"中赋予受益人享有请求信义人履行信息披露义务的权利,并从有资格获取信息的人、主要范围、信息披露的方式、披露监督以及受托人的自由裁量权等方面予以规定。"养老金信托法"应明确受益人信息披露权的物权性,如此权利受到侵害,他们享有提起诉讼的权利;规定采取合理的人的标准来处理受益人信息披露权与受托人保密义务之间的冲突;明确受益人享有信息披露的范围,确定的范围应有益于信托的恰当管理;规定受托人披露的原则。

6. 信义义务机制。"养老金信托法"应以特定的消极义务和积极义务的形式设立计划信义人之行为标准,明确规定养老金信托受托人的忠诚、诚信、公平、保护养老金信托所有类型受益人（包括现在和未来的受益人）的最佳利益的义务以及谨慎地为恰当目的行事的义务，谨慎义务中还包括受托人监督资产管理人的活动、与受益人进行沟通的义务；应确立谨慎义务的标准即以"现代谨慎专家规则"为标准，综合考虑全部投资之谨慎性，做到真正的分散投资；还需规定分散投资以分散风险的义务作为谨慎义务的核心部分之一，要求养老金信托受托人运用职业技能或咨询专家意见，根据现代组合理论分散投资，考虑每一投资的适应性，充分考虑相关因素和忽略非相关因素，合理行事。"养老金信托法"应将社会责任投资义务纳入养老金信托受托人积极的信义义务中，受托人在作出投资决策时也应考量环境、社会和治理问题，但不得违背信托之恰当目的或需征得受益人同意；须规定受托人社会责任投资以提升受益人的最佳利益为前提，在考虑特定的社会投资时仍须选择为受益人的利益最大化经济回报的投资，否则，对信义义务违反所造成的损失需承担赔偿责任；应规定根据可适用的信托文件调控受托人义务和投资决策，如果信托文件明确要求受托人根据特定道德标准进行投资，那么，他必须遵循这些标准，但受托人不能牺牲经济回报，除非信托文件将非经济目标设定为至上的，以解决社会责任投资与现代组合理论的规则之间的冲突。为了保障这些义务的履行，"养老金信托法"应赋予受益人或适当时赋予工会、检察机关以诉权，赋予养老金计划的成员或受益人有资格获得特定计划项下福利的人包括遗属及配偶享有主张受托人违反信义义务的诉权，因为在养老金信托中，成员及受益人享有养老金信托财产的控制权，只有成员及受益人有动力强制受托人履行信义义务，有诉权主张受托人承担违反信义义务的责任。通常，受益人可以通过对受托人的诉讼来对其进行监控，个人受益人是恰当的诉讼主体，可以提起诉讼强制受托人履行信义义务。① "养老金信托法"可以规定检察机关对违反信义义务构成刑事犯罪的人可以提起刑事诉讼。

7. 养老金信托的监管制度。信托法是养老金信托的重要的法律工具，养老金监管的目的是保护消费者以解决信息不对称和代理问题，其终极目

---

① Regulation of Employee Benefit Plans: Activate the Law of Trusts, *Stanford Law Review*, Vol. 8, No. 4 (Jul., 1956), https://www.jstor.org/stable/1226544.

标是保护成员的福利，安全须置于首位。加强养老金管理的监管，要求受托人进行养老金管理时遵守法律、计划的信托文件和规则。安全与可支付性是养老金监管的两个主要目标，风险与回报的权衡或调节是养老金信托制度中固有的机制，由调控者的风险偏好来决定。监管的框架包括治理结构、责任识别、治理机构、会计责任、适应性、代理和专家意见、审计、精算、托管人治理机制、风险内控、报告和信息披露，全方位的监管工具可以使用如许可、监控、沟通、分析、介入和矫正等。鉴于养老金信托的特质，我国可借鉴英国之经验，设立专门的监管机构，由法律规定了其监管目标，该监管机构根据"养老金信托法"制定行为规则。养老金信托资产投资监管适用两个规则：谨慎投资者规则即质的调控规则和限量调控规则。前者要求资产风险分散，后者强调资产的安全性。"养老金信托法"应规定信义人的利益冲突规则，规定违反信义义务具有强制执行权的主体，对违反信义义务的行为，它可以责令自愿改正，否则，它可以对之起诉。

与普通信托不同，养老金信托的监管主体、监管模式、监管方式等均应有不同的规定。从国外监管主体来看，美国的养老金监管由劳动部负责ERISA的贯彻和监督、由养老金福利担保机构负责私人养老金福利的担保以及税务机构负责养老金基金税务；加拿大和瑞士的养老金信托监管是分散的，由统一的机构来协调。我国目前企业年金由人力资源和社会保障部负责监管，而试行的个人税延养老保险是否以信托模式来运作尚不清楚。如果其以信托模式运作，那么，这种个人税延养老保险信托可能涉及税务监管、保险监管和信托监管，是否由统一的监管机构或由税务机构、银保监会分别监管。笔者认为，为了避免多头监管而无人监管的局面，立法规定税务机构、银保监会分散监管但有必要建立专门的协调监管机构。关于养老金信托采取限量监管还是谨慎监管方式。限量监管可以有效保障养老金基金安全，而谨慎监管则可最大限度地追求增值。但私人养老金涉及退休收入的安全和目标替代率的实现，因此，立法有必要将两者结合对私人养老金信托进行监管。养老金立法可通过具体的法条规定监管机构设立规则、监管目标、监管机构定期检查的义务。

8. 养老金的保值和增值以及投资中的风险防范。养老金金融是创新投资中的一种，养老金管理需采取风险资产组合投资，采取金融工具对冲投资风险，明确风险管理技巧包括对冲和保险。将现代组合投资理论适用一般家庭的养老金规划。根据此理论，投资者旨在以寻求最高可能的回报来最大化其财富。实践者运用无风险的储蓄和组合分散来管理风险。立法规定不同的风险偏好所采取的不同治理模式以及风险衡量的方式，采取不同的风险管理的调控措施。为了对发起公司违约风险进行管理，可以通过具体的风险管理产品设计如"分散风险的股权红利计划"来实现。针对养老计划在积累和分配阶段面临的诸多风险，可采用重要的对冲工具如期货、期权、互换等方式对冲，分配阶段的长寿风险可采用新型的金融工具如长寿（或生存）债券和长寿风险衍生产品来对冲。可以采用信用风险技术分析风险结构，通过风险调整金来缓解逆向选择问题。

9. 税收优惠政策。计划之财产根据计划之规则以信托的方式为成员的利益而持有，为其提供养老金。成员被视为计划的受益人，为了享受税收优惠，计划须以不可撤销信托的方式设立，这样可以防止雇主利用养老金的税收优惠并谋求计划财产的绝对受益利益。计划的财产在支付给成员之前应以信托的方式为受益人的利益持有直到绝对的移转给成员。"养老金信托法"应加强税收优惠激励政策设计，从整体上设计推动养老金信托的政策框架，尤其是税收优惠政策，强化养老金信托的财税政策支持；明确征税环节，确立每个环节的税种及税制，明确税收优惠的主体资格判断标准。

10. 养老金所有权归属。许多政策文件对退休养老金的所有权权利归属不是十分清晰的。因此，当员工因工作调动时养老金移转纠纷案件屡屡发生。财产权的明确界定是可持续养老金制度的基础，为此，极其需要对养老金权利作出恰当的法律界定。同时，立法需要给予养老金所有权权利确定的和特定的保护，但需要厘清养老金的法定所有权的权利本质，为养老金所有权权利设立恰当的法律架构，以促进养老金的改革和创新。从归复信托的理论上来看，在养老金计划中，如果信托文件没有明确规定剩余的归属，那么，计划终止时的剩余归复于出资人，因为在此情形下出资人即委托人对可能产生的剩余没有进行处分，也就是说委托人没有对全部的受益利益进行处分，应当成立归复信托，将未处分的受益利益归复于委托人。养老金信托具有特殊性，剩余的归属应根据出资形式的不同而不同：首先，在共同出资情形，剩余是在共同出资人出资的基金上所产生，它不仅仅是由雇主的溢额出资所产生，雇员作为共同出资人，对养老金基金的贡献不可否认，不能因为雇主需弥补基金赤字而否定雇员出资人地位，因此，剩余产生时，在信托文件没有明确规定的情况下，可成立归复信托将剩余按比例归复于雇主与雇员；其次，在雇主出资情形下，如果根据对价理论，剩余是雇主对雇员为其服务所进行的补偿，是雇员服务的对价，那么，雇员对出资的溢额是支付对价的，不能成立对雇主的归复信托，雇员可以根据归复信托享有剩余的权利；最后，在雇员出资情形下，雇员作为出资人没有对剩余进行处分，雇员有权根据归复信托获得剩余利益，不能仅以雇员只能获得规定的养老金而剥夺其获得剩余的权利。总之，剩余是出资产生的基金经过有效的运作而产生，是与养老金基金不可分割的，与信托财产不可分，因此，不能根据归复信托成为雇主财产之一部分。

结　　语

　　本课题通过比较和实证研究，确立私人养老金计划的目标，给予退休老龄人以经济保障；分析私人养老金信托的内在机理，为养老金信托独立和安全运作提供理论支持；发挥信托的灵活性和多功能性，保障养老基金保值增值，为我国养老基金缺口问题提供解决路径；信托与我国物权制度矛盾的化解，为我国养老金信托法律制度之本土化提供理论指导和技术支持；利用信托所具有的对信息非对称的矫正功能、破产隔离功能、利益捆绑功能，为我国养老基金的安全及有效运营提供了理论指导和行为规范；提升养老金计划的调控框架和内部治理机制，解决养老金信托多种利益冲突，降低信托运作成本，弥补受托人专业技能之缺陷；设立强制信托要件；确立解决利益冲突的具体原则和方式；明确受托人委员会的架构、构成和运作方式；建立养老金受托人的行为规则、权利义务、责任机制和保护制度；完善信息披露制度；设计信义义务预防机制；构建养老金信托的监管制度；确保养老金的保值和增值以及投资中的风险防范；明确税收优惠的主体资格判断标准；利用归复信托之原理，解决养老金所有权归属问题。可将研究成果应用到相关养老金信托产品的设计中，促进养老金信托的快速发展，弥补公共养老金的缺口。

　　从国外调整养老金信托的法律法规来看，除适用一般的信托法外，还需制定一系列调整养老金信托设立、运作、治理、税收政策、调控监管和纠纷解决等具有内在协调性的一整套法律法规。我国私人层面的养老金立法仅有一两部部门规章，如《企业年金办法》和《企业年金基金管理办法》，没有像英国、美国、加拿大等国制定养老金基本法。随着我国个人养老金制度的建立和发展，私人养老金的法律规制不可或缺，需要制定一部基本的养老金法对企业年金和个人养老金进行规范。对国外的养老金信托运作方式，我国在企业年金中有所借鉴，但由于我国信托立法相当粗漏且存在诸多调整困境,其在养老金领域缺罅更为突出。由于我国信托理论与民法理论的抵触问题,信托的内在机理无法在我国信托法中得以体现,以所有权理论为基础的财产独立性原则无法得以有效的贯彻。再则,由于养老金信托与普通信托相比有着自身的特质,普通信托法的有些原则和制度也不可适用。因此,我国有必要走立法创新之路,制定《养老金信托法》作为养老金信托的调控法,专门调整养老金信托的设立、运作、管理、治理以及在此过程中所产生的不同于普通信托的问题,通过立法技术解决理论冲突,使信托法有效地服务于养老金信托的运作、管理和治理,从而保障养老金计划受益人的利益。当然,养老金信托的一般性问题仍适用普通的信托法。

　　本课题的研究以期对我国的养老金信托法的制定、养老金法的修改和养老金法律制度的创新有所助益。①

---

　　① Mark Heemskerk, René Maatman, *Pension rights and ownership: A legal analysis in an economic context*, https://www.netspar.nl/en/project/pension-rights-and-ownership-a-legal-analysis-an-economic-context/.

参考文献

一 外文著作

Alastair Hudson, *Equity and Trusts*, Cavendish Publishing Limited, 2003.

Alastair Hudson, *Equity and Trusts*, Routledge, 2015.

Alastair Hudson, *Equity and Trusts*, Routledge, 2016.

Alastair Hudson, *Principles of Equity and Trusts*, Routledge, 2016.

Alastair Hudson, *Understanding Equity& Trusts*, Routledge Cavendish, 2007.

Alstair Hudson, *Equity and Trusts*, 9th Edition, Routledge, 2017.

Alstair Hudson, *Equity and Trusts*, fourth edition, Cavendish Publishing, 2005.

Alstair Hudson, *Principles of Equity and Trusts*, Cavendish Publishing Limited, 1999.

Andrew Borkowski & Paul du Plessis, *Textbook on Roman Law*, 3rd ed., Oxford University Press, 2005.

Andrew Burrows, *Cases and Materials on the Law of Restitution*, Oxford University Press Inc., 1997.

Andrew Iwobi, *Essential Trusts*, Wuhan University Press, 2004.

Ankum & Pool, "Rem in bonis meis esse andrem in bonis meam esse: Traces of the Development of Roman Double Ownership", in: Birks (ed.), *New Perspectives in the Roman Law of Property* (Oxford, 1989).

Austin Wakeman Scott & William Franklin Fratcher, *The Law of Trusts*, (4th ed.), Little, Brown, 1987.

A.J.Oakley, *Constructive Trusts*, Sweet & Maxwell, 1997.

A. J. Oakley, *Trends in Contemporary Trust Law*, Clarendon Press, 1996.

B. Goodman, *The Environmental Fiduciary: The Case for Incorporating Environmental Factors into Investment Management Policies*, The Rose Foundation, 2004.

Chantal Stebbings, *The Private Trustee In Victorian England*, Cambridge University Press, 2002.

Charles A. Jeszeck, *Private Pensions: Conflicts of Interest Can Affect Defined Benefit and Defined Contribution Plans: Congressional Testimony*, DIANE Publishing, 2009.

Charlie Webb, Tim Akkouh, *Trusts Law*, Palgrave Micmillan, 2008.

David Blake, *Pension Schemes and Pension funds in the United Kingdom*, 2nd Edition, Oxford University Press, 2003.

David G. Owen, *Philosophical Foundations of Tort Law*, Clarendon Press, 1997.

David Hayton, *Modern International Developments in Trust Law*, Kluwer Law Internat, 1999.

David Johnston, *The Roman Law of Trusts*, Oxford University Press, 1988.

David Pollard, *The Law of Pension Trusts*, Oxford University Press, 2013.

Deborah Holmes, Lynn Miller and Maureen Richmond, *EBRI Databook on Employee Benefits*, Employee Benefit Research Institute, 1997.

Donovan W. M. Waters, Q. C., *The Nature of the Remedial Constructive Trust*, in Peter Birks, *The Frontiers of Liability*, volume 2, Oxford University Press, 1994.

Dukeminier & Sitkoff, Wills, *Trusts and Estates*, Wolters Kluwer, 2013.

D. J. Hayton, *The Law of Trusts*, Law Press, 2004.

Edward J. O'Toole, *Law of Trusts*, (2nd ed.), Brooklyn, 1935.

Edward Poste, *Gai Institutiones or Institutes of Roman Law by Gaius*, Clarendon Press, 1904.

Elisa Minou Zarbafi, *Responsible Investment and the Claim of Corporate Change: A Sensemaking*, Springer Fachmedien Wiesbaden GmbH, 2011.

Elizabeth Jean Shilton, *Gifts or Rights? A Legal History of Employment Pension Plans in Canada*, University of Toronto, 2011.

Everett T. Allen, *Pension Planning: Pension, Profit-Sharing, and Other Deferred Compensation Plans*, McGraw-Hill Higher Education, 2003.

Francesco Giglio, *The Foundations of Restitution for Wrong*, Hart Publishing, 2007.

Francis Rose (ed.), *Restition and Conflict of Laws*, Marenex Press, 1995.

Franco Modigliani and Richard Brumberg, *Utility Analysis and the Consumption Function: An Interpretation of Cross-Section Data*, in Post-Keynesian Economics, Allen and Unwin, 1955.

Frederic William Maitland, *Selected Historical Essays*, Cambridge University Press, 1957.

G. E. Dal Pont, D. R. C. Chalmers & J. K. Maxton, *Equity and Trusts*, LBC Information Services, 1997.

Gary Watt, *Equity & Trusts Law*, 5th Edition, Oxford University Press, 2015.

Gary Watt, *Trusts & Equity*, Oxford University Press, 2016.

George Gleason Bogert & George Taylor Bogert, *The Law of Trusts and Trustees*, West Publishing Co., 1993.

George Panagopoulos, *Restitution in Private International Law*, Bloomsbury Publishing, 2000.

Geraint Thomas & Alstair Hudson, *The Law of Trusts*, Oxford University Press, 2004.

Geraint Thomas, *Thomas on Powers*, Oxford University Press, 2012.

Gilbert Paul Verbit, *The Origin of Trusts*, Xlibris Corporaton, 2002.

Gordon L. Clark, Alicia H. Munnell, Kate Williams, J. Michael Orszag, *The Oxford Handbook of Pensions and Retirement Income*, Volume 13, Oxford University Press, 2008.

Graham Moffat and Michael Chesterman, *Trusts Law Text and Materials*, Weidenfeld and Nicolson, 1992.

Graham Moffat, Gerry Bean & John Dewar, *Trusts Law Text and Materials*, 4th Edition, Cambridge University Press, 2005.

Graham Moffat, Gerry Bean, Rebecca Probert, *Trusts Law: Text and Materials*, Cambridge University Press, 2009.

Graham Virgo, *Principles of the Law of Restitution*, Oxford University Press, 2015.

Hayton & Marshall, *Commentary & Cases on the Law of Trusts & Equitable Remedies*, Sweet & Maxwell, 1996.

Henry St. James Stephen, *New Commentaries on the Laws of England*, (9th ed.) Butterworths, 1883.

IDS, *Pensions Trustees and Administration: an IDS Pensions Handbook*, Thomson Reuters, 2010.

Jaffey, *The Nature and Scope of Restitution*, Portland Oregon, 2000.

James Chalmers, *Ownership of Trust Property in Scotland and Louisiana*, in Vernon Valentine Palmer & Elspeth Christie Reid, eds, *Mixed Jurisdictions Compared: Private Law in Louisiana and Scotland*, Edinburgh University Press, 2009.

James P.Hawley, Shyam J.Kamath, Andrew T.Williams, *Corporate Governance Failures: The Role of Institutional Investors in the Global Financial Crisis*, Univeristy of Pennsylvania Press, 2011.

Joel Feinberg, *Doing and Deserving*, Princeton University Press, 1970.

John Norton Pomeroy, *A Treatise on Equity Jurisprudence* VI, Spencer W.Symons ed., 5th ed., 1941.

Jules Coleman, *The Practice of Principle: In Defence of a Pragmatist Approach to Legal Theory*, Oxford University Press, 2001.

Jules L.Coleman, *Risks and Wrongs*, Cambridge University Press, 1992.

Kaplan, Ari N., *Pension Law. Essential Canadian Law*, Irwin Law Inc., 2006.

Kees Koedijk and Alfred Slager, *Investment Beliefs: A Positive Approach to InstitutionalInvesting*, Palgrave Macmillan, 2011, Foreword by Keith Ambachtsheer, p.X.

K. E. Digby, *An Introduction to the History of the Law of Real Property*, 3rd ed., University of Michigan Library, 1884.

K. E. Digby, *An Introduction to the History of the Law of Real Property*, Clarendon Press, 1875.

K. P. Ambachtsteer & D. Ezra, *Pension Fund Excellence: Creating Value for Stockholders*, John Wiley and Sons, 1998.

Lee Welling Squier, *Old Age Dependency in the United States*, Macmillan, 1912.

Longstreth, B., *Modern Investment Management Theory and the Prudent Man Rule*, Oxford University Press, 1986.

Loring and Rounds, *A Trustee's Handbook*, 2017.

Margaret Wilkie, Rosalind Malcolm & Peter Luxton, *Equity and Trusts*, Oxford University Press, 2008.

Mark L. Ascher, Austin Wakeman Scott & William Franklin Fratcher, *Scott and Ascheron Trusts*, 5th ed., Aspen Law & Business, 2006.

McKendrick Evan, *Commercial Aspects of Trusts and Fiduciary Obligations*, Clarendon Press, 1992.

Meagher, R. P., Gummow, W. M. C., Lehane, J. R. F., *Equity: Doctrines and Remedies*, 3rd ed., Butterworths1992.

Merrian-Webster, Dictionary (2011).

M. Cope, *Constructive Trusts*, The Law Book Company Limited, 1992.

OECD, *Institutional Investors in the New Financial Landscape*, OECD, 1998.

OECD, *Strengthening Private Pensions*, OECD, 2003.

P. Ali & K. Yano, *Eco-Finance*, Kluwer, 2004.

P. Myners, Institutional Investment in the United Kingdom: A Review, London: HM Treasury (2001).

P. Palmer, et al., *Socially Responsible Investment: A Guide for Pension Schemes and Charities*, Haven Publications, 2005.

P. Vinogradoff, *Roman Law in Memieval Europe*, 2nd ed., Clarendon Press, 1929.

Parker and Mellows, *The Modern Law of Trusts*, Sweet & Maxwell, 1998.

Patrick McLoughlin, Catherine Rendell, *Law of Trusts*, Macmillan Press LTD, 1992.

Paul Davies, *Accessory Liability*, Hart Publishing, 2015.

Peter Birks, *Introduction to the Law of Restitution*, Clarendon Press, 1985.

Peter Drucker, *The Unseen Revolution*, Elsevier Ltd., 1976.

Philip H. Pettit, *Equity and the Law of Trusts*, Oxford University Press, 2012.

Richard Clements, Ademola Abass, *Equity & Trusts: Text, Cases, and Materials*, Oxford University Press, 2015.

Richard Edwards, Nigel Stockwell, *Trusts and Equity*, Law Press, 2003.

Rudolph Von Ihering, *The Struggle for Law*, translated by John J. Lalor, The Law Book Exchange Ltd., 1997.

R.A.G.Monks & N.Minow, *Power and Accountability*, Harper Collins, 1991.

R.Sullivan & C.MacKenzie, *Responsible Investment*, Sheffield: Greenleaf Publishing, 2005.

Sarah Wilson, *Textbook on Trusts*, 8th edition, Oxford University Press, 2007.

Sarah Worthington, *Sealy and Worthington's Text, Cases, and Materials in Company Law*, Oxford University Press, 2016.

Stratos Inc., *Corporate Disclosure and Capital Markets*, National Round Table on the Environment and the Economy, 2004.

S.Labatt & R.R.White, *Environmental Finance: A Guide to EnvironmentalRisk Assessment and Financial Products*, John Wiley and Sons, 2002.

Tamar Frankel, *Fiduciary Law*, Oxford University Press, 2010.

Tessa Hebb, James P.Hawley, Andreas G.F.Hoepner, Agnes L.Neher, David Wood, *The Routledge Handbook of Responsible Investment*, Routledge, 2016.

Thomas Erskine Holland, *The Elements of Jurisprudence*, 12th ed., Clarendon Press, 1916.

Underhill and Hayton, *Law relating to Trusts and Trustees*, 15th ed.,

Butterworths, 1995.

Waters, *Law of Trusts in Canada*, 2nd ed., The Carswell Company Limited, 1984.

Weinrib, *The Idea of Private Law*, Harvard University Press, 1995.

William Galbraith Miller, *The Data of Jurisprudence*, Edinburgh & London: William Greeen & Sons, Law Publishers, 1903.

World Bank, *Averting the Old Age Crisis*, Oxford University Press, 1994.

二 外文论文

Akkermans, The Principle of Numerus Clausus in European Property Law, *Intersentia in the Ius Commune Europaeum Series*, No.75, (2008).

Albert de Roode, Pensions as Wages, *American Economic Review* Ⅲ, No.2, (June 1913).

Alec Samuels, Disclosure of Trust Documents, *The Modern Law Review*, Vol.28 (1965).

Anthony Devir, Fiduciary Obligations and Surplus Issues in Pension Plans: The Employers' Perspective, *Estates, Trusts & Pensions Journal*, Vol.18 (1999).

Arthur R.Laby, Resolving Conflicts of Duty in Fiduciary Relationships, *American University Law Review*, Volume 54, Issue 1 (2004).

Austin W. Scott, The Nature of the Rights of the Cestui Que Trust, *Colum.L.REV.*, Vol. 17, 283 (1917).

Avini, Avisheh, The Origins of the Modern English Trust Revisited, *Tul. L. Rev*, Vol. 70, 1139 (1996).

"Breaking the Short-Term Cycle," *the CFA Centre for financial Market Integrity and Business Roundtable Institute for Corporate Ethics* (July 2006).

Ciara J. Toole, Fiduciary Law and the Constructive Trust: Perfecting the Fiduciary Undertaking, *Alberta Law Review*, Vol. 49, No. 3 (2012), AT666.

Colleen E.Medill, Resolving the Judicial Paradox of "Equitable" Relief Under ERISA Section 502 (a) (3), 39 *J.MARSHALL L.REV*, Vol. 39, 827 passim （2006）.

Daniel Friedmann, Restitution of Benefits Obtained Through the Appropriation of Propery or the Commission of a Wrong, *Columbia Law Review*, Vol.80, No.3 （Apr., 1980）.

David Pollard, Review and disclosure of decisions by pension trustees, TLI 11 （2） 42 （1992）.

David Ziskind, The Law of Employee Benefit Plans, *Wash.U.L.*, Q.112 （1955）.

DeMott, D., Beyond Metaphor: An Analysis of Fiduciary Obligation, *Duke Law Journal* （1988）.

E.C.Halbach, "Trust Investment Law in the Third Restatement", *Iowa L.Rev.*1151 （1992）;

Edward C.Halbach, Jr., Significant Trends in the Trust Law of the United States, J Transnat'l L., Vol. 32, 546-547 （1999）.

Eileen E.Gillese, Pension Plans and the Law of Trusts, *The Canadian Bar Review*, Vol.75 （1996）.

Epstein, Nuisance Law: Corrective Justice and Its Utilitarian Constraints, *Journal of Legal Studies*, Vol. 8 （1979）.

F.J.Fabozi, F.Gupta & H.M.Markowitz, The Legacy of Modern Portfolio Theory, *Journal of Investing*, Volume 11, Number 3 （2002）.

Ian McSweeney & Douglas Rienzo, Trust Law and Pension Plans—An Evolution in Progress, Benefits Canada, （June 23, 2008）.

Institutional Investment in the UK, The Government's Response, Myners Review （October 2001）.

IOPS, Supervisory Oversight of Pension Fund Governance, *Working Paper*, No.8, （August 2008）.

J.H.Farrar & J.K.Maxton, Social Investment and Pension Scheme Trusts, *Law Quarterly Review*, Volume 10 （1986）.

James Hawley.Keith Johnson.and Ed Waitzer, Reclaiming Fiduciary Duty Balance, *Rotman International Journal of Pension Management*, Volume 4, Issue 2, Fall （2011）.

Jaro Mayda, "Trusts" and "Living Law" in Europe, *University of Pennsylvania Law Review*, Vol.103 (1955).

Joao F. Cocco and Paolo F. Volpin, Corporate Governance of Pension Plans: The U.K.Evidence, *Financial Analysts Journal*, Vol.63, No.1 (Jan.-Feb, 2007).

John H. Langbein & Daniel R. Fischel, ERISA's Fundamental Contradiction: The Exclusive Benefit Rule, *University of Chicago Law Review*, Vol. 55, 1105 (1988).

John H. Langbein, Questioning the Trust Law Duty of Loyalty: Sole Interest or Best Interest? *YALE L.J.*, Vol. 114, 938 (2005).

John H. Langbein, The Secret Life of the Trust: The Trust as an Instrument of Commerce, *The Yale Law Journal*, Vol.107 (1997).

John H. Langbein, What ERISA Means By "Equitable": The Supreme Court's Trail of Error in Russell, Mertens, and Great-West, *COLUM.L.REV.*, Vol. 103, 1317 (2003).

Joshua Getzler, Fiduciary Investment in the Shadow of Financial Crisis: Was Lord Eldon Right?, *J.EQUITY*, Vol. 3, 219, 221-23 (2009).

Keith Ambachtsheer, Ronald Capelle and Hubert Lum, Pension Fund Governance Today: Strength, Weakness, and Opportunities for Improvement, *Financial Analysts Journal* (2006).

Keith L.Johnson and Frank Jan de Graaf, Modernizing Pension Fund Legal Standards for the 21st Century, *Network for Sustainable Financial Markets*, Consultation Paper No.2 (2009).

Kenneth Reid, Patrimony not Equity: the Trust in Scotland, *European Review of Private Law*, Vol. 8 (2000).

L.Ho, Attributing Losses to a Breach of Fiduciary Duty, *Trust L. Int'l* (1998).

Larry Wilmore, Three Pillars of Pensions? A Proposal to End Mandatory Contributions, *United Nations DESA Discussion Paper*, No.13 (2000).

Leonard I. Rotman, Deconstructing the Constructive Trust, *Alta L Rev*, Vol. 37, No. 1, 133 (1999).

Lord Nicholls, Trustees and Their Broader Community: Where Duty, Morality, and Ethics Converge, *Tr.L.Int'l*, Vol. 9, 71, 75- 76 (1995).

Lord Wedderburn, Trust, Corporation and the Worker, *Osgoode Hall Law Journal*, Vol. 23, 203 (1985).

M Queisser, Regulation and supervision of pension funds: Principles and practices, *International Social Security Review*, Vol.51, Issue 2 (1998).

Maurizio Lupoi, The Civil Law Trust, *Vanderbilt Journal of Transnational Law*, Vol. 32, 975 (1999).

MP Gergen, What Renders Enrichment Unjust?, *Texas Law Review*, Vol. 79 (2001).

Nelligan O'Brien Payne LLP, Who Owns Pension Surplus? -Eves Government Wants to Change the Rules, *Nelligan O'Brien Payne LLP Labour Alert* (November 7, 2002).

Nichoas Barr and Peter Diamond, The Economics of Pensions, *Oxford Review of Economics Policy*, Vol.22.Issue 1 (2006).

Norman Stein, ERISA and the Limits of Equity, *Law and Contemporary Problems* (1993).

P. G. Haskell, The Prudent Person Rule For Trustee Investment and Modern Portfolio Theory, *North. Carolina. Law. Review*, Volume 69, Nomber 1 (1990).

Pension Law Reform: Pension Law Review Committee Report, (Cm2342), Vol. 1, para 4.1.14 (1993).

Peter Birks, Equity in the Modern Law: an Exercise in Txonomy, *University of Western Australia Law Review*, 1996.

R. H. Koppes & M. L. Reilly, An Ounce of Prevention: Meeting the Fiduciary Duty to Monitor an Index Fund Through Relationship Investing, *Iowa Journal Corporation Law*, Volume 20 (1995).

R. J. Aalberts & P. S. Poon, "The New Prudent Investor Rule and the Modern Portfolio Theory: A New Direction for Fiduciaries", *Am. Bus. L. J.*, Vol. 34, 39 (1996).

R.W.Lee, The Civil Law and the Common Law: A World Survey, *Michi-*

gan Law Review, Vol.14, No.2 (1915).

Regulation of Employee Benefit Plans: Activate the Law of Trusts, *Stanford Law Review*, Vol.8, No.4 (Jul., 1956)

Report of The Pension Law Review Committee (The Goode Report), September (1993), recommendation 103.

Richardson, Benjamin J., Do the Fiduciary Duties of Pension Funds Hinder Socially Responsible Investment?, *Banking and Finance Law Review*, 22.2 (2007).

Robert Charles Clark, The Four Stages of Capitalism: Reflections on InvestmentManagement Treatises, *HARV. L. REV.*, Vol. 94, 561, 565 – 66 (1981).

Roger Urwin, Pension Funds as Universal Owners: Opportunity Beckons and Leadership Calls, *Rotman International Journal of Pension Management*, Volume 4, No.1 (2011).

Roscoe J.C.Dorsey, Roman Sources of Some English Principles of Equity and Common Law Rules, *The American Law School Review*, Vol.8 (1938).

S.A.Waddock & S.M.Graves, The Corporate Social Performance Financial Performance Link, *Strategic Management Journal*, Volume18, Number 4 (1997).

S.E.Honeyball, When a Man May Profit from his Own Wrong, *The Cambridge Law Journal* (1983).

Simplicity, Security and Choice: Working and Saving For Retirement—Action on Occupational Pensions (Cm 5835, 2003).

Susan Harthill, A Square Peg in a Round Hole: Whether Traditional Trust Law "Make – Whole" Relief is Available Under ERISA Section 502 (a) (3), *Oklahoma Law Review*, Volume 61, No.4 (2008).

Tamar Frankel, Fiduciary Law, *California Law Review*, Volume 71, Issue 3 (1983).

The Harvard Law Review Association, Legal Problems of Private Pension Plans, *Harvard Law Review*, Vol.70, No.3 (Jan., 1957).

The Occupational Pension Schemes (Investment, and Assignment, Forfeiture, Bankruptcy etc) Amendment Regulaions, 1999, SI 1999/1849, reg 2 (4).

The Uniform Trust Code of 2000, § 1002. See John H. Langbein, What ERISA Means By "Equitable": The Supreme Court's Trail of Error in Russell, Mertens, and Great-West, *COLUM. L. REV.*, Vol. 103, 1317 (2003).

Vera Bolgár, Why No Trusts in the Civil Law?, *The American Journal of Comparative Law*, Vol. 2, No. 2 (1953).

Welsh, Mary Jeanne, Excess pension assets as corporate assets: an unresolved issue, *The CPA Journal Online* (Jan. 1991).

William H. Simon, The Prospects of Pension Fund Socialism, *The Berkeley Journal of Employment and Labor Law Volume*, Vol. 14, Issue 2 (1993).

三　中文著作

［西班牙］埃斯克里瓦、富恩特斯、加里亚-埃雷罗主编:《拉美养老金改革:面临的平衡与挑战》,郑秉文译,中国劳动社会保障出版社 2012 年版。

［英］奥斯汀:《法理学范围之限定》(影印本),中国政法大学出版社 2003 年版。

［英］大卫·布莱克:《养老金金融学》,尹隆、王蒙译,机械工业出版社 2014 年版。

邓大松:《中国企业年金制度研究》(修订版),人民出版社 2005 年版。

董克用、刘昕:《劳动经济学》,中国人民大学出版社,2011 年 1 月,国家高等教育"十一五"规划教材。

董克用、姚余栋、孙博:《养老金融蓝皮书:中国养老金融发展报告(2016)》,社会科学文献出版社 2016 年版。

［英］F. H. 劳森、B. 拉登:《财产法》,施天涛等译,中国大百科全书出版社 1998 年版。

方嘉麟:《信托法之理论与实务》,中国政法大学出版社 2004 年版。

［美］佛朗哥·莫迪利亚尼、阿伦·莫拉利达尔:《养老金改革反思》,孙亚南译,中国人民大学出版社 2010 年版。

［法］弗朗索瓦·泰雷、菲利普·森勒尔：《法国财产法》，罗结珍译，中国法制出版社 2008 年

林羿：《美国企业养老金的监督和管理》，中国财政经济出版社 2006 年版。

［美］尼古拉斯·巴尔（Nicholas Barr）、［美］彼得·戴蒙德（Peter Diamond）：《养老金改革：理论精要》，郑秉文等译，中国劳动社会保障出版社 2013 年版。

《OECD 养老金规范和监管》，郑秉文译，中国发展出版社 2007 年版。

［加拿大］欧内斯特·温里布：《私法的理念》，徐爱国译，北京大学出版 2007 年版。

孙宪忠：《中国物权法总论》，法律出版社 2003 年版。

王瑞华、杨长汉：《养老金金融理论与中国实践》，经济管理出版社 2017 年版。

［德］维尔纳·弗卢梅：《法律行为论》，迟颖译，法律出版社 2013 年版。

谢哲胜：《信托法总论》，元照出版公司 2003 年版。

邢建东：《衡平法的推定信托研究——另一类的物权性救济》，法律出版社 2007 年版。

杨燕绥：《企业年金理论与实务》，中国劳动保障出版社 2003 年版。

杨燕绥：《社会保险法精释》，法律出版社 2011 年版。

杨燕绥：《社会保障》，清华大学出版社 2011 年版。

杨燕绥：《社会保障法》，人民出版社 2012 年版。

杨燕绥：《员工福利与退休计划》，中信出版社 2004 年版。

杨燕绥、李学芳：《职业养老金实务与立法》，中国劳动社会保障出版社 2009 年版。

张新民：《养老金法律制度研究》，人民出版社 2008 年版。

赵一平：《论信托受益权的物权性》，载江平主编《中美物权法的现状与发展》，2003 年。

郑秉文等：《中国养老金发展报告 2014》，经济管理出版社 2014 年版。

郑秉文等：《中国养老金发展报告 2015》，经济管理出版社 2015

年版。

郑秉文等：《中国养老金发展报告 2016》，经济管理出版社 2016年版。

郑玉波：《民法债编总论》，台北三民书局 1987 年版。

四　中文论文

陈雪萍：《程序正义视阈下公司决议规则优化之路径》，《法商研究》2019 年第 1 期。

陈雪萍：《推定信托的修正正义与修正正义的推定信托制度之借鉴》，《上海财经大学学报》（哲学社会科学版）2018 年第 4 期。

陈雪萍：《信托财产双重所有权的观念与继受》，《中南民族大学学报》（人文与社会科学版）2016 年第 4 期。

董克用、孙博：《从多层次到多支柱——养老保障体系改革再思考》，载《公共管理学报》2011 年第 1 期。

贺强：《建立中国养老金融体系势在必行》，《国际融资》2011 年第 4 期。

洪崎：《发达国家发展养老金融的经验做法及启示》，《经济研究参考》2016 年第 36 期。

胡继晔：《养老金融：理论界定及若干实践问题探讨》，《财贸经济》2013 年第 6 期。

司伟：《养老基金与信托制度——基于信托法基本理论的分析》，《北京市政法管理干部学院学报》2003 年第 1 期。

吴锡扬、黄灿云：《国际养老金融发展经验及启示》，《福建金融》2016 年第 5 期。

许安、杨馥铭：《养老金融发展的国际经验借鉴及启示》，《金融纵横》2016 年第 1 期。

杨燕绥、李学芳：《中国养老金政策存在的问题与立法对策》，《河北学刊》2010 年第 2 期。

杨燕绥、李学芳等：《养老金信托雪球效应模型建立于分析》，《中国人口·资源与环境》2010 年第 6 期。

杨燕绥、闫俊：《延税型养老储蓄政策的路径选择》，《武汉金融》

2012 年第 8 期。

　　杨燕绥、杨娟：《中央统筹的国民养老金制度构建》，《人民论坛》
2009 年第 8 期。

　　姚余栋、王赓宇：《发展养老金融与落实供给侧结构性改革》，《金融
论坛》2016 年第 5 期。

　　余全强：《人口老龄化背景下发展养老金融的必要性及对策分析》，
《金融经济》2014 年第 14 期。